21 世纪全国高等院校汽车类创新型应用人才培养规划教材

汽车安全

主　编　郑安文
副主编　郭健忠　杨啟梁

内 容 简 介

在对汽车安全涉及的相关内容及国内现有相关教材进行深入分析后，本书在编写体系上进行了创新，确定了以汽车安全法规、汽车安全性能、汽车安全技术为核心的模块编写体系，各模块之间合理分工、相互配合，旨在全面、系统地反映汽车安全的主体内容。本书在内容上明确提出了汽车结构安全性的概念，并独立设章进行系统介绍与分析。

本书从汽车安全法规、汽车安全性能、汽车安全技术三方面系统地介绍了国内外汽车主动和被动安全法规、汽车行驶安全性能、汽车主动安全技术、汽车被动安全技术、汽车结构安全性、汽车被动安全性能试验、汽车安全检测的基础内容和最新成果；在力求保持系统性和完整性的基础上，更注重介绍了一些实用、先进、相对成熟的安全技术。

本书既可作为高等院校车辆工程、汽车服务工程、交通运输等相关专业的教材和教学参考书，也可作为汽车厂家、科研院所及相关工程技术人员的参考书，也可作为高职相关专业的教材和教学参考书。

图书在版编目(CIP)数据

汽车安全/郑安文主编. —北京：北京大学出版社，2014.3
(21世纪全国高等院校汽车类创新型应用人才培养规划教材)
ISBN 978-7-301-23794-6

Ⅰ.①汽… Ⅱ.①郑… Ⅲ.①汽车驾驶—安全技术—高等学校—教材 Ⅳ.①U471.15

中国版本图书馆CIP数据核字(2014)第015692号

书　　　名：	汽车安全
著作责任者：	郑安文　主编
策 划 编 辑：	童君鑫
责 任 编 辑：	黄红珍
标 准 书 号：	ISBN 978-7-301-23794-6/TH·0382
出 版 发 行：	北京大学出版社
地　　　址：	北京市海淀区成府路205号　100871
网　　　址：	http://www.pup.cn　新浪官方微博：@北京大学出版社
电 子 信 箱：	pup_6@163.com
电　　　话：	邮购部 62752015　发行部 62750672　编辑部 62750667　出版部 62754962
印 刷 者：	三河市北燕印装有限公司
经 销 者：	新华书店
	787毫米×1092毫米　16开本　22.25印张　520千字
	2014年3月第1版　2015年4月第2次印刷
定　　　价：	45.00元

未经许可，不得以任何方式复制或抄袭本书之部分或全部内容。

版权所有，侵权必究

举报电话：010-62752024　　电子信箱：fd@pup.pku.edu.cn

前　言

　　安全是汽车发展过程中永恒的课题之一。汽车安全技术的产生和发展是随着车辆行驶速度的提高及汽车保有量的增加而逐步受到重视的。在汽车发展初期,由于道路条件差、车辆行驶速度低及保有量少,汽车安全技术受到的关注较少。随着汽车的广泛使用及伤害事件的增多,自 20 世纪 50 年代开始,各汽车企业全面重视汽车安全问题,汽车安全技术逐步取得进展,特别是自 60 年代以来,随着电子、信息及计算机技术在汽车上的应用及材料科学和制造技术的进步,先进的汽车安全装置不断地被发明和投入使用,使汽车安全技术进入了系统、快速发展时期,汽车安全现已成为涵盖法规、性能、技术、结构、试验、检测等多方面专业知识的综合性学科。本书是汽车类创新型应用人才培养规划教材,其特色如下。

　　(1) 系统性强、定位明确。鉴于汽车安全涉及内容的广泛性,本书以现代汽车安全技术为重点,并结合典型结构,通过对汽车安全法规、汽车行驶安全性能、汽车安全技术的系统介绍与分析,为学生构建完整、系统的汽车安全知识体系。本书定位为本科教材,同时兼顾高职教学需要。

　　(2) 注重工程应用。本书充分吸收国内外最新的理论研究成果和实际案例,侧重内容的前沿性、综合性和交叉性,在力求保持技术系统性和完整性的前提下,注重介绍适用、先进、前沿和相对成熟的技术,使学生对汽车安全技术发展方向有明确的了解和认识。

　　(3) 层次分明。以汽车安全法规、汽车行驶安全性能、汽车安全技术为核心的三大模块之间的编写严格按照由浅及深、循序渐进的原则,采用理论与实际相结合、以案例引入的编写方法,结合典型结构进行系统介绍,重点、难点突出,以提高学生的学习效率。

　　全书共分 8 章。第 1 章为概述,以汽车安全性与道路交通安全的关系为基础,介绍了汽车安全技术及其发展状况、道路交通安全保障体系、汽车安全的研究内容等;第 2 章以汽车标准与技术法规为基础,全面介绍了美、欧、日、中汽车安全技术法规体系、汽车认证制度及技术法规与标准的对比;第 3 章从汽车制动性、汽车操纵稳定性、汽车视野与灯光、汽车操纵机构等方面讨论了对应性能与汽车安全性之间的关系;第 4 章系统介绍了包括车轮防抱死制动系统(ABS)、驱动防滑系统(ASR)、电子制动力分配(EBD)、电子稳定程序 ESP 等 9 种装置在内的汽车主动安全装置的工作原理、主要结构、性能、作用及特点;第 5 章系统介绍了包括车身安全结构、座椅安全带、安全气囊防护系统等 6 种装置在内的汽车被动安全技术及装置;第 6 章在定义汽车结构安全性意义的基础上,从车身结构与碰撞安全性、制动器、轮胎、汽车玻璃、汽车自燃等方面讨论了结构差异对安全性的影响;第 7 章从 C-NCAP、汽车零部件台架试验、汽车零部件模拟碰撞试验、实车碰撞试验等方面介绍了汽车被动安全性能试验的试验方法及典型设备;第 8 章主要介绍汽车安全检测的相关知识。

　　本书由武汉科技大学郑安文、杨啟梁、郭健忠编写。其中,第 1、2、4~6 章由郑安文编写,第 3 章由杨啟梁编写,第 7~8 章由郭健忠编写。研究生陈引、童高鹏、邵红玲

汽车安全

等参加了部分资料收集整理工作。全书由郑安文统稿。本书在撰写过程中参考了大量国内外文献资料，限于篇幅未能一一列出，引用及理解不当之处，敬请谅解，并在此向这些文献资料的原作者表示衷心的感谢！

由于汽车安全涉及的学科知识面非常广泛，且编者水平有限，书中难免存在纰漏，恳请广大师生、读者批评指正。

编 者
2013 年 12 月

目 录

第1章 概述 ……………………… 1
  1.1 汽车安全性与道路交通事故的关系 ……………………… 2
    1.1.1 安全和汽车安全性的意义 ……………………… 2
    1.1.2 道路交通安全概述 ……… 4
    1.1.3 汽车安全性与道路交通事故的关系 ……………… 6
  1.2 汽车安全技术及其发展 …… 6
    1.2.1 汽车主动安全技术 ……… 7
    1.2.2 汽车被动安全技术 ……… 8
  1.3 道路交通安全保障体系 …… 9
  1.4 汽车安全的研究内容 ……… 10
    1.4.1 汽车安全体系构成 …… 10
    1.4.2 汽车安全涉及内容 …… 11
  思考题 ……………………………… 12

第2章 汽车安全法规 …………… 13
  2.1 汽车标准与技术法规概述 … 14
    2.1.1 标准、技术法规和标准化的意义 …………………… 14
    2.1.2 标准体系与法规体系的主要不同点及联系 ……… 15
    2.1.3 目前世界三大主要汽车法规体系及其构成 ……… 18
  2.2 美、欧、日、中汽车安全技术法规体系及汽车认证制度 … 19
    2.2.1 美国汽车技术法规体系 … 20
    2.2.2 欧洲汽车安全技术法规体系 ……………………… 23
    2.2.3 日本汽车安全技术法规体系 ……………………… 30
    2.2.4 美国、欧洲、日本汽车技术法规体系的主要特点 … 33
    2.2.5 中国汽车安全技术法规 … 34
    2.2.6 汽车认证制度和政府管理 ……………………… 37
  2.3 美、欧、日、中汽车安全性技术法规与标准对比 ……… 41
    2.3.1 汽车主动安全性技术法规或标准主要项目对比 … 41
    2.3.2 汽车被动安全性技术法规或标准主要项目对比 … 43
    2.3.3 汽车被动防火安全法规或标准主要项目对比 …… 47
    2.3.4 汽车视野法规或标准对比 ……………………… 48
  思考题 ……………………………… 50

第3章 汽车行驶安全性能 ……… 52
  3.1 汽车行驶安全性能概述 …… 53
  3.2 汽车的制动性 ……………… 54
    3.2.1 汽车的制动过程 ……… 54
    3.2.2 制动距离 ……………… 56
    3.2.3 制动效能的恒定性 …… 59
    3.2.4 制动时汽车方向的稳定性 ……………………… 60
  3.3 汽车操纵稳定性及其评价 … 63
    3.3.1 转向盘角阶跃输入下的时域响应 ……………… 63
    3.3.2 转向回正性能 ………… 65
    3.3.3 转向盘转角脉冲输入瞬态响应 ………………… 66
    3.3.4 转向轻便性 …………… 66
    3.3.5 急剧转向能力 ………… 67
    3.3.6 侧风稳定性 …………… 68
  3.4 驾驶室人机工程设计与安全性 … 68
    3.4.1 汽车视野 ……………… 68
    3.4.2 汽车灯光 ……………… 76
    3.4.3 汽车操纵机构 ………… 79
  思考题 ……………………………… 84

第4章 汽车主动安全技术(装置) ······ 85

- 4.1 汽车安全概述 ············ 86
- 4.2 车轮防抱死制动系统 ······ 87
  - 4.2.1 概述 ··············· 87
  - 4.2.2 ABS 的基本原理 ····· 90
  - 4.2.3 ABS 三大重要部件简介 ··· 98
  - 4.2.4 ABS 控制车轮的方式及不同控制通道的结构与性能特点 ······ 111
- 4.3 驱动防滑系统 ············ 115
  - 4.3.1 概述 ··············· 115
  - 4.3.2 驱动轮防滑控制方式 ····· 116
  - 4.3.3 ASR 组成、工作原理及关键部件结构功能 ·········· 119
  - 4.3.4 ASR 与 ABS 的比较 ····· 126
- 4.4 电子制动力分配 ·········· 126
  - 4.4.1 概述 ··············· 126
  - 4.4.2 对制动力的分配控制 ···· 128
  - 4.4.3 EBD 的功能与优点 ····· 129
- 4.5 电子稳定程序 ············ 129
  - 4.5.1 概述 ··············· 129
  - 4.5.2 ESP 系统的组成与工作原理 ················ 131
  - 4.5.3 ESP 系统的工作过程 ···· 134
  - 4.5.4 ESP 的应用情况及其与 ABS、ASR 的比较 ······ 136
  - 4.5.5 ESP 的发展 ·········· 137
- 4.6 轮胎压力监测系统 ········ 140
  - 4.6.1 概述 ··············· 140
  - 4.6.2 TPMS 的组成及工作原理 ················ 141
  - 4.6.3 TPMS 的主要功能和特点 ················ 142
  - 4.6.4 吉利集团研发的爆胎监测及安全控制系统简介 ····· 143
- 4.7 四轮转向技术 ············ 144
  - 4.7.1 概述 ··············· 144
  - 4.7.2 4WS 汽车的工作原理及转向特性 ·············· 145
- 4.8 电控动力转向系统 ········ 149
  - 4.8.1 概述 ··············· 149
  - 4.8.2 EPS ················ 152
  - 4.8.3 EPS 的主要优点 ······ 156
  - 4.8.4 汽车线控转向系统 ····· 157
- 4.9 自适应巡航控制系统 ······ 159
  - 4.9.1 概述 ··············· 159
  - 4.9.2 ACC 的组成与工作原理 ················ 160
  - 4.9.3 ACC 系统的特点 ······ 163
- 4.10 先进安全汽车 ··········· 164
  - 4.10.1 概述 ·············· 164
  - 4.10.2 ASV 简介 ·········· 165
- 4.11 其他系统 ··············· 170
  - 4.11.1 制动辅助系统简介 ···· 170
  - 4.11.2 自动驻车/上坡辅助系统 ················ 172
  - 4.11.3 DSG 变速器突然失速或加速引起的安全隐患 ··· 173
  - 4.11.4 车门电动锁遇水出现失灵引起的安全隐患 ······· 175
  - 4.11.5 正确对待和认识汽车安全装置的作用 ············ 176
- 思考题 ····················· 177

第5章 汽车被动安全技术(装置) ··· 179

- 5.1 汽车被动安全性概述 ······ 180
- 5.2 安全车身结构 ············ 182
  - 5.2.1 概述 ··············· 182
  - 5.2.2 汽车碰撞形式与车身的变形特性 ·············· 184
  - 5.2.3 车身安全结构 ········ 187
- 5.3 座椅安全带 ·············· 197
  - 5.3.1 安全带的作用与工作原理、分类及主要部件 ······· 199
  - 5.3.2 安全带的使用误区 ····· 205
- 5.4 安全气囊防护系统 ········ 207
  - 5.4.1 安全气囊简介 ········ 207
  - 5.4.2 安全气囊的分类及引爆条件 ·············· 215
  - 5.4.3 安全气囊发展新技术 ····· 219
- 5.5 汽车座椅系统 ············ 222

5.5.1 概述 ………………… 222
5.5.2 汽车座椅的分类、组成及主要部件功用 …………… 223
5.6 儿童乘员保护 ……………… 227
5.6.1 我国儿童乘员保护现状 ………………………… 227
5.6.2 儿童乘员保护法规简介 ………………………… 228
5.6.3 儿童安全座椅的分类 …… 229
5.6.4 ISOFIX标准和LATCH标准 ………………………… 230
5.7 吸能防伤转向机构 ………… 232
5.7.1 汽车正面碰撞时转向管柱与驾驶员运动趋向分析 …… 233
5.7.2 吸能防伤转向机构工作原理与结构 …………… 234
5.7.3 吸能式转向管柱系统结构设计 ……………………… 236
5.8 行人碰撞保护 ……………… 237
5.8.1 人车碰撞事故特点 …… 238
5.8.2 行人保护技术简介 …… 238
5.8.3 本田公司的G-CON碰撞安全技术 …………………… 242
思考题 ……………………………… 244

第6章 汽车结构安全性 ……… 245

6.1 车身结构与碰撞安全性 …… 246
6.1.1 车身类型及承载式车身 ………………………… 246
6.1.2 车身结构、碰撞安全性及行驶安全 …………… 250
6.2 制动器与安全性 …………… 252
6.2.1 制动器的结构、类型与特点 ……………………… 252
6.2.2 制动器热衰退现象及其产生原因分析 ………… 254
6.2.3 汽车制动器摩擦材料 …… 256
6.3 轮胎与安全性 ……………… 261
6.3.1 轮胎分类、结构及其安全性 ……………………… 262
6.3.2 安全轮胎 ………………… 265

6.3.3 防滑水轮胎 ……………… 269
6.3.4 SUV轮胎 ………………… 270
6.3.5 轮胎的发展趋势 ………… 272
6.4 汽车玻璃与安全性 ………… 272
6.4.1 汽车玻璃的基本要求与分类 ……………………… 272
6.4.2 玻璃破碎形状与安全性 … 274
6.4.3 汽车玻璃新技术 ………… 275
6.4.4 逃生条件下的应急安全 … 277
6.5 汽车自燃与安全性 ………… 278
6.5.1 汽车自燃 ………………… 278
6.5.2 汽车自燃原因分析 ……… 279
6.5.3 预防措施 ………………… 280
思考题 ……………………………… 281

第7章 汽车被动安全性能试验 …… 282

7.1 中国新车评价规程(C-NCAP)简介 ……………………… 284
7.1.1 世界NCAP的发展 ……… 284
7.1.2 C-NCAP的碰撞测试规则和评分 …………… 288
7.2 汽车零部件台架试验 ……… 291
7.2.1 车顶及侧门强度试验 …… 291
7.2.2 门锁及门铰链试验 ……… 293
7.2.3 安全带试验 ……………… 294
7.2.4 安全带固定点强度试验 … 297
7.2.5 座椅试验 ………………… 299
7.2.6 头枕强度及其后移量试验 ……………………… 300
7.2.7 燃油箱试验 ……………… 301
7.2.8 转向系统缓冲性能试验 … 302
7.2.9 内部凸出物试验 ………… 302
7.2.10 行人碰撞保护试验 …… 304
7.2.11 安全气囊试验 ………… 306
7.3 汽车零部件模拟碰撞试验 … 307
7.3.1 冲击型模拟碰撞试验装置 ……………………… 307
7.3.2 发射型模拟碰撞试验装置 ……………………… 309
7.3.3 冲击反弹型模拟碰撞试验装置 ……………………… 311

7.3.4 安全带动态模拟碰撞试验
　　　　　实例 …………………… 311
7.4 实车碰撞试验 …………………… 312
　　7.4.1 正面碰撞试验及侧面碰撞
　　　　　试验介绍 ……………… 312
　　7.4.2 实车碰撞用主要设备的
　　　　　结构及工作原理 ……… 316
　　7.4.3 假人及碰撞试验测量
　　　　　系统 …………………… 320
　　7.4.4 实车碰撞试验程序 …… 321
7.5 汽车被动安全碰撞试验仿真技术
　　简介 ………………………… 323
　　7.5.1 计算机仿真研究的优越性及
　　　　　局限性 ………………… 323
　　7.5.2 计算机仿真研究的主要
　　　　　内容及应用 …………… 324
思考题 …………………………… 326

第8章 汽车安全检测 …………… 327

8.1 汽车安全检测制度 …………… 328
　　8.1.1 机动车检验制度及其相关
　　　　　规定 …………………… 328
　　8.1.2 机动车辆检测的类型及
　　　　　作用 …………………… 329
8.2 汽车安全检测项目与基本
　　内容 ………………………… 330
　　8.2.1 机动车安全检测流程 … 330
　　8.2.2 线外检验 …………… 330
　　8.2.3 线内检验项目 ……… 331
8.3 汽车安全检测设备 …………… 334
　　8.3.1 前照灯检测仪 ……… 334
　　8.3.2 侧滑试验台 ………… 337
　　8.3.3 车速表试验台 ……… 340
　　8.3.4 制动试验台 ………… 342
思考题 …………………………… 345

参考文献 …………………………… 346

第1章 概述

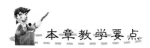 本章教学要点

知识要点	掌握程度	相关知识
汽车安全性与道路交通事故的关系	掌握汽车安全性、道路交通安全概念的内涵及汽车安全性与道路交通事故二者之间的关系	道路交通安全的重要性;汽车与道路交通安全之间的关系
汽车安全技术及其发展	了解汽车安全技术的发展路径及其主要内容	汽车安全技术对汽车安全及其交通安全的重要性
道路交通安全保障体系	了解现代道路交通安全保障体系的主要构成要素及其相关内容	道路交通安全保障体系的系统性

汽车安全

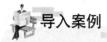导入案例

道路交通事故已成为一大严重社会公害

道路交通事故是机动车特别是汽车广泛使用过程中派生出来的问题。目前，道路交通事故每年造成约120万人死亡，4000万以上人员伤残，其经济损失约占国民经济总产值的1‰～2‰。在许多国家，道路交通事故引起的人员伤亡和经济损失，比火灾、水灾、意外伤害等灾难造成的人员伤亡总和及经济损失要大得多，因而人们称道路交通事故为"柏油路上的战争"和"文明世界的第一大公害"。据世界卫生组织统计，2000年，在人类死亡和发病的原因中，道路交通事故排在第9位，即道路交通伤害已成为全球疾病和伤害负担的第九大原因，如果不采取有力措施，预计到2020年，道路交通伤害将上升成为全球疾病与伤害负担的第三大原因，将远远高于艾滋病、疟疾等疾病。道路交通事故致人死伤已成为全球关注的重点之一。

在当今社会，道路交通事故已成为一大严重社会公害，而且在目前的科学技术条件下尚不可能完全避免。这是因为在目前科学技术条件下，作为现代道路交通系统的人员、车辆、道路三大要素均存在着引发道路交通事故的可能性。其中，对于人员即交通参与者而言，无论是机动车驾驶员在驾车过程中，还是行人在行走过程中、骑车人在骑车过程中均存在着过失的可能性；对于机动车而言，在设计、制造、使用、维护、管理等诸多方面仍存在许多不完善之处；对于道路及其交通系统而言，在设计、建设、管理及维护等诸多方面也仍然存在着相当多的不完善之处；与此同时，在道路交通法规的制定、执行过程中也存在着缺陷及漏洞，此外，实际中还存在着一些意外情况等，只要这些不完善之处不彻底消除，对于道路交通系统而言就时刻存在着发生交通事故的可能性，从而使得道路交通事故不能完全避免。

在道路交通事故尚不可能完全避免的条件下，对于车辆而言，设计和制造高安全性的汽车对于降低交通事故发生率和减轻交通伤害具有重要的现实意义。

资料来源：郑安文，苑红伟. 道路交通安全概论. 北京：机械工业出版社，2010.

汽车经过百余年的发展，已成为人类必不可少的最重要的交通工具之一。汽车的广泛使用在给人类的工作、生活、运动带来方便的同时，也带给了人类重要的副产品——道路交通事故。道路交通事故泛指在对人和物进行运输的过程中所发生的人员伤亡和财物损毁事件，它是道路交通营运过程的伴生现象。提高汽车的安全性，有利于防止事故发生和减轻事故伤害。汽车的安全性已经成为汽车产品竞争力的重要标志之一。

1.1 汽车安全性与道路交通事故的关系

1.1.1 安全和汽车安全性的意义

1. 安全的意义

安全是相对危险、威胁、事故而言的。"无危则安，无损则全"。安全就是人们在生

活和生产过程中，身体免于伤害，财产免于损失，即安全意味着无危害、无危险。对于一个系统而言，安全与危险永远是一对矛盾，相伴存在。在现代社会，保障安全、免受伤害是人们从事生产、生活等各项活动的一项最基本的要求和权利，缺乏安全保障的工作、生活条件和环境是无法保证人们安心和努力工作的。因而，安全对于人类非常重要。

一般意义下的安全，是指人们在生产、生活中其人身伤害或财产损失不超过可接受的水平，即安全意味着人或物遭受损害或损失的可能性和程度限定在可接受的范围内。若这种可能性和程度超过了可接受的状态即为不安全。危险的意义是指人们在生产、生活活动中潜在的可能造成人身伤害、致病或财产损失的状态。这里所述的安全主要是指与人们的生产、生活相关领域的安全问题，如驾驶车辆过程中的安全，但不包括军事及社会意义下的安全，也不包括与疾病相关的安全。

安全按其危险性程度的不同可进一步分为绝对安全和相对安全。绝对安全是指人们在生产、生活活动过程中没有危险、不受威胁和危害、不出事故，即消除可能导致人身伤害或死亡，诱发疾病或造成设备破坏、财产损失及危害环境的条件。绝对安全是安全的一种理想状态，实际中很难实现，或者说就不存在，这是因为现实中没有绝对安全的环境及条件。

相对安全是指人们在生产、生活活动过程中判明的危险性不超过允许的限度。现实中，人们所述的安全通常都是指相对安全，即当人们对工作、生活、生存的环境及条件所判明的危险性未超过允许的限度时，就认为是安全的，否则，就认为是不安全的。当然，对安全环境及条件的判断涉及人们对危险性尺度的把握，实际中，不同的人对危险性尺度把握的标准是不同的。

实际中，安全是一个相对的概念，其相对性表现在3个方面。

(1) 绝对的安全状态是不存在的，安全是相对危险而言的，是一种比较的结果。

(2) 安全标准是相对于人类对安全问题的认识与理解和社会经济的承受能力而言的，抛开社会环境讨论安全是不现实的。

(3) 人的认识是无限发展的，对安全机理和运行机制的认识也处于不断深化的过程中，因而，安全对于人的认识而言具有相对性。

2. 汽车安全性的意义

相对于一般意义下的安全而言，汽车安全指的是汽车在使用过程中与安全相关的性能处于可控的状态（一种具体的安全状态），而汽车安全性则多指汽车在保障乘员安全方面应具备的能力。简明地讲，汽车安全性是指预防事故发生及减轻事故伤害的能力。人类提高这种能力的手段就是通过综合运用法规、技术、管理等多种措施，不断改进汽车结构设计，开发出性能更先进的安全设施，从而提高汽车的安全性能。汽车安全性可进一步分为主动安全性和被动安全性。

汽车主动安全性是指汽车自身防止或减少道路交通事故发生的能力。其主要与车辆的制动性、操纵稳定性、视野灯光信息性、结构尺寸及驾驶员工作条件（操作元件的人机特性、操纵轻便性、座椅舒适性、驾驶室温度、噪声、通风等）等因素有关。汽车行驶过程中，避免制动与驱动状态滑移，保障前、后轴的制动力合理分配，提高操纵稳定性等一系列相关措施均为汽车的主动安全性措施。

汽车被动安全性是指当交通事故不可避免发生时汽车对车内乘员的保护能力，即减轻事故后果的能力，进一步可分为内部安全性和外部安全性。在内部安全性方面应尽力减少事故中作用于车内乘员的冲击力，如中间"硬"，前后"软"的车身结构、安全带、安全气囊、吸能防伤转向机构等设备。在外部安全性方面应减少凸出物，物体外形采用圆弧形、软饰化、增大接触面等结构形式。

汽车被动安全性这一保护概念目前已延伸到汽车使用过程中车内、车外所涉及的人员和物体。近年来，汽车被动安全性能由于其保护设计出发点的不同被划分为三大"流派"。

（1）"软防护派"。以日本丰田汽车公司为代表，依据安全碰撞实验结果，突出车身结构的溃缩变形和轻量化设计。研究表明，在道路交通事故中，绝大部分的碰撞能量被车身吸收，发生碰撞事故时对车内乘员的保护主要通过车体结构的溃缩变形实现。依据这一认识，一方面在车身结构上通过预先设定的褶皱永久变形，以在碰撞时吸收大部分的冲击能量；另一方面尽量降低车身结构重量，即车身轻量化设计。"软防护派"基于标准化的碰撞实验结果其实并不能够涵盖一切突发的车辆事故，在极端的事故中这些车辆的安全性还有待进一步研究。

（2）"硬防护派"。以德国车为代表，突出车身结构的坚固性。实际中，同样尺寸的两辆汽车相互碰撞时，车身较重的一方往往变形较小。就直观认识而言，车身钢板越厚越硬、乘员舱结构越坚固，发生碰撞事故时其变形量会越小，安全性自然会越高。因而，大量采用整块钢板一体冲压成型的部件，并安装侧门双防撞板，使得在不少极端条件下的碰撞事故中，"硬防护派"汽车表现出实验室里无法测试出的牢固度，这其中既有偶然的成分，也有经验与智慧因素的作用。值得注意的是，软与硬两派近年一直在互相靠拢，两者的分歧也越来越小。

（3）"设备派"。其特点是突出新型电子设备的应用。科技的发展使得大量的新型电子设备被有效地运用于汽车安全系统中。以智能安全气囊为例，在普通气囊的基础上增加了多种传感器，可以探测出座椅上的乘员是成年人还是儿童，是否系上安全带及所处的位置高度；由计算机软件分析和控制安全气囊的膨胀，使其发挥最佳作用，从而极大地提高其安全作用。传统上安全气囊只能对车内乘员起保护作用，最新的汽车将更加注重人、车与环境的融合，因此对行人的安全保护也将成为汽车设计者考虑的因素之一。有专家指出，未来功能更强大的新型安全装置在汽车上的广泛应用，将对交通参与者提供最好的保护。

1.1.2 道路交通安全概述

1. 道路交通事故的概念

由于各国国情、文化及经济发展水平的差别及道路交通安全状况、交通规则和交通管理规定的不同，其对交通事故的定义也不尽相同。中国根据本国的国情及其交通安全状况，在 2004 年 5 月 1 日开始实施的《中华人民共和国道路交通安全法》中给出的定义为：交通事故是指车辆在道路上因过错或者意外造成的人身伤亡或者财产损失的事件。此定义主要强调车辆在道路上因过错或意外原因造成的人身伤亡或者财产损失事件，比较适合当今中国道路、车辆和人员参与交通活动的现状。

构成一起交通事故应具有以下 6 个缺一不可的基本要素。

(1) 车辆。车辆是构成交通事故的前提条件,指各种机动车辆与非机动车辆,主要为民用车辆(军用车辆一般不包括其列),且以机动车为主。

(2) 在道路上。道路是构成交通事故的基础条件,指供公众使用的道路。仅供本单位车辆和行人通行的,交通管理部门没有义务对其进行管理的,因不具备公共性质不能列为道路之列。

(3) 在运动中(运行中)。交通事故涉及的各当事方中至少有一方的车辆处于运动状态。

(4) 有交通事态(发生)。发生了碰撞、刮擦、碾压、翻车、坠车、爆炸、失火等现象中的一种或几种。

(5) 过错或意外。产生交通事故的原因或因过错(即人祸)原因造成,或因意外(即天灾)原因造成。造成过错的原因虽是人为的,但却是非故意的,主要有违法行为与过失行为两类。意外原因是指因人力无法抗拒的自然灾害如山洪、泥石流、流石、地震、雷击、台风、海啸等造成的交通事故。

(6) 有后果(损害后果)。交通事故必定有损害后果存在,即有人员、牲畜伤亡或车辆、物质损坏发生。

2. 道路交通安全

道路交通安全从本质上讲是指交通参与者在参与交通活动过程中的人身及财产安全。通俗地讲是指交通参与者在参与交通活动的过程中确保自身和他人的生命及财产安全,也就是既不要向他人(包括自己)或他物施加伤害,也不要遭受到外来伤害。

交通参与者是指在从事交通活动过程中与人的特定行为或临时角色相关的不同群体,通常指机动车驾驶员、骑车人、行人、乘客等。关于交通参与者的人身安全,存在两方面的含义。

(1) 从交通参与者个人微观层面上讲,就是交通参与者在参与交通活动的过程中人身不要受到伤害。具体体现为"三不伤害"。

① 我不伤人,即交通参与者自己不要伤害其他参与者(别人)。

② 人不伤我,即交通参与者自己不要被其他参与者(别人)伤害。

③ 我不伤我,即交通参与者自己不要伤害自己。

(2) 从交通管理部门的宏观层面上讲,人身安全可用机动化程度和交通安全的乘积描述,用公式表示则为

$$人身安全 = 机动化程度 \times 交通安全$$

上式中,机动化程度的意义是指在一定时期内一个国家或一个地区范围内统计人口所拥有的机动车数量,通常用每1000人拥有的机动车数量表示。显然,一个国家或一个地区范围内每1000人拥有的机动车数越多,其机动化程度就越高,2012年我国大陆地区每1000人拥有的机动车数为177.24辆。而反映交通安全状况好坏的重要评价指标之一是万车死亡率,万车死亡率(也称为万辆机动车死亡人数)的意义是指在一定时期内一个国家或一个地区范围内按机动车拥有量所平均的交通事故死亡人数。在机动车总量一定的条件下,万车死亡率越低,交通事故死亡人数的绝对数越低。2012年我国大陆地区每万辆机动车死亡人数为2.50人,这一数值较交通发达国家仍然要高。就交通安全和机动化程度两项指标的乘积而言,其数值越小,表明人身安全状况越好。在机动化程度一定的条件下,万车死亡率指标越低,人身安全状况就越好。虽然我国的机动车保有量处于快速增长的过程中,但多年来万车死亡率不断降低,总体而言,我国的交通安全状况正逐年趋好。

1.1.3 汽车安全性与道路交通事故的关系

（1）汽车的主动安全性好，道路交通事故的发生率会降低；反之亦然。例如，汽车的制动性能变差，出现制动距离增加、后轴侧滑、制动跑偏的可能性会增大；汽车的照明性能、视野性能较差，夜间行驶引发交通事故的可能性会增大。汽车的被动安全性能提高，在交通事故不可避免时可有效减轻事故伤害。

（2）提高汽车的主动安全性，有助于降低道路交通事故的发生率，对于预防交通事故的发生具有重要意义。

（3）提高汽车的被动安全性，对于减轻或避免交通事故伤害具有积极意义。

人员、车辆、道路是构成现代道路交通系统的三大基本要素。显然，汽车只是现代道路交通系统中的重要因素之一，汽车安全性并不代表道路交通安全的全部，但汽车安全性不高，道路交通系统则难以保证安全。

1.2 汽车安全技术及其发展

安全是汽车发展过程中永恒的课题之一。汽车安全技术的产生和发展是随着道路条件的改善、车辆行驶速度的提高及汽车保有量的增加而逐步受到重视的。在汽车发展初期，由于道路条件差、车辆行驶速度低及保有量少，汽车安全技术受到的关注较少。随着汽车的广泛使用及伤害事件的不断增多，自20世纪50年代开始，各个汽车企业全面重视汽车安全问题，开始了对汽车碰撞问题的系统研究。与此同时，汽车安全技术逐步取得突破，特别是自20世纪60年代以来，随着电子、信息及计算机技术在汽车上的应用及材料科学和制造技术的进步，先进的汽车安全装置不断被发明和投入使用，汽车安全技术进入了系统、快速发展时期，图1.1所示的汽车被动安全和主动安全技术应用曲线较全面地反映出了汽车安全技术在汽车上的应用状况及其未来一定时期的应用预测。

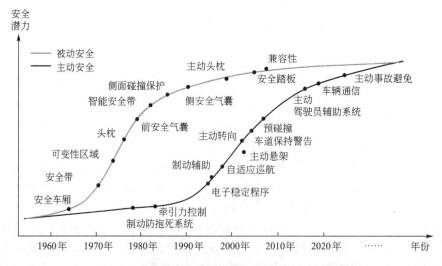

图1.1 汽车安全技术在汽车产业的应用及其预测

图 1.1 表明，随着人们对汽车安全性能的要求越来越高及汽车保有量的日益增加，未来会有越来越多的先进技术被应用到汽车安全装置上。

汽车安全技术按其防范事故伤害着眼点的不同可分为汽车主动安全技术与汽车被动安全技术。汽车主动安全技术是指汽车设计者为使汽车安全行驶，尽可能避免道路交通事故发生而采取的技术措施，具有主动预防交通事故的特点。汽车被动安全技术是指汽车在行驶过程中当交通事故不可避免地要发生时，汽车设计者为尽可能减轻事故伤害而采取的技术措施，具有被动减轻事故伤害的特点。

1.2.1 汽车主动安全技术

汽车主动安全技术按防范和预防的差异可分为事故防范技术和安全预防技术等。

事故防范技术进一步可分为驾驶操纵性提高装置和事故避免系统。

驾驶操纵性提高装置包括制动防抱死系统(ABS)、驱动防滑系统(ASR)、电子制动力分配(EBD)、电子稳定程序(ESP 或 VSC)、四轮转向(4WS)、速度控制动力转向、自适应巡航控制系统(ACC)、四轮驱动(4WD)等。

事故避免系统包括行车车距报警系统、车道改变避免危险系统、偏离车道报警系统、调节车辆位置的速度控制系统、汽车碰撞检测和预防系统、转弯减速调整系统、轮胎压力监测系统(TPMS)等。

正常行驶过程中的安全预防技术包括车况、路况检测，改善驾驶视野，提高车辆的被视认性，灯光照明防炫目，驾驶员注意力监测，自动导航等。

1) 典型主动安全技术

(1) ABS。当车辆制动时，它能使车轮保持转动而不抱死，从而帮助驾驶员控制车辆并安全停车。在制动过程中不仅可以控制方向稳定性，还可以减小制动距离，目前已成为绝大多数车辆的标准配置。

(2) ASR。它是在 ABS 的基础上发展起来的新系统。ABS 在汽车制动时控制 4 个车轮，而 ASR 只控制驱动轮，当汽车加速时，将滑动控制在一定的范围内，从而防止驱动轮快速滑动。其功能在于避免驱动轮滑转，提高牵引力和保持车辆行驶稳定性。

(3) ESP。它是博世公司的专利产品，综合了 ABS 及 ASR 的功能。在汽车行驶过程中，通过不同传感器实时监控驾驶者转弯方向、车速、节气门开度、制动力及车身倾斜度和侧倾速度，以此判断汽车正常安全行驶和驾驶者操纵汽车意图的差距，然后通过调整发动机的动力输出和车轮上的制动力分配，修正过度转向或转向不足。ESP 可防止车辆侧滑和侧翻，在提高汽车行驶稳定性方面效果显著，逐渐在发达国家成为车辆标准配置。ESP 的应用使事故降低 16%。ESP 全球车辆安装率趋势如图 1.2 所示。

对于 ESP，由于专利的原因，致使不同的开发厂家采用了不同的称谓，如宝马公司称为动力学稳定控制系统(DSC)，本田公司称为汽车稳定性控制系统(VSC)。

2) 主动安全技术的发展趋势

随着网络技术的发展和对车辆动态控制认识的深化，主动安全技术的范畴已在 ABS 和 ESP 的基础上拓展出更多的功能，朝着预防纵向碰撞、纵向临近车辆监控、横向稳定及车况实时监控等方面延伸，以满足在各种行驶状态和路面条件下，既保证安全又提高行驶效率的目的，而多系统控制的集成和协调问题也成为技术上的重点和难点。

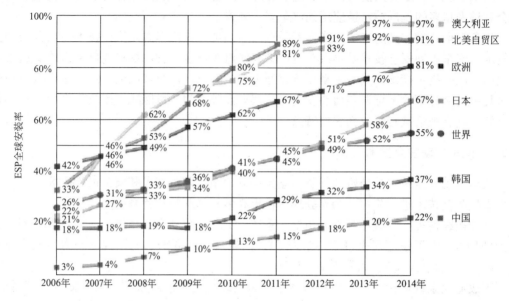

图 1.2　ESP 全球车辆安装率趋势(基于乘用车和 6t 以下轻型商用车产量)

1.2.2　汽车被动安全技术

汽车被动安全技术按伤害减轻和灾害抑制可分为事故不可避免发生时伤害减轻安全技术和事故不可避免发生后灾害抑制,即防止灾害扩大安全技术。其中,事故不可避免发生时伤害减轻安全技术包括吸能车体(身)、安全带、安全气囊、安全座椅、行人保护等。事故不可避免发生后灾害抑制安全技术包括减轻二次冲击、阻燃构件、自动灭火、自动报警、安全车锁、汽车行驶记录仪(汽车黑匣子)等。

1) 典型被动安全技术

(1) 安全车身。其主要功能是当碰撞发生时能够通过车身前后部的变形有效保护车内乘员。提高车身碰撞安全性的措施主要集中于汽车车身结构的缓冲与吸能,以在碰撞时能够有效吸收大部分的冲击能量。

(2) 安全带。其主要功能是当事故发生时,限制乘员身体的前移,避免发生乘员与车体相应部位的碰撞伤害。安全带的使用可以有效约束乘员身体前移而大大降低乘员受重伤或死亡的概率。

(3) 安全气囊。通常作为安全带的辅助安全装置和安全带一同使用。据统计,配备安全气囊的车辆发生正面碰撞时,可使乘客受伤程度减轻 64%,即使未系上安全带,防撞安全气囊仍可减轻伤害。

2) 被动安全技术的发展趋势

研究表明,汽车被动安全技术水平越高,其安全性也越高。随着人们对车辆安全的日益重视,被动安全技术也获得快速发展,如安全车身、安全座椅、行人保护气囊、碰撞传感器等。汽车安全车身旨在通过车身前后部的合适变形,以最大限度地保护车内乘员。汽车安全座椅的功能越来越多,座椅头颈部保护、腰部支撑、加热功能、按摩功能、通风功能及座椅记忆功能等新技术不断发展,使座椅的安全性和舒适性大大提高。

行人保护气囊可以在行人与车辆发生碰撞时保护行人安全。行人保护气囊安装在发动机罩上，位于前风窗玻璃下部，碰撞发生时气囊打开可减轻行人头部与前风窗玻璃的撞击程度；同时，发动机罩后边缘在爆燃装置的作用下向上抬起，使发动机罩与发动机舱之间形成一定的变形空间，当行人头部与发动机罩撞击时，减轻行人头部伤害。这些被动安全新技术的应用将进一步减轻对乘员及行人的伤害程度。

1.3　道路交通安全保障体系

以汽车为主要交通工具的现代道路交通系统的形成和发展是以汽车为代表的机动车辆广泛使用的产物。现代道路交通系统在过去几十年中随着汽车保有量的增加得到了快速发展和壮大，正在人类工作生活中发挥着重要作用。

人员、车辆、道路及其环境是构成现代道路交通系统的基本要素，从管理的角度，还应包括管理、法规等要素。现代道路交通系统的基本目标是高速有效地保障客、货主体实现快捷、可靠的安全位移。现代道路交通安全保障体系的意义是：应用系统论、信息论、控制论的观点，运用现代管理理论和系统科学方法、现代工程技术，分析并研究道路交通事故的发生、发展规律、演化机理及影响因素，找出其内在的规律，通过构建交通事故综合性防范体系，达到有效控制交通事故、降低或减轻交通伤害的目的。

现代道路交通安全是既涉及静态交通的道路及相关环境设施，也涉及人员和车辆的动态参与，还涉及社会、政治、经济结构的一个有机整体，其构成如图1.3所示。

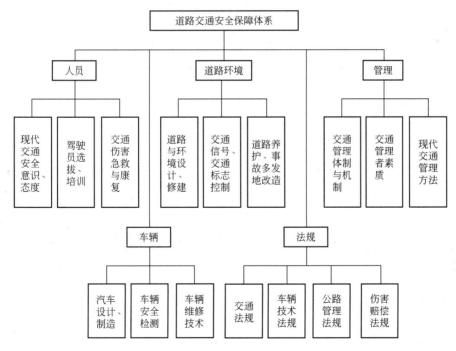

图1.3　道路交通安全保障体系简图

在现代道路交通系统中，人员的意义为交通参与者，包括驾驶员、骑车人、行人、乘客等。人是能动者，是该系统的核心，既是交通事故的制造者，也是交通事故的受害者。就人员这一要素而言，保障系统安全的内容包括交通参与者安全意识、安全态度的培养与教育，驾驶员的科学选拔、培训与考核，交通伤害急救与康复，等等。其中教育与培训是保障系统的安全预防措施，而交通伤害急救是保障系统安全的解救措施。

该系统中车辆的意义为机动车辆和非机动车辆，其中汽车是主体。就车辆而言，保障系统安全的内容包括：不断开发、设计、制造安全性能更高的新车；加强对在用车辆的安全检测和维护。对于新车而言，良好的设计水平与制造质量是保证安全性能的重要条件；对于在用车辆而言，加强使用过程中检测与维护则是保证其良好技术状况的必要措施。

该系统中道路的意义是指公路、城市道路等供公众通行的道路；道路环境是指道路上及其周围一定区域内的相关建筑物、道路安全设施及其构成物等。道路供车辆通行，是现代道路交通系统的基础。为保障系统安全，对道路及其环境的基本要求是道路特性、交通环境特性满足安全行驶要求，道路安全设施完备，监管有效。

对于现代道路交通系统而言，在其他条件不变时，采用不同的管理手段，则会获得不同的管理效果，因而，管理也是汽车安全保障体系中不可或缺的重要一环。对于交通安全而言，管理涉及管理体制、管理机制、管理者素质及现代交通管理方法等内容。实际中，为不断提高道路交通系统安全管理效率，管理者应以交通法规为依据，注意研究管理过程中出现的新情况、新问题，不断改进管理方法。

交通法规对于维护交通秩序、保障交通安全、保持道路畅通，实现对人、车、道路和环境的统一、有序管理具有重要意义。道路交通管理法规包括交通秩序管理、车辆和驾驶人安全管理、道路交通事故调查与处理、交通安全管理行政处罚、交通管理执法监督等内容。交通法规是进行交通管理的基础和依据，就交通法规而言，管理者一是要严格执法，并根据执法过程中出现的新情况、新问题，及时修改完善已有的法规制度，提高法律的科学性和针对性；二是要根据客观实际需要，创造条件，积极制定新的法规，为执法管理提供法律依据。

由以上分析可知，现代道路交通系统与人员、车辆、道路环境、法规、管理5个要素密切相关，整个系统的安全需依靠各个要素来保证。车辆作为其中的重要因素之一，对其安全性具有重要影响，显然，提高车辆的安全性对提高整个系统的安全性具有重要的现实意义。

1.4 汽车安全的研究内容

1.4.1 汽车安全体系构成

全社会对汽车安全性的要求越来越高，汽车安全已成为涵盖法规、性能、技术、结构、试验、检测等多方面专业知识的综合性学科。就其体系构成而言，主要包括汽车安全法规、汽车安全性能、汽车安全技术三部分，如图1.4所示。

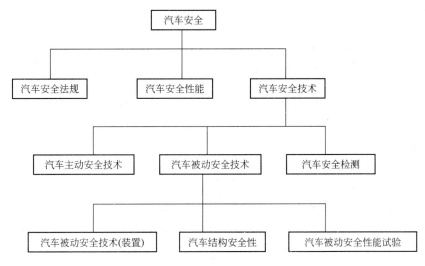

图1.4　汽车安全体系构成简图

1.4.2　汽车安全涉及内容

1) 汽车安全法规

汽车安全法规对汽车安全性能的改进和提高、汽车安全技术的发展起着总引领的作用。一辆汽车的安全性能必须要满足安全法规的要求，而汽车安全技术或装置则是使其达到相应安全性能的条件与保证。

汽车安全法规是汽车安全性能不断改进和提高的推进器。实际中，一项新的汽车安全法规的制定和实施，会迫使汽车生产商在其法规涉及的方方面面全方位提高产品质量，改善安全性能。汽车安全法规也是改善和提高汽车安全性的法律保证。一项新的汽车安全法规一旦实施，所有相关社会成员都须严格遵守。因而，汽车安全法规对于改进和提高汽车安全性具有重要意义。

汽车安全法规主要包括：①具体法规内容，包括汽车主动安全法规、汽车被动安全法规、汽车一般安全法规在内的多项详细和具体条款及应用范围、达标要求。②汽车技术法规体系的构成及其特点，目前世界上形成了美国、欧洲联盟(European Union，EU，简称欧盟)、日本三大汽车法规体系，这三大汽车法规体系既紧密相关、又各自具有不同特点，且其立法程序也各不相同。我国汽车安全法规主要以欧盟汽车安全法规为基础，同时也吸收了美国、日本汽车安全法规的优点。深入了解和研究汽车安全法规对提高我国汽车安全性具有积极意义。

2) 汽车安全性能

这里所述的汽车安全性能具有广义性，是指与汽车安全相关的全部性能。从相关紧密程度的角度划分，汽车安全性能进一步可分为直接与汽车安全相关的性能和间接与汽车安全相关的性能。在汽车安全性能中，直接与汽车安全相关的性能主要为汽车的行驶安全性能，涉及汽车制动性、操纵稳定性、驾驶室人机环境等主体内容；而间接与汽车安全相关的性能非常广泛，包括汽车动力性、汽车通过性、汽车行驶平顺性等多方面内容。从保障乘员安全方面讲，主要为主动安全性和被动安全性(有关主动安全性和被动安全性前已叙述，此处略）。

3) 汽车安全技术

就汽车安全技术与汽车安全性能之间的关系而言，汽车安全技术服务于安全性能。汽车通过装备相关的安全技术或装置，使其达到相应的安全性能要求。

汽车安全技术包括汽车主动安全技术和汽车被动安全技术两方面。汽车主动安全技术是指预防事故发生的技术或装置，主要包括 ABS、ASR、EBD、ESP、轮胎监测技术、四轮4WS、电控动力转向系统(EPS)、ACC、先进安全汽车 ASV 等相关内容。

汽车被动安全技术的内容十分丰富，可进一步分为：①汽车被动安全技术（装置）；②汽车结构安全性；③汽车被动安全性能试验。其中，汽车被动安全技术（装置）主要包括安全车身结构、汽车座椅安全带、安全气囊防护系统、汽车座椅系统、儿童乘员保护、吸能转向防伤机构、行人碰撞保护等相关内容。汽车结构安全性是指与汽车安全直接相关的重要结构和部件的设计及不同选择对汽车安全性的影响，与汽车安全直接相关的重要结构和部件包括车身结构、制动器、轮胎、汽车玻璃等。汽车被动安全性能试验的主要内容包括 C-NCAP、汽车零部件台架试验、汽车零部件模拟碰撞试验、汽车实车碰撞试验等。

随着汽车使用年限和行驶里程的增加，汽车的技术状况会不断恶化，这直接对汽车行车安全构成威胁，从这个角度考虑，汽车安全技术还应包括汽车安全检测。汽车安全检测的相关内容包括汽车安全检测制度、汽车安全检测项目与基本内容、汽车安全检测设备。

1-1 什么是安全的相对性？如何理解安全的相对性？

1-2 什么是汽车安全性？研究汽车安全性有何现实意义？

1-3 什么是道路交通安全？道路交通安全与机动化程度有何关系？汽车安全与道路交通安全又有何关系？

1-4 汽车安全技术主要包括哪些内容？你认为未来汽车主动安全技术和被动安全技术会以什么状态发展，是继续各自独立发展还是相互融合发展？为什么？

1-5 为什么说汽车安全保障体系中人员、车辆、道路环境、管理和法规5个要素都与现代道路交通系统的安全密切相关？

1-6 你在实际的工作生活中是如何避免"三不伤害"的？

第 2 章 汽车安全法规

 本章教学要点

知识要点	掌握程度	相关知识
汽车标准与技术法规概述	掌握标准与技术法规的意义及标准体系与法规体系的主要区别	世界三大主要汽车法规体系及其构成
美、欧、日、中汽车安全技术法规体系及汽车认证制度	掌握美、欧、日、中汽车安全技术法规体系及汽车认证制度的主要内容	美、欧、日、中汽车安全技术法规体系差别；汽车认证制度

汽车安全

> **导入案例**
>
> ### 世界汽车安全立法及我国汽车安全法规的发展过程
>
> 从世界第一辆汽车诞生开始,汽车对促进经济发展和社会进步、丰富和提高人们生活水平起着十分重要的作用。但随着世界汽车工业的不断发展,汽车保有量的迅速增加,随之带来的汽车安全事故、环境污染及能量消耗,特别是汽车的安全问题,已经构成严重的社会公害。从20世纪50年代开始,世界许多国家,特别是工业发达国家相继通过立法对汽车进行管理,如美国联邦机动车安全标准(Federal Motor Vehicle Safety Standard,FMVSS)、欧洲经济委员会汽车法规(ECE)、日本道路车辆安全法规等,通过立法对汽车产品实施法制化管理,有效促进了汽车产品安全性能的稳步提高,从而在一定程度上控制了汽车对人类社会和环境造成的危害。
>
> 我国的汽车强制性标准工作起步于20世纪90年代初期,1995年开始逐步实施。我国的汽车强制性标准体系主要以ECE/EC体系为参照,包括安全、环保、节能、防盗,安全标准按照主动安全、被动安全和一般安全划分。其中主动安全项目主要涉及照明与光信号装置、制动、转向、轮胎等;被动安全项目涉及座椅、门锁、安全带、凸出物、车身碰撞防护及防火等;一般安全项目涵盖视野、指示器与信号装置、车辆结构与防盗等。我国的汽车强制性标准首先从主动安全开始,随着汽车工业及技术、经济的发展逐步向一般安全、被动安全扩展。
>
> 汽车的安全是人们最为重视的基本利益之一,汽车安全是世界汽车技术发展永恒的主题和动力。现在,汽车的安全性比以往更受到人们的关注,安全性也成为汽车产品的重要卖点。世界安全法规走向如下。
>
> (1) 被动安全和主动安全之间有机融合。
>
> (2) 减少伤亡:包括乘员保护、行人保护、碰撞相容性安全法规(碰撞相容性的意义是指车辆在碰撞时保护自己的乘员,同时也保护对方车辆乘员的能力)。
>
> 资料来源:http://wenku.baidu.com/view/1950e2eb172ded630b1cb69d.html

2.1 汽车标准与技术法规概述

标准和技术法规的产生和发展既是现代社会发展———工业化大生产的重大进步,也是人类社会化大生产的重要成果之一,对于社会、经济、贸易、技术发展的促进作用已经得到广泛认可。随着我国市场经济体制建立和完善及经济全球化战略的日趋深化,充分发挥标准和技术法规的作用对于促进我国社会、经济、贸易、技术健康发展无疑具有重要意义。

2.1.1 标准、技术法规和标准化的意义

1) 标准的意义

中国国家标准 GB/T 20000.1—2002《标准化工作指南 第1部分:标准化和相关活

动的通用词汇》中对标准的定义是：为了在一定范围内获得最佳秩序，经协调一致制定并由公认机构批准，共同使用的和重复使用的一种规则性文件。

简明的说，标准是科学、技术和实践经验的总结，是人们在生产、经营和管理活动中依据对经验的总结，并加入理论框架的指导，从而形成的由数据、公式、模式、方法、原则等构建的系统理论。该系统理论获得了公众和权威机构的认可且公布于世。

标准的意义及作用为：一是有了参考框架，可以用于作为衡量或判定技术（成果）好和不好的根据，或用于判定是不是某一事物的根据；二是工作有了目标，便于操作，易形成一致意见；三是透明公开，自愿采用；四是便于大规模生产经营和管理，可防止走不必要的弯路；五是可通过修正或修订和最新技术水平保持同步。

2）技术法规的意义

中国国家标准 GB/T 20000.1—2002《标准化工作指南 第1部分：标准化和相关活动的通用词汇》中对技术法规的定义是：规定技术要求的法规，它或者直接规定技术要求，或者通过引用标准、技术规范或规程来规定技术要求，或者将标准、技术规范或规程的内容纳入法规中。

技术法规是指规定强制执行的产品特性或其相关工艺和生产方法（包括适用的管理规定）的文件，以及规定适用于产品、工艺或生产方法的专门术语、符号、包装、标志或标签要求的文件。这些文件可以是国家法律、法规、规章，也可以是其他的规范性文件，以及经政府授权由非政府组织制定的技术规范、指南、准则等。

简明地讲，技术法规是指规定技术要求的法规，可以引用"标准"、"技术规范"、"实施规程"的全部或部分内容，具有强制性要求。

技术法规的意义及作用为：以安全、健康、环保为首要目标，通过强制性手段，推动科技进步，促进产品性能不断提高，从保障人民生命、财产安全、环境保护、节约能源等方面维护全社会的公共利益。

3）标准化的意义

中国国家标准 GB/T 20000.1—2002《标准化工作指南 第1部分：标准化和相关活动的通用词汇》中对标准化的定义是：为了在一定范围内获得最佳秩序，对现实问题或潜在问题制定共同使用和重复使用的条款的活动，包括制定、发布及实施标准的过程。

"通过制定、发布和实施标准，达到统一"是标准化的实质；"获得最佳秩序和社会效益"则是标准化的目的。标准化的重要意义为：改进产品、过程和服务的适用性，防止贸易壁垒，促进技术合作。

实施标准及标准化工作的意义是：通过标准及标准化工作及相关技术政策的实施，可以引导和整合社会资源，激活科技要素，推动自主创新与开放创新，加速技术积累、科技进步、成果推广、创新扩散、产业升级及经济、社会、环境的全面、协调、可持续发展。

2.1.2 标准体系与法规体系的主要不同点及联系

1）制定的目的和出发点不同

在人类的经济和科学技术活动中，存在着大量共同的、且经常重复应用的要求。为解决这方面问题，需要开展标准化工作以规范人们的生产活动，使各方面以最小的投入获得最佳的经济效益，由此产生了制定相应标准和技术规范的客观需要。

制定标准的目的是满足产业活动需要，针对共同和重复应用的实际或潜在的问题而提出，为在一定范围内求得最佳的秩序；制定技术法规的目的则是服务于政府法制化的行政管理活动。显然，二者的目的、服务对象存在明显差异。

制定技术法规的出发点是人本主义，技术法规对产品的要求主要是为了保护人身安全健康，出于安全、健康、环保等考虑；而标准的制定则是"物本"主义，其对产品的技术要求往往是为了提高劳动生产率、提高产品兼容性、保证产品质量等。

2）制定主体不同

标准是由标准化机构自行或组织制定的，是经公认机构批准、供通用或重复使用的非强制执行文件。所谓公认机构是指有能力在标准化领域开展活动，在国际上得到各国认可，在一个国家内得到本国政府认可或是已经树立起威信和信誉并为社会各方面一致接受的标准化机构，如国际标准化组织（ISO）就是得到各国公认的非官方组织。

技术法规则是由立法机构、政府部门或其授权的其他机构制定并强制执行的文件，既可以是国家法律、政府法令，也可以是部门规章或其他强制性文件。技术法规虽然不是国家法律法规体系中的一个独立层次，却是其重要组成部分。这里，授权的其他机构的意义是指法律授权的有法规"立法权"和"执法权"的机构，在一些情况下可以是同一机构，也可以是两个机构。由于制定主体不同，其法律效力也不同。

从政府职能的角度看，技术法规从制定、批准到执行都是政府的本职工作，属政府职能；而标准的制定、批准到执行，不全是政府职能。

3）约束力不同

虽然标准和技术规范在一定范围内都具有约束力，但其约束力的性质不同。以国际标准为例，国际标准是各参加国的标准化组织机构协商一致后制定，并由ISO批准。如果某一国不同意该标准可以不签字，则此标准对该国就无约束力，而签字国却有义务执行该标准。这表明标准仅在其承认的范围内有约束力，该约束力为一种自觉承担义务性质的约束力，并没用法律意义上的约束力（强制性），即标准的执行为非强制性。

技术法规是法律派生的产物，为法律的配套文件，是政府为贯彻法律的内容（条款）而通过一定形式的立法程序制定的行政管理规则。技术法规具有法律意义上的约束力，在一个国家颁布后强制执行。对于标准和技术法规而言，是否在法律上具有强制性是二者之间的原则性区别。在世界贸易组织各参加国中，无论是国际标准、区域标准、国家标准、行业标准和企业标准都是非强制性的，这已成为国际惯例。

标准对产品及其生产过程的技术要求是明确的、具体的，一般都是量化的，因此，其对进入国际贸易的货物的影响也是显而易见的。与之比较，技术法规的技术要求虽然明确，但通常是宏观的、非量化的，有很大的演绎和延伸余地。因此，其对进入国际贸易的货物的壁垒作用是隐性的；而标准的壁垒作用通常是显性的；标准的采用是自愿性的，而技术法规的实施则是强制性的。

4）体系构成不同

在体系构成上，标准和技术法规是完全分立的两个体系。标准体系的构成包括国际标准、区域标准、国家标准、行业标准和企业标准等；而技术法规体系的构成包括区域技术法规、中央政府的技术法规、地方政府的技术法规。由于技术法规的制定、批准、执行均由政府主导，属政府行为，因为企业是不具有政府行为的法人，故企业不可能有其技术法规。

在分类方面：标准的种类包括基础标准、术语标准、试验标准、产品标准、过程标准、服务标准、接口标准、数据待定的标准等多种；而技术法规没有与标准对应的分类。

标准的分类：按使用范围划分有国际标准、区域标准、国家标准、地方标准、企业标准;按内容划分有基础标准(一般包括名词术语、符号、代号、机械制图、公差与配合等)、产品标准、辅助产品标准(工具、模具、量具、夹具等)、原材料标准、方法标准(包括工艺要求、过程、要素、工艺说明等);按成熟程度划分有法定标准、推荐标准、试行标准、标准草案。

标准的制定:国际标准由国际标准化组织理事会审查,国际标准化组织理事会接纳国际标准并由中央秘书处颁布;我国国家标准则由国务院标准化行政主管部门制定;行业标准由国务院有关行政主管部门制定;企业生产的产品当没有国家标准和行业标准时应当制定企业标准,作为组织生产的依据,同时需报有关部门备案。

目前,企业采用"标准"的几种实施形式如下。

(1) 直接采用上级标准,即直接引用标准中所规定的全部技术内容、毫无改动地实施。

(2) 对上级标准内容实施压缩后选用,即部分选用。

(3) 对上级标准内容进行补充后实施。

(4) 制定并实施配套标准。

(5) 制定并实施严于上级标准的企业标准。

与标准相比,技术法规除了关于产品特性或其相关过程和生产方法的规定之外,还包括适用的管理规定。

5) 可协调性不同

标准具有相对统一的、固定的特性,在理论上是可协调的,在实践上也能达到一定程度的一致,如欧洲协调标准、国际标准化机构和区域标准化机构的标准都是在协调一致的基础上产生的。而技术法规则缺乏这种统一的、固定的特性,常常因国家与文化特性的差异而不同,而且涉及国家主权问题,因而,追求国家之间技术法规的一致性难度极大,除非国家之间出于政治目的需要联合,如欧洲各国组成的欧盟。

6) 内容的构成不同

标准和技术法规二者间有着密切的联系,表现为技术法规经常要直接引用标准作为其重要组成部分。二者虽都以技术和科技成果为基础,但二者在内容上仍有十分明显的差别。标准一般只包括"纯"技术的内容;而技术法规除了技术的内容外,一定还包括因管理需要而由行政部门制定的行政规则,如内容中包括有便于法则贯彻执行而设置的管理程序和违反时的处罚措施等。

我国标准的内容通常包括 3 部分:概述部分、技术内容部分和补充部分。各国的技术法规其内容和形式不完全相同。关于标准和技术法规的主要区别见表 2-1。

表 2-1 标准和技术法规的主要区别

比较方面	标准	技术法规
定义	为获得最佳秩序,经协商后确定采用的规范性文件	执法权威机构采用的规定或行政规则的约束性文件
目的	保障行业、协作单位之间的协调关系,不断提高产品的技术水平;克服国际贸易中的技术壁垒,以获取最佳经济效益	从保障人民生命和财产安全、保护环境、节约能源等方面维护全社会的公共利益

(续)

比较方面	标准	技术法规
制定、批准及管理的机构	由不具有政府管理职能的有关机构或组织(如行业组织、地区性组织、学会、协会等)颁布,相应的机构协调	政府颁布、由政府或授权机构执行、监督和管理
内容及其组成	一般为纯技术内容,不包括行政规则	除纯技术内容外,还包括为管理需要而制定的行政规则
适应方式	一般不受限制,可以跨越区域	国家主权范围内
管理方式	非强制性,企业可根据合同要求自主选择	强制性,产品需通过认证机构的认证才有可能在法规管辖区域内得到认可

由以上讨论可知,虽然标准和技术法规二者之间存在明显差别,且标准也不等于技术法规,但二者之间同时也存在紧密关系和联系。首先,二者都是涉及具体技术要求的文件,均具有很强的技术性,且都以科学技术成果为基础,内容均包括产品特性,加工生产方法的术语、符号、包装、标志等方面的要求;其次,标准和技术法规之间可以相互引用,即技术法规可以引用标准,而标准也可以引用技术法规;政府在制定技术法规时常常引用标准来代替技术法规中有关技术要求的详述条款,这样做的目的既可以通过引用标准充分借鉴人类科学技术的发展成果,又能简化技术法规起草的过程,缩短起草周期。

从实际作用看,标准对于技术法规的制定和实施起到了支撑作用;而技术法规的实施客观上推动了标准的应用。就标准与技术法规的作用效果而言,标准与技术法规是企业生产的产品进入市场的最低要求;标准与技术法规的制定和建立有利于企业不断增加研发费用、提高设计、生产水平,加强质量管理。汽车标准和技术法规是汽车制造者、销售者和使用者必须遵守的守则,并成为汽车设计和制造的准则、汽车认证和商品检验的基础。对于汽车生产企业而言,标准和技术法规的制定和实施有利于稳步提高汽车产品质量。

2.1.3 目前世界三大主要汽车法规体系及其构成

汽车发展的历史就是汽车安全性能不断提高的历史,而汽车安全技术的发展过程也是汽车安全性技术法规发展和完善的过程,两者相互促进,共同提高。

经过百余年的发展,世界范围内的汽车技术法规体系主要形成了美国汽车法规、欧洲汽车法规、日本汽车法规三大汽车法规体系。日本为提高国际化水平,其汽车技术法规正在向欧洲法规体系靠拢。此外,加拿大、澳大利亚、沙特阿拉伯、南非、中国香港、新加坡等国家和地区也都制定了相应的汽车法规,总体上这些汽车法规基本上都是参照美国和欧洲法规再结合本国或本地区具体情况制定的。美国、欧洲、日本三大汽车法规体系的基本构成见表2-2。

表2-2 美国、欧洲、日本三大汽车法规体系的基本构成

序号	分类	国别	所依据的法律	派生出的汽车技术法规	说明
1	管理汽车安全的法律	美国	《国家交通与机动车安全法》	美国联邦机动车安全标准FMVSS	其内容包括汽车主动安全和被动安全法规等
		欧洲	日内瓦协议	ECE(联合国欧洲经济委员会汽车法规)、EEC(原欧洲经济共同体安全指令)	除安全技术法规之外，还增加了防止汽车排放污染、噪声及抗电波干扰等公害内容
		日本	《道路运输车辆法》	道路车辆安全法规	参照FMVSS进行分类，并增加了防止汽车排放污染物及噪声等公害内容
2	控制汽车污染物的法律	美国	《大气清洁法》、《噪声控制法》	首先制定了试验方法，每隔一段时间由议会提出议案，政府制定出控制汽车污染物和汽车噪声的限制	
		欧洲	日内瓦协议	ECE和EEC	
		日本	《大气污染控制法》、《噪声控制法》	TRIAS(型式认证试验规程)	
3	促进汽车燃料节约的法律	美国	《机动车情报和成本节约法》	每隔一段时间由议会提出议案，政府发布本阶段的汽车平均燃料消耗定额	每个汽车制造公司均要保证自己每年生产的各种大小类型汽车的平均燃料消耗不得超过政府的规定
		欧洲	日内瓦协议	在ECE-R15《十五工况排放法》的基础上，同样用此十五工况法测量轿车平均燃料消耗量，即ECE-R80	
		日本	《能源合理利用法》	在TRIAS-61《十工况排放标准》的基础上，同样用此十工况法测量汽车平均燃料消耗量	

总体而言，无论是一个国家还是一个行业，任何标准和法规都不是一成不变的，而是处于不断修订、完善过程中的。汽车行业每年都会有新的标准出台，增补或替换旧的标准，就连已经通过的法规也要根据实际情况的变化进行必要的调整和修改。

2.2 美、欧、日、中汽车安全技术法规体系及汽车认证制度

20世纪50年代以来，随着世界汽车工业的迅速发展，汽车产销量和保有量的大幅度增加，交通事故、排放污染、噪声及石油短缺等问题越来越严重。为了满足有关安全、环境保护和节约能源等方面的需要，美国、欧盟、日本等国家的有关立法部门和国际组织制

定了若干规定和法律，并以强制性法规的形式加以颁布和实施。汽车标准和技术法规是随着汽车工业的发展不断形成与完善的，二者相互依存、相互促进，在汽车产品生产与管理中共同发挥着不可替代的作用。我国自20世纪90年代开始，陆续制定了一系列汽车安全技术法规，对稳步提高我国汽车产品质量发挥了重要作用。

汽车技术法规体系是指在汽车技术法规的范围内，由于其内在联系所形成的有机整体，具有强制性、地域性、独立性等鲜明特征。汽车技术法规主要包括汽车安全、公害（排放、噪声、电磁干扰）防治和节约能源3个方面。

2.2.1 美国汽车技术法规体系

美国汽车技术法规体系主要由FMVSS、联邦机动车环境保护法规（Environmental Protection Agency，EPA）、联邦汽车燃料经济性标准法规组成。在《国家交通及机动车安全法》的授权下，美国运输部国家公路交通安全管理局（NHTSA）根据《国家交通及机动车安全法》制定与机动车辆结构及性能有关的FMVSS收录在"联邦法规集"（CFR）第49篇571部分中。美国环境保护署（EPA）根据《大气清洁法》、《噪声控制法》等负责制定汽车排放和噪声方面的技术法规，所制定的针对汽车排放控制的环保法规收录在CFR第40篇第86部分中。美国运输部根据《机动车情报和成本节约法》的授权和规定，制定美国汽车燃料经济性法规，主要规定了制造商必须遵守的汽车平均燃料经济性指标，收录在CFR第49篇中。美国除了有联邦法规外，各州根据各自的实际情况还制定了州法规，其指标一般都高于联邦法规。

1. 美国的汽车安全技术法规的主要内容

FMVSS是美国汽车技术法规的核心内容之一。FMVSS由美国运输部（United States Department of Transportation，简称DOT）所属的美国高速公路安全管理局根据美国《国家交通及机动车安全法》负责制定实施。该法规自1968年1月10日实施以来，经过几十年的补充与修改，已由最初的30多项扩展为当前的60余项，对各条款的要求也更加严格。至2009年，FMVSS共计60项，将汽车的安全问题分为五大类。

第一类：FMVSS 100系列，即汽车主动安全法规，旨在碰撞前设法避免车辆发生交通事故。该技术法规对保证汽车安全行驶所需的条件加以规定，如各种便于操作和识别的标志及其位置，避免驾驶员不致因标志及位置不清和操纵失误而造成安全事故；此外对制动系统、灯具、轮胎及车身附件的性能均做出了明确的规定，共计30项，见表2-3。

表2-3 FMVSS 100系列主动安全法规

法规序列号	主要内容	法规序列号	主要内容
101	控制器和显示器	109	新的充气轮胎
102	变速器换挡杆顺序、起动机互锁机构和变速器制动效能	110	轮胎和轮辋选择
		111	后视镜
103	风窗玻璃除霜和除雾系统	112	前照灯隐蔽装置
104	风窗玻璃刮水和洗涤系统	113	罩盖锁装置
105	液压制动系统	114	防盗装置
106	制动软管	115	汽车识别号的基本要求
108	灯具、反射装置和辅助装置	116	机动车制动液

(续)

法规序列号	主要内容	法规序列号	主要内容
117	翻新充气轮胎	124	加速器控制系统
118	动力车窗操纵系统	125	警报装置
119	机动车(不包括轿车)用新的充气轮胎	126	汽车电子稳定控制系统
120	机动车(不包括轿车)用新的轮胎和轮辋选择	129	新的轿车非充气轮胎
		131	校车行人保护装置
121	气压制动系统	135	轿车制动系统
122	摩托车制动系统	138	轮胎气压监测系统
123	摩托车控制器和显示器	139	轻型车辆用新的子午线轮胎

第二类：FMVSS 200 系列，即汽车被动安全法规，包括座椅及安全带、车门及门锁、风窗玻璃等部件在撞车过程中应对乘员起到的保护作用等，旨在汽车碰撞发生时减少对驾驶员及乘员伤害，共计 25 项，见表 2-4。

表 2-4 FMVSS 200 系列被动安全法规

法规序列号	主要内容	法规序列号	主要内容
201	乘员在车内碰撞时的保护	214	侧面碰撞保护
202	头枕	215	车外保护装置
203	驾驶员免受转向系统碰撞的伤害保护	216	轿车车顶抗压强度
204	转向系统的后向位移	217	客车紧急出口及车窗的固定与放松
205	车窗玻璃材料	218	摩托车头盔
206	门锁及车门保护件	219	风窗玻璃区的干扰
207	座椅系统	220	校车侧翻防护
208	乘员碰撞保护	221	校车车身连接部分强度
209	座椅安全带总成	222	校车乘员座椅和碰撞保护
210	座椅安全带总成固定点	223	后碰撞防护装置
211	车轮螺母、轮辐及轮辋盖	224	后碰撞防护
212	风挡玻璃安装	225	儿童约束系统固定点
213	儿童约束系统		

第三类：FMVSS 300 系列，即汽车防火安全法规，旨在减少车辆由于燃料、动力、电池和材料不当造成的火灾及在碰撞后造成的死亡和伤害，共 5 项，见表 2-5。

表 2-5 FMVSS 300 系列汽车防火安全法规

法规序列号	主要内容	法规序列号	主要内容
301	燃料系统的完整性	304	压缩天然气燃料箱的完整性
302	汽车内饰材料的燃烧特性	305	电动汽车—电解液溢出及电击防护
303	压缩天然气车辆燃料系统的完整性		

第四类：FMVSS 400 系列，即汽车附属设备标准，是 2000 年后新增的版块，对附属设施的安装、使用等进行规定，旨在减少安装使用时对乘员和周边人群造成的伤害，共 3

项，见表2-6。

表2-6 FMVSS 400系列汽车附属设备标准

法规序列号	主要内容	法规序列号	主要内容
401	乘用车行李箱内部开启机构	404	机动车残疾人提升平台/踏步的安装
403	机动车残疾人提升平台/踏步系统		

第五类：FMVSS 500系列，即低速车辆标准，目的是确保低速汽车在街道、道路和公路上行驶时，配有保证机动车安全的最基本的装备，共1项，见表2-7。

表2-7 FMVSS 500系列低速车辆标准

法规序列号	主要内容
501	低速车辆(车速介于32～56km/h的四轮车辆)

根据FMVSS，任何车辆或装备部件如果与FMVSS不符，不得进行以销售为目的的生产，不得销售或引入美国州际商业系统，不得进口。FMVSS是目前国际上汽车安全技术法规的三大主要体系之一，在全球范围内具有深远的影响力。近年来已有越来越多的国家逐步参照FMVSS修改或替换其本国原有的技术法规。美国汽车安全技术法规的主要特点如下。

(1) 法规内容较齐全，指标先进。法规规定的指标及方法对其他国家影响较大。

(2) 法规修订较快，也比较灵活。另外，指标规定严格，若是实施困难，就做适当调整，如延期、修订或暂免。

(3) 法规与美国汽车工程师学会(SAE)、美国材料试验标准(ASTM)、美国国家标准协会(ANSI)联系密切，多半采用或引用这些标准。

为了保证乘客最低限度的安全性，美国高速公路安全管理局提出了各种客车必须沿用轿车法规的方针，并逐步将轿车法规的适用范围扩大到轻型载货汽车、多用途客车等车型上。

2. 美国汽车安全技术法规的制定程序

美国汽车安全技术法规的制定程序总体上是既规范又开放。美国的汽车安全技术法规可以由政府各部门、各社会团体和组织、各企业或任何有关普通公民提出，当提案被国家高速公路安全管理局采纳后，即开始法律制定程序。

在法规制定的整个期间，在每周发行的公告"联邦注册"中按法规的进展要刊登所有有关的法规制定文本，主要包括以下内容。

(1) 提出法规制定的提前通告——法规的初始草案。
(2) 法规制定的通告——法规草案。
(3) 法规的制定——法规的最终草案。
(4) 法规和法则。

为使广大民众及时了解到法规制定的相关信息，美国对正在制定的法规草案和文本采取公告刊登制度，即定期刊登正在制定的法规草案和文本内容。与此同时，这些草案和文本还由政府有关部门及时发送至美国汽车制造商协会、汽车工业协会及其他与汽车有关的协会，并定期召开汽车业界与政府部门之间的会议，向汽车业界传达政府的意向和计划。

在美国，所有有关的政府部门、团体和个人均可在汽车法规制定的任何阶段以书面形式向国家高速公路安全管理局提出对汽车法规制定工作的修改意见，期限通常为1~2个月。如果国家高速公路安全管理局认为有必要，则召开听证会、让有关团体、个人充分陈述对汽车法规草案或文本的意见，法规制定详细流程如图2.1所示。

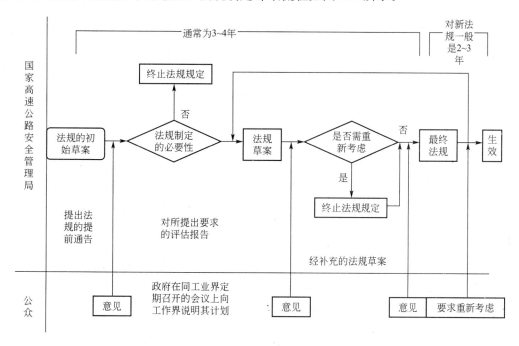

图2.1 美国汽车安全技术法规制定流程

美国的一项法规从提出到制定完成通常需要3~4年时间，新法规通过后在正式实施前还需要2~3年的准备期。

2.2.2 欧洲汽车安全技术法规体系

欧洲各国除有自己国家的汽车法规外，还另外有两个地区性法规：一是联合国欧洲经济委员会制定的汽车法规；二是欧洲经济共同体制定的指令。根据1992年建立欧盟的《马斯特里赫特条约》，欧洲经济共同体更名为"欧洲共同体"（EC——European Community），原欧洲经济共同体汽车技术指令（EEC指令）现一般称为欧洲共同体汽车技术指令（EC指令）。1993年以后，其改称为欧洲联盟。制定统一的EEC指令和ECE法规始于第二次世界大战后，联合国欧洲经济委员会于1958年开始制定统一的汽车法规。ECE法规由各国任意自选，属非强制性；而EEC指令作为成员国统一的法规则具有强制性。ECE法规现已被大多数国家接受，并引入本国的法律体系中。

欧洲汽车技术法规体系由联合国欧洲经济委员会（UN/ECE）发布的ECE技术法规和原欧洲经济共同体EEC（现为欧盟EC）发布的EC强制执行技术指令组成。联合国欧洲经济委员会的ECE技术法规以1958年签订的《关于采用统一条件批准机动车和部件互相承认批准的议定书》为法律依据；而欧盟的EC指令则是根据1957年各成员共同签订的《罗马条约》为基础制定的。尽管ECE法规和EC指令由两个不同的部门发布，但因主要参与国基本相同，二者在结构和内容上也基本相同，二者归于一个体系。其区别在于ECE法规在缔约国中自愿采用,是非强制性的;而 EC 指令在成员国中是强制执行的。

1. ECE 汽车技术法规

欧洲各国的汽车法规起步较早,20 世纪 50 年代初,一些国家就开始对汽车排放、灯具、制动装置制定一些规定,但各国规定的检查方法、效果的评定及其限值并不统一。法规上的不统一妨碍了欧洲各国间的自由贸易和国际间的运输,为此,联合国欧洲经济委员会为促进经济增长和国际贸易发展,于 1958 年在日内瓦签订了《关于采用统一条件批准机动车辆和零部件并互相承认批准的协定书》,即统一汽车产品认证条件的协定书。根据该协定,欧洲经济委员会各缔约国之间制定了一套统一的汽车法规,对需要认证的汽车及其零部件采用该协定进行认证,认证结果各成员国相互承认,这样则大大地简化了国际间的汽车认证程序,统一了各国的法规要求,促进了国际间的技术交流和自由贸易。

联合国欧洲经济委员会共有 21 个欧洲国家参加,美国、日本、加拿大、澳大利亚等国以观察员身份参加其活动。

ECE 法规由欧洲经济委员会下属的道路运输工作组的车辆制造专业组(WP29)负责起草。WP29 下设 6 个专家小组,即一般安全专家组(GRSG)、被动安全专家组(GRSP)、污染与能源专家组(GRPE)、灯光及光信号专家组(GRE)、制动与行驶专家组(GRRF)及噪声专家组(GRB),分别负责汽车安全、环保和节能领域内 ECE 汽车技术法规的制定、修订工作。ECE/WP29 下设的专家组每年召开两次会议讨论 ECE 法规的制定、修订工作,在广泛听取缔约国和非缔约国意见的基础上,共同研讨法规的制定、修订方式,以保证法规的公正性与公开性。ECE 法规在保证汽车安全性、环保及节能的基础上,更加重视法规的协调性、适用性和可操作性。

ECE 法规的制定程序一般由至少两个缔约国的车辆结构专家组提出草案,经缔约国协商并提交联合国秘书长,其生效日期至少在提交草案后的 5 个月。秘书长向其他各缔约国通知该草案及生效日期,各缔约国如在接到通知后 3 个月内回复则表示接受该草案,秘书长则向各缔约国通知该法规的生效日期及接受该法规的缔约国名单。任何一个缔约国都可以宣布采用或停止采用某一项法规,都可以提出修正方案。因而,ECE 法规在缔约国内是自愿采用的,各国可根据本国的具体情况决定全部采用还是部分采用。尽管如此,由于 ECE 法规具有很广泛的国际性,各有关国家无论是缔约国还是非缔约国,只要条件具备都尽可能采用,以促进国际间技术交流和自由贸易。ECE 法规制定与修订流程如图 2.2 所示。

ECE 法规自 1958 年制定以来,经过不断的修改补充,已颁布实施 127 项,全部为《1958 年协定书》的附件。其中,针对汽车(M、N、O 类车辆)产品的 ECE 法规 100 项;针对摩托车(L 类车辆)产品的 ECE 法规 22 项;针对农林车辆(T 类车辆)产品的 ECE 法规 5 项。ECE 法规非常重视灯光和信号装置的安全性。此外,在动态试验方面规定了车辆正面碰撞、侧面碰撞、翻车时车身强度及碰撞时防止火灾等要求。

2. EEC/ECE 汽车技术指令

EEC 汽车技术指令是原欧洲经济共同体成员国——德国、法国、英国、意大利、丹麦、比利时、荷兰、卢森堡、爱尔兰、希腊等 12 国经协商并经多次表决共同制定的。

鉴于各成员国内一些法定的技术要求间的差异,而用以运输货物的汽车及客车,因必须符合这些法定的技术要求则对原欧洲经济共同体内部的贸易造成阻碍,为此,原欧洲经

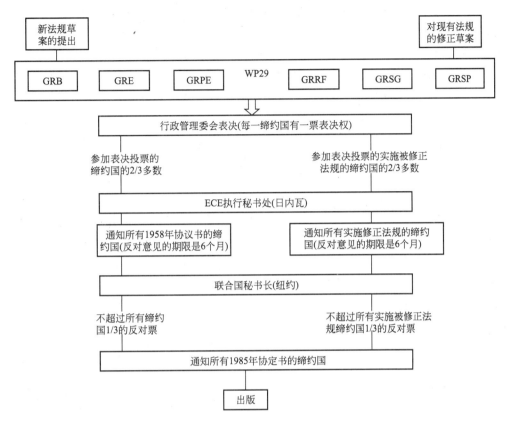

图 2.2　ECE 法规制定与修订流程

济共同体理事会于 1970 年 2 月发布了《各成员国关于汽车及其挂车形式认证协议》(70/15b/EEC)指令，随后又制定了一系列有关汽车的安全、排放、噪声、单独零部件的性能要求的法规。

EEC 指令的基本构成是：①规定了该指令所适应汽车的定义；②某种汽车部件符合指令提出的要求时，任何成员国不得以其他借口拒绝给使用该部件的汽车批准 EEC 形式认证或国家形式认证；③如果车辆的部件符合指令中提出的要求，任何成员国不得拒绝或禁止该型车辆的进口销售、登记领照等；④需要修订指令中的技术要求时，应按 70/56/EEC 指令中规定的程序进行；⑤各成员国在接到本指令后 18 个月内，付诸实施；⑥附件部分，每一项指令的附件内容包括技术要求、试验方法、EEC 形式认证申请及规定、EEC 形式认证书试样等内容。

EEC 指令较 ECE 法规的区别是：EEC 指令一经下达后，各成员国必须强制执行，并优先于本国法规(EEC 指令在成员国内是强制性的，而 ECE 法规在成员国内是选择性的)。

尽管 EEC 指令和 ECE 法规由两个不同机构发布，但两者间关系密切。几乎所有 EEC 国家都是 ECE 的核心国家。EEC 指令从法规内容看，与 ECE 法规大多数项目基本相同。ECE 和 EEC 之间的区别主要如下。

(1) 法律依据不同。前者依据 UN/ECE 1958 年协议书；后者依据 1957 年《罗马条约》及其 1991 年《马斯特里赫条约》。

(2) 编号方法不同。所有的 EEC 指令按年度和印发时间顺序统一编号，如 70/15b/

EEC(70 为年度，15b 为在该年度内所有印发的 EEC 指令中的顺序号)；ECE R13 REVI-SION4 表示 ECE 法规第 13 附件第 4 修订本(R：Regulation)；ECE R83-02 表示 ECE 法规第 83 附件第 2 修订本。

（3）组织机构不同。前者为联合国/经社理事会/欧洲经济委员会，新法规由联合国秘书长签发；后者为欧洲议会/部长理事会/欧洲委员会，欧洲议会和部长理事会是批准和监督机构。

（4）执行措施不同。ECE 在缔约国中是自愿采用的；EEC 在成员国中是强制执行的。

现行欧洲汽车安全法规 EEC 和 ECE 一览表见表 2-8。

表 2-8 EEC 和 ECE 汽车安全法规

法规编号			法规名称
ECE	EEC	EEC 修订号	
R1	76/761	89/517	前照灯
R2	76/761	89/517	前照灯灯泡
R3	76/757		回复发射器
R4	76/760		牌照灯
R5			发射非对称光封闭式前照灯
R6	76/759		转向信号灯
R7	76/758	89/516	侧灯、制动灯、示廓灯、位置灯
R8			卤素前照灯
R11	70/387		车门锁及铰链
R12	74/297	91/662	防止碰撞中转向机构对驾驶员的伤害
R13	71/320	79/489；75/524；85/647；88/194；91/422	制动器
R14	76/115	81/757；82/318；90/629	安全带固定点
R16	77/541	90/628	安全带和约束系统
R17	74/408	81/577	座椅、座椅固定点和头枕
R18	74/61	95/96	防盗装置
R19	76/762		前雾灯
R20			H4 卤素前照灯
R21	74/60	78/632	内饰件
R22			摩托车头盔
R23	77/539		倒车灯
R25	78/932		头枕
R26	74/483	79/488	外部突出物

(续)

法规编号			法规名称
ECE	EEC	EEC 修订号	
R27			提前警告三角板
R28	70/388		声响报警器
R29	92/114		商用车安全驾驶室
R30			充气轮胎
R31			发射非对称卤素封闭前照灯
R32			追尾碰撞车辆结构特性
R33			正面碰撞车辆结构特性
R34			火灾防止
R35			脚控制装置布置
R36			大客车结构
R37			灯泡
R38	77/538		后雾灯
R39	75/443		车速表及其安装
R42			前后保护装置
R43	92/22		安全玻璃及其材质
R44	76/756		儿童乘员约束装置
R45			前照灯清洗器
R46	71/127		后视镜及安装
R48	76/756	80/233；82/244；83/276；84/8；89/278；91/633	灯光及光信号装置的安装
R50			摩托车位置灯、制动灯、转向灯、后排照灯
R52			小型公共运输车辆结构
R53	93/92		摩托车灯光及光信号的安装
R54			商用车及挂车充气轮胎
R55	74/20		汽车列车机械连接件
R56			摩托车前照灯(轻便)
R57			摩托车前照灯
R58			后下部防护装置及安装
R60	93/29		摩托车操纵件、指示器
R61	92/114		驾驶室后挡板前向外部突出物

(续)

法规编号			法规名称
ECE	EEC	EEC 修订号	
R62			防盗操纵把
R64			备胎
R65	93/30		机动车特别警告灯
R66			大客车车顶结构强度
R67			液化石油气汽车特殊装置
R68			最高车速测量
R69			低速车辆及挂车后标志板
R70			重、长型车辆后标志板
R72			摩托车非对称光卤素前照灯
R73	89/297		货车、挂车及半挂车侧面碰撞
R74			轻便摩托车灯光及光信号装置
R75			摩托车充气轮胎
R76			摩托车前照灯(发射远光和近光)
R77	77/540		驻车灯
R78			L1 类车辆制动
R79	70/311	92/62	转向装置
R80			大客车座椅及固定点
R81	80/780		摩托车上后视镜的安装
R82			轻便摩托车白炽卤素前照灯
R87			白天行车灯
R88			摩托车反光轮胎
R89	92/6		最高车速限制装置
R90			制动衬片总成更替
R91			侧标志灯
R93			前下部防护装置
R94			正面碰撞乘员保护
R95			侧面碰撞乘员保护
R97			碰撞后车辆报警系统
R98			气体放电光源(灯泡)
R99			气体放电光源(灯具)

(续)

法规编号			法规名称
ECE	EEC	EEC 修订号	
R100			蓄电池电动车辆的安全性
R104			重型、长型车辆的后反射标志
R105			运输危险物品车辆的结构特性
R106			轮胎(农用车辆)
R107			双层大客车的一般结构
R108			翻新轮胎
R109			翻新轮胎(商用车辆)
	70/221	79/490;81/333	机动车液体燃料箱及后防护装置
	70/222		机动车及挂车后牌照板的安装空间及固定
	75/443	78/507	机动车倒车装置及车速表
	76/114	94/23	机动车及挂车法定牌照及铭牌、位置和安装方法
	76/767		压力容器的一般规定和检验方法
	77/143		机动车及挂车道路行驶适用试验
	77/389		机动车辆牵引装置
	91/671		在 3.5t 以下车辆中强制使用安全带
	77/649		机动车驾驶员视野
	78/316	93/91	机动车操纵件识别、信号装置、指示器
	78/317		机动车玻璃除雾除霜系统
	78/318	94/68	刮水器、洗涤器
	78/548		乘客舱暖气系统
	78/549		机动车护轮板
	85/3	86/360;88/218;89/338;89/460;89/461;91/60;92/7;86/364	道路车辆的质量、尺寸和技术特性
	86/217		轮胎压力表
	87/404	90/488;93/68	简易压力容器
	89/459		轮胎花纹深度
	91/216		机动车及挂车喷雾控制系统
	92/21	95/48	M1 类车质量和尺寸
	92/23		机动车辆及挂车轮胎与安装

(续)

法规编号			法规名称
ECE	EEC	EEC 修订号	
	92/24		机动车限速装置的车载系统
	93/14		两轮或三轮机动车制动
	93/31		两轮机动车的支脚
	93/32		两轮机动车乘员用把手
	93/33		两轮或三轮机动车防盗
	93/34		两轮或三轮机动车法定标志
	93/93	91/497	两轮或三轮机动车的质量和尺寸
	93/94		两轮或三轮机动车后牌照板的安装空间
	95/1		两轮或三轮机动车的设计最大车速、最大转矩和发动机净功率
	95/28		内饰材料的燃烧特性
		88/706	车辆限速装置
		91/239	机动车及挂车质量和尺寸
		93/679	3.5t 以上车辆最大法定质量和尺寸

2.2.3 日本汽车安全技术法规体系

1. 日本机动车辆技术法规的发展背景

日本的汽车法规体系始建于20世纪60年代，与自20世纪60年代开始日本的汽车工业快速发展密切相关。与美国、欧洲两个体系有所不同，日本当时制定汽车法规的主要目的在于设置技术性贸易壁垒、保护机动车市场。

随着联合国欧洲经济委员会法规的影响不断扩大，联合国欧洲经济委员会法规受到各国公认，越来越多的非欧洲国家纷纷加入《关于对轮式车辆、可安装和/或用于轮式车辆的装备和部件采用统一条件并相互承认基于此条件批准的协定书》（即《1958年协定书》），并逐步采用联合国欧洲经济委员会技术法规替换本国原有的技术法规，便于技术更新和贸易顺畅。

从20世纪80年代起，日本逐渐成为世界机动车生产大国和技术强国，由于其国内机动车市场规模有限，日本机动车产品开始大量出口国际市场。日本的机动车法规制定也由保护本国机动车市场向提高技术水平和促进出口的方向转变，为此日本于1998年加入了《1958年协定书》。随后，日本在技术法规制定中开始借鉴和参考或者直接引用联合国欧洲经济委员会法规，使日本机动车法规与国际上多数国家和地区法规近似，以增强法规之间的协调性。目前日本仍在逐渐将联合国欧洲经济委员会法规引进自身机动车法规体系中。

2. 日本道路运输车辆安全标准

为了确保机动车交通安全、防止环境污染、合理有效地利用能源，日本制定了《道路车辆法》、《大气污染防治法》、《噪声控制法》、《能源合理消耗法》等法律要求。以这些法律为依据，日本政府有关部门制定、颁布了一系列的政令、省令、公告、通知，这其中就包括了道路车辆、环保、节能方面的法规及相应的汽车产品试验和认证规程、汽车技术标准和结构标准。

日本国土交通省根据《道路车辆法》的授权，以省令形式发布日本汽车安全和排放方面的基本技术法规，即汽车安全基准(或称为日本汽车保安基准)，内容涉及对机动车辆、摩托车、轻型车辆的安全、排放法规要求。汽车安全基准中只有基本的法规要求，而如何判定汽车产品是否符合法规要求的技术标准和型式认证试验规程则是主管部门中的有关机构以各种通知的形式下达全国各地方的下属机构，如各地方运输局、日本自动车工业协会、日本自动车进口协会等。具体而言，日本汽车法规体系中的技术标准的内容是为恰当和有效地判断汽车是否符合汽车安全基准而制定的详细的条款内容；型式认证试验规程(含补充的试验规程)为进行型式认证审查时所用的试验方法；型式认证审查法规(即型式认证试验信息)是为了适当而有效地审查汽车产品新型式是否符合汽车安全法规要求而定的详细法规要求。此外日本汽车技术法规体系中还包括对装置和零部件的型式指定(Type Designation)技术法规，日本国产车及进口车申请和获取日本汽车型式认证批准的运作程序，以及车辆产品获得型式认证批准后的管理(包括对缺陷与不符的车辆产品的召回)等方面的规定。

日本有关汽车安全公害的技术法规属于法律性的规定，而汽车标准则是在通产省领导下的日本工业标准调查会(即JISC)主持下制定的，其依据是日本的工业标准化法，主要通过日本汽车工程师协会(JSAE)的专家以民间形式组织制定日本工业标准(JIS)和日本汽车标准(JASO)。日本工业标准不带强制性。

日本从1951年起就根据《道路运输车辆法》制定道路运输车辆安全标准，虽然其初衷是为了管理车辆的注册登记和年检，后来随着国际上的变化逐步加入了对机动车产品的管理，但经40多次修改，得以不断完善。安全标准属于法规命令，不同于一般的工业标准，具有强制性。日本各汽车制造厂所生产的汽车若符合此标准，政府则发给安全合格证并定期进行检查。该标准(法规)的制定和修改除根据日本运输技术审议会的安全长期计划及汽车安全性(EVS)的研究成果外，还重点参考了美国联邦安全标准(FMVSS)和欧洲经济共同体(EEC)汽车法规，同时也参考了英、法、德等国的汽车安全标准或法规，现已形成了自己的比较健全的道路车辆安全标准体系。由于日本国土狭窄，对汽车与行人、摩托车之间的安全特别重视，对汽车外部突出物等的规定也特别详细。

日本的道路运输车辆安全标准经多次修订，至今已发布的有关汽车安全和排放标准共73条。其中，主动安全标准43条，被动安全标准17条，防火标准3条。此外还设置了试验方法标准88条。由于日本的汽车工业以出口为主，因此日本汽车生产执行的标准法规大多与FMVSS和ECE法规的内容相同。此外，日本道路车辆法律法规及管理制度与美国联邦机动车安全法规的内容及其做法也基本一致。现行日本道路车辆安全标准一览表见表2-9。

表 2-9 日本道路车辆安全标准

标准编号	标准名称	标准编号	标准名称
11-1	道路车辆安全标准	11-7-48	汽车车窗玻璃上粘贴物的规定
11-2	机动车检验规程	11-7-50	铰接车辆的行驶特性
11-4-1	吸收冲击式转向装置	TRIAS1	机动车参数测量方法
11-4-2	缓冲式后视镜	TRIAS2	机动车最大稳定倾角试验方法
11-4-3	乘用车灯刮水器、洗涤器	TRIAS4	机动车加速试验方法
11-4-4	制动液泄漏报警装置	TRIAS6	机动车最高车速试验方法
11-4-5	防止碰撞时燃料泄漏	TRIAS9	机动车最小转弯半径试验方法
11-4-6	仪表板吸收冲击	TRIAS10	机动车前轮定位试验方法
11-4-7	遮阳板吸收冲击	TRIAS11	机动车紧急制动试验方法
11-4-8	座椅及固定装置	TRIAS11-2	乘用车制动装置试验方法
11-4-9	座椅靠背背部吸收冲击	TRIAS12	机动车制动能力试验方法
11-4-10	座椅安全带固定点	TRIAS13	机动车驻车制动能力试验方法
11-4-11	座椅安全带	TRIAS14	机动车制动部分失效试验方法
11-4-12	车门防开启装置	TRIAS15	机动车制动储气罐试验方法
11-4-13	缓冲式室内后视镜	TRIAS25	机动车操纵稳定性试验方法
11-4-14	乘用车用塑料燃油箱	TRIAS26	新型机动车试验方法通则
11-4-15	乘用车用轻合金车轮	TRIAS27	能量吸收式转向柱冲击试验方法
11-4-16	车外后视镜安装位置	TRIAS28	重型载货汽车及载货汽车洗涤器试验方法
11-4-17	头枕位置		
11-4-21	车窗玻璃	TRIAS28-2	乘用车刮水器、洗涤器试验方法
11-4-22	后雾灯	TRIAS28-3	除雾除霜试验方法
11-4-23	牌照灯	TRIAS29	后视镜缓和冲击试验方法
11-4-24	防抱死制动系统	TRIAS30	机动车热损害试验方法
11-4-27	钻入防止装置(后下部保险杠)	TRIAS31	座椅安全带试验方法
11-4-29	乘用车制动装置	TRIAS32	头枕试验方法
11-4-30	正面碰撞乘员保护	TRIAS33	碰撞时防止燃油泄漏试验方法
11-4-31	内饰材料的燃烧特性	TRIAS34	仪表板冲击试验方法
11-4-32	驾驶员安全带报警装置	TRIAS35	座椅及固定装置试验方法
11-4-33	除雾除霜装置	TRIAS36	座椅靠背背部冲击试验方法
11-4-34	客车及货车洗涤器	TRIAS37	安全带固定点试验方法
11-4-37	前照灯技术标准	TRIAS38	车门防开启试验方法
11-4-38	前雾灯技术标准	TRIAS39	内后视镜冲击试验方法
11-4-40	客车及载货车用轻合金车轮	TRIAS40	遮阳板冲击试验方法
11-5-4	大客车座椅安全带的安装	TRIAS42	乘用车用塑料燃油试验方法
11-7	机动车用轮胎的使用	TRIAS43	乘用车用轻合金车轮试验方法
11-7-7	机动车车体外形和尺寸	TRIAS43-2	载货汽车及大客车用轻合金车轮试验方法
11-7-14	空气扰流器的结构标准		
11-7-15	"空气扰流器的结构标准"使用细则	TRIAS44	摩托车用轻合金车轮试验方法
11-7-16	机动车顶部车顶栏杆的安装	TRIAS45	防抱死制动系统试验方法
11-7-18	机动车牌照安装架	TRIAS46	防碰撞装置试验方法
11-7-19	机动车行驶性能	TRIAS47	正面碰撞乘员保护试验方法
11-7-22	车外后视镜的安装位置	TRIAS48	内饰材料燃烧特性试验方法
11-7-25	"车外后视镜的安装位置"的审查	TRIAS49	驾驶员不使用安全带报警器试验方法
11-7-26	数字式车速表的显示	TRIAS50	机动车辅助制动系统减速能力试验方法
11-7-31	吸收冲击式遮阳板技术标准的说明		
11-7-36	内饰材料燃烧特性检查方法		

日本汽车技术法规的制定和修订与美国很相似，也是通过向社会公开法规的制定和修订内容，以广泛地征集社会各界意见的方式完成对技术法规进行制定和修订。日本汽车技术法规的制定和修订流程如图2.3所示。

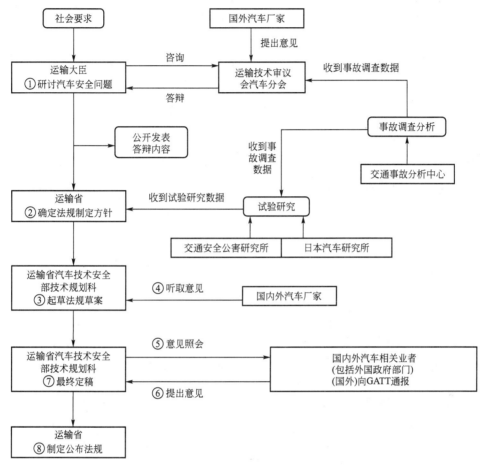

图 2.3　日本汽车技术法规的制定与修订流程

2.2.4　美国、欧洲、日本汽车技术法规体系的主要特点

就美国、欧洲、日本三大汽车法规内容的构成特点看，总体上由管理法规和技术法规两部分组成。管理法规主要涉及政府如何对汽车产品实施管理，此内容一般是根据各自国家或地区的法规体系和政府管理体制及如何有效实施认证要求而制定；而技术法规部分则主要围绕如何有效控制汽车对社会的危害（包括交通安全、环境保护、节约能源）而制定具体的技术要求。其目的旨在体现政府从维护整个社会公众利益出发而对汽车产品进行强制实施和控制的信心和决心。

就美国、欧洲、日本三大汽车法规体系的差异性而言，美国、日本的体系比较接近，而美国、欧洲的体系差别相对较大。虽然美国汽车安全法规与欧洲汽车安全法规都是世界上具有代表性的法规，但就安全法规的基本出发点而言，二者却不尽相同。美国人认为"汽车是任何人都可以坐的软垫"，欧洲人认为汽车是"技术熟练者使用的工具"，所以美国的汽车安全法规对汽车被动安全比较侧重（FMVSS法规被动安全25条），其技术要求普遍严格，而欧洲汽车安全法规则对汽车主动安全比较侧重(ECE 法规主动安全 62 条，FMVSS 法规主动安全 30 条)。此外，随着国际交流的频繁，在世界范围内对汽车法规的基本要求是简化和统一。

2.2.5 中国汽车安全技术法规

我国汽车标准制定比较晚，在对国外主要汽车技术法规体系进行深入研究的基础上，最后确定了以欧洲 ECE 法规为基础的汽车强制性国家标准体系(GB、GB/T)，内容涉及安全(主动安全、被动安全、一般安全)、环保(排放、电磁干扰、噪声、有毒有害物质、可回收)、节能(降低能源和材料消耗、可再利用)、防盗等。

1. 中国汽车标准和法规体系

中国的汽车标准分为国家标准(GB、GB/T)、行业标准(QC)、地方标准、企业标准。其中，国家标准中涉及人体健康、人身财产安全、污染和能耗及资源等方面的标准纳入强制性标准(GB)，其他标准为推荐性标准(GB/T)。凡不符合强制性标准要求的产品，不得生产、销售和使用。

随着中国市场经济的深入发展，早期的汽车产品"目录管理"制度已经废弃，现已广泛采用产品认证制度。

2. 中国现行强制性汽车安全标准

中国现行强制性标准具有技术法规的某些性质，包含了法规的某些技术要求和规范，是政府部门管理汽车产品的准则，但不具备法规的全部属性，标准自身不带有管理规则。

我国强制性汽车标准虽是法规性标准，但由于缺乏立法部门的批准及缺乏法规结构上的完整性，尚不能称为真正意义上的汽车法规。

中国汽车强制性标准体系以欧洲 ECE/EEC 汽车技术法规体系为主要参照系，在具体项目上紧跟欧、美、日三大汽车法规体系发展动向。从技术要求的角度看，其内容与国际上先进的法规体系相同。中国汽车、摩托车强制性法规体系构成如图 2.4 所示。

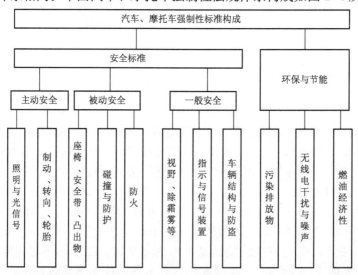

图 2.4 中国汽车、摩托车强制性法规体系构成

我国自1993年第一批强制性标准发布以来，截至2014年，已批准发布的汽车（不含摩托车）安全强制标准达92项之多。其中，主动安全标准29项，被动安全标准36项，一般安全标准27项。中国汽车安全强制性标准一览表见表2-10。

表2-10 中国汽车安全强制性标准一览表

序号	标准编号	标准名称
		汽车主动安全标准——照明与光信号装置(19项)
1	GB 4599—2007	汽车用灯丝灯泡前照灯
2	GB 4560—2007	汽车用灯丝灯泡前雾灯
3	GB 4785—2007	汽车及挂车外部照明和光信号装置的安装规定
4	GB 5920—2008	汽车及挂车前位灯、后位灯、示廓灯和制动灯配光性能
5	GB 11554—2008	机动车和挂车用后雾灯配光性能
6	GB 11564—2008	机动车回复反射器
7	GB 15235—2007	汽车及挂车倒车灯配光性能
8	GB 15766.1—2008	道路机动车辆灯泡尺寸、光电性能要求
9	GB 17509—2008	汽车及挂车转向信号灯配光性能
10	GB 18099—2013	机动车及挂车侧标志灯配光性能
11	GB 18408—2001	汽车及挂车后牌照板照明装置配光性能
12	GB 18409—2013	汽车驻车灯配光性能
13	GB 19151—2003	机动车用三角警告牌
14	GB 21259—2007	汽车用气体放电光源前照灯
15	GB 21260—2007	汽车用前照灯清洗器
16	GB 23254—2009	货车及挂车车身反光标识
17	GB 23255—2009	汽车昼间行驶灯配光性能
18	GB 25990—2010	车辆尾部标志板
19	GB 25991—2010	汽车用LED前照灯
		汽车主动安全——制动、转向、轮胎(10项)
1	GB 16897—2010	制动软管的结构、性能要求及试验方法
2	GB 12676—2014	商用车辆和挂车制动系统技术要求及试验方法
3	GB/T 13594—2003	机动车和挂车防抱制动性能和试验方法
4	GB 17675—1999	汽车转向系基本要求
5	GB 5763—2008	汽车用制动器衬片
6	GB 21670—2008	乘用车制动系统技术要求及试验方法
7	GB 9743—2015	轿车轮胎
8	GB 9744—2015	载重汽车轮胎
9	GB/T 26149—2010	基于胎压监测模块的汽车轮胎气压监测系统
10	GB 12981—2012	机动车辆制动液
		汽车被动安全标准——座椅、安全带、安全气囊、凸出物(15项)
1	GB/T 19949.1—2005	道路车辆 安全气囊部件 第1部分：术语
2	GB/T 19949.2—2005	道路车辆 安全气囊部件 第2部分：安全气囊模块试验
3	GB/T 19949.3—2005	道路车辆 安全气囊部件 第3部分：气体发生器总成试验

(续)

序号	标准编号	标准名称
4	GB 15083—2006	汽车座椅、座椅固定装置及头枕强度要求和试验方法
5	GB 11550—2009	汽车座椅头枕强度要求和试验方法
6	GB 13057—2014	客车座椅及其车辆固定件的强度
7	GB/T 24551—2009	汽车安全带提醒装置
8	GB 14166—2013	机动车乘员用安全带、约束系统、儿童约束系统 ISOFIX 儿童约束系统
9	GB 14167—2013	汽车安全带安装固定点、ISOFIX 固定点系统及上拉带固定点
10	GB 11566—2009	乘用车外部突出物
11	GB 11552—2009	乘用车内部突出物
12	GB 15086—2013	汽车门锁及车门保持件的性能要求和试验方法
13	GB 20182—2006	商用车驾驶室外部突出物
14	GB 24406—2012	专用校车学生座椅系统及其车辆固定件的强度
15	GB 27887—2011	机动车儿童乘员用约束系统
汽车被动安全标准——车身、碰撞防护(18项)		
1	GB 7063—2011	汽车护轮板
2	GB 11551—2014	乘用车正面碰撞的乘员保护
3	GB/T 20913—2007	乘用车正面偏置碰撞的乘员保护
4	GB/T 24550—2009	汽车对行人的碰撞保护
5	GB 11557—2011	防止汽车转向机构对驾驶员伤害的规定
6	GB 11567.1—2001	汽车和挂车侧面防护要求
7	GB 11567.2—2001	汽车和挂车后下部防护要求
8	GB 15743—1995	轿车侧门强度
9	GB 17354—1998	汽车前、后端保护装置
10	GB 20071—2006	汽车侧面碰撞的乘员保护
11	GB 20072—2006	乘用车后碰撞燃油系统安全要求
12	GB 9656—2003	汽车安全玻璃
13	GB/T 17578—2013	客车上部结构强度要求及试验方法
14	GB 26134—2010	乘用车顶部抗压强度
15	GB 26511—2011	商用车前下部防护要求
16	GB 26512—2011	商用车驾驶室乘员保护
17	GB/T 26780—2011	压缩天然气汽车燃料系统碰撞安全要求
18	QC/T 566—1999	轿车的外部防护
汽车被动安全标准——防火(3项)		
1	GB 8410—2006	汽车内饰材料的燃烧特性
2	GB 18296—2001	汽车燃油箱安全性能要求和试验方法
3	GB 20072—2006	乘用车后碰撞燃油系统安全要求

(续)

序号	标准编号	标准名称
		汽车一般安全标准——视野(4项)
1	GB 11562—2014	汽车驾驶员前方视野要求及测量方法
2	GB 11555—2009	汽车风窗玻璃除霜和除雾系统的性能和试验方法
3	GB 15084—2013	机动车辆 间接视野装置 性能和安装要求
4	GB 15085—2013	汽车风窗玻璃刮水器和洗涤器 性能要求和试验方法
		汽车一般安全标准——指示与信号装置(5项)
1	GB 15082—2008	汽车用车速表
2	GB 4094—1999	汽车操纵件、指示器及信号装置的标志
3	GB 15741—1995	汽车和挂车号牌板(架)及其位置
4	GB 15742—2001	机动车用喇叭的性能要求及试验方法
5	GB 13392—2005	道路运输危险货物车辆标志
		汽车一般安全标准——车辆结构与防盗(18项)
1	GB 1589—2004	道路车辆外廓尺寸、轴荷及质量限值
2	GB 30509—2014	车辆及部件识别标记
3	GB/T 24545—2009	车辆车速限制系统技术要求
4	GB 13094—2007	客车结构安全要求
5	GB/T 16887—2008	卧铺客车结构安全要求
6	GB 18986—2003	轻型客车结构安全要求
7	GB 7258—2012	机动车运行安全技术条件
8	GB 21861—2014	机动车安全技术检验项目和方法
9	GB 12732—2008	汽车 V 带
10	GB 11568—2011	汽车罩(盖)锁系统
11	GB 15740—2006	汽车防盗装置
12	GB 20912—2007	汽车用液化石油气蒸发调压器
13	GB 21668—2008	危险货物运输车辆结构要求
14	GB 20300—2006	道路运输爆炸品和剧毒化学品车辆安全技术条件
15	GB 16735—2004	道路车辆 车辆识别代号(VIN)
16	GB 16737—2004	道路车辆 世界制造厂识别代号(WMI)
17	GB 24407—2012	专用校车安全技术条件
18	GB 28373—2012	N类和O类罐式车辆侧倾稳定性

中国汽车技术法规体系(China Motor Vehicle Design Rule,CMVDR)主要是参照ECE法规体系建立的。总体而言,中国的汽车技术法规体系还不够完善。

2.2.6 汽车认证制度和政府管理

认证的意义是指由国家认可的认证机构证明一个组织的产品、服务、管理体系符合相关标准、技术规范或其强制性要求的合格评定活动。认证按强制程度分为自愿性认证和强制性认证,按认证对象分为体系认证和产品认证。

世界各国对机动车产品的认证制度由于各国国家体制、国情、经济发展水平、汽车工业规模及社会文化的不同，其汽车认证方式也不尽相同，大体形成了美国、欧洲、日本3种类型。这3种认证，经过几十年的运转和不断改革，体系也相当完善，已成为其他国家建立汽车认证制度的重要参考。它们遵循的各项原则也成为国际惯例，为世界多国所接受。

1. 美国汽车认证制度

1953年，美国在世界上首先颁布《联邦车辆法》，政府由此开始对车辆进行有法可依的管理。与美国的政体一样，美国汽车法规有联邦法规，也有州法规。按照美国汽车联邦统一的汽车认证，主要分为两个部分认证，即安全认证和环境保护认证。

美国汽车认证制度采取的自我认证制度，其特点是事后监督、强制召回、处以重罚，即在产品销售前是否符合法规，企业有自主处置权，政府不予干预，但是企业要承担不符合技术法规的风险，政府部门只进行事后监督。

"自我认证"的意义是汽车制造商按照联邦汽车法规的要求自己进行检查和验证。如果企业认为产品符合法规要求，即可投入生产和销售。美国政府主管部门的任务就是对产品进行抽查，以保证车辆的性能符合法规要求。在美国，汽车安全的最高主管机关是隶属于运输部的国家高速公路安全管理局。为确保车辆符合联邦机动车安全法规的要求，国家高速公路安全管理局可随时在制造商不知情的情况下对市场中销售的车辆进行抽查，也有权调验厂家的鉴定实验室数据和其他证据资料。

如果抽查过程中发现车辆不符合安全法规要求，主管机关将向制造商通报，责令其在限期内修正，并要求制造商召回故障车辆，即强制召回。同时，如果不符合法规的车辆造成了交通事故，厂家将面临高额惩罚性罚款。在这种严厉的处罚背景下，汽车企业对产品设计和生产过程中的质量控制不敢有丝毫懈怠，而且对召回非常热心，一旦发生车辆质量瑕疵，就主动召回，否则，被国家高速公路安全管理局查出，后果将会十分严重。

美国法律规定，进入美国销售和使用的汽车整车及零部件(包括制动软管、车灯、反射镜、制动液、轮胎和轮辋、玻璃、气囊等)产品必须通过美国交通部的DOT认证。

FMVSS中每项安全标准都具体规定了测试条件和程序，国家高速公路安全管理局以此来评定车辆或装备是否符合标准规定的性能要求。该机构根据标准规定的测试方法进行测试，并判断其法规符合性，但不会要求制造商只按照FMVSS规定的方式评估产品。制造商可以选择任何办法进行测试来判断车辆或装备是否符合适用的某项标准，但制造商选择的办法应使车辆或装备在通过国家高速公路安全管理局的测试时满足FMVSS要求的性能，因此大多数制造商会选择采用FMVSS进行测试，以此做一次性认证。

美国的自我认证方式，尽管表面看起来较宽松，实际上汽车企业必须要对自己所生产的产品负责，因而，制造商都不敢弄虚作假。

2. 欧洲汽车认证制度

欧洲汽车认证制度的特点是型式认证、自愿召回。欧洲各国实行的虽然也是认证制度，但与美国相比存在较大区别：美国是由企业自己进行认证，欧洲则是由独立的第三方认证机构进行认证，而且欧洲对流通过程中车辆质量的管理没有美国那样严格，他们是通过检查企业的生产一致性来确保产品质量的。因此可以说，美国对汽车的管理是推动式的，即政府推着企业走；而欧洲则是拉动式的，即政府拉着企业走。

欧洲各国的汽车认证都是由本国的独立认证机构进行的，但标准则是全欧洲统一的，其法规依据的是 UN/ECE 法规(自由采用,标志为 E,只涉及系统、部件,不包括整车)、EEC/EC 指令(强制执行,标志为 e,包括整车、系统和部件),获得 e 标志认证的产品被欧盟各成员国认可,但检测机构必须是欧盟成员国内的服务机构,如德国的 TUV、荷兰的 TNO、法国的 UTAC、意大利的 CPA 等;发证机构是欧盟成员国的政府交通部门,如德国的交通管理委员会(KBA)。

要获得 E 标志或 e 标志,首先产品要通过检测,生产企业的质量保证体系至少要达到 ISO 9000 标准的要求。

欧洲也实行缺陷产品召回,与美国不同的是欧洲实行自愿召回,企业发现车辆有问题,就可自行召回,但要向国家主管部门上报备案。如果企业隐瞒重大质量隐患或藏匿用户投诉,一经核实将面临处罚。

3. 日本汽车产品认证制度

日本在汽车产品市场准入管理上,对汽车技术法规的实施上采取与欧洲相同的汽车产品型式认证制度,但它与欧洲的型式认证制度又有所不同,具有自身特色,主要由"汽车型式指定制度"、"新型汽车申报制度"、"进口汽车特别管理制度"3 个认证制度组成。根据这些制度,汽车制造商在新型车的生产和销售之前要预先向运输省提出申请以接受检查。其中,"汽车型式指定制度"对具有同一构造装置、性能,并且大量生产的汽车进行检查;"新型汽车申报制度"针对的是形式多样而生产数量不特别多的车型,如大型货车、公共汽车等;"进口汽车特别管理制度"针对的是数量较少的进口车。

"汽车型式指定制度"代表了日本型式认证制度的主要特点。该制度审查的项目主要如下。

(1) 汽车(包括车辆的尺寸、质量、车体强度、装置的性能、排放、噪声等)是否符合安全基准。

(2) 汽车的均一共同性(生产阶段的质量管理体制)。

(3) 汽车成车后的检查体制等。

以上的项目检查合格后,汽车制造商才能拿到该车型的出厂产品合格证。但获得型式认证后,还要由运输省进行"初始检查",目的是保证每一辆在道路上行驶的汽车都必须达标。达标后的车辆依法注册后就可投入使用了,但如果投放市场的车辆与检验时的配备不同,顾客可以投诉。

日本实行的召回制度是由汽车生产厂家将顾客的投诉上报给运输省,如果厂家隐瞒真相或将顾客的投诉"束之高阁",造成安全问题后,政府主管部门会实行高额处罚。

4. 中国汽车产品认证制度

20 世纪 80 年代中后期,随着改革开放的不断深入和我国社会主义市场经济体制的逐步确立,产品质量管理理念和政府职能也随之改变,开始引用国际上普遍采用的产品认证和合格评定程序,从而逐步建立起我国的产品认证制度。

由于历史原因,我国汽车的产品认证比较复杂,主要的管理形式为:国家工业和信息化部的《车辆生产企业及产品公告》(简称"公告"),即"《公告》管理制度";国家质检总局、国家认监委主管的机动车产品强制认证,即"CCC 认证制度(3C 认证制度)";国家环境保护部主管的汽车环保目录,即"《国家环保目录》管理制度"。三种管理形式的作用及主要内容分别如下:

(1)《公告》管理制度。《公告》管理制度是国家对汽车产品实施管理的重要手段,是汽车在地方车管所办理车辆注册登记的最重要依据之一。主要对汽车生产企业进行资质审核、对产品进行可靠性和强制性检验，通过后发布公告，对象为所有类型的新生产的国产汽车。

(2) 机动车产品强制认证(3C 认证制度)。3C 认证制度是政府为保护广大消费者人身和动植物生命安全，保护环境，保护国家安全，依照法律法规实施的一项产品合格评定制度，要求产品必须符合国家标准和技术法规。机动车产品强制认证主要对汽车生产企业的质量保证能力进行审查，对产品进行型式试验(安全、环保、节能、防盗性能)，通过后发3C 认证证书和标志，对象为所有类型的新生产的国产和进口汽车及 14 种零部件。3C 认证分为整车 3C 认证和零部件 3C 认证。汽车产品只有获得 3C 认证后，并加贴 3C 认证标志方可生产、销售。

3C 认证是英文名称"China Compulsory Certification"（中国强制性产品认证制度）的英文缩写，也是国家对强制性产品认证使用的统一标志。它是我国政府按照世贸组织有关协议和国际通行规则，为保护广大消费者人身和动植物生命安全，保护环境、保护国家安全，依照法律法规实施的一种产品合格评定制度。其主要特点是：国家公布统一的目录，确定统一适用的国家标准、技术规则和实施程序，制定统一的标志标识，规定统一的收费标准。凡列入强制性产品认证目录内的产品，必须经国家指定的认证机构认证合格，取得相关证书并加施认证标志后，方能出厂、进口、销售和在经营服务场所使用。目前，汽车整车产品和安全带、轮胎、玻璃等被列在 3C 认证的范围内。

(3)《国家环保目录》管理制度。《国家环保目录》是环保部对达到排放标准的车型和发动机型开展的型式核准工作，未经环保部核准公布的车型和发动机机型不得制造、销售、注册登记和使用。它主要对汽车及发动机排放、噪声项目进行检验及一致性核查，通过后发布公告，对象为所有类型的新生产汽车及发动机。

要进入北京地区销售的机动车辆，还必须是获得《北京环保目录》的车型。《北京环保目录》是北京市政府为改善本地大气环境质量，减少机动车排放污染，对在北京市场销售车辆实施比全国其他地区更严格排放标准进行核准的措施，对没有获得《北京环保目录》的车型，不准在北京地区销售及办理注册登记手续。

5. 政府管理

为保证技术法规规定的技术要求得以实施，政府须在整体上按照系统性要求建立一套涉及各个相关环节的管理制度，这套管理制度通常由产品认证制度、注册制度、检查制度、维修保养制度组成。特别要指出的是作为机动车管理最后一个环节的车辆报废，美、欧、日政府没有制定专门的管理制度，其重要原因一方面是因为车辆一旦被个人购买，就成为拥有者的个人财产，政府无权将个人财产报废或没收；另一方面发达国家有很完善的二手车市场，产品更新换代速度快，使用者换代速度也快。政府没有制定专门的管理制度并不表明政府没有相应的措施，发达国家大多采用对先进技术的车辆以政府补贴，对年限越长的机动车采用增加车辆检查次数等经济手段来促使老旧车辆的报废更新。

政府加强机动车管理的主要目的为：一是减少因交通事故造成的人员死伤及财产损失；二是控制机动车的污染以保护环境；三是降低能源消耗以保护有限的地球资源；四是防止机动车的丢失以维护社会治安。上述 4 个目的就决定了技术法规体系组成的 4 个方面，即机动车技术法规体系包括安全、污染控制、节能和防盗 4 个方面。美国、欧洲、日本的技术法规体系虽有差异，但法规体系都是由这 4 个部分组成的。在 1998 年以前，国际上普遍的认识是机动车技术法规体系包括3个方面,即安全、污染控制和节能,1998年签署的《关于对轮式车辆、可安装和/或用于轮式车辆的装备和部件制定全球性技术法规的协定》,即1998年日内瓦协议书首次将防盗列入机动车技术法规涵盖的内容,使机动车技术法规体系日趋完善。

进入21世纪以来,无论是汽车消费者还是政府管理者都对未来汽车安全性的期望进一步提升。随着社会的进步和人民生活水平的提高,汽车消费者和政府管理者的这种心态既是合理的,也是必然的。这种趋势很快体现在各国的汽车安全法规上,汽车安全法规经过不断修订和补充,变得越来越严格和完善。首先是美国由运输部和国家高速公路安全管理局制定和监督实施的FMVSS法规使事故死亡人数减少20%。随后,原欧洲共同体、日本、澳大利亚、加拿大等也相应公布了自己的法规,它们大多参照FMVSS和ECE进行修改和补充,且强制性越来越严格。随着我国汽车安全法规和标准的逐步完备,我国汽车产品安全性能将得到稳步提高。

2.3 美、欧、日、中汽车安全性技术法规与标准对比

2.3.1 汽车主动安全性技术法规或标准主要项目对比

美国、欧洲、日本汽车安全技术法规已形成较完整的体系。在FMVSS、ECE和日本的道路车辆安全标准中,有关主动安全的法规分别为30项、62项和43项。其内容涵盖了主动安全的各个方面。

中国汽车强制性安全标准中有关主动安全标准为29项、一般安全标准27项,其内容也基本包括了主动安全的各个方面。表2-11为美、欧、日、中汽车制动标准对比。

表2-11 美、欧、日、中汽车制动标准对比

项目	FMVSS 135	ECE R13	日本的道路车辆安全标准	GB 7258—2012 GB 12676—1999
行车制动系冷态制动效能	根据车辆最高车速v_{max}选择初速度v_0,其制动距离必须满足要求: 当$v_{max} \leqslant 125$km/h时:$v_0 \leqslant 100$km/h, $s \leqslant 70$m 或 $s \leqslant 0.01v_0 + 0.006v_0^2$(m); 当125km/h$<v_{max}<$200km/h, $v_0 = 80\% v_{max}$时, $s \leqslant 0.01v_0 + 0.0067v_0^2$(m); 当$v_{max} \geqslant 200$km/h, $v_0 = 160$km/h 时, $s \leqslant 0.01v_0 + 0.0067v_0^2$(m); 65N$\leqslant F \leqslant 500$N	根据不同的车辆类型,分别按不同的初速度制动,其平均减速度和制动距离必须满足最低要求: $v_0 = 80$ 或 60km/h, $s \leqslant 0.01v_0 + v_0^2/150$(m) 或 $s \leqslant 0.15v_0 + v_0^2/130$(m); $J_g \geqslant 5.8$ 或 5.0m/s²; $F \leqslant 500$ 或 700N	根据车辆的最高车速,分别按不同的初速度制动,规定其最大的制动距离: | v_{max} | v_0 | s | | km/h | km/h | m | | $\geqslant 80$ | 50 | 22 | | 35~80 | 35 | 14 | | 20~35 | 20 | 5 | | $\leqslant 20$ | v_{max} | 5 | $F \leqslant 500$N; $f \leqslant 300$N	GB 12676—1999规定:对M1汽车, $v_0 = 80$km/h时, $s \leqslant 0.01v_0 + v_0^2/150$(m) $J_g \geqslant 5.8$ 或 5.0m/s²; $F \leqslant 500$N 对M2、M3、N汽车, $s \leqslant 0.15v_0 + v_0^2/130$(m); $J_g \geqslant 5.8$ 或 5.0(m/s²); $F \leqslant 700$N

(续)

项目	FMVSS 135	ECE R13	日本的道路车辆安全标准	GB 7258—2012 GB 12676—1999
行车制动系热衰退和恢复	根据车的最高车速 v_{max} 选择初速度 $v_0 = 80\% v_{max}$ 或 $v_0 = 120km/h$ 取较低值，进行连接发动机的连续制动，保证 $J_g = 3m/s^2$，当车速降低到 $0.5v_0$ 时，解除制动，尽快加速到 v_0，连续制动 15 次。最后加速到 $v_0 = 100km/h$，进行热制动效能试验，第一次制动效能不得低于冷态实测效能的 60%，第二次制动距离 $s \leqslant 89m$，或 $s \leqslant 0.01v_0 + 0.0079v_0^2$ (m)	根据不同的车辆类型和最高车速，规定各自的初速度，进行连接发动机的连续制动，$v_0 = 80\% v_{max}$，但不超过各类车型的上限值(60～120km/h)，第一次制动保证 $J_g = 3m/s^2$，以后各次保持相同踏板力，当车速降低到 $0.5v_0$ 时，解除制动并加速到 v_0，连续制动 15 或 20 次。最后加速到基准车速进行热制动效能试验，制动效能不得低于冷态规定值的 80% 和冷态实测值的 60%	无此项要求	完全同 ECE R13
部分失效时的剩余制动效能	模拟液压回路失效或助力装置失效，进行冷态制动效能试验。当 $v_0 = 100km/h$ 时，$s \leqslant 168m$；当低速时，$s \leqslant 0.01v_0 + 0.0079v_0^2$ (m)	模拟行车制动系统的传能装置部分零部件失效时，进行制动效能试验，各类车型应满足其冷态效能的 30% 以上	行车制动系的构造必须保证在其管路的一部分受到损伤时，也能制动两个以上的车轮	完全同 ECE R13
应急制动效能	无此项要求	根据不同的车辆类型确定初速度 $v_0 = 40～80km/h$，模拟行车制动实际失效状态下的制动效能试验，应满足其冷态制动效能的 50% 以上	行车制动系发生故障时，仍能使行驶中机动车的两个以上车轮产生制动	对于应急制动系统与行车制动系统相结合的车辆，应进行行车制动系部分失效试验和驻车制动动态试验，对于具有独立应急制动系统或与驻车制动系统相结合的车辆应进行单独的应急制动试验，制动效能应满足冷态制动效能的 50% 以上
制动稳定性要求	每次制动开始时，车辆对准车道中心线，除紧急制动外，所有制动停车过程中，车辆的任何部位不得偏离出 3.5m 的车道，并且车辆纵轴线的横摆角不得超过 ±15°	各项规定的制动性能试验必须在车辆不偏离行驶路线且无异常振动的条件下获得	制动装置必须在工作时（制动时），不影响汽车的转向和操作性能	在各项规定的制动试验中，汽车的任何部位不得超出 3.7m 宽的通道

(续)

项目	FMVSS 135	ECE R13	日本的道路车辆安全标准	GB 7258—2012 GB 12676—1999
对试验中车轮抱死情况的要求	除了部分失效和应急制动试验以外，在全部行车制动试验中，车速超过 15km/h 时，不得有任何车轮抱死现象	除有特殊规定外，在各种试验中，当达到规定的制动性能时，必须在车辆不抱死的条件下，此外，还规定制动力在车轴之间的分配	无此项要求	确定在车轮无抱死且没有严重跑偏时，发挥汽车最佳制动效能
警报装置要求	必须配备能在下列情况时起作用的报警装置(灯光信号或声响信号)。 ① 部分管路失效引起压力严重降低； ② 任意主缸储液腔中的制动液面低于规定界限时； ③ 在没有防抱死装置或比例阀的系统中电气功效失效时； ④ 驻车制动作用时	必须配备能在下列情况时起作用的报警装置(光信号或声信号)。 ① 如果传能系统有某一零件失效时； ② 任一部分储能装置的储存能量下降到某一规定值时； ③ 当制动液液面降到易于引起制动失效的程度时	必须配备能在下列情况时起作用的蜂鸣器或其他报警装置。 ① 依靠液压工作的制动系，当制动液从管道中泄漏，造成制动效能恶化时； ② 依靠空气压力和真空压力工作的行车制动系，当压力或真空度下降引起制动效能恶化时	完全同 ECE R13
驻车制动器效能	在额定总质量状态下，在前进和倒退两个方向，均能停在 20%坡度上驻车 5min。$f \leqslant 400N$, $F \leqslant 500N$	在额定满载状态下，必须能使车辆在上坡和下坡两个方向，停在 10%的坡道上，对于允许挂接挂车的车辆，牵引车的驻车制动器必须能使列车停在 12%的坡道上。$f \leqslant 400$ 或 $600N$, $F \leqslant 500$ 或 $700N$(视车型而定)	能使空载状态下的车辆通过机械作用停在 20%的坡道上；牵引车在牵引空载挂车时，也要符合此要求。$f \leqslant 400N$, $F \leqslant 500N$	必须能使满载的车辆在 20%的上坡或下坡的坡道上停住，在允许挂接挂车的车辆上，牵引车的驻车制动装置必须能使列车在 12%的坡道上停住。 ① 对于 M1 类车：$f \leqslant 400N$, $F \leqslant 540N$ ② 对于其他车型：$f \leqslant 600N$, $F \leqslant 700N$

注：v_0——制动初速度；J_g——平均减速度；s——制动距离；F——脚操作力；f——手操作力。

2.3.2 汽车被动安全性技术法规或标准主要项目对比

迄今为止，在 FMVSS 中，有关被动安全的法规有 22 项，已形成较完整的体系，其内容包括了被动安全的各个方面。

欧洲从 20 世纪 60 年代后期开始制定被动安全法规，通过参照美国法规并根据本国的特点加以修订，经过多年的研究与实施，现已形成比较完善的被动安全法规体系。其内容较美国相比增加了侧面碰撞安全的法规。

日本的实车碰撞工作比美国、欧洲晚 10 年左右，其碰撞方面的安全法规基本上是参照 FMVSS 208 条款制定的。

中国强制执行的 27 项汽车被动安全是参照欧洲法规并结合我国实际制定的。

1. 安全带法规或标准对比

美、欧、日、中安全带法规或标准见表 2-12。

表 2-12 美、欧、日、中安全带法规或标准

项目		FMVSS 209	ECE R16 77/541/ECE	日本的道路车辆安全标准 11-4-11	GB 14166
织带	抗拉强度	腰带：≥26656N；肩带：≥17738N；连续带：≥22246N	≥14700N	腰带：≥26700N；肩带：≥17700N；连续带：≥22300N	腰带：≥26700N；肩带：≥17700N；连续带：≥22300N
	宽度	≥46mm	≥46mm	≥46mm	≥46mm
	伸长率	腰带：≤20%；肩带：≤40%；连续带：≤30%		腰带：≤20%；肩带：≤40%；连续带：≤30%	腰带：≤20%；肩带：≤40%；连续带：≤30%
	能量吸收率			腰带：单位功≥539J/m；功比：≥50%；肩带：单位功≥1080J/m；功比：≥60%；连续带：单位功≥784J/m；功比：≥55%	腰带：单位功≥539J/m；功比：≥50%；肩带：单位功≥1080J/m；功比：≥60%；连续带：单位功≥784J/m；功比：≥55%
	耐磨强度	≥75%×试验前实际强度值(用相对调节件和六角棒进行耐磨试验)	≥75%×试验前实际强度值；且≥14700N，应对固定在钢件上的织带进行加载荷提升、坠落试验	≥60%×试验前实际强度值；且≥14700N(用相对调节件和六角棒进行耐磨试验)	≥60%×试验前实际强度值；且≥14700N(用相对调节件和六角棒进行耐磨试验)
	耐环境影响强度	≥60%×试验前实际强度值(耐光强度)	≥75%×试验前实际强度值；且≥14700N(耐湿，耐高、低温强度)	≥60%×试验前实际强度值；且≥14700N(耐湿，耐高、低温强度)	≥60%×试验前实际强度值；且≥14700N(耐湿，耐高、低温强度)
	耐久试验	开合 2000 次，不应失效，无影响正常开合的擦伤和磨损	开合 5000 次，能正常使用	开合 5000 次，不得失效	开合 5000 次，不得失效
带扣锁	尺寸及颜色	面积≥4.5cm²；宽度≥1cm	封闭式按钮：面积≥4.5cm²，宽度≥1.5cm，红色；其他形式按钮：面积≥2.5cm²，宽度≥1.0cm，红色	封闭式按钮：面积≥4.5cm²，宽度≥1.5cm，红色；其他形式按钮：面积≥2.5cm²，宽度≥1.0cm，红色	封闭式按钮：面积≥4.5cm²，宽度≥1.5cm，红色；其他形式按钮：面积≥2.5cm²，宽度≥1.0cm，红色

(续)

项目		FMVSS 209	ECE R16 77/541/ECE	日本的道路车辆安全标准 11-4-11	GB 14166
带扣锁	开启力	≤137N(环状载荷为666N)	动态试验后,≤60N(载荷为300N)	≤137N(环状载荷为667N)	≤137N(环状载荷为667N)
	强度		≥9800N,或14700N(带扣为两条安全带共用时)		
紧急锁止式卷收器	卷收力	腰用:≥4.81N;肩用:在0.88~4.81N之间;连续带用:在0.88~6.62N之间,且耐久试验后卷收力不得小于50%×耐久试验前卷收力	腰用:≥2.6N;肩用、连续带用:在1.0~6.9N之间,且耐久试验后卷收力不得小于50%×耐久试验前卷收力	腰用:≥2.6N;肩用、连续带用:在1.0~7N之间,且耐久试验后卷收力不得小于50%×耐久试验前卷收力	腰用:≥2.6N;肩用、连续带用:在1.0~7N之间,且耐久试验后卷收力不得小于50%×耐久试验前卷收力
	车感式	加速度=0.7g时,25mm内必须锁止;倾斜角≤15°,不能锁止	耐久试验前、后,加速度=0.45g(4N型为0.85g)时,50mm内必须锁止;倾斜角≤12°,不能锁止;倾斜角≥27°(4N型为40°),必须锁止	耐久试验后,加速度=0.7g(安装在N类汽车上的,则为1.5g)时,25mm内必须锁止;倾斜角=12°,不能锁止	耐久试验后,加速度=0.7g(安装在N类汽车上的,则为1.5g)时,25mm内必须锁止;倾斜角=12°,不能锁止
	带感式	加速度=0.3g时,50mm内不能锁止;加速度=0.7g时,25mm内必须锁止	耐久试验前、后,加速度<0.8g(4N型为1.0g)时,50mm内必须锁止	耐久试验前、后,加速度=0.3g,50mm内不能锁止;加速度=0.7g时(安装在N类汽车上的,则为1.5g)时,25mm内必须锁止	加速度=0.3g,50mm内不能锁止;加速度=0.7g时(安装在N类汽车上的,则为1.5g)时,25mm内必须锁止
	复合敏感式		耐久试验前、后,车感:加速度=0.45g(4N型为0.85g),50mm内必须锁止;倾斜角≤12°,不能锁止;倾斜角≥27°(4N型为40°),必须锁止;带感:加速度<0.8g时(4N型车为1.0g)时,不能锁止;加速度≥1.5g时(4N型车为2.0g)时,50mm内必须锁止	耐久试验后,车感:加速度=0.7g(安装在N类汽车上的,则为1.5g),25mm内必须锁止;倾斜角=12°,不能锁止;带感:加速度=0.3g时,50mm内不能锁止;加速度=2.0g时,50mm内必须锁止	耐久试验前、后,车感:加速度=0.7g(安装在N类汽车上的,则为1.5g),25mm内必须锁止;倾斜角=12°,不能锁止;带感:加速度=0.3g时,50mm内不能锁止;加速度=2.0g时,50mm内必须锁止

(续)

项目		FMVSS 209	ECE R16 77/541/ECE	日本的道路车辆安全标准 11-4-11	GB 14166
紧急锁止式卷收器	耐久试验	盐雾试验24h或48h→拉卷试验2500次→高温试验→拉卷试验2500次→粉尘试验5h→拉卷试验45000次(其中至少锁止10000次),耐久试验各过程卷收器各部分无异状出现	拉卷试验40000次(其中每5次锁止1次,在拉出90%、80%、75%、70%和65%处锁止次数一样)盐雾试验50h→粉尘试验5h→拉卷试验5000次,耐久试验各过程卷收器各部分无异状出现	盐雾试验24h或48h→拉卷试验5000次→粉尘试验5h→拉卷试验45000次(其中在拉出50%~100%之间至少锁止10000次),耐久试验各过程卷收器各部分无异状出现	盐雾试验50h→拉卷试验5000次→粉尘试验5h→拉卷试验45000次(其中在拉出90%、80%、75%、70%和65%处至少各锁止2000次),试验各过程卷收器仍应具有功能
	抗拉强度	腰部用:(11123±980)N; 肩部用:(6664±49)N; 肩、腰公用:(13328±147)N	上部有导向器:9800N; 上部无导向器:14700N		
安全带总成	静强度	型式1:11123N; 型式2:肩、腰共用26656N;腰用部分为22246N;肩用部分为13328N(以上均为部件所受)		腰用部分为22300N;肩用部分为13300N;肩腰共用26700N;试验后及试验中,带扣锁不得自行打开;总成不得失效	腰用部分为22300N;肩用部分为13300N;肩腰共用26700N;试验后及试验中,带扣锁不得自行打开;总成不得失效
	移动量	型式1:≤360mm; 型式2:肩用、腰用部分≤500mm(以上均为两固定点之间的位移)		腰用部分:≤180mm;肩用部分、肩腰共用部分:≤250mm	腰用部分为≤180mm;肩用部分、肩腰共用部分为≤250mm
	假人移动量		臀部:80~200mm之间; 躯干:100~300mm之间	臀部:80~200mm之间; 躯干:100~400mm之间	

2. 汽车乘员碰撞保护法规或标准对比

美、欧、日、中汽车乘员碰撞保护要求见表2-13。

表 2-13 美、欧、日、中汽车乘员碰撞保护要求

项目	FMVSS 208	ECE R94、ECE R95	日本的道路车辆安全标准 11-4-30	GB 11551
正碰	车速=48km/h；壁障角度：0°或30°；头部伤害指数（HIC）≤1000；胸部加速度≤60g；胸部性能指数≤76.2mm；大腿轴向压力≤10kN	车速=50km/h；壁障角度：30°；头部伤害指数（HIC）≤1000；胸部性能指数（THPC）75mm；大腿轴向压力（FPC）≤10kN	车速=50km/h；壁障角度：0°；头部伤害指数≤1000；胸部加速度≤60g；大腿轴向压力≤10kN	车速=48km/h；头部伤害指数≤1000；胸部加速度≤60g；大腿轴向压力≤10kN
侧碰	壁障速度=32km/h；头部伤害指数（HIC）≤1000；胸部加速度≤60g	壁障速度=(50±1)km/h；头部伤害指数（HIC）≤1000；胸部、肋骨变形指数（VC）≤1m/s；盆骨性能指数（PSPF）≤6kN；腹部性能指数（APF）≤2.5kN 的内力（=4.5kN 的外力）		壁障速度=32km/h；头部伤害指数≤1000；胸部加速度≤60g
侧翻	速度=48km/h；实验装置及假人应在车厢内			速度=48km/h；假人应在车厢内

2.3.3 汽车被动防火安全法规或标准主要项目对比

美、欧、日、中汽车碰撞时燃油泄漏要求见表 2-14。

表 2-14 美、欧、日、中汽车碰撞时燃油泄漏要求

项目	FMVSS 301	ECE R34	日本道路车辆安全标准 11-4-5	GB 11553—1989
前壁障碰撞	车速≤48km/h；碰撞角度：垂直于车辆行驶方向≤30°；燃油的泄漏应从碰撞到停止≤28.35g；停止后 5min 内≤141.75g；以后 25min 内≤28.35g/min	壁障或车速度=48.3—53.1（km/h）；燃油泄漏：碰撞时无泄漏，撞后，泄漏率应＜30g/min；不能出现燃油起火现象	车速=50±2(km/h)[微型汽车车速=40±2(km/h)]。燃油泄漏：撞后 1min 内≤30g，5min 内≤150g	车速=(50±2)km/h[微型汽车车速=(40±2)km/h]，碰撞后角度：车辆与壁障成 90°±5°，燃油泄漏：撞后 5min 内≤200mL
后移动壁障碰撞	壁障速度=32km/h；燃油的泄漏要求同上	移动壁障或冲击摆速度=35—38（km/h），燃油的泄漏要求与前壁障碰撞泄漏要求相同	壁障速度 30km/h＜v＜38km/h，燃油的泄漏要求与前壁障碰撞泄漏要求相同	

(续)

项目	FMVSS 301	ECE R34	日本道路车辆安全标准 11-4-5	GB 11553—1989
横向移动壁障	壁障速度=48km/h；燃油的泄漏要求同上			
静倾翻	5min 内，每转过 90°，泄漏量≤141.75g，以后 1min 内，每转过 90°，泄漏量≤141.75g			
移动仿型物壁障碰撞	壁障速度≤48km/h，燃油的泄漏：从碰撞至停止≤28.35g；停止后 5min 内≤141.75g；以后 25min 内≤28.35g/min			

2.3.4 汽车视野法规或标准对比

美、欧、日、中视野标准对比见表 2-15。

表 2-15 美、欧、日、中视野标准对比

项目		FMVSS	77/649/EEC	日本保安基准	GB 11562—1994
前方视野	风窗玻璃透明区	无	风窗玻璃透明区至少应包括风窗玻璃基准点连线所包含的面积，这些基准点如下。 (1) V1 点水平向前偏左 17°的基准点 a； (2) V1 点向前沿铅垂面偏上 7°的基准点 b； (3) V1 点向前沿铅垂面偏下的 5°基准点 c； (4) 在汽车纵向对称平面另一侧应增加 3 个辅助基准点，它们与 a、b、c 三基准点相对称	前风窗玻璃不包括下列区域的可见光透射区。 ① 在规定平面以上的区域。此平面包括通过一条 V1 点（非乘用车的前风窗玻璃为 O 点）并与车辆纵向中心面垂直的直线，并且该平面在 V1 点（或 O 点）的前上方与水平面成 7°（非乘用车的前风窗玻璃为 10°）夹角； ② 距离窗框、仪表板和其他与车身重叠的部分 10mm 以内的区域	风窗玻璃透明区至少应包括风窗玻璃基准点连线所包含的面积，这些基准点如下。 ① V1 点水平向前偏左 17°的基准点 a； ② V1 点向前沿铅垂面偏上 7°的基准点 b； ③ V1 点向前沿铅垂面偏下 5°的基准点 c； ④ 在汽车纵向对称平面另一侧应增加 3 个辅助基准点 a'、b'、c'，它们与 a、b、c 三基准点相对称

(续)

项目		FMVSS	77/649/EEC	日本保安基准	GB 11562—1994
前方视野	A柱	无	A柱的双目障碍角不得大于6°；汽车不得有两根以上的A柱	无	A柱的双目障碍角不得超过6°；若两柱相对汽车纵向铅垂面是对称的，则右柱不需要再测量。汽车不得有两根以上A柱
	其他要求	无	在驾驶员前视野180°范围内，在通过V1点的水平面下方和通过V2点的3个平面(3个平面都和水平面向下成4°夹角，其中一个平面垂直于Y基准平面，另两个平面垂直于X基准平面)上方的范围内，除了A柱，三角窗分隔条、车外无线电天线、后视镜、风窗玻璃刮水器等造成的障碍外，不得有其他的视野障碍。通过V2点垂直于Y基准平面且与转向盘上边缘相切的平面，如该平面相对水平面至少后下倾斜1°时，则转向盘上边缘以下的仪表板所构成的障碍是允许的	① 大于11座的汽车，总质量大于8t，载质量大于5t的汽车，距该车前端0.3m铅垂面与该车之间，高1m的障碍物；② 总质量大于8t，载质量大于5t的汽车，且发动机在驾驶室或乘客舱之下的汽车，距该车前端2m的铅垂面与该车之间，高1m的障碍物	在驾驶员前视野180°范围内，在通过V1点的水平面下方和通过V2点的3个平面(3个平面都和水平面向下成4°夹角，其中一个平面垂直于Y基准平面，另两个平面垂直于X基准平面)上方的范围内，除了A柱，三角窗分隔条、车外无线电天线、后视镜、风窗玻璃刮水器等造成的障碍外，不得有其他的视野障碍。通过V2点垂直于Y基准平面且与转向盘上边缘相切的平面，如该平面相对水平面至少后下倾斜1°时，则转向盘上边缘以下的仪表板所构成的障碍是允许的
后方视野	内后视野	当车辆载有驾驶员和4名乘员，从视野投射点所测得的水平夹角不小于20°并有足够的垂直方向的角度，使水平道路上的视野延伸到离车辆尾部61m以内的各点	加载一名质量为(75±0.75)kg的额外前座乘客；驾驶员至少能看见一段20m宽而平坦的水平路面，其中心处于汽车纵向垂直中心平面内，并从驾驶员眼点后60m起延伸至地平面		测试车辆为整车整备质量状态，在前排乘客一侧加装一名乘客的质量，其数值与测定H点时假人的质量相同。驾驶员借助内后视镜必须能在水平路面上看见一段宽度至少为20m的视野区域，其中心平面为汽车纵向基准面，并从驾驶员的眼点后60m处延伸至地平线

汽车安全

(续)

项目		FMVSS	77/649/EEC	日本保安基准	GB 11562—1994
后方视野	外后视镜	轿车外后视镜应为驾驶员提供从垂直于驾驶员一侧车辆最宽点的相切纵平面的一条线延伸至地平线,在驾驶员眼后方10.6m,从相切平面向外延伸2.44m	驾驶员一侧的外后视镜应能使驾驶员看到一段宽2.5m,而且平坦的水平路面,其右边以与汽车纵向垂直中心平面平行,且通过汽车左边最外侧一点的平面为界限,并从驾驶员眼点10m处延伸至地平线;乘客一侧的外后视镜应能使驾驶员看到宽3.5m,而且平坦的水平路面,其左边以与汽车纵向垂直中心平面平行,且通过汽车右边最外侧一点的平面为界限,并从驾驶员眼点30m处延伸至地平线。此外,还应能看见宽度大于0.75m的路面,从通过驾驶员眼点的垂直平面后4m处起;对总质量小于2000kg的M1和N1类汽车,驾驶员借助外后视镜,必须能在水平路上看见一段宽至少为4m的后视野,其左边与汽车的纵向垂直中心平面平行,且与汽车右边最外侧相切,并从驾驶员的眼点后20m处起延伸至地平线	汽车驾驶员能在座椅上看清汽车(带挂车的为挂车)左右两侧后方50m以内的车辆交通状况,以及汽车(当挂车比牵引车宽时,指牵引车及挂车)的左侧附近(驾驶员能在座椅上看清的除外)的交通状况	驾驶员一侧的外后视镜应能使驾驶员看到一段宽2.5m,而且平坦的水平路面,其右边以与汽车纵向垂直中心平面平行,且通过汽车左边最外侧一点的平面为界限,并从驾驶员眼点10m处延伸至地平线。对总质量大于或等于2000kg的M1和N1类汽车及其他M和N类汽车,乘客一侧的外后视镜应能使驾驶员看到宽3.5m,而且平坦的水平路面,其左边以与汽车纵向垂直中心平面平行,且通过汽车右边最外侧一点的平面为界限,并从驾驶员眼点30m处延伸至地平线。此外,还应能看见宽度大于0.75m的路面,从通过驾驶员眼点的垂直平面后4m处起。对总质量小于2000kg的M1和N1类汽车,驾驶员必须能借助乘客一侧外后视镜看见水平路上一段宽至少为4m的后视野,其左边与汽车的纵向垂直中心平面平行,且与汽车右边最外侧相切,并从驾驶员的眼点后20m处起延伸至地平线

2-1 标准与技术法规在现代社会有何意义?标准体系与法规体系的主要区别有哪些?

2-2 如何理解汽车安全法规的重要性？汽车安全法规、汽车安全性能、汽车安全技术三者之间有何关系？

2-3 简述目前世界三大主要汽车法规体系及其构成。

2-4 简述美、欧、日、中汽车安全技术法规体系的主要内容。美、欧、日、中汽车认证制度有何差别？

第 3 章 汽车行驶安全性能

本章教学要点

知识要点	掌握程度	相关知识
汽车的制动性	掌握汽车行车制动的评价方法、制动过程的构成、影响总制动距离的因素、车轮侧滑的原因； 熟悉制动跑偏的原因、不同制动器的制动性能的差异； 了解国家标准对制动性的要求	制动过程和总制动距离； 车速与安全距离的关系； 制动效能恒定性； 制动跑偏； 制动侧滑； 制动中失去方向控制
汽车的操纵稳定性	掌握操纵稳定性的定义、稳态响应、瞬态响应及频率响应； 熟悉影响回正性、转向轻便性的因素； 了解急剧转向性和侧风敏感性	操纵稳定性的评价方法； 转向盘角阶跃输入下的稳态响应和瞬态响应； 转向盘转角脉冲输入瞬态响应典型评价方法
汽车视野与灯光	熟悉汽车视野的分类、前方视野的要求； 了解后方视野的要求； 了解不同类型前照灯的特点	汽车驾驶员眼椭圆； 前方视野； 后方视野； 汽车前照灯
汽车操纵机构	熟悉操纵机构布置的基本原理； 了解典型操纵机构的布置要求	汽车的实际 H 点； 典型操纵机构的布置

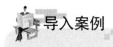 **导入案例**

具有安全隐患的机动车上路行驶引发重大交通事故

事故经过：2004年12月6日7时50分许，河北省滦平县某村个体驾驶员缪某驾驶一辆亚星牌大客车（共载45人），从某村驶往滦平县城，行至滦平县火头山乡兴隆庄村四道梁时，车辆驶出右侧路面，翻入110m深山坡下的滦平县火头山乡兴隆庄村刘某家宅院内，大客车严重损毁报废，造成12人当场死亡、4人经医院抢救无效死亡、3人重伤的特大交通事故。

原因分析：经调查，发生事故的大客车因为前桥右侧制动铁管与车架之间无固定螺母，造成制动铁管与散热器架接触部位发生摩擦逐渐变薄，车辆在制动过程中制动铁管突然爆裂，致使前桥制动系统失效是事故直接原因；同时，客车在前桥制动突然失效、左后轮无制动的情况下，右后轮制动强度增大，造成右后轮蹄下片剪切脱落，加之右后轮前蹄缸渗油、轮胎花纹磨损过大，使该轮制动性能大大降低，与事故存在因果关系。

根据现场勘察、调查所获证据材料综合分析，事故调查组认定当事人缪某驾驶机件不符合技术标准、安全设施不全，具有安全隐患的机动车上路行驶，应负此事故全部责任。其行为涉嫌交通肇事罪，已被滦平县公安局依法刑事拘留。滦平县某汽车修理厂修理工闫某在2003年7、8月份时应缪某要求，将客车左后轮制动油管用铆钉堵死，造成左后轮制动失效，对事故发生起到了一定作用，因涉嫌重大责任事故罪被滦平县公安局依法刑事拘留。

资料来源：http://www.xinhuanet.com/chinanews/2005-06/24/content-4502698.htm

3.1 汽车行驶安全性能概述

汽车行驶安全性能是指汽车在行驶过程中避免发生交通事故的能力，属于主动安全的范畴，主要包括汽车动力学决定的操纵稳定性、制动性，以及直接影响操纵稳定性和制动性的汽车视野、汽车灯光和驾驶操作负担3个方面。

对车辆事故的统计资料分析表明，车辆机械故障引发的车辆事故率和伤亡率约占事故总量的5%，而车辆机械故障以制动、转向故障，灯光性能不良和爆胎为主，占机械故障引发的车辆事故的80%以上，且多为恶性事故。尤其是制动不良和制动失效引发的车辆事故率、伤亡率约占事故总量的60%以上，因此，制动性是保证汽车行驶安全的首要性能。制动性能差的汽车在制动过程中经常出现制动失灵、制动距离过长、后轴侧滑、制动跑偏等现象，极易诱发交通事故。

随着我国道路交通条件的不断改善，汽车的平均行驶车速在不断提高，操纵稳定性是保证高速车辆行驶安全的重要性能。操纵稳定性不仅与转向系统的结构和性能有关，也与悬架系统及轮胎的结构和性能有关。操纵稳定性不好的汽车行驶过程中往往会出现转向操纵反应迟钝、驾驶员丧失路感、车身发飘、直线行驶时左右摇摆、紧急避让时操纵失控等现象,很容易使高速行驶中的车辆造成交通事故。

良好的汽车视野、汽车灯光及符合人体生理特点的驾驶操纵机构是获得良好的操纵稳定性和制动性的前提。汽车视野、灯光越好,越能提早发现事故迹象,有利于驾车人提前做出相应处置。按人体工程学原理设计的操纵机构,使驾驶员便于操作、反应迅速、不易疲劳,可以提高汽车行驶安全性能。

3.2 汽车的制动性

汽车制动性直接关系到交通安全,很多重大交通事故往往都是由制动距离太长、紧急制动时发生侧滑等引起的,因此汽车的制动性是汽车安全行驶的重要保障。特别是随着高速公路的迅速发展,汽车平均行驶车速大幅度提高,在高速行驶时汽车紧急制动的运动状态,较之在低速行驶时紧急制动的运动状态有着质的差异。

为了保证汽车的行驶安全性,现代汽车对制动性能提出了更高的要求。对于行车制动而言,汽车的制动性能是指汽车行驶时,能在短距离内停车且维持行驶方向稳定,在下长坡时能维持较低车速的能力,常用下列3方面指标评价。

(1) 制动效能:在良好路面上,汽车以一定初速度制动到停车的制动距离或制动时汽车的减速度。这是最基本的评价指标。

(2) 制动效能的恒定性:主要指汽车高速行驶或下长坡连续制动时制动效能保持的程度,也称为抗热衰退性能。

(3) 制动时的方向稳定性:在制动时,汽车不发生跑偏、侧滑和失去转向能力的性能。常用制动时汽车按给定路径行驶的能力来评价。

在汽车安全检测项目中,制动性能为强制性安全检验项目。

3.2.1 汽车的制动过程

汽车紧急制动全过程如图3.1所示。以车速 v_0 行驶中的汽车在到达 x_0 点的瞬间,前方突然出现某种危险情况,这一突然出现的危险信息刺激注视着前方的驾驶员的视网膜神经末梢,通过神经网络传给大脑产生知觉,大脑接着对之进行解释,然后又通过神经系统指挥右脚松开加速踏板,并迅速踩下制动踏板。

其间,首先消除制动踏板间隙(踏板自由行程),这段时间称为驾驶员反应时间 t_1,在 t_1 时间汽车行驶到 x_1 点。接着,制动踏板被进一步踏下,经过间隙行程后,在踏板力的作用下,制动管路系统气压或液压逐渐增大,制动器凸轮或制动轮缸开始运动,由于蹄片和制动鼓存在间隙,所以要经过 t_2 时间地面制动力才起作用,这段时间称为制动传动系的作用时间,此时,汽车行驶到 x_2 点,汽车开始产生制动减速度。从 x_0 到 x_2 的时间 t_1+t_2 内,虽然驾驶员具有制动意识并开始了制动动作,但并未产生制动效果,因此这段时间也称为空驶时间,空驶时间内驶过的距离称为制动空驶距离。从产生地面制动力开始是地面制动力增长过程所需要的时间 t_3,t_2+t_3 总称为制动器的作用时间。从达到最大制动减速度直到汽车停止运动,这段时间称为持续制动时间 t_4,经过 t_4 时间,汽车从 x_3 点运动到 x_4 点,其减速度基本不变。因而从驾驶员接受到危险信息到经制动后汽车完全停止运动,

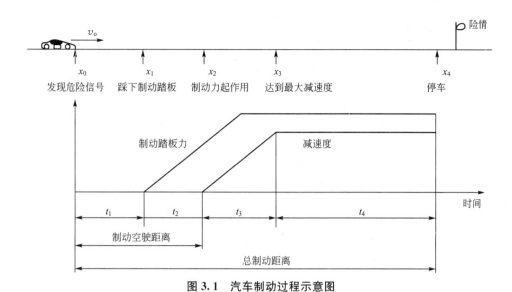

图 3.1 汽车制动过程示意图

其间的总制动距离可由下式估算：

$$S = v_0(t_1 + t_2) + \int_{v_0}^{0} \frac{v_t}{j} dv_t \tag{3-1}$$

式中　j——制动减速度值；

　　　v_t——汽车瞬时速度。

需要指出的是，在 GB 7258—2012《机动车运行安全技术条件》中对汽车制动距离的定义是指从踩下制动踏板到汽车停止运动所行驶的距离，不含在驾驶员反应时间内汽车行驶的距离，因此与这里讨论的总制动距离是不一样的。

由式(3-1)可知，决定汽车总制动距离的主要因素是驾驶员反应时间、制动器的作用时间、制动器的制动力、地面附着力及制动的初始车速。

驾驶员反应时间与其年龄、性别、经验等有关，一般为 0.3~1.0s。就年龄而言，20~25 岁的驾驶者反应时间最短，随着年龄的增长，反应时间有延长的趋势；另外，从整体方面看，女性的反应时间一般要比男性的反应时间长。对突现性危险信号的接受和处理过程时间与有预知制动情报的时间有较大差别。对具有 7 年以上驾龄的驾驶员的测试结果表明，驾驶员对无预知信号的反应时间平均要比对有预知信号的反应时间长 0.19s。

驾驶员的反应时间还与驾驶员驾车时的精神状态有关。近年来，我国道路交通运输业快速发展，恶性道路交通事故也呈同步上升趋势，其中，因驾驶员疲劳驾驶造成的交通事故十分突出，约占总数的 20%，占特大事故的 40% 以上。因疲劳驾驶引起的交通事故在国外也同样十分突出。例如，美国高速公路安全管理局保守估计，每年因为驾驶员疲劳驾驶导致的交通事故大约有 10 万起。由于高速公路特殊的行车环境，在高速公路上的疲劳驾驶情况比普通公路更严重。

疲劳驾驶是指驾驶员由于长时间或超强度的操劳，体力和脑力过多消耗，使生理机能和心理机能失调，以致身体状态和精神状态难以恢复，开车时驾驶机能低落、反应时间明显延长的现象。驾驶员要避免因疲劳驾驶引发交通事故，在出车前，特别是长途行车前，应保证足够的睡眠时间和休息时间。正常的睡眠对行车安全十分重要，如果睡眠时间不足，第二天驾车就容易出现疲劳现象。有研究表明，一天驾驶超过 10h 以上，睡眠不足

5h，事故发生率最高。此外，驾车过程中还须控制好连续驾车时间，长时间连续驾驶，驾驶员体力和脑力消耗过大，容易引起疲劳，驾驶机能会随之低落。合适的连续驾驶时间存在个体差异，受驾驶员性别、年龄、体力等因素的影响。一般来说，连续驾驶时间在2h内，驾驶效果比较好；连续驾驶时间达到4h左右，驾驶机能开始有不同程度的低落。驾驶员在行车途中，要注意根据自己对驾驶状态的感觉控制连续驾驶时间，在两个连续驾驶时间之间应保证至少有30min的休息时间。

饮酒是另一个影响驾驶员精神状态的重要因素。酒后驾车是指在饮酒后8h之内或者醉酒后24h之内驾驶车辆。统计数据表明，驾驶员酒后驾车发生事故的可能性是正常状态的15倍，30%的道路交通事故是由酒后开车、醉酒驾车引起的。驾驶员死亡档案中有59%与酒后驾车有关。饮酒后驾车，因酒精麻痹作用，导致运动机能低下，行动笨拙，反应迟钝，操作能力降低，极易引发交通事故。

制动传动系的作用时间与制动系统的类型有关，液压制动传动系的作用时间一般都较短(0.2s左右)，而气压制动传动系作用时间相对较长(0.4s左右)，对制动距离的影响十分明显。大量研究结果表明，制动传动系的作用时间至少会使总制动距离增加10%～15%。轿车因行驶车速较高，为提高制动效果，广泛采用液压制动系统结构。

3.2.2 制动距离

从上述汽车制动过程的分析可知，由于驾驶员反应时间在不同的驾驶员之间存在明显的差异，导致同一辆车在相同的情况下的总制动距离也不一样，因此在评价汽车的制动效能时是不考虑驾驶员反应时间的影响的，即制动距离从驾驶员踩下制动踏板开始计算。显然，制动距离越短，对行车安全越有利。制动距离与制动踏板力、路面附着条件、车辆载荷、离合器是否结合等因素有关。在测试制动距离时，对踏板力或制动系压力、路面附着系数及车辆的状态有相关规定。制动距离与制动器的热状况也有密切关系，若无特殊说明，一般制动距离是在冷试验的条件下测得的。此时，起始制动时制动器的温度在100℃以下。

由于各种汽车的动力性不同，对制动效能也提出了不同要求：一般轿车、轻型货车行驶车速高，所以要求制动效能也高；重型货车行驶车速低，要求就稍低一点。GB 7258—2012对制动性的要求见表3-1。

表3-1 制动距离和制动稳定性要求

机动车类型	制动初速度/ (km/h)	满载检验制动 距离要求/m	空载检验制动 距离要求/m	试验通道宽度/m
三轮汽车	20	≤5.0		2.5
乘用车	50	≤20.0	≤19.0	2.5
总质量不大于3500kg的低速货车	30	≤9.0	≤8.0	2.5
其他总质量不大于3500kg的汽车	50	≤22.0	≤21.0	2.5
其他汽车、汽车列车	30	≤10.0	≤9.0	3.0

注：进行制动性能检验时的制动踏板力或制动气压应符合以下要求。
① 满载检验时，对于气压制动系，气压表的指示气压≤额定工作气压；对于液压制动系，乘用车的踏板力≤500N，其他机动车的踏板力≤700N。
② 空载检验时，对于气压制动系，气压表的指示气压≤600kPa；对于液压制动系，乘用车的踏板力≤400N，其他机动车的踏板力≤450N。

若汽车制动时的车速 v_0 以单位 km/h 表示,时间以单位 s 表示,则制动距离 $S(m)$ 可近似用式(3-2)计算:

$$S=\frac{1}{3.6}\left(t_2+\frac{t_3}{2}\right)v_0+\frac{v_0^2}{25.92 j_{\max}} \tag{3-2}$$

式中 $j_{\max}$——最大制动减速度,其大小与地面附着系数有关。对于 ABS,$j_{\max}=\varphi_p g$(φ_p 为峰值附着系数,g 为重力加速度);对于普通制动系统,$j_{\max}=\varphi_s g$(φ_s 为滑动附着系数)。

1. 附着系数对制动距离的影响

由式(3-2)可知,地面附着系数直接影响到汽车的制动距离,是影响汽车行驶安全的一个重要参数。它与车轮的运动状态,即滑动程度有关。常用滑动率来表示车轮在制动过程中滑动所占的比例,用符号 s 表示,其定义为

$$s=\frac{u_W-r_{r0}\omega_W}{u_W}\times 100\% \tag{3-3}$$

式中 r_{r0}——自由滚动的车轮滚动半径(m);
u_W——车轮中心的速度(m/s);
ω_W——车轮的角速度(rad/s)。

纵向附着系数和侧向附着系数与车轮滑动率的关系,即 φ-s 曲线如图 3.2 所示。

纵向附着系数一般在滑动率 $s=15\%\sim 20\%$ 时达到峰值附着系数 φ_p,当车轮抱死时,滑动率 $s=100\%$,纵向附着系数为滑动附着系数 φ_s。

在干燥路面上 φ_p 与 φ_s 的差值很小,而在湿滑路面上则差别较大。侧向附着系数随滑动率的增大而下降,车轮抱死滑移时,侧向附着系数接近零。

路面纵向附着系数越低,汽车制动时越容易发生车轮抱死。由于车速越高,附着系数越低,汽车高速制动时更容易发生车轮抱死。

附着系数的数值主要取决于道路的材料、路面状况、轮胎结构、胎面花纹和车速等因素。表 3-2 给出了各种路面的平均附着系数。

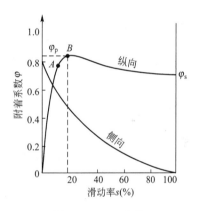

图 3.2 φ-s 曲线

表 3-2 各种路面的平均附着系数

路 面	峰值附着系数	滑动附着系数
沥青或混凝土路面	0.8~0.9	0.75
沥青(湿)	0.5~0.7	0.45~0.6
混凝土(湿)	0.7	0.7
砾石	0.6	0.55
土路(干)	0.68	0.65

汽车安全

(续)

路　面	峰值附着系数	滑动附着系数
土路(湿)	0.55	0.4～0.5
雪(压紧)	0.2	0.15
冰	0.1	0.07

在潮湿的路面上，由于水的润滑作用，附着系数显著降低，使制动距离增加，容易引发交通事故。例如，一辆小轿车在干燥的柏油路面上以50km/h的初速度紧急制动的制动距离可能只有11m，但下雨后在相同的情况下其制动距离可达到18m。因此，在雨雪天气行车时，一定要注意控制好行驶车速，当地面附着系数降低50%时，相应的车速应降低70%，并保持足够的安全距离，以防紧急制动时出现安全事故。

特别要指出的是，当车辆超载时，即使在干燥、良好的路面上，车辆紧急制动时也会因制动距离变长而引发交通事故。因为在这种情况下制动器产生的摩擦力矩无法使车轮受到的地面制动力达到最大值(地面附着力)，也就难以充分利用地面附着系数，相当于在附着系数较低的路面上进行制动，导致制动距离加长。统计数据表明，大多数特大交通事故与车辆超载有关，给人民的生命和财产造成了巨大的损失。

 事故案例

未保持紧急制动的安全距离造成重大交通事故

事故经过：2010年5月某日，尉某驾驶一辆小型越野客车行驶至杭甬高速公路杭州方向8.176km时(该路段前方发生堵车)，与前方同向由王某驾驶并正常停靠的轿车尾部发生碰撞，致使该轿车又与前方同向由来某驾驶并正常停靠的小型轿车发生碰撞，造成王某轿车乘员圣某受伤后经医院抢救无效于2010年6月13日死亡，3车不同程度受损的重大交通事故。

责任分析：尉某驾驶机动车在高速公路行驶，未与同车道前车保持采取紧急制动措施所需的安全距离，违反《中华人民共和国道路交通安全法》等交通运输管理法规，对事故负全部责任。

资料来源：http://www.chinalawedu.com/new/17800a180a2011/2011810caoxin95016.shtml

2. 车速对制动距离的影响

起始制动车速对制动距离的影响最直接。图3.3是根据《Autocar》1993～1998年对48辆装有真空助力器的各种轿车在干燥、良好的路面上进行制动试验的结果，并按最小二乘法原理拟合得到的制动距离曲线。拟合得到的公式为

$$S = 0.0034 v_0 + 0.00451 v_0^2 \tag{3-4}$$

由式(3-4)可以计算出，在高速公路上以100km/h的车速高速行驶时，其制动距离高达45.3m，再考虑驾驶员反应时间的空驶距离，总制动距离长达75m。制动距离过长是引发高速公路交通事故的主要原因之一。有研究机构对大量交通事故进行了统计分析后发现，与车速有关的交通事故大约占到交通事故总数的80%，当车速大于60km/h后，车速每增大5km/h，事故的发生概率约为原来的两倍。假如，60km/h车速的事故发生概率是1，当车速达到86km/h时，相对事故发生概率为56.55。

另外，事故的严重程度也随着速度的增加而增长。

由于运动车辆的动能与其速度的平方成正比，速度的少许提高，就能导致车辆动能发生较大改变，发生碰撞时，对乘员造成的伤害也就越大。因此，在高速公路上行驶时，要特别注意根据车速控制好与前方车辆的安全距离。大量的安全驾驶经验表明，一般以行驶的时速千米数，按米数计算把握安全距离为最佳，如时速80km时应保持80m的安全距离。在冰雪路和遇风、雨、雾天气时，还需要适当加大安全距离。部分车型的制动距离见表3-3。

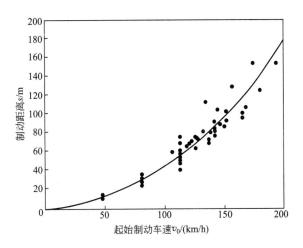

图3.3 轿车的制动距离曲线

表3-3 部分车型的制动距离* （单位：m）

车 型	60→0(km/h)	100→0(km/h)
2010款 普拉多 4.0L TX	15.10	43.70
2011款 POLO 1.6AT 至酷版	15.10	40.60
2012款 长城腾翼 C50 1.5T MT	15.53	40.03
2012款 迈腾 2.0T 至尊版	17.12	41.36
2012款 君威 2.4L SIDI 旗舰版	16.90	42.12
2012款 福克斯三厢 1.6L MT 舒适型	14.70	40.52
2012款 哈弗 H6 1.5T MT 两驱尊贵型	18.15	42.97
2013款 华晨宝马 336Li	13.30	37.64
2013款 一汽大众 宝来 1.4T AT 豪华版	14.73	41.52
2013款 新桑塔纳 1.6L AT 豪华版	14.09	39.47
2013款 凯越 1.5L AT 尊享型	14.47	40.30

以制动效能为对象的评判指标一般为：制动初速度从100km/h到停车即100km/h→0km/h的制动距离，小于42m为制动性能优秀；42～45m为制动性能合格；大于45m为制动性能较差。

3.2.3 制动效能的恒定性

前述制动效能指标是在冷制动下，即制动器温度在100℃以下讨论的。汽车下长坡制动及汽车高速制动的情况下，制动器的工作温度常在300℃以上，有时竟高达600～700℃。这使制动器的摩擦力矩显著下降，汽车的制动效能显著降低，这种现象称为制动

---

* 数据来源于www.autohome.com.cn。

效能的热衰退现象。

抵抗热衰退的能力,常用一系列连续制动后,制动效能与冷制动时相比较下降的程度来表示。制动器的热衰退和制动器摩擦副材料及制动器结构有关。

随着石棉摩擦材料的被禁用(因有致癌作用),国内外用于制动器的摩擦材料普遍采用无石棉摩擦材料,主要有无石棉树脂型摩擦材料、金属纤维增强摩擦材料、半金属纤维增强摩擦材料和混杂纤维增强摩擦材料等(详见6.2.3节),其中以半金属纤维增强摩擦材料的应用最为普遍。一般制动器是以铸铁做制动盘(鼓),各种摩擦材料做摩擦片组成的。在制动盘(鼓)的合金成分、金相组织、硬度、工艺等要求合格的条件下,摩擦片对摩擦性能起决定作用。在一般情况下制动时,大多数摩擦材料的摩擦片与制动盘(鼓)的摩擦系数为0.3~0.5,少数可达0.7,此时摩擦系数是稳定的。在连续强烈制动及高速制动的情况下,摩擦片温度过高,其内含的有机物发生分解,产生了一些气体和液体。它们在两接触面间形成有润滑作用的薄膜,使摩擦系数下降,而出现了热衰退现象。

制动器的结构形式对抗热衰退的能力有较大的影响,常用制动器效能因数与摩擦系数的关系曲线来说明各种制动器的效能及其稳定程度。制动器效能因数 K_{ef} 是单位制动轮缸推力 F_P 所产生的制动器摩擦力 F,即

$$K_{ef} = \frac{F}{F_P} \qquad (3-5)$$

图 3.4 是具有典型尺寸的各种形式制动器制动效能因数与摩擦系数的关系曲线。

由图 3.4 可知,双向自动增力式及双领蹄式制动器,由于结构上的几何力学关系产生增力作用,具有较大的制动效能因数。摩擦系数变大时,制动效能按非线性关系迅速增加,故摩擦系数的微小变化,能引起制动效能的大幅度改变,使得制动器工作的稳定性差;双从蹄式制动器因为有减力作用,制动效能因数低,但制动效能因数随摩擦系数变化而改变的量很小,即稳定性较好;领从蹄式制动器介于两者之间。特别要指出的是,盘式制动器的制动效能虽然没有鼓式的大,但其稳定性最好,在高强度制动时其摩擦系数因热衰退虽有所下降,但对制动效能的影响却不大,且反应时间短,不会因热膨胀而增加制动间隙。

汽车涉水后,由于制动器被水浸湿,制动效能也会降低,这种现象称为制动效能的水衰退现象。为缓解这种现象,汽车涉水后,驾驶员应及时踩几次制动踏板,利用制动蹄与制动鼓间摩擦产生的热量使制动器迅速干燥,使制动效能恢复正常。

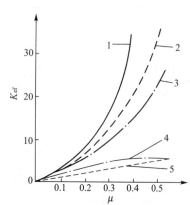

图 3.4 制动效能因数与摩擦因数的关系曲线

1—双向自增力式制动器;
2—双领蹄式制动器;
3—领从蹄式制动器;
4—双从蹄式制动器;
5—盘式制动器

3.2.4 制动时汽车方向的稳定性

制动过程中有时会出现制动跑偏、侧滑,使汽车失去控制而离开预定的行驶方向。汽车在制动过程中维持直线行驶能力,或按预定弯道行驶的能力,称为制动时汽车的方向稳定性。

汽车在制动过程中出现跑偏、侧滑或前轮失去转向能力，尤其后轴侧滑是造成交通事故的重要原因。据统计，发生人身伤亡的交通事故中，潮湿路面上约有 1/3 与侧滑有关；在冰雪路面上 70%～80% 与侧滑有关。而对侧滑类事故的分析发现，有 50% 是由制动引起的，由此可见，制动时汽车的方向稳定性是影响交通安全的一个重要因素。

1. 制动跑偏

制动时期望汽车按直线方向减速停车，但有时汽车却自动向左或向右偏驶，这种现象称为"制动跑偏"。引起制动跑偏的原因如下。

(1) 汽车左、右车轮，特别是前轴左、右车轮（转向轮）制动器的制动力不相等。图 3.5 给出了由于转向轴左、右车轮制动力不相等而引起跑偏的受力分析。为了简化，假定车速较低，跑偏不严重，且跑偏过程中转向盘是不动的，在制动过程中也没有发生侧滑，并忽略汽车做圆周运动时产生的离心力及车身绕质心的惯性力偶矩。

设前左轮的地面制动力大于前右轮的地面制动力，显然，前左轮的地面制动力绕主销的力矩大于前右轮的地面制动力绕主销的力矩。虽然转向盘不动，由于转向系各处的间隙及零部件的弹性变形，转向轮仍产生一个向左转动的角度而使汽车有轻微的转弯行驶，即跑偏。同时，由于主销有后倾，也使前轮受到的横向力对转向轮产生一同方向的偏转力矩，这样也增大了向左转动的角度。左、右车轮制动力之差用不相等度表示，我国 GB 7258—2012 规定，新注册车：前轴的不相等度不应大于 20%，后轴的不应大于 24%；在用车：前轴不应大于 24%，后轴不应大于 30%。

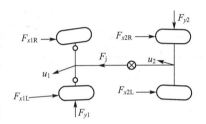

图 3.5 制动跑偏时受力图

左、右车轮制动器的制动力不等主要是由制造、调整误差造成的，如制动器间隙调整不均，个别制动蹄片与制动鼓接触不良、粘油、单边轮缸或制动气室有故障，U 形螺栓松动，轮胎气压和磨损不均等。

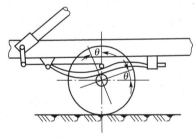

图 3.6 悬架导向杆系与转向系拉杆
在运动学上不协调简图

(2) 悬架导向杆系与转向系拉杆在运动学上的不协调。图 3.6 给出了某货车的前部简图。在紧急制动时，前轴向前扭转了一角度 θ，转向节上节臂球头销本应做相应的移动，但由于球头销又连接在转向纵拉杆上，仅能克服转向拉杆的间隙，使拉杆有少许弹性变形而不允许球头销做相应的移动，致使转向节臂相对于主销做向右的偏转，于是引起转向轮向右转动，导致汽车跑偏。

造成这种跑偏的原因是设计造成的，制动时汽车总是向左（或向右）一方跑偏。消除这种跑偏的办法是使转向节上节臂处球头销位置下移，同时增加前钢板弹簧的刚度。

(3) 汽车质心位置的左右不对称。汽车，尤其是货车，在发生偏载时，引起汽车质心位置的左右不对称，使左右车轮的垂直载荷不相等。在紧急制动时，尽管左右车轮制动器的制动力相等，但在这种情况下车轮受到的地面制动力取决于地面附着力。因此，车轮垂直载荷大的一侧的车轮地面制动力也大，导致两侧的地面制动力不相等，引起制动跑偏。

2. 制动侧滑

侧滑是指汽车制动时，某一轴的车轮或两轴的车轮发生横向滑动的现象。最危险的情况是在高速制动时，后轴发生侧滑，这时汽车常发生不规则的急剧回转运动，使之部分或完全失去方向控制。

侧滑产生的原因，是在制动过程中地面制动力达到附着极限后，继续增加制动力，车轮将处于抱死拖滑状态，此时，侧向附着系数为零，即该轮抵抗侧向干扰的能力为零，这时，即使车轮受到任何一点侧向力，都会引起沿侧向力方向的滑动。

紧急制动过程中，常出现一根轴的侧滑。实践证明，后轴侧滑具有很大的危险性，可以使汽车掉头；前轴侧滑对汽车行驶方向改变不大，但是已不能通过转向盘来控制汽车的行驶方向。

下面从受力情况分析汽车前轮抱死拖滑和后轮抱死拖滑两种运动情况。

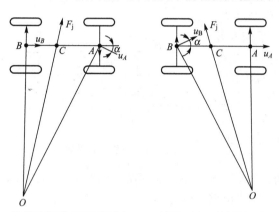

(a) 前轮抱死拖滑而后轮滚动 (b) 前轮滚动、后轮制动到抱死拖滑

图 3.7 汽车侧滑时的运动状况

图 3.7(a)是前轮抱死拖滑而后轮滚动，并设转向盘固定不动。前轴如受侧向力作用将发生侧滑，因此前轴中点 A 的前进速度为 u_A，与汽车纵轴线的夹角为 α，后轴的前进速度为 u_B，后轴因未发生侧滑，所以仍沿汽车纵轴线方向。此时汽车将发生类似转弯的运动，其瞬时回转中心为速度 u_A、u_B 两垂线的交点 O，汽车做圆周运动时，产生了作用于质心 C 的惯性力 F_j。显然，F_j 的方向与前轴侧滑的方向相反，此时 F_j 能起减少或阻止前轴侧滑的作用，因此汽车处于一种稳定状态。

图 3.7(b)是前轮滚动、后轮制动到抱死拖滑。如有侧向力作用，后轴将发生侧滑，u_B 与汽车纵轴线夹角为 α，u_A 的方向仍按汽车纵轴线方向，此时汽车也发生回转运动，作用于质心 C 的圆周运动惯性力 F_j，此时却与后轴侧滑方向一致。惯性力 F_j 加剧后轴侧滑，后轴侧滑又加剧惯性力 F_j，汽车将急剧转动。因此汽车后轴侧滑是一种不稳定状态。

对于双轴汽车，在制动过程中可能出现前轮先抱死或后轮先抱死，也可能前、后轮同时抱死的情况。前轮先抱死不易产生侧滑，是一个稳定过程，但容易失去转向操纵能力；后轮先抱死容易造成后轴侧滑，并可能紧随甩尾，是一种不稳定状态，极易造成严重交通事故。

前、后轮的抱死顺序是由前、后制动器制动力的分配决定的，因此，在进行制动力分配时，从保证汽车方向稳定性的角度出发，首先不能出现只有后轮抱死或后轮比前轮先抱死的情况，以防止后轴侧滑，造成危险；其次，尽量少出现只有前轮抱死或前、后车轮都抱死的情况，以维持汽车的转向能力。最理想的情况就是防止任何车轮抱死，即采用ABS，使前、后车轮都处于滚动状态，确保制动时的方向稳定性。

3. 转向能力的丧失

转向能力的丧失是指弯道制动时，汽车不再按原来的弯道行驶，而是沿弯道切线方向驶出,以及直线行驶时转动转向盘汽车仍按直线方向行驶的现象。当制动过程中前轮出现抱死时,因侧向附着力接近零,不能产生汽车转向所需的地面侧向反作用力,汽车丧失转向能力。图3.8所示为一轿车前轮失去转向能力的事故情景。

由于汽车丧失转向能力是由前轮制动时抱死直接引起的,所以在弯道制动时应尽量避免车轮抱死。对于没有安装 ABS 的车辆而言,紧急制动时车轮抱死是不可避免的,因此,唯一可行的办法是,在通过弯道时尽可能降低车速、尽量不采用紧急制动,若要紧急制动,也要采用"点刹"的方式,这一点对在山区公路驾驶车辆尤为重要。山区公路坡长而陡、路窄弯急,如果使用紧急制动,前轮一旦因抱死而失去转向能力,造成车辆方向失控,就有可能直接冲出路基,出现车毁人亡的重大交通事故。

图3.8 前轮失去转向能力的事故情景

3.3 汽车操纵稳定性及其评价

汽车在行驶过程中,会碰到各种复杂的情况,有时沿直线行驶,有时沿曲线行驶。在出现意外情况时,驾驶员还要做出紧急的转向操作,以求避免事故。此外,汽车还要经受来自地面不平、坡道、大风等各种外部因素的干扰。一辆操纵性能良好的汽车必须具备以下能力。

(1)根据道路、地形和交通情况的限制,汽车能够正确地遵循驾驶员通过转向操纵机构所给定的方向行驶的能力——汽车的操纵性。

(2)汽车在行驶过程中具有抵抗力图改变其行驶方向的各种干扰,并保持稳定行驶的能力——汽车的稳定性。

操纵性和稳定性有紧密的关系:操纵性差,导致汽车侧滑、倾覆,汽车的稳定性就破坏了,如稳定性差,则会失去操纵性,因此,通常将两者统称为汽车的操纵稳定性。一般将操纵稳定性定义为在驾驶者不感到过分紧张、疲劳的条件下,汽车能遵循驾驶者通过转向系及转向半径给定的方向行驶,且当遭遇外界干扰时,汽车能抵抗干扰而保持稳定行驶的能力。

对汽车操纵稳定性的评价比较复杂,既有时域评价,也有频率域评价;既有稳态评价,也有瞬态评价;既有位移输入评价,也有力(力矩)输入评价;既有开环评价,也有闭环评价;既有客观评价,也有主观评价。下面以汽车操纵稳定性评价方法的国家标准为基础介绍几种主要的评价方法。

3.3.1 转向盘角阶跃输入下的时域响应

这是一种最基本的评价汽车操纵稳定性好坏的方法,从稳态响应与瞬态响应两方面进行评价。其试验方法参见 GB/T 6323.6—1994《汽车操纵稳定性试验方法 稳态回转试验》,GB/T 6323.2—1994《汽车操纵稳定性试验方法 转向瞬态响应试验(转向盘转角阶跃输入)》。

1. 稳态响应

汽车等速直线行驶是一种稳态,若在汽车等速直线行驶时,急速转动转向盘至某一转角时,停止转动转向盘并维持此转角不变,即给汽车以转向盘角阶跃输入,一般汽车经短暂时间后便进入等速圆周行驶,这也是一种稳态,称为转向盘角阶跃输入下进入的稳态响应。

汽车的等速圆周行驶,即汽车转向盘角阶跃输入下进入的稳态响应,虽然在实际行驶中不常出现,但却是表征汽车操纵稳定性的一个重要的时域响应,一般也称它为汽车的稳态转向特性。

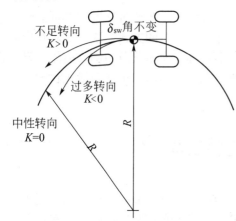

图 3.9 汽车的 3 种稳态转向

汽车的稳态转向特性分为 3 种类型:不足转向、中性转向和过多转向,如图 3.9 所示。这 3 种不同转向特性的汽车具有如下行驶特点。

在转向盘保持一固定转角 δ_{sw} 下,缓慢加速或以不同车速等速行驶时,随着车速的增加,不足转向汽车的转向半径 R 增大,中性转向汽车的转向半径维持不变;而过多转向汽车的转向半径则越来越小。

操纵稳定性良好的汽车应具有适度的不足转向特性。一般汽车不应具有过多转向特性,也不应具有中性转向特性,因为中性转向汽车在使用条件变动时,有可能变为过多转向特性。

2. 瞬态响应

在等速直线行驶与等速圆周行驶这两个稳态运动之间的过渡过程便是一种瞬态,相应的瞬态运动响应称为转向盘角阶跃输入下的瞬态响应。

图 3.10 画出了一辆等速直线行驶汽车在 $t=0$ 时,驾驶者急速转动转向盘至角度 δ_{sw0},并维持此转角不变(即转向盘角阶跃输入)时的汽车瞬态响应曲线。

图 3.10 是以汽车横摆角速度 ω_r 来描述汽车响应的。可以看出,给汽车以转向盘角阶跃输入后,汽车横摆角速度经过一个过渡过程后达到稳态横摆角速度 ω_{r0}。此过渡过程即汽车的瞬态响应,具有如下几个特点。

(1) 时间上的滞后。汽车的横摆角速度不能立即达到稳态横摆角速度 ω_{r0},而要经过时间 τ 后才能第一次达到 ω_{r0}。这一段滞后时间称为反应时间。反应时间短,则驾驶者感到转向响应迅速、及时,否则就会觉得转向迟钝。也有用到达第一峰值的时间 ε 来表示滞后时间的。

(2) 执行上的误差。最大横摆角速度 ω_{r1} 常大于稳态值 ω_{r0}。$\dfrac{\omega_{r1}}{\omega_{r0}} \times 100\%$ 称为超调量,它表示执行指令误差的大小。

(3) 横摆角速度的波动。在瞬态响应中,横摆角速度 ω_r 以频率 ω 在 ω_{r0} 值上下波动,波动的频率 ω 决定于汽车动力学系统的结构参数,它也是表征汽车操纵稳定性的一个重要参数。

(4) 进入稳态所经历的时间。横摆角速度达到稳态值 95%~105% 之间的时间 σ 称为稳定时间,它表明进入稳态响应所经历的时间。

对于汽车瞬态响应而言,通常希望进入稳态所经历的时间越短越好,该时间越短表明

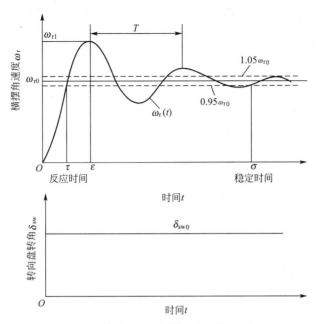

图 3.10 转向盘角阶跃输入下的瞬态响应

进入稳态响应越快。

3.3.2 转向回正性能

转向回正性能是指汽车在一定的场地、环境及车速下从曲线行驶回复到直线行驶的一种过渡过程能力,是一种转向盘力输入下的时域响应。根据 GB/T 6323.4—1994《汽车操纵稳定性试验方法 转向回正性能试验》,采用撒手的方法来测定,记录其横摆角速度随时间的变化曲线,如图 3.11 所示。

衡量和评价转向回正性能的主要指标包括撒手后汽车横摆角速度达到新的稳态值的稳定时间、残留横摆角速度、横摆角速度波动频率、横摆角速度超调量、相对阻尼系数、横摆角速度总方差等相关参数。图 3.11 所示的残留横摆角速度为零,表明汽车在受到转向操纵后,能够自主地从曲线行驶状态回复到直线行驶状态。

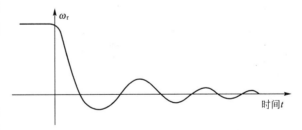

图 3.11 回正试验的横摆角速度随时间的变化曲线

影响转向回正性能的因素主要有以下几个方面。

(1) 轮胎的侧偏刚度。轮胎的侧偏刚度越大,其主动回正力矩越大,汽车的转向回正性能就会越好;反之则会差一些。轮胎的结构形式、气压、垂直载荷对其侧偏刚度有明显的影响,如钢丝子午线胎比尼龙子午线胎的回正性能要好,扁平率小的轮胎的回正性能普遍要比扁平率大的轮胎回正性能要好;在一定的胎压范围内,随着气压的升高,汽车的转向回正性能会普遍提高;在一定的轮胎载荷范围内,汽车的载荷越大,其整车转向回正性能也应越好。因而,汽车满载的转向回正性能要比空载时好。

(2) 转向轮的定位参数。转向轮的定位是影响汽车回正性能的主要因素，其中最主要的是主销后倾角和主销内倾角。主销后倾后，由轮胎侧向反力产生回正力矩，主销后倾角越大，产生的回正力矩越大，汽车转向回正性能越好。实际中，主销后倾角也不宜过大（一般控制在3°以内），否则容易引起前轮摆振。主销内倾后，由轮胎垂直载荷产生回正力矩，主销内倾角越大，产生的回正力矩越大，但过大的主销内倾角会加剧轮胎的磨损，其值一般设计为6°~8°。

(3) 转向回正时受到的阻力矩。回正阻力矩是阻碍汽车回正的，阻力矩越大，转向回正性能就会越差。转向轮从某一偏转位置回正时受到的阻力矩由3部分组成：主销回转时在衬套和推力轴承处受到的摩擦阻力矩；转向传动机构铰链中的摩擦阻力矩与转向器反转时的阻力矩之和；路面与轮胎之间的摩擦阻力矩。对于装液压动力转向的汽车，还包括液压系统产生的回正阻力矩。因此，装有液压动力转向的汽车普遍比机械转向的汽车的回正性差。

3.3.3 转向盘转角脉冲输入瞬态响应

转向盘转角脉冲输入瞬态响应采用横摆角速度的频率响应特性在频率域来评价汽车的操纵稳定性。横摆角速度频率响应特性是转向盘转角正弦输入下，频率由0→∞时，汽车横摆角速度与转向盘转角的振幅比及相位差的变化图形。

通过直接给转向盘正弦角位移输入来测量汽车的频率特性是很困难的，一般采用转向盘脉冲角位移输入试验来确定汽车的频率特性。通过求得的输入、输出结果的傅里叶变换来求得频率特性。转向盘转角脉冲输入瞬态响应试验方法详见国家标准GB/T 6323.3—1994《汽车操纵稳定性试验方法 转向瞬态响应试验（转向盘转角脉冲输入）》。

横摆角速度频率响应特性通常从5个方面来评价，如图3.12所示。

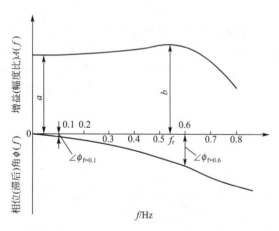

图3.12 横摆角速度频率响应特性

(1) 频率为零时的幅值比，即稳态增益（图中以 a 表示），其大小要适中。

(2) 共振峰频率 f_r，f_r 值越高，操纵稳定性越好。

(3) 共振时的增幅比 b/a，b/a 应小一点。

(4) $f=0.1$ Hz 时的相位滞后角 $\angle \Phi_{f=0.1}$，这个数值应该接近于零。

(5) $f=0.6$ Hz 时的相位滞后角 $\angle \Phi_{f=0.6}$，其数值应当小些。

3.3.4 转向轻便性

转向轻便性是评价转动转向盘轻便程度的特性。转向轻便性好的汽车，驾驶员在驾车过程中不易疲劳，可以提高行驶安全性。转向轻便性主要依靠转向系统的结构与转向轮的定位来保证。由于转向时转向轮定位所引起的回正力矩是阻碍转向轮转向的，因此转向轻便性与转向回正性在此成为一对矛盾，所以确定转向轮定位参数时需要两者兼顾。

现代轿车都装有转向助力系统,转向操纵是比较轻便的。从汽车行驶安全来讲,汽车高速行驶时,转向盘上应有足够的操纵力,即保持所谓的"路感",否则容易引发交通事故。而汽车低速行驶时,转向阻力较大,需要提供助力,以保证转向的轻便性。

根据 GB/T 6323.5—1994《汽车操纵稳定性试验方法 转向轻便性试验》的规定,转向轻便性试验是汽车低速沿双扭线(图3.13)绕行一周,根据记录的转向盘转角和作用力矩整理成图 3.14 所示的转向盘转矩-转角曲线。

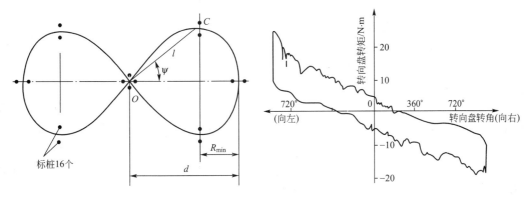

图 3.13 测定转向轻便性的双扭线   图 3.14 转向盘转矩-转角曲线

转向轻便性的评价指标有转向盘最大作用力矩、转向盘最大作用力、转向盘作用功、转向盘平均摩擦力矩、转向盘平均摩擦力等。

3.3.5 急剧转向能力

汽车在紧急避让时的急剧转向能力通常用蛇行试验方法来检验。蛇行试验是研究汽车瞬态闭环响应特性的一种重要试验方法,能够考核汽车在接近侧滑或侧翻工况下的操纵性能,综合评价汽车行驶稳定性及乘坐舒适性。

国家标准 GB/T 6323.1—1994《汽车操纵稳定性试验方法 蛇行试验》指出蛇行试验是一种二次换道试验的改型,这种试验方法可反映出车辆进行急剧转向的能力。试验中标杆以相等的距离排成一直线,设置 10 根标杆,如图 3.15 所示。汽车以近似基准车速的 1/2 稳定驶入试验路段,蛇行通过测试段而不触及标杆,提高车速(最高车速不超过 80km/h)重

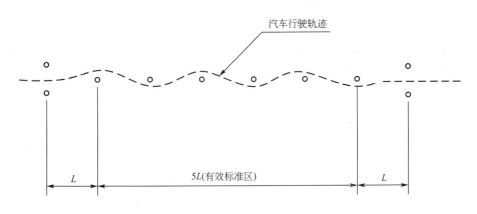

图 3.15 "蛇行"工况试验路线

复进行10次。此试验除了驾驶员的主观评价标准外,还以蛇行车速、平均转向盘转角、平均横摆角速度、平均车身侧倾角、平均侧向加速度作为客观评价标准。

3.3.6 侧风稳定性

汽车的直线行驶性能是评价汽车操纵稳定性的另一个重要方面。其中,侧向风敏感性与路面不平敏感性是汽车直线行驶时在外界侧向干扰输入下的时域响应。

高速行进中的汽车经常受到侧向风的袭扰作用。例如,车辆高速驶经城市街道两旁高大建筑物、山体隧道、大桥桥墩,高速公路上会车、超车时,都会有速度很高的侧风作用于车身。侧风产生的侧向气动力引起轮胎侧偏,汽车将偏离行驶方向,从而降低汽车的操纵稳定性。这种偏离由驾驶员调整转向盘来修正,驾驶员连续调整转向盘会导致极度过早疲劳和增加危险性。

侧风敏感性试验是表征汽车侧风稳定性的一个重要方法。美国 ESV 规范中对其有明确规定:试验在平坦的道路上进行;自然风速不超过 2m/s;路旁放置侧向风发生装置,产生的侧向风速度为(80±8)km/h;汽车分别以 50km/h、80km/h、110km/h 的不同车速通过侧向风发生装置,转向盘固定不动,侧向风作用长度 $q=6m$。以侧风作用后 2s 汽车到达地点的侧向位移为评价标准。

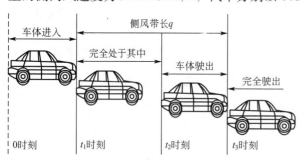

图 3.16 侧风敏感性试验的 4 个阶段

该试验的过程可分为 4 个时间阶段:车身驶入侧风带($0\sim t_1$);车身完全处于侧风带($t_1\sim t_2$);车身开始驶出侧风带($t_2\sim t_3$);车身完全离开侧风带($t_3\sim t_4$),如图 3.16 所示。

上面介绍的几种评价汽车操纵稳定性的主要评价方法,其基本出发点就是要确保汽车的操纵稳定性满足相应条件下安全行驶的要求。

3.4 驾驶室人机工程设计与安全性

汽车的制动性能与操纵稳定性能不仅与汽车的结构有关,也与驾驶员的操作行为有密切关系,而驾驶员的操作行为直接受到驾驶室结构与布置设计的影响。驾驶室应保证驾驶员具有良好的视野与符合人体生理特点的驾驶操作环境。在汽车工程领域,通常应用人机工程学的理论与方法来解决这一问题。

3.4.1 汽车视野

随着高速公路的增多、汽车行驶速度的提高及汽车保有量的急剧增加,确保良好的视野是预防交通事故的必要条件,也是提高汽车主动安全性的前提。

汽车视野是指驾驶员行车时眼睛所能看得见的空间范围。驾驶员在驾驶过程中,有 80% 的信息是靠视觉得到的,因而,保证驾驶员驾车过程中良好的驾驶视野,特别是保持前方视野开阔对预防交通事故具有重要意义。

按视野获得方式的不同，汽车视野可分为直接视野和间接视野。直接视野是指驾驶员在驾驶状态时，直接透过前风窗玻璃、车门玻璃和后风窗玻璃，所能直接、清晰地看到道路范围的大小，如图 3.17 所示；间接视野是指驾驶员通过内外后视镜观测到的车辆后方情况的清晰图像所反映的视野范围，如图 3.18 所示。

图 3.17　汽车直接视野（前方视野）效果　　　图 3.18　汽车间接视野（后方视野）效果

按行车的方向，汽车视野可分为前方视野和后方视野。前方视野是驾驶员在正常驾驶位置，透过前风窗玻璃和侧面的车门玻璃所能清晰看到的过眼点铅垂面（该面垂直于车辆的纵向中心线）前方 180°的道路、车辆、行人等情况的能力。此外，在有些大型车辆中，装有观察车辆前下方的"下视镜"，由此提供给驾驶员的视野也归为前方视野。后方视野是从后视镜所看到的部分，也称为间接视野。

1. 汽车驾驶员眼椭圆

眼椭圆是由美国汽车工程师协会车身工程委员会人体模型分会提出的术语，并被国际标准化组织采用，变成标准 ISO 4513《道路车辆——视野性能——关于驾驶员眼睛位置眼椭圆的确定方法》。

眼椭圆是指汽车驾驶员以正常驾驶姿态就坐在座椅上时，眼睛在车身坐标中的统计分布范围。由于驾驶员的身体、坐姿及驾驶习惯等方面的差异，所有汽车驾驶员的眼睛位置不可能是同一固定点，而是呈某种形态的曲线。通过对数以千计的男女驾驶员进行实测与统计分析，得出汽车驾驶员的眼睛位置分布范围呈椭圆形的结论，如图 3.19 所示。

在人机工程学中，人体测量的数据通常以百分位数 P_K 来表示人体尺寸的等级，一个百分位数将总体或样本的全部测量值分为两部分，有 $K\%$ 的测量值等于或小于此数，有 $(100-K)\%$ 的测量值大于此数。

眼椭圆代表了汽车驾驶员在正常驾驶操作时眼睛位置的分布范围，分为第 90 百分位（P_{90}）、第 95 百分位（P_{95}）及第 99 百分位（P_{99}）3 种投影图，分别代表对应百分比驾驶员的眼睛位置。眼椭圆包络线由无数划分眼睛位置的平面围成，因此，对百分位数 P_K 的眼椭圆而言，有 $K\%$ 的眼睛位置在平面的靠椭圆中心一侧，而 $(100-K)\%$ 的眼睛位置则在另一侧。因此，眼椭圆是进行视野设计、校核与研究的出发点。

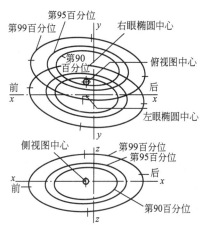

图 3.19　眼椭圆

利用眼椭圆,可以较为满意地设计出驾驶员的眼睛位置,并能校核仪表板、后视镜、刮水器和除霜器布置的合理性,从而获得最佳的驾驶员视觉设计效果。

2. 前方视野

汽车视野,特别是前方视野,直接关系到驾驶员对道路情况的观察和对车辆的操作,是影响驾驶安全的重要因素。为提高驾驶和乘坐汽车的安全性,各汽车工业发达国家先后制定和实施了相应的技术法规。目前我国汽车强制性标准中包含多项有关汽车前方视野方面的标准,包括 GB 11562—1994《汽车驾驶员前方视野要求及测量方法》、GB 11555—2009《汽车风窗玻璃除霜和除雾系统的性能要求和试验方法》。随着中国汽车工业的不断发展,国产汽车正加速走向海外市场,这就要求国产品牌汽车也要满足海外的法规,其中非常有代表性的是 EEC 标准,相关的 EEC 标准有 Forward vision 77/649/EEC 和 Defrost/demist 78/317/EEC。

前方视野可以分为单眼视野、双眼视野和两单眼视野 3 种。单眼视野是指驾驶员只用左眼或右眼单独观察时所能看到的区域;双眼视野是指用左、右眼同时观察时两眼都能看到的区域;两单眼视野是左、右眼单独观察到的两个单眼视野的并集。

1) 前风窗垂直视野

前风窗垂直方向上的视野性受驾驶室前风窗上横梁和前风窗下横梁或者发动机罩的限制。国家标准规定:驾驶员以正常驾驶姿势能看见汽车前方 12m 处、高 5m 的标竿(交通信号灯高度),如图 3.20 所示。其标准见表 3-4。

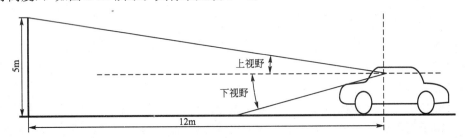

图 3.20 前方视野垂直方向上国家标准示意图

表 3-4 前方视野垂直校核标准

校核指标	很好	良好	尚可	不好
上视野对 5m 标竿的视距/m	<10	10～12	12～13	>13
下视野可视距离/m	<4	4～6	6～10	>10

汽车前下方视区的合适值应综合考虑车速、车辆类型、使用条件等方面的影响因素来确定。研究表明,汽车行驶速度越高,越不希望前下方视野大;但前下方视野过小,会使盲区扩大,不利于驾驶员对前方障碍物的观察,且会使速度感变差。在高速公路上,车速一般高达 100km/h 以上,此时最合适的前下方视区界限为最近可见路面点,位于车前方 8.2m 处;在山区道路上平均车速为 50km/h 时为 3.2m;市区道路上平均车速为 40km/h 时为 2.8m。

2) 驾驶员前方 180°视野

驾驶员前方 180°视野效果的优劣与驾驶员入座驾驶席后其眼睛的位置密切相关,而表征驾驶员眼睛位置的点是 V 点。V 点用于检查汽车视野是否符合要求，通常用 V_1、V_2 两点表示 V 点的不同位置，如图 3.21 所示。

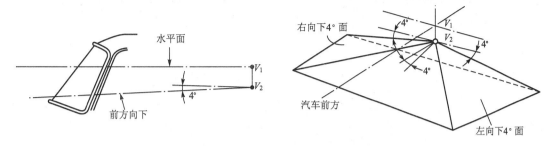

图 3.21　驾驶员前方 180°内视野评价

驾驶员的前方 180°视野是以 V 点位置为基础进行确定的。V 点的位置与通过驾驶员乘坐位置中心线的纵向铅垂平面、R 点及设计座椅靠背角有关，其中 R 点是指汽车制造厂规定的设计 H 点，而 V 点相对 R 点位置由三维坐标系 X、Y、Z 坐标确定。在三维坐标系 X、Y、Z 坐标中，Y 基准平面为汽车纵向对称平面；X 基准平为垂直于 Y 基准平面的铅垂平面，通常规定通过左右前轮中心；Z 基准平面为垂直于 Y 和 X 基准平面的水平面。有关 V 点相对 R 点位置的规定详见国家标准。上面所述的座椅靠背角是指座椅靠背与铅垂线的夹角，该角进一步分为设计座椅靠背角和实际座椅靠背角，实际座椅靠背角理论上相当于设计座椅靠背角。

GB 11562—1994 规定，在驾驶员前视野 180°范围内，在通过 V_1 的水平面下方和通过 V_2 的 3 个平面(3 个平面都和水平面向下成 4°夹角，其中一个平面垂直于 Y 基准平面，另两个平面垂直于 X 基准平面)上方的范围内(图 3.21)。除了 A 柱、三角窗分隔条，车外无线电线、后视镜和风窗玻璃刮水器等造成的障碍外，不得有其他障碍，但以下情况除外。

(1) 直径小于 0.5mm 的嵌入式天线，或小于 1.0mm 的印刷式天线，不认为是视野障碍。

(2) 无线电天线的导线一般不得进入 A 区(指从 V 点向前延伸的 4 个平面与风窗玻璃外表面相交的交线所封闭的面积，参见 GB 11555—2009)，但是导线直径小于 0.5mm 时，可允许 3 根导线进入，此种情况不认为是视野障碍。

(3) 最大直径为 0.03mm，导线是竖直的，最小距离 1.25mm，或导线是水平的，最小距离 2.0mm 的除霜及除雾导线，不认为是视野障碍。

挡住驾驶员视线的物体称为视野障碍，驾驶员处于正常驾驶位置，并且当其眼睛和头部在正常活动范围内时，因视野障碍而看不到的区域称为盲区。按照眼的使用情况，盲区有单眼盲区、双眼盲区之分。在车身总布置中，需要考虑的盲区主要有仪表板盲区，A、B、C 立柱盲区等。其中 A 柱盲区，尤其是左 A 立柱所形成的盲区是左置转向盘汽车前视野盲区中最主要的部分。由于左 A 立柱对驾驶员视野的障碍，驾驶员往往要转动眼睛和头部来观察左前方交通情况，因此容易引起疲劳，不利于行车安全。国家标准规定每根 A 立柱双目障碍角不得超过 6°。

风窗玻璃的清洁性直接影响到驾驶员视野清晰度，在雨、雪天气行车时，通过除霜、除雾系统的运行除去玻璃外表面上的霜或冰、除去玻璃内表面上所覆盖的雾，保证驾驶员视野具有足够的清晰度。风窗玻璃的除霜、除雾面积应满足 GB 11555—2009 的规定。

随着汽车行驶速度的提高，注视点前移，视野变窄，周界感减少，如图 3.22 所示。

驾驶员视野缺损意味着缺损区无法感知交通信息，视野敏感度下降，说明视区感知信息能力降低，极易造成交通事故。驾驶员动态视野与行车速度密切相关，静止时视野未发生变化，行驶时视野的深度、宽度、视野内画面都在不断变化，驾驶员正是根据不断变化的视野内容来操作车辆。

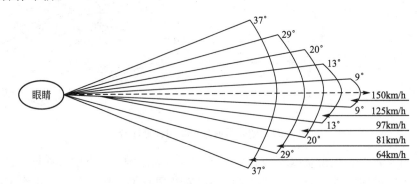

图 3.22　视野随车速变化图

驾驶员动态视野也是影响安全行车的重要因素之一。控制事故发生的主要对策是控制行车速度，汽车在公路上的最高允许安全行驶速度与公路宽度、车身长度和车宽、车与人行道边沿最小安全距离、驾驶员动态视野行为可靠度、驾驶员反应时间、交通信息复杂度等因素有关。

3. 后方视野

后方视野是一种依靠内、外后视镜实现的间接视野，从车辆安全运行的要求来看，后视镜大体应满足以下几点要求。

(1) 在公路，特别是高速公路多车道超车或换道行驶时，通过内外后视镜(包括补盲外后视镜)可向驾驶员提供左右两侧及后方的交通状况信息。

(2) 在繁华市区行驶时，车内外后视镜可向驾驶员提供汽车周围行人、自行车、摩托车、各种障碍物及其交通情况的信息。

(3) 汽车倒车时，驾驶员通过内外后视镜可观察到汽车后部、侧面的障碍物及交通状况。

GB 15084—2006《机动车后视镜的性能和安装要求》标准中对于 M 和 N 类车辆左、右外后视镜和内后视镜的双眼总视野进行了详细的规定，且是强制性的。后视镜分为 5 类，其中，Ⅰ类为内后视镜，Ⅱ～Ⅴ类为外后视镜。各类后视镜的视野要求如图 3.23～图 3.27 所示。

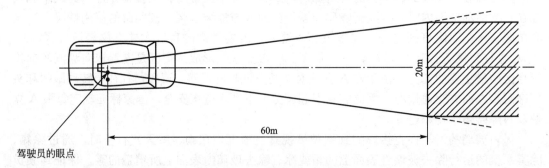

图 3.23　内后视镜(Ⅰ类)视野

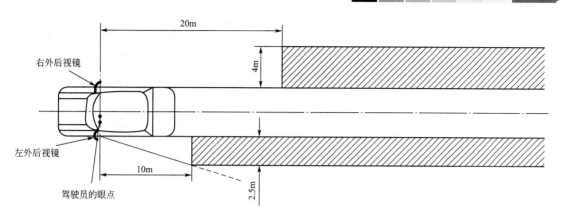

图 3.24　左、右外后视镜（Ⅱ类）视野

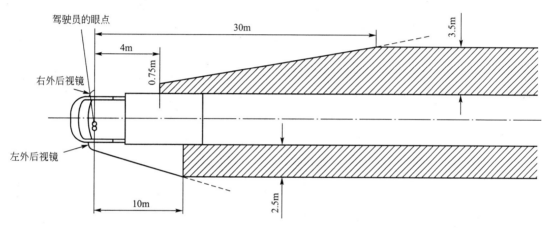

图 3.25　左、右外后视镜（Ⅲ类）视野

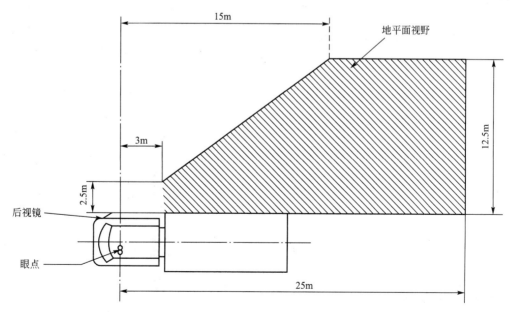

图 3.26　广角后视镜（Ⅳ类）视野

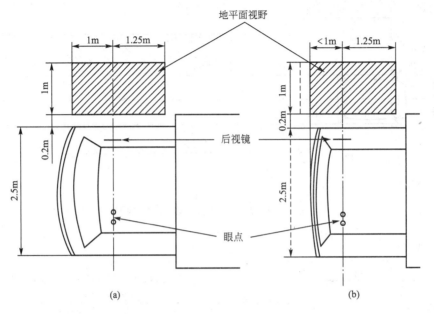

图 3.27 补盲外后视镜（Ⅴ类）视野

车身设计通常根据汽车的间接视野要求，以驾驶员能充分确认后续车辆、侧方后续车辆及车前下方路况为前提，来设计后视镜及确定后视镜的布置安装位置。后方视野的视角大小和方位主要取决于后视镜的尺寸和布置位置，轿车车外后视镜的安装位置如图 3.28 所示。

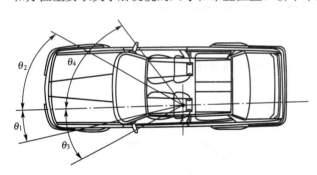

$\theta_1 = 12° \sim 18°$；　$\theta_2 = 32° \sim 38°$；　$\theta_3 = 45° \sim 55°$；　$\theta_4 = 65° \sim 75°$

图 3.28 车外后视镜的安装位置

确定后视镜的布置位置应充分考虑驾驶员人眼的视野角度。由于后视镜越靠近直前视线，越容易看清楚。因此，后视镜的位置应以接近直前视线为宜。这样，车后的交通状况就可以直接映入直视前方的驾驶员的眼睛内。但是，在确定后视镜的布置位置时还应考虑以下方面的问题。

（1）尽量减小后视镜对前方视野的影响。

（2）根据人眼和人体头部的自然转动角度，后视镜的布置位置在水平方向上应位于从直前视线起向左、右夹角均为 60°的范围之内；在垂直方向上应位于从直前视线起向上夹角为 45°的范围之内。这样，能使驾驶员在主视野范围内有舒适的观察效果。

（3）如果通过前风窗玻璃观察后视镜，则后视镜的布置应考虑刮扫视野范围。

（4）后视镜的布置位置应考虑车身的具体结构及造型特点。

关于后视镜的布置位置，美国 SAE 标准推荐采用眼椭圆的方法确定，要求车内、外后视镜安装在第 95 百分位眼椭圆上边缘水平切线之上或下边缘水平切线之下，使头部和眼睛的总转动角度不超过 60°，并避开风窗玻璃不能刮刷到的部分或立柱遮挡区域。

后视镜的大小、镜面曲率与视野角度密切相关。镜面面积和曲率越大，视野角就越大，但镜面面积过大时，物像会畸变失真；镜面曲率过大，难以判断物像的距离并在后车快速接近时造成物像急剧变化的炫目感，不利于驾驶安全。因此应在镜面面积与曲率之间求得平衡，保证视野和物像二者都有较好的效果。

4. 倒车雷达

驾驶员在驾车过程中，倒车是经常遇到的操作行为。由于倒车时的视野效果较车辆前行明显要差，为提高倒车操作过程的安全性，目前，倒车雷达、全景倒车影像系统等辅助后视系统在汽车上获得了广泛应用。

倒车雷达全称为"倒车防撞雷达"，又称"泊车辅助装置"，是汽车泊车或倒车时的安全辅助装置，由超声波传感器(俗称探头)、控制器和显示器(或蜂鸣器)等部分组成，能以声音或者更为直观的显示告知驾驶员周围障碍物的情况，解除了驾驶员泊车、倒车和起动车辆时前、后、左、右探视所引起的困扰，并帮助驾驶员扫除了视野死角和视线模糊的缺陷，提高了倒车的安全性。

倒车雷达是根据蝙蝠在黑夜里高速飞行而不会与任何障碍物相撞的原理设计开发的。其工作原理是利用超声波原理，由装置于车尾保险杠上的探头发送超声波(图3.29)，当发送出的超声波遇到障碍物后反射回声波探头，从而计算出车体与障碍物之间的实际距离，并通过声音或直接显示方式给驾驶员以明确提示，使停车和倒车更容易、更安全。装在车尾后保险杆上的超声波传感器即探头的数量有2、3、4、6、8个不等，探头可在最大水平120°和垂直70°范围内发射超声波，上、下、左、右搜寻目标，能够准确探索到那些低于后保险杆高度而驾驶员从后窗难以看见的障碍物，如花坛、路肩及蹲在车后玩耍的小孩等，并及时报警。

倒车雷达的显示器多装在仪表台或后视镜上。倒车过程中，显示器会不停地提醒驾驶员所驾车辆距后面物体还有多少距离，到距离危险时，蜂鸣器就开始鸣叫，以鸣叫的间断/连续急促程度，提醒驾驶员不要继续靠近障碍物，应及时停车。显示器的显示方式目前使用较多的是数码显示、荧屏显示，具有防炫目的功能。

魔幻镜倒车雷达把后视镜、倒车雷达、免提电话、温度显示和车内空气污染显示等多项功能整合在一起，并设计了语音功能，是目前市面上先进的倒车雷达系统之一。

可视倒车雷达较普通倒车雷达相比添加了倒车可视功能，其性能更先进。此种倒车雷达在倒车时可以更直观地反映显示倒车时车后的情况，摄像头采集到的是车后的实物图像(图3.30)，通过主机处理传输到安装在驾驶室内的液晶显示器上，让车后的影像如实地展现在驾驶员眼前，大大减少了因为倒车发生事故的可能性，极大地提高了倒车时的安全级别，同时该种倒车雷达也有普通倒车雷达的功能——声音提示和车后障碍物距离显示。

图3.29 倒车雷达探头发送的超声波示意图

图3.30 可视倒车雷达显示器

全景倒车影像系统是一套通过车载显示屏幕观看汽车四周360°全景融合、超宽视角、无缝拼接的实时图像信息(鸟瞰图像),了解车辆周边视线盲区,帮助驾驶员更为直观、更为安全地停泊车辆的泊车辅助系统,也称全景泊车影像系统、全景停车影像系统。

3.4.2 汽车灯光

汽车灯光直接影响到行车安全,属于汽车主动安全的范畴,分为照明信号和灯光信号(含反射器)两大类。照明信号分为车外照明和车内照明,车外照明主要包括前照灯、前雾灯、倒车灯和牌照灯等;灯光信号主要包括示廓灯、转向信号灯、制动灯、前位灯、后位灯、侧标志灯、驻车灯、反射器(包括回复反射器、车身回复反光标识、反光标志牌、三角警告牌)等。要保证行车安全,必须使汽车灯光配置规范、完整,保证灯光系统工作正常,并按交通法规的要求正确使用汽车灯光。

1. 汽车灯光的安装要求

基于汽车灯光对汽车安全的重要性,汽车工业发达国家对汽车灯具的安装要求及配光性能要求等均纳入汽车法规体系。汽车灯光标准在我国是强制性国家标准,在国家汽车强制性标准体系中所占数量最多。目前我国 M、N、O 类汽车灯光强制性国家标准共有 14 项,占我国已发布的汽车强制性标准总数的 1/5。各种汽车灯光的作用与安装要求见表 3-5,详细内容参见 GB 4785—2007《汽车及挂车外部照明和光信号装置的安装规定》国家标准。

表 3-5 各种汽车灯光的作用与安装要求

灯具名称	光色	作用	安装要求
远光灯	白色	照明车辆前方远距离道路	汽车必须配备,挂车禁止使用。 数量:2 或 4 只
近光灯	白色	照明车辆前方道路,但对来车驾驶员或其他使用道路者不产生炫目	汽车必须配备,挂车禁止使用。 数量:2 只
转向信号灯	琥珀色	用于向其他使用道路者表明车辆将向右或左转向	汽车和挂车必须配备。 数量随转向信号灯布局而定
制动灯	红色	向车辆后方其他使用道路者表明车辆正在制动	各类车辆必须配备 S1 或 S2 类制动灯,S3 类制动灯 M1 类车辆必须配备,其他类型车辆选装。 数量:S1 或 S2 类制动灯 2 只; S3 类制动灯 1 只*
牌照灯	白色	用于照明后牌照板空间	必须配备 数量:根据牌照板的照明要求而定
前位灯	白色	从车辆前方观察,表明车辆的存在和宽度	汽车和宽度大于 1600mm 的挂车必须配备。 数量:2 只
后位灯	红色	从车辆后方观察,表明车辆的存在和宽度	必须配备 数量:2 只

(续)

灯具名称	光色	作用	安装要求
前雾灯	白色或黄色	用于改善在雾、雪、雨或尘埃情况下道路照明	汽车选装，挂车禁止使用。数量：2 只
后雾灯	红色	在大雾情况下，从车辆后方观察，使得车辆更为易见	必须配备。数量：1 或 2 只
倒车灯	白色	照明车辆后方道路和警告其他使用道路者，车辆正在或即将倒车	汽车和 O2、O3、O4 类挂车必须配备，O1 类挂车选装。数量：1 或 2 只
驻车灯	前面白色后面红色	用于引起人们注意，在某区域内有一静止车辆存在	长度不大于 6m 和宽度不大于 2m 的汽车选装，其他车辆禁用。数量：根据布局而定
示廓灯	前面白色后面红色	安装在车辆外缘和尽可能靠近车顶，用来表明车辆宽度	宽度大于 2.1m 的车辆必须配备。数量：车前 2 只，车后 2 只
侧标志灯	琥珀色	从车辆侧面观察时，表明车辆的存在	除了带驾驶室底盘外，长度大于 6m 的车辆必须配备。每侧最少数量：满足纵向定位要求
昼间行驶灯	白色	昼间行驶时，使得车辆更为易见	汽车选装，挂车禁止使用。数量：2 只

* 制动灯根据基准轴线方向上的发光强度（单位为坎德拉）分为 3 类：S1 类制动灯的最小值为 60；S2 类制动灯的最小值，白天为 130，夜间为 30；S3 类制动灯为 25。

2. 汽车前照灯

汽车前照灯是汽车灯光中最重要的一种，以保证汽车在夜间或能见度较低的环境下的安全行驶。大量的交通事故统计分析表明，夜间行车事故发生率比白天多 1.5 倍。由于夜间能见度较差，良好的夜间汽车视野要依靠前照灯来实现，因此，前照灯的照明性能要求满足以下几点。

(1) 前照灯应保证车前有明亮而均匀的照明，使驾驶员能看清车前 100m 内路面上的障碍物。现代高速汽车的照明距离应达到 200~250m。

(2) 前照灯应能防止炫目，以免夜间两车相会时，使对方车辆驾驶员炫目而造成交通事故。

根据发光光源的不同，前照灯分为灯丝光源前照灯、气体放电光源前照灯和发光二极管(LED)前照灯。灯丝光源前照灯是一种传统的前照灯，有卤素前照灯和白炽前照灯两种，由于白炽前照灯在使用过程中容易发黑，影响照明效果，现已基本被卤素前照灯取代。

气体放电光源前照灯又称氙气灯(High intensity Discharge，HID)，是指内部充满包括氙气在内的惰性气体混合体的高压气体放电灯。它利用配套电子镇流器，将汽车电源提供的 12V 直流电通过振荡电路转变为较高频率的交流电，启动瞬间通过升压变压器提升到 23kV 以上的触发电压，将氙气前照灯中的氙气电离，形成电弧放电，通过灯泡里边的金属卤化物蒸发使电弧稳定发光，为汽车提供稳定的照明系统。

氙气灯发射的光通量为卤素灯的2倍以上，同时电能转化为光能的效率也提高了70%以上，所以氙气灯具有比较高的能量密度和光照强度，且运行电流仅为卤素灯的一半，节能效果明显。氙气灯采用与日光近乎相同的光色，色温性好，有4300～12000K等（6000K接近日光）不同色温，为驾驶者创造出更佳的视觉条件。它含较多的绿色与蓝色成分，因此呈现蓝白色光。这种蓝白色光大幅提高了道路标志和指示牌的亮度。图3.31所示为夜间氙气灯与普通灯效果对比图。

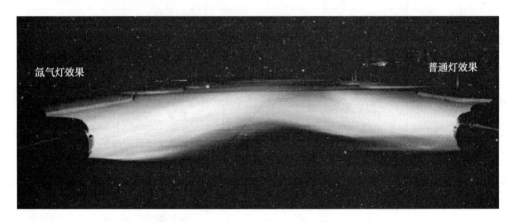

图3.31　夜间氙气灯效果与普通灯效果对比图

氙气灯使光照范围更广，光照强度更大，大大地提高了驾驶的安全性和舒适性。氙气灯的变压器和电子控制单元（Electronic Control Unit，ECU，又称电子控制器、电子控制装置）控制电弧的放电过程，保证了光亮的稳定性及连续性。由于氙气灯没有灯丝，因此就不会产生因灯丝熔断而报废的问题，使用寿命比卤素灯长得多。更重要的一点是，氙气灯一旦发生故障不会瞬间熄灭，而是通过逐渐变暗的方式熄灭，使驾车者能在黑夜行车中赢得时间，紧急靠边停车。氙气灯还有一个好处，在安装正确的情况下不会产生多余的眩光，不会对迎面来车的驾驶者造成干扰。

虽然氙气灯优点很多，但在将普通前照灯更换为氙气灯时，如果改装时采用了不合格的灯具或者安装不规范，亮度过大的灯光会异常刺眼，若驾驶员会车时不按规范使用近光灯，极易造成对方车辆上驾驶员的瞬间视觉"盲区"，给行车安全埋下隐患。因为改装会更改原车的电路，一旦出现产品质量问题，很容易产生短路而引起自燃。此外，在雨天、雪天及雾霾天气使用氙气灯也增大了行车的不安全性，强光的反射会造成驾驶视线不清晰，容易发生交通事故。

LED前照灯将白色LED作为光源，具有质量轻、安装深度小、耗能低、寿命长、环境污染小等优点，非常适合作为下一代汽车前照灯系统的光源。LED前照灯响应快，亮灯无须热启动时间，色温超过5000K，更接近于日光，使行车更为安全。自丰田公司在2007年5月17日发布的高级混合动力车"雷克萨斯LS600h"全球首次配备了LED前照灯以来，LED前照灯的研究与应用迅速发展，我国专门制定了GB 25991—2010《汽车用LED前照灯》国家标准。

常规的汽车前照灯的光束方向大多与汽车纵向平面平行，不能随转向轮的偏转而偏转。这样，当汽车在夜间转弯时，因光束不能随转向轮一起偏转，而使驾驶员观察前方行驶路面的视野下降，为夜间安全行驶埋下了隐患。近年来，出现了一种自适应前照灯系统

AFS(Adaptive Front-lighting System),它能根据转向角和车速的变化自动调整前照灯光束照射方向,增加了汽车行驶前方的照射区域,从而提高了汽车夜间行驶的安全性。图 3.32 所示为 AFS 前照灯和普通前照灯夜间弯道照明效果比较示意图。与普通近光前照灯相比,AFS 可以使驾驶员更容易看到其他的道路使用者。由于 AFS 具有适应不同汽车行驶环境方面的显著优点,使其得到了迅速推广和普及。

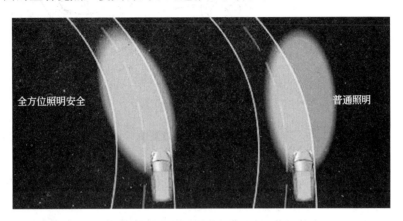

图 3.32　AFS 前照灯和普通前照灯夜间弯道照明效果比较示意图

3.4.3　汽车操纵机构

汽车操纵机构是指车内供驾驶员用来操纵汽车的各种装置,可分为一级操纵装置和二级操纵装置。前者主要指有关汽车运动性能的,如转向盘、加速踏板、离合器踏板、制动踏板、换挡手柄等,后者则指车内其他操纵装置,如点火开关、刮水器开关、照明开关等,驾驶员通过这些装置控制汽车,使其安全运行。

操纵机构是人与汽车相互作用的工作界面,这些装置的操作是由人来实现的,因此,布置时应充分考虑人的生理特点,符合人的操纵习惯,使驾驶员便于操作、反应迅速、不易疲劳,以提高汽车行驶安全性。

1. 汽车的实际 H 点

H 点是指二维或三维人体模型中人体躯干与大腿的连接点,即胯点(Hip Point),如图 3.33 所示。由于 H 点是操作方便性、乘坐舒适性和眼椭圆在车身中定位尺寸的基准点,同时该点还影响驾驶员的手伸及界面,因此,国内外车身设计时都广泛使用 H 点。

在确定驾驶室内操纵机构在车身中的位置时常以 H 点作为定位基准点。根据应用场合的不同,H 点的表达也有所不同。当人体三维 H 点装置按规定步骤安放在汽车座椅中时,人体模型上左右 H 点标记连接线的中点称为实际 H 点(Actual H-Point)。它表示汽车驾驶员或乘员入座后胯关节在车身中的位置,对汽车车身总布置设计有如下作用。

(1) 汽车实际 H 点是与操作方便性及坐姿舒适性相关的车内尺寸的基准点。驾驶员在正常行车中,其体重的大部分通过臀部由座椅来支撑,一部分通过背部和腰部由靠背来承受,另一部分通过左右手作用于转向盘上,也有很少部分通过右脚加速踏板踵点作用于汽车地板上。这种特定的驾驶坐姿,使得驾驶员在操作时身躯上部的活动必然是绕通过实际 H 点的横向水平轴线转动的,这样,H 点的位置便成为决定驾驶员操作方便、乘坐舒适

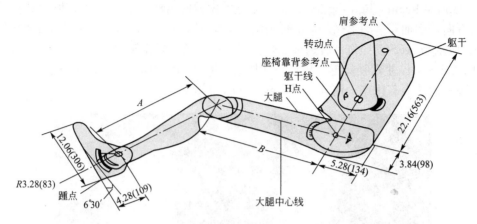

图 3.33 人体胯点位置图

相关尺寸的基准。

(2) 在确定眼椭圆时,汽车实际 H 点是确定眼椭圆在车身中位置的基准点,车身侧视图上眼椭圆的定位要以 H 点作为基准进行确定。

(3) 在驾驶室布置操作装置时,要考虑驾驶员的手伸及界面,而汽车实际 H 点的位置影响到驾驶员的手伸及界面。

2. 人的手脚运动和必需的空间

在驾驶室进行汽车操纵机构布置时,应充分考虑如何方便人手和脚的动作要求,有关尺寸要按照运动器官的生理特点和活动范围来确定,图 3.34 所示为手的平均尺寸和手腕的活动范围。

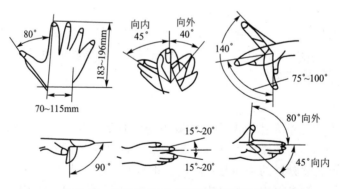

图 3.34 手的平均尺寸和手腕的活动范围

在汽车操纵中,除手的操作外,还需用脚进行操作。用脚操作时,脚的运动主要是膝关节的运动和脚掌的运动。围绕膝关节的额状轴,可做小腿的屈伸运动。在小腿屈伸后,可绕垂直轴做微小的旋转运动。图 3.35 所示为膝关节运动的最大角度,图 3.36 所示为脚掌的活动情况。

3. 驾驶员为驾驶姿态时的手伸及界面

驾驶室内各种操作钮件的合理布置,是车身设计中的一个重要方面。为了保证驾驶员注意力集中,操作方便、快捷、准确,仪表板及其周围的操纵杆、控制按钮、手柄及开关的位置、空间分布及仪表和指示、警告灯的辨认、识别等都应符合人机工程学的基本要求，必须布置在驾驶员的手伸及界面以内，这样驾驶员才能在不必大幅度改变正常驾驶姿态的情况下方便地操纵这些钮件。这是保证驾乘舒适和行驶安全不可缺少的条件。

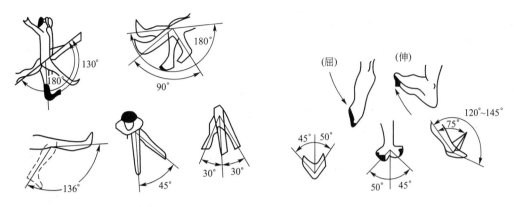

图 3.35　膝关节运动的最大角度　　　　图 3.36　脚掌的活动情况

驾驶员的手伸及界面是指驾驶员以正常驾驶姿势坐在汽车座椅上，身系安全带，右脚置于加速踏板上，一只手握住转向盘时另一只手所能伸及的最大空间界面。此界面所提供的空间范围，为驾驶员的操纵范围。手伸及界面一方面与驾驶员自身的伸及能力有关，另一方面也与驾驶室的内部设计尺寸有关。驾驶员自身的伸及能力的影响可通过选择不同百分位身材驾驶员比例的办法加以考虑，但驾驶室内部设计尺寸对手伸及界面的影响需要利用多元统计分析来进行处理。研究证明，对手伸及界面有显著影响的驾驶室内部尺寸大体有：汽车实际 H 点相对于驾驶员足部踵点坐标 H_x、H_z；转向盘中心相对于驾驶员足部踵点坐标 W_x、W_z；转向盘直径 D 和倾角 α；靠背倾角 β 及椅面与靠背的夹角 γ 等，有关参数如图 3.37 所示。

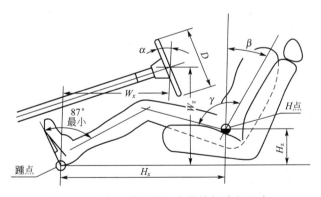

图 3.37　与手伸及界面有关的驾驶室尺寸

这些参数因车型而异，且是多维变量。对这类多变量问题，工程中常用因子分析法来寻找反映这些参数的综合因子，即为驾驶室尺寸综合因子 G。

4．典型操纵机构布置

1）转向盘的倾角与直径

汽车驾驶员在对转向盘的操纵中，主要通过单手或双手抓握转向盘并对其施加一定的力,形成操控转矩,从而达到对转向盘的控制。因此,在转向盘的布置中,应保证驾驶员能够发出较大的操纵力。根据人机工程学原理,转向盘倾斜角度(与水平面的夹角)对驾驶员施加到转向盘上的力有很大影响。转向盘的倾角越小,驾驶员可以施加的力越大,转向盘倾角与力的关系曲线如图 3.38 所示。

由图 3.38 可知,当转向盘水平安装时,驾驶员的施加力达到最大,但考虑到驾驶员在这种角度操作时,手部腕关节处于非自然状态,极易产生疲劳,因此,转向盘一般不适宜安装成 0°角。从人手腕关节的自然姿势角度考虑,当转向盘垂直安装时,人的操纵最自然,但此时人能够对转向盘的施加力很小,在要求比较大的转矩时,操纵起来会比较困难,因此也不适宜。所以转向盘的倾角通常应选在便于活动的 15°～70°之间,直径为 330～600mm。

对于轿车、小型货车,因为驾驶员座椅较低,转向盘的操纵力也较小,转向盘的倾角可在 45°～70°之间,转向盘直径为 350～400mm。

2) 变速杆

变速杆是驾驶员通过前后推拉、左右推拉作用以改变汽车速度的一种控制杆,它需要较大的力来进行操纵。当驾驶员在进行前后推拉或者左右推拉的时候,其施力大小会有所不同。当手做前后运动时,拉力要比推力大,往后要比往前大。在变速杆的布置中,应尽可能地将变速杆设置在人能够施力较大的位置,在驾驶员坐姿状态下,把手的位置应与肘部同高,如图 3.39 所示。

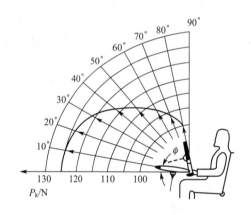

图 3.38 转向盘倾角与力的关系曲线

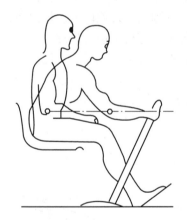

图 3.39 控制杆的把手位置

变速杆的手握部分的形状应符合手的生理特点,以使驾驶员手握舒适、施力方便、不产生滑动。从手掌的解剖特征来看,指球肌,大、小鱼际肌是手掌上肌肉最丰富的部位,是手部的天然减振器,而掌心是肌肉最少的部位,指骨间肌和手指部分则是布满神经末梢的部位。因此,变速杆的手柄形状应使手柄被握住的部位与掌心和指骨间肌之间留有间隙,以改善掌心和指骨间肌集中受力状态,保证手掌血液循环良好,神经不受过强压迫。

变速杆的操纵角度和位移量应在一个适宜的范围内,如果太大,不仅会占用较大的操作空间,而且容易使驾驶员产生疲劳。就变速杆的行程和操纵角度而言,对于短操纵杆(150～250mm),行程为 150～200mm、左右转角不大于 45°、前后转角不大于 30°较合适;对于长操纵杆(500～700mm),行程为 300～350mm、转角为 10°～15°较合适。

3) 脚踏板

驾驶员作用在踏板上的力与坐垫和靠背的倾角及座椅高度有关。座椅越高及坐垫与靠背的倾角越小，作用力越大。当坐垫倾角很小时，驾驶员几乎是将腿伸直来踩踏板；当靠背倾角较小时（即靠背与坐垫之间的夹角接近于90°时），驾驶员的背部能获得可靠的支撑；当座椅很高时，驾驶员的腿和踏板支架几乎可形成一条线，因此，在离合器或制动器操纵机构沉重的汽车上，应升高座椅，而座椅和靠背倾角则宜选取较小值。

图3.40为踏板位置相对于座椅的高度及座椅对称面的横向位置对踏板力的影响关系图。由图3.40可以看出，使驾驶员可以施加最大作用力的踏板位置同时也是最舒适的位置。

（1）制动踏板。汽车的制动踏板一般是脚悬空的，这种踏板腿与脚的舒适角度为90°，踏板的位置有图3.41所示的3种情况。

图3.41（a）是座位较高、小腿与地面近乎垂直的情况，蹬力不能超过90N。

图3.41（b）是座位较低、小腿倾斜的情况，这时蹬力不能超过180N。

图3.41（c）是座位低、小腿较平的情况，这时一般蹬力能达到600N，男性最大蹬力可达到800N，为了便于用力，需要设置一个牢固有力的座椅支撑。

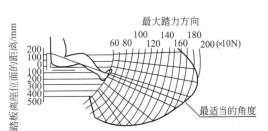

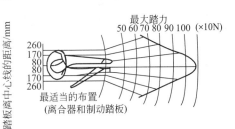

图3.40 踏板力的分布

制动器与离合器两者的踏板中心线之间的距离应不小于200mm，如果没有离合器，应将制动踏板设置在驾驶员中心线上。加速踏板与制动踏板之间的距离通常为64～127mm。

目前，在部分自动挡结构的乘用车上，采用了脚操纵的驻车制动，即脚控式驻车制动，如图3.42所示。脚控式驻车制动很好地解决了女性驾驶者使用传统式"手刹"时，常常会因为力量较小而使驻车制动力不足，发生溜车的问题。脚控式驻车制动操纵很方便，左脚将驻车制动踏板踩到底即可起效；左脚再用力一踩，然后松开即可释放驻车制动。目前，传统式的"手刹"仍是使用最为广泛的结构。

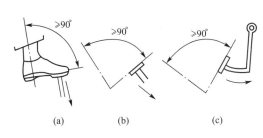

图3.41 脚悬空踏板

（2）加速踏板。对加速踏板的要求是操纵轻便，由于在行驶过程中需要经常踩它，驾驶员通常总是习惯于将脚掌搁在上面，因此脚后跟应支撑在地板上，而只靠改变小腿和脚掌的角度来进行操作。为此，加速踏板均做成鞋底形状，其摆动轴在下端。为适应人的脚掌外张的特点，加速踏板上端也应适当向外张开。在相当于发动机怠速的加速踏板位置，人体脚掌踩在踏板上，应使之大致垂直于小腿。脚与小腿一般呈90°，踏板转动的角度应不大于20°，一般控制在15°左右。两脚与人的中线叉开10°～15°为宜，如图3.43所示。

83

汽车安全

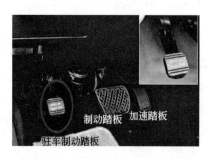

图 3.42　驻车制动踏板位置及其结构简图

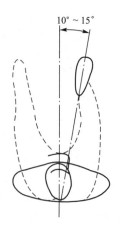

图 3.43　加速踏板与腿舒适的叉开角度

3-1　结合图 3.1，分析制动过程及影响总制动距离的因素。
3-2　分析制动跑偏的原因。
3-3　为什么后轴侧滑比前轴侧滑更危险？
3-4　什么是转向盘角阶跃输入下的稳态响应？如何评价？
3-5　如何评价转向盘角阶跃输入下的瞬态响应？
3-6　如何评价转向盘转角脉冲输入瞬态响应？
3-7　什么是汽车驾驶员眼椭圆？有何作用？
3-8　国家标准对前风窗垂直视野有何具体要求？
3-9　汽车前照灯有哪几种？各有何特点？
3-10　什么是汽车的实际 H 点，有何作用？

第 4 章

汽车主动安全技术(装置)

 本章教学要点

知识要点	掌握程度	相关知识
汽车主动安全技术	掌握其意义、特点及主要装置	与被动安全技术的区别
ABS 装置	掌握该装置的组成、工作原理及主要特点；掌握轮速传感器的工作原理及循环式调压器的工作过程	ABS 的控制方法(策略)；ABS 控制车轮的方式及不同控制通道的结构
ASR、EBD 装置	掌握两种装置的组成、工作原理及主要特点；和 ABS 装置的内在关联与区别	驱动轮防滑控制方式；EBD 的作用及对制动力的分配控制方式
ESP 装置	掌握该装置的工作原理、组成及工作过程与主要特点	典型行驶工况下 ESP 使用效果比较
TPMS 装置	掌握该装置的组成、工作原理、主要功能及特点	TPMS 装置的应用及其发展
4WS 装置	掌握该装置的组成、工作原理及转向特性	4WS 技术的发展背景及其应用
EPS 装置	掌握该装置的组成、基本原理、结构形式与特点	不同转向系统转向力随车速的变化关系；EPS 的优势
ACC 装置	掌握该装置的组成、基本原理、主要结构与特点	自适应巡航控制系统的发展过程及趋势
先进安全汽车 ASV	掌握其组成及主要结构与功能；ASV 技术的集约化特点及其发展趋势	先进安全汽车的发展过程

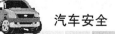
汽车安全

导入案例

汽车安全技术的发展历史

1886年，德国人卡尔·本茨设计制造出世界上第一辆使用汽油的内燃机三轮汽车，同一年，德国人德里普·戴姆勒设计制造出第一辆装有汽油内燃机的四轮汽车。当时的汽车功率极小，车身多为马车木质车身改装，最高时速仅为18km/h，此时的汽车不但简陋，且十分不成熟，当然就没有安全性可言。

直到1908年，美国人亨利·福特开发出福特T型车时，汽车才真正有了如今的模样，虽然只有简单的底盘和油布车顶，但出现了车身的雏形。直到1915年，全金属车身的福特T型车才正式亮相，此时的汽车动力逐渐得到了提升，最高时速已经可达70km/h，并且由于汽车数量的急剧增加，在城市中产生人车事故的情况也时有发生，汽车安全问题开始逐渐出现。

20世纪30~60年代末，对汽车安全性的关注主要集中于汽车被动安全方面。20世纪70年代后，汽车工业进入了相对稳定的发展时期，这个时期汽车技术的主要发展方向是提高车辆的安全性和降低车辆的排放污染。随着公路的发展和行车条件的改善，汽车车速不断提高，汽车安全技术开始有了新的突破，并逐渐向主动预防方向发展。1978年德国Bosch公司与德国奔驰汽车公司合作研制出三通道四轮控制带有数字式控制器的ABS，并批量安装于奔驰轿车上。而早就被提出的汽车安全气囊设想，也在1980年由德国奔驰汽车公司实现，它在其生产的部分汽车上安装了安全气囊，从1985年起，在美国和欧洲销售的汽车，大都开始安装安全气囊。

进入新世纪后，汽车安全技术的发展步伐也越发加快。一些汽车工业发达国家不惜投入巨大的人力、财力和物力进行汽车安全技术的研发。预紧式安全带、ESP等一系列汽车安全新技术开始不断涌现，并且许多相关的汽车安全性标准与法规也被制定。

如今，车辆安全技术已经日趋成熟，并且向着高智能化高集成化方向发展，某些传统的安全技术在经过重新设计和研发后变得更为完善和实用，可以说汽车安全技术几乎是来自各个工业领域的积累和创新。

资料来源：http://www.cartech8.com/threacl-472227-1-1.html

4.1 汽车安全概述

汽车诞生和发展百余年来，安全问题一直受到汽车制造企业、汽车消费者及各国政府的普遍重视和关注。自20世纪60年代以来，随着电子、信息及计算机技术在汽车上的应用及材料和制造技术的进步，汽车安全技术取得了一系列重大突破，特别是集成电路和微处理器在汽车上应用的日趋可靠和成熟，使得汽车安全技术尤其是主动安全技术得到了快速发展。以ABS安全技术为先导，各种汽车安全控制装置相继出现，并很快成为提高汽车安全性、改善操纵方便性、满足乘坐舒适和减少车辆交通事故的有效手段。与此同时，人们对汽车安全问题的认识也不断深化,从早期的减轻冲撞事故伤害到避免事故发生再到开发汽车智能安全系统等,凸显出汽车安全理念的进步与变化。

汽车的安全性现已不仅是个纯技术问题,在某种程度上也是一个重要的社会问题。汽车的主动安全性因其定位于防患于未然,有着广阔的发展前景,越来越受到汽车生产企业、政府管理部门和消费者的重视。应用电子技术使车辆实现高度智能化是汽车主动安全技术能在世界范围内发生质的跃变的主要因素。美国20世纪70年代提出的实验安全车(Experiment Safety Vehicle,ESV)、日本20世纪90年代提出的先进安全车(Advanced Safety Vehicle,ASV),虽然是两个不同历史时期提高汽车安全性的代表作,其共同点是它们都代表了汽车安全未来发展的方向。就汽车主动安全技术而言,涉及的内容主要如下。

(1) 以优良的制动性、操纵稳定性为前提要求的汽车操控性能的改进与提高。包括汽车的制动系统、转向系统、行驶系统、加速控制系统(超速时间及距离)、车身结构、灯光信号等系统或部件的结构和性能的优化与改进,安全性能的完备与提高;行驶稳定性、行驶安全性、结构安全性的改进与提高等。

(2) 以良好的视野性能、被视认性、防炫目性为前提的汽车视认特性的改进与提高。包括对前方视野、后方视野、侧方视野和寒冷、雨天及夜晚行车条件等特殊环境下视野的要求,对后视镜的性能及安装要求,风窗玻璃除霜、除雾、刮水器、洗涤器等;对各种照明及信号装置的标识、性能要求;对前照灯、雾灯、制动灯、倒车灯、转向灯、示廓灯的安装位置及要求等,对车辆示宽、紧急闪烁、报警、反射等信号装置的安装要求;防止外部光源直接照射于驾驶员的面部产生炫目的特性,如在驾驶室驾驶员前上方安装的遮阳板等。

(3) 以满足汽车技术规范和人机工程学要求的汽车总体尺寸与布置优化和驾驶员工作环境及条件设计。包括汽车总体尺寸与布置优化、"人-机-环境"的协调性、驾驶室人机界面的友好性、驾驶员驾驶室操作元器件的人机特性、座椅舒适性、噪声、温度和通风、操纵轻便性等;汽车驾驶室内各种操纵件、指示器及信号装置使用统一的图形标志,以避免驾驶员错误识别和错误操作而引发交通事故等。

4.2 车轮防抱死制动系统

4.2.1 概述

当汽车遇到紧急情况时,驾驶员一般会用力踩下制动踏板进行紧急制动,对于未装车轮防抱死制动系统(Anti-lock Braking System,ABS)的汽车而言,这样的操作很容易使车轮抱死,产生滑移。特别是在潮湿路面、积雪或结冰路面上实施紧急制动时,汽车容易产生侧滑,严重时会掉头、甩尾,甚至产生剧烈旋转现象,导致汽车失去运动控制能力,极易造成严重交通事故。装有ABS的汽车,通过控制制动管路制动压力,保持车轮处于有微弱滑移的滚动状态而不会抱死不转,从而大大提高了汽车制动时的方向稳定性及在较差路面条件下的制动性能,可有效克服汽车紧急制动时的"跑偏、侧滑、甩尾"等不安全状况,可明显改善汽车制动时的安全性,图4.1为装有ABS和未装ABS车辆紧急制动时效果对比图。

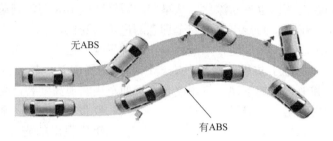

图 4.1　装有 ABS 和未装 ABS 车辆紧急制动时效果对比

当车轮制动抱死时，车轮相对于路面的运动不再是滚动而是滑动，特别是由于侧向附着系数趋于零，使得汽车抵抗侧向滑移的能力很弱，车轮很容易发生侧滑，且路面附着系数越低，这种趋势越强烈。ABS 就是通过将制动器制动力调节到适应路面所能提供给轮胎的附着力状况，防止车轮在紧急制动期间抱死，以达到减少交通事故发生的目的。图 4.2 为 ABS 装置结构图。

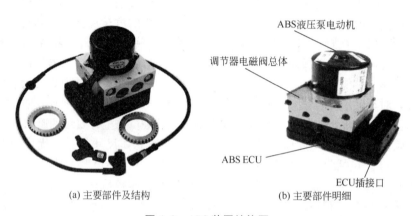

图 4.2　ABS 装置结构图

ABS 为什么在汽车紧急制动时能够防止车轮抱死呢？简明地讲，就是当驾驶员对汽车实施紧急制动时，一旦某个车轮出现抱死状况，ABS 的 ECU 立即指令压力调节器对该轮的制动分泵减压，使车轮恢复转动，从而有效地防止车轮抱死。概括起来讲，ABS 的优势主要如下。

(1) 提高汽车制动时的方向控制性和稳定性，防止车辆侧滑和甩尾。汽车制动时，由于 4 个车轮上的制动力大小常常并不完全相同，紧急情况下很容易发生后轴（或前轴）车轮先于其他轴车轮抱死的情况，无论是后轴（或前轴）车轮先于其他轴车轮抱死，均对行车安全不利；ABS 可大大降低车轮制动时被完全抱死现象的发生，明显提高汽车行驶的稳定性。研究数据表明，装有 ABS 的车辆，可使因车轮侧滑引起的事故比例下降 8%～10%。

(2) 提高制动效率，缩短制动距离。对于高附着系数路面，在紧急制动情况下，ABS 可以将车轮滑移率始终保持在 20% 左右，由于此时轮胎与地面的摩擦力最大，可有效缩短制动距离；而对于松软的沙石、雪地等低附着系数路面，由于路面能够提供的附着力小，可利用的地面制动力也变小，使制动效率相应降低，其制动距离较一般高附着系数路面相比会明显增加，但和车轮抱死时相比还是会缩短一些。

(3) 减少轮胎磨损，降低爆胎发生率。实际中，车轮抱死拖滑会加剧轮胎磨损，同时也易使轮胎胎面磨耗不均匀，因为 ABS 可有效防止车轮制动时被完全抱死，所以能有效防止轮胎在制动过程中产生剧烈的拖痕，既可明显改善轮胎的磨损状况（实际中装备了 ABS 的车辆在紧急制动时轮胎与路面间仅会留下轻微的制动痕迹），也使爆胎发生率明显降低。

（4）减轻驾驶员紧张程度（疲劳强度）。未安装 ABS 的汽车在行驶中遇到紧急情况时，驾驶员在实施紧急制动的同时，其自身的情绪必然也随之紧张起来，长时间如此很容易疲劳，安装 ABS 的汽车由于可防止车轮在紧急制动期间抱死，这在明显减轻驾驶员工作强度的同时，也使驾驶员的紧张程度能得以有效减轻和缓解。

（5）使用方便，工作可靠。ABS 的使用与普通制动系统的使用几乎没有区别，紧急制动时只要把脚用力踏在制动踏板上，ABS 就会根据情况进入工作状态，即使雨雪路滑，ABS 也会使制动状态保持在最佳点。ABS 利用 ECU 控制通过将制动器制动力调节到适应路面的状况，以充分发挥制动器的效能，提高制动减速度和缩短制动距离，并能有效地提高车辆制动的稳定性，防止车辆侧滑和甩尾，减少交通事故的发生，ABS 被认为是当前提高汽车主动安全性的有效措施之一，在国内外轿车和客车上获得了广泛使用，已成为基本配置。

ABS 的优点是显而易见的，对于装备有 ABS 的车辆而言，当 ABS 失效时会发生什么险情呢？下述案例值得思考。

爱丽舍 ABS 失灵，无奈酿惨祸

事故经过：2005 年 2 月 7 日下午 5：30，一辆雪铁龙 VTS 小轿车以 120km/h 的速度由柳州往南宁方向行驶，行至国道 322 线柳南高速公路 550km+400m 处时，驾驶员发现在超车道行驶的小轿车向左侧中心隔离栏靠近，便向右转动转向盘纠正方向，此时车辆发生了摆头，便立即采取紧急制动措施，同时向左转动转向盘，但此时车辆已无法控制方向继续失控滑行，一直由超车道滑向正常行驶道，再向右滑至紧急停靠道，并与右侧台阶护栏发生碰撞，车辆随即发生顺时针方向转动，车体左侧猛烈与隔离栏碰击后，反弹到行驶道，车体左侧后轮轴承断裂，车体严重受损（图 4.3），驾驶员由于所系的安全带发挥作用，在碰击时左侧肩胛骨被安全带拉裂骨折，左侧盆骨、头部、大腿受撞击和挤压受伤，右腿膝盖关节踩制动踏板受伤，若没有安全带保护将发生人员重大伤亡事故。

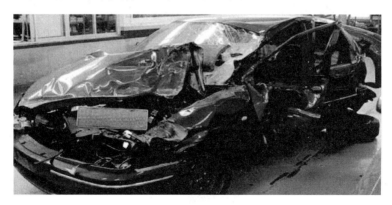

图 4.3　因 ABS 失灵的事故车辆

事故分析及责任认定：此次事故中，驾驶员采取紧急制动措施同时向左纠正方向，在具备ABS+EBD的车辆上，这样的操作是完全正确的，但车辆并未能够在减速的过程中向左调整方向，车辆抱死同时连续失控滑行，事故现场留下一条明显的连续制动印迹，长度达23.3m，另一条制动印迹较浅。对高速行驶的车辆踩下制动踏板，具有ABS的车辆是高频的点制动过程，在道路上留下的应是如同虚线一样的制动痕迹，而在此次事故中，驾驶员采取紧急制动措施后，制动过程中方向完全失控，现场留下的车辆制动痕迹也说明ABS没有工作，车辆ABS失灵是此次事故的重要原因。

据了解，此车辆的购买日期是2003年3月29日，车辆自购买之日起，在接近两年的使用过程中，发现车辆的ABS从未工作过。

资料来源：http://www.autohome.com.cn/accident/200503/4762.html

从美国福特汽车公司首次将ABS用于汽车上以来，ABS经历了半个多世纪的发展过程。至今为止，ABS的整体结构已日渐趋于成熟，今后的发展将集中体现在以下几个方面。

(1) 实时跟踪路面特性变化，采用更加有效的控制算法，实现真正意义上的优化控制，以弥补现今汽车上广为采用的逻辑控制的不足。

(2) 进一步提高关键元器件的性能指标和可靠性，消除系统控制过程的不平滑、易振动、噪声大的缺陷。

(3) 由单一ABS控制目标向多目标综合控制转变，全面提高汽车整体动力学水平。

(4) 进一步降低系统装车成本。

4.2.2 ABS的基本原理

1. 不同制动强度下轮胎与路面附着状况分析

当汽车处于制动状态时，随着制动强度的不同，轮胎与路面间的附着状况、附着系数也不同，与之对应的汽车制动力也随之改变。图4.4为车轮与路面纵向附着系数φ_B和侧向附着系数φ_S随滑移率S变化的关系曲线。制动强度的不同引起的车轮滑移率及能够提供的地面制动力不同，使车轮的制动状态出现制动稳定区和非稳定区两种不同状态。

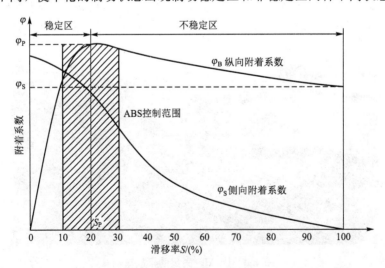

图4.4 纵向附着系数φ_B和侧向附着系数φ_S随滑移率S变化的关系曲线

当车轮处于未制动即纯滚动(或自由滚动)状态时,此时 $S=0$,$\varphi_B=0$;随着制动强度的逐步增大,车轮的滑移率也随之增大,当滑移率 S 增大至 15%~20% 时,纵向附着系数 φ_B 达到峰值。在滑移率 $S=0\sim20\%$ 的区域范围内,即位于纵向峰值附着系数的左侧区域,φ_B 随滑移率 S 增大其斜率线性增加,这表明路面附着力能够随着汽车制动力矩的增加提供足够的地面制动力,此条件下侧向附着系数 φ_S 也较大,能够提供较强的抗侧滑能力,这一区域称为制动稳定区。

随着制动强度进一步增加,φ_B 持续缓慢下降,直至车轮抱死($S=100\%$),此时 φ_B 降低 1/4~1/3,这表明随着作用于车轮制动力矩的继续增大,路面附着力能够提供的地面制动力反而逐渐减小,与此同时,侧向附着系数 φ_S 快速下降,在 $S=100\%$ 时趋于零,此时汽车将丧失抵抗侧向滑移的能力。在滑移率 $S=20\%\sim100\%$ 的区域范围内,即位于纵向峰值附着系数的右侧区域内,由于 φ_B 持续缓慢下降使得能够提供的地面制动力不断减小,导致制动距离相应增加,而 φ_S 的快速下降使得汽车抵抗侧滑的能力基本丧失,这一区域称为制动不稳定区。

2. ABS 的理论基础

由以上分析不难看出,在汽车制动时如果能将车轮滑移率 S 控制在 15%~20% 的区域范围内,既可使纵向附着系数 φ_B 处于较高(接近峰值)水平,同时又能得到较大的侧向附着系数 φ_S,此条件下可使汽车获得最佳的制动效能(制动距离最短)和方向稳定性。因而,以保持车轮滑移率位于合理范围为基本目标,将轮速、车轮角加速度、车速、车轮滑移率作为重要控制参数,通过调节制动管路压力以控制车轮转速,达到防止车轮制动抱死的目的则是开发 ABS 的基本出发点。

对于 ABS 而言,不同路面上在对汽车实施制动时保持车轮的滑移率始终处于纵向附着系数最大、侧向附着系数较大的对应区域(图 4.5 中各曲线上用剖面线框出的部分),从而得到最大的地面制动力(纵向力)及能维持转向能力和方向稳定性都充分大的侧向反力是其重要功能。要使 ABS 工作时顺利实现这样的功能,必须能够自动完成下述状态控制及其转换。

(1) 在车轮的转动状态快要越过稳定界限(车轮滑移率从制动稳定区进入制动不稳定区)的瞬间,ABS 能够迅速而又适度地减小制动器制动力,使制动器制动力略低于车轮与地面间的附着力,从而使车轮的转动能够迅速回复到稳定区域内。

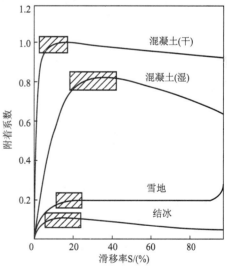

图 4.5 理想的附着系数控制范围

(2) 在使车轮的转动迅速回复到稳定区域内后,ABS 又能够适当地增大制动器制动力,直至车轮状态再次达到稳定界限为止,且尽量长时间地保持车轮的运动处于稳定界限附近的最佳运动状态,使受 ABS 控制的制动车轮始终在 φ_B 最大值处附近的狭小滑移率范围内波动,实现既充分保证转向操纵性和制动方向稳定性,又能获得最短制动距离的最佳制动控制目标。

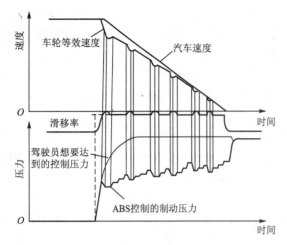

图 4.6 ABS 的制动调节过程

（3）在对汽车实施制动的过程中，随着汽车（车体）速度的降低，车轮速度应与车体速度同步降低且始终比车体等速速度略低（见图 4.6 中汽车速度曲线和车轮等效速度曲线及其变化），以使整个制动过程高效率但又避免车轮抱死现象出现。

3. ABS 的控制方法

ABS 的作用是使趋于抱死车轮的制动压力循环往复改变而将趋于抱死车轮的滑移率控制在峰值附着系数滑移率的附近范围内，通过控制制动主缸的输出压力不再使各车轮趋于抱死时为止。就 ABS 的功用看，ABS 实质上是一种自动调节车轮制动器制动力的装置，是通过对制动力进行适度调节在对汽车进行制动的过程中将轮胎的滑移率控制在预定范围内，从而提高汽车的制动效能，以及汽车在制动过程中的横向稳定性和方向的可操纵性，就此意义而言，ABS 也是一个典型的控制系统。

在对车轮防抱死的制动力调节控制设计中，为了提高控制效率和加快控制收敛速度，研究者提出了多种控制方法，如逻辑门限值控制方法、滑动模态变结构控制方法、最优控制方法和模糊控制方法等。这些方法在实现控制的系统结构难度上、系统制造成本上、自身控制速度上各有不同，目前以逻辑门限控制方法使用最广泛。

1）逻辑门限值控制方法

逻辑门限值控制方法的特点是不需要建立具体系统的数学模型，并且对系统的非线性控制很有效，比较适合用于 ABS 的控制。通常将车轮的减速度（或角减速度）、车轮的加速度（或角加速度）作为主要控制门限，而将车轮滑移率作为辅助控制门限。当将其用于 ABS 的控制时，可以先分别预选一个车轮角减速度门限值和车轮角加速度门限值。当实测值达到角减速度门限值时，控制器发出指令减小制动力，使车轮转速提高；同理，当实测值达到加速度门限值时，控制器发出指令增加制动力，使车轮转速降低。整个控制过程比较简单，结构及原理上也比较容易实现。如果控制参数选择合理、得当，就可以达到比较理想的控制效果，能够满足各种车辆的要求。该控制方法本身的不足是，控制逻辑比较复杂、波动较大，而且控制系统中的许多参数都是经过反复试验得出的经验数据，缺乏严谨的理论依据，对系统稳定性品质评价困难等。

2）滑动模态变结构控制方法

滑动模态变结构控制也称变结构控制，其本质上是一类特殊的非线性控制方法。这种控制策略与其他控制的不同之处在于系统的"结构"并不固定，而是可以在动态过程中根据系统当前的状态如偏差及其各阶导数值等，以理想开关方式切换控制量的大小和符号，使系统在切换线邻近区域来回运动，即迫使系统按照预定"滑动模态"的状态轨迹运动。由于滑动模态可以进行设计且与对象参数及扰动无关，这就使得滑模控制虽然具有快速响应、对应参数变化及扰动不灵敏、无需系统在线辨识、物理实现简单等优点，但因要求的动作频率较高，且滑动运动在切换面附近切换时有抖动，对作动系统的性能及可靠性要求高,导致实施难度大。

3) 最优控制方法

最优控制方法是基于状态空间法的现代控制理论方法。该控制方法和逻辑门限值控制方法不同,它是一种基于模型分析的控制方法。其思路是根据 ABS 的相关控制要求,按照最优化的原理来求得 ABS 的最优控制目标。该控制方法的优点是考虑了控制过程中状态变化的历程而使控制过程平稳;缺点是控制效果的优劣主要依赖于系统的数学模型,控制质量难以准确把握。

4) 模糊控制方法

模糊控制方法基于模仿人的思维方式和人的控制经验,把人的经验形式化、逻辑化并引入控制过程,再运用数学方法实现模糊推理,进行判断决策,以达到满意的效果。该方法是基于经验规则的控制,具有不依赖对象的数学模型,便于利用人的经验知识,具有鲁棒性强和简单实用等优点,其控制规则符合人的思维规律;缺点是没有有效、通用的计算方法,只能依靠设计者的经验和反复调试。

目前,以经典数字控制理论为基础的滑动模态变结构方法和基于状态空间的最优控制方法及基于经验规则的模糊控制方法尚有诸多难点有待进一步克服;而早期形成的按惯性原理设计的机械式车轮控制系统随着微电子技术的发展和普及在性价比和对不同车辆的适应性方面已不具备优势,正逐渐被性能优良的逻辑门限值控制方法取代。由于逻辑门限值控制技术已经成熟,该方法是当前世界各国著名 ABS 公司普遍采用的控制技术。

4. Bosch 逻辑门限值控制方法

一个基于高附着系数路面的 Bosch 逻辑门限值的典型 ABS 控制过程如图 4.7 所示。图 4.7 以 ABS 在一个防抱死控制循环(以第一个循环)过程为例,分别给出了各相关参数(制动分泵压力 p、轮速 v_w、车轮加速度(或车轮角加速度)a、车速 v、参考车速 v_{ref}、参考滑移率 S_1、电磁阀工作电流 i)随时间 t 的变化关系及彼此间的相互关系。Bosch 逻辑门限值控制方法采用的门限值主要有:车轮角减速度门限值 $-a$、车轮角加速度门限值 $+a$、车轮角加速度上门限 $+A$ 及参考滑移率 S_1。压力的调节方式主要有:增(升)压、保压、减

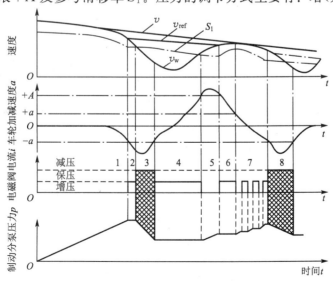

图 4.7 基于高附着系数路面的 Bosch 逻辑门限值的典型 ABS 控制过程

(降)压、阶梯增压和阶梯减压，制动过程中采用何种调节方式则由设定的门限值决定。整个防抱死控制循环过程分为 1~7 个不同阶段，其制动分泵压力 p 分别对应着增压、保压、减压等不同状态。

图 4.7 所示的典型 ABS Bosch 逻辑门限值控制循环的基本过程如下。

(1) 当驾驶员对车辆紧急制动时，轮缸制动压力迅速升高，车轮经过一定延迟时间后，轮速开始快速下降，车轮角加速度为负，且绝对值越来越大。当车轮角加速度低于 $-a$ 门限时，ABS 开始介入控制。

(2) 为避免车辆在稳定区域内进入减压阶段，此时需要对滑移率进行比较判断。如果这时滑移率低于下门限值 S_A，说明滑移率仍然偏小，则需要一定时间的保压，以使车轮充分制动；如果这时滑移率高于下门限值 S_A，说明车轮已进入峰值附着系数附近的不稳定区域，则需要一定时间的减压。由于减压，车轮角加速度开始增大（图 4.7 中车轮加减速度曲线在第 3 阶段的回升），当其高于 $-a$ 门限时，制动分泵压力进入保压阶段。由于此时车轮的运动惯性及此条件下制动压力水平偏低，轮速会继续回升，直至车轮角加速度超过 $+a$ 门限。

(3) 在给定的保压时间内，如果车轮角加速度超过 $+a$，则继续保压。此时会出现两种情况：第一种情况是车轮角加速度超过 $+A$，则需要进行一次增压，直至其再次低于 $+a$；第二种情况是车轮角加速度再次低于 $+a$，这时车轮处于峰值附着系数的稳定区域，并稍有制动不足。这两种情况最后都将使车轮角加速度低于 $+a$，此时路面附着系数比较大，为使在这一区域内的时间尽量延长，通常采用阶梯增压方式直到车轮角加速度门限再次低于 $-a$。

(4) 在给定的保压时间内，如果车轮角加速度不能超过 $+a$，则属于低附着路面情况。由于为低附着系数路面，车轮角加速度无法恢复到 $+a$，为使系统稳定，通常采取阶梯减压方式直到角加速度超过 $+a$。

在 ABS Bosch 逻辑门限值控制过程中，车轮角减速度门限值 $-a$、车轮角加速度门限值 $+a$、车轮角加速度上门限值 $+A$、阶梯增压的时间常数的大小、参考滑移率 S_1 均对控制过程有重要影响。各参数大小对控制过程的具体影响如下。

1) 车轮角减速度门限值 $-a$

门限值 $-a$ 是 ABS 最重要的门限值，直接决定着 ABS 进入减压或保压的时刻，其数值对于车轮是否抱死及最大滑移率的值影响非常大。$-a$ 大小的确定必须满足：大于惯量车轮在高附着路面达到峰值附着系数时车轮的减速度，同时小于惯量车轮在低附着路面达到峰值附着系数时车轮的减速度。若门限值 $-a$ 偏大，则车轮制动压力偏高，会使车轮滑移率偏大，而车轮滑移率偏大在使轮胎磨损增加的同时，也可能降低路面利用附着系数，低速时车轮很容易抱死；若门限值 $-a$ 偏小，ABS 介入减压或保压时间会过早，导致车轮制动压力偏低，车轮滑移率较小，影响路面附着系数的实际利用率，同时门限值 $-a$ 过小还会因为路面不平和轮速传感器（又称车轮转速传感器）噪声导致误控制动作，或导致系统频繁进行增压、减压动作。

不同路面状况对门限值 $-a$ 的要求是不相同的。在其他情况相同时，高附着路面应具有较大的 $-a$ 门限值，而低附着路面则要求较小的 $-a$ 门限值。不同车辆、不同轴荷、不同车轮转动惯量及制动系统的特性都会对 $-a$ 门限值造成一定的影响。鉴于 ABS 工作路况的复杂性，实际中该数值须能根据具体路况进行自动调整，否则将降低 ABS 的控制品质。

2) 车轮角加速度门限值+a

它决定着阶梯增压开始的时刻,和阶梯增压时间常数一起,决定着车轮滑移率能否较长时间保持在最佳滑移率附近,对路面附着系数利用率和制动减速度均匀性具有至关重要的影响。如果门限值+a 偏大,可能会使 ABS 较早地进入阶梯增压阶段,导致整体滑移率偏大,系统还可能会频繁地进行增、减压,影响制动平顺性;如果门限值+a 过大,则可能导致完全相反的情况,即车轮角加速度因无法达到这一门限值而不能完成控制状态切换,此时车辆可能出现失控,导致轮速一直处于恢复状态,车辆失去制动力。如果门限值+a 偏小,则使 ABS 进入阶梯增压的时间拖后,影响整体的压力水平,使制动强度降低,整个制动过程控制循环较少。

3) 车轮角加速度上门限值+A

它决定着在减压和保压完成后是否进行增压。当+A 门限值偏大时,ABS 经过减压后,压力下降很多,车轮角加速度达不到+A 门限值,则在较低压力水平长时间保压,这样会导致车轮滑移率偏低,影响附着系数的利用率,严重时导致车辆制动力不足,而且在路面附着系数较高时轮速因为惯性迅速变大,甚至超过车速,与此同时,在轮速再次下降时还可能导致一系列的误操作。如果+A 值偏小,则系统很容易进入增压状态,会导致轮速在减压后还没有充分恢复,就再次快速下降,使整个制动过程滑移率偏大,影响制动过程的平顺性,车轮产生剧烈的振动。严重时系统会对车轮频繁地反复减压、增压,且减压不足,车轮趋于抱死。

4) 阶梯增压的时间常数

该常数决定了系统增压的速率。设置阶梯增压的目的是使车轮滑移率较长时间处于较低的滑移率范围内,当车轮角减速度超过$-a$门限后再次进行减压。若阶梯增压速率过快,则车轮滑移率增加太快,ABS 迅速进入减压状态,使车轮保持在最佳滑移率附近的时间变短,频繁地进行增压、减压动作,使制动过程感觉粗暴,制动减速度也不均匀;若阶梯增压速率过慢,则制动压力长时间保持较低压力水平,滑移率偏小,降低了附着系数的利用率,使制动距离变长,严重时出现制动力不足甚至失去制动力。频繁地增、减压也影响了制动过程的平顺性和地面附着力的充分利用,因而,阶梯增压过快、过慢均对 ABS 制动过程不利。

5) 参考滑移率 S_1

其大小影响着制动效能和路面附着系数的利用状况。当参考滑移率 S_1 偏大时,制动在使轮胎磨损增加的同时,将降低路面利用附着系数,低速时车轮很容易抱死;当车轮滑移率 S_1 偏小时,影响路面附着系数利用率。为了充分利用路面附着系数,一般分别设定滑移率下门限值 S_A 和滑移率上门限值 S_B。实际中如何根据具体路面状况准确确定参考滑移率有待进一步完善。

实际中一般将车轮的滑移率作为辅助控制门限,如果仅以固定的滑移率门限作为防抱死制动的控制门限,则难以保证在各种路面情况下都能获得最佳的控制效果,而将车轮的加、减速度控制门限和滑移率门限值结合起来则有助于对路面的识别,可提高 ABS 的自适应控制能力。

5. 3 种不同路面条件下 Bosch 逻辑门限值控制过程的具体分析

在 Bosch 逻辑门限值控制过程中,ABS 防抱死控制中的制动力矩调节是通过对车轮运动状况的反馈进行的,主要涉及防抱死控制过程中车轮转速、车轮角加速度、制动力矩随时间的变化过程及不同运动状态下制动压力调节指令的形成与调整。

1) 高附着系数路面上 Bosch 逻辑门限值的控制过程

高附着系数路面上 Bosch 逻辑门限值的控制过程如图 4.7 所示。在制动初始阶段,随着制动压力的持续上升,车轮速度下降,车轮角减速度却在增大。当车轮的角减速度达到设定的控制门限值 $-a$(第 1 阶段末),而计算得到的参考滑移率未到达下门限值 S_A 时,说明车轮的滑移率偏小,则进入制动压力保压阶段(第 2 阶段),以使车轮充分制动,直到车轮的参考滑移率大于下门限值 S_A,此时说明车轮已进入不稳定区域,即进入制动压力减小阶段(第 3 阶段)。

位于加速度门限值 $+a$ 上方的 $+A$ 是旨在识别大附着系数路面而专门设定的加速度门限值。随着制动压力的减小,车轮在惯性力作用下开始加速。当车轮的角减速度大于门限值 $-a$ 时,就进入制动压力保持阶段(第 4 阶段),此阶段由于汽车惯性的作用,车轮仍在加速,直至超过设定的车轮角加速度门限值 $+a$,由于仍然保持制动压力,直至车轮角加速度超过门限值 $+A$。当车轮角加速度超过 $+A$ 时,则对轮缸实施增压(第 5 阶段),以适应路面附着系数的增大。

随着增压的继续,车轮角加速度下降,当车轮角加速度又低于上门限值 $+A$ 时,进入制动压力保持阶段(第 6 阶段),使车轮恢复到稳定区域。当车轮恢复到稳定区域后,为了使车轮在更长的时限内处于稳定区域,将对制动压力进行增压和保压的快速转换即阶梯增压(第 7 阶段),使制动轮缸的制动压力比初始增压慢很多的上升梯度增大,直到车轮的角减速度再次低于门限值 $-a$ 后,又开始进入制动压力减小阶段(第 8 阶段),此时制动压力降低不再考虑参考滑移率是否超过控制门限值 S_A,从而进入了下一个防抱死制动压力调节循环。

2) 低附着系数路面上 Bosch 逻辑门限值的控制过程

低附着系数路面上 Bosch 逻辑门限值的控制过程如图 4.8 所示。其防抱死制动压力调节过程的第 1 阶段和第 2 阶段与高附着系数路面上 Bosch 逻辑门限值控制过程中第 2 和第

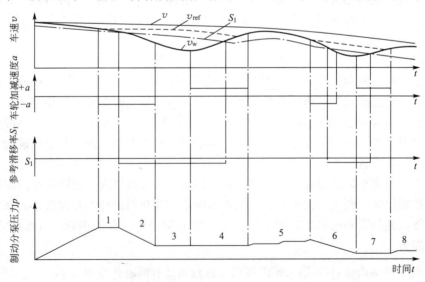

图 4.8 低附着系数路面上的 Bosch 逻辑门限值的控制过程

3 阶段(图 4.7)相同。

在进入制动压力保持阶段(第 3 阶段前段)后,由于附着系数低,车轮加速很慢,致使在设定的制动压力保持时限内车轮的角加速度没能达到控制门限值$+a$,ECU 由此判定车轮处于低附着系数路面,并以较低的压力减小率使制动压力减小(第 3 阶段后段),直到车轮的角减、加速度超过门限值$+a$,此后,系统又进入制动压力保持阶段(第 4 阶段)。

当车轮的角减速度低于门限值$+a$后,就以比较低的压力升高率使制动压力增大(第 5 阶段),直到车轮的角减速度低于控制门限值$-a$后,进入下一个防抱死制动压力调节循环。

由于在第一个循环中,车轮处于较大滑移率的时间较长,ECU 根据此状态信息,在下一个循环中采用持续减压的方式使车轮角减速度升至$+a$(第 6 阶段),这样可缩短车轮在高滑移率状态的时间,使车辆的操纵性和稳定性得以提高。

3) 由高附着系数路面突变到低附着系数路面 Bosch 逻辑门限值的控制过程

在防抱死制动过程中,有时会出现车轮由高附着系数路面突然进入低附着系数路面的情况,如汽车由干燥的沥青或水泥路面驶入结冰路面时,在这种情况下的控制过程如图 4.9 所示。

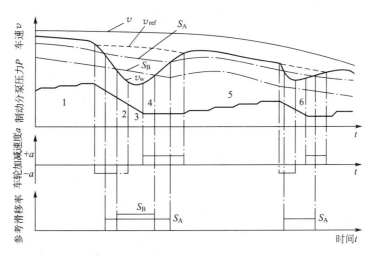

图 4.9 由高附着系数路面突变到低附着系数路面 Bosch 逻辑门限值的控制过程

若是在上一个防抱死制动调节循环结束而下一个循环开始时,车轮突然由高附着系数路面进入低附着系数路面,由于制动压力仍然保持在与高附着系数路面相适应的较高水平,在制动压力减小阶段(第 2 阶段),车轮的参考滑移率不仅会超过控制下门限值 S_A,而且会超过控制上门限值 S_B。这种情况下应继续减小制动压力,直到车轮的角加速度高于门限值$+a$(第 3 阶段)。

此后,再进入制动压力保持阶段,直到车轮的角加速度又低于门限值$+a$(第 4 阶段)。然后,再以较低的压力升高率使制动压力增大,直到车轮的角减速度再次低于控制门限值$-a$(第 5 阶段),随后便进入下一个防抱死制动压力调节循环。

基于门限值控制方法的 ABS 逻辑控制主要有 Bosch 控制逻辑、HSRI(Highway Safety Research Institute)控制逻辑、Bendix 控制逻辑。Bosch 控制逻辑是通过在不同阶段对制动管路中压力实施减压、保压和增压等方式完成对 ABS 的控制,是当今被广泛采用的控制逻辑。HSRI 控制逻辑是根据设定的门限值条件判断和控制制动管路的减压和增压,控制过程中没有保压过程。Bendix 控制逻辑和 Bosch 控制逻辑相似,同样采用在减压、保压和增压阶段对制动管路压力进行调控,只是取消了图 4.7 中阶段 2 和阶段 4 的保压过程。

4.2.3 ABS 三大重要部件简介

1. ABS 结构、组成与工作原理

无论是液压制动系统结构还是气压制动系统结构,现代汽车的 ABS 结构均主要由轮速传感器、ABS-ECU、制动压力调节器 3 部分组成,如图 4.10 所示,而 ABS 的各部分在汽车上的具体安装位置如图 4.11 所示。

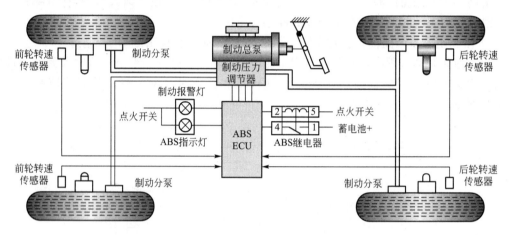

图 4.10 汽车 ABS 的组成简图

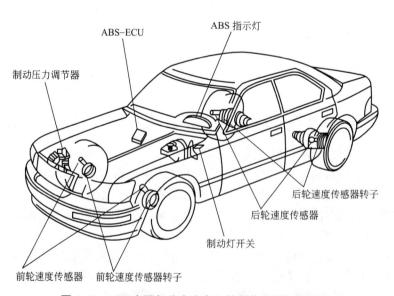

图 4.11 ABS 主要部分在汽车上的具体安装位置图示

对于装备 ABS 的汽车而言,前后轴的每个车轮上各安装一个轮速传感器,将车轮的转速信号输入 ABS 的 ECU,ECU 根据各车轮的转速信号对各车轮的运动状态进行实时监测和判定，并形成相应的控制指令，通过执行机构对车轮的运动速度进行控制和调节，以防止车轮在紧急制动期间抱死。

ABS 的工作原理是：通过安装在各车轮或传动轴上的转速传感器不断地实时检测各车轮的转速，即实时感知制动轮每一瞬时的滚动状态，并由 ABS-ECU 实时计算出车轮滑转率（通过车轮滑转率的大小可判断制动状态下车轮抱死的程度），在与最佳制动效果的滑移率（$S=15\%\sim20\%$）相比较后做出增大或减小制动器制动压力的决定，并命令执行机构（压力调节器）及时调整制动轮缸的制动压力，以保持车轮处于最佳的制动状态。

就 ABS 与汽车常规制动系统的关系而言，带有 ABS 的汽车制动系统是对汽车常规制动系统制动功能的进一步完善与提高。带有 ABS 的汽车制动系统由基本制动系统和制动力调节系统两部分组成。基本制动系统主要由制动主缸、制动轮缸和制动管路等构成，用于实现汽车的常规制动控制；而制动力调节系统主要由轮速传感器、ABS-ECU、制动压力调节器等组成，用于制动过程中实时调节制动管路制动力，使车轮滑移率始终处于合理范围内。

组成 ABS 的轮速传感器、ECU、制动压力调节器（执行器件）3 部分的主要结构及其相互关系如图 4.12 所示。

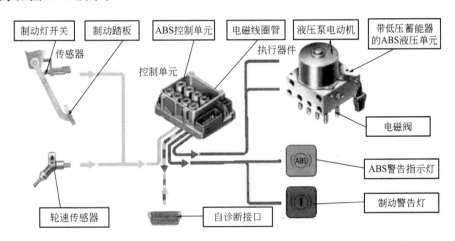

图 4.12 组成 ABS 的轮速传感器、控制单元、执行器件的主要结构及相互关系图

2. 轮速传感器

轮速传感器是 ABS 控制系统感知信息的关键元器件。其作用是采集车轮旋转速度信号，并将此信号转换为电信号输入 ABS 的 ECU。

轮速传感器整体包括传感器头和齿圈两部分。传感器头通常用支架固定在制动底板上或转向节支架上，相对于车轮和驱动轴静止不动；齿圈（或齿形转子）安装于车轮或驱动轴差速器输入端，通常热压在轮毂的油封端，并跟随车轮或驱动轴一起转动。传感器头以间歇方式对准齿圈，当齿圈转动时，传感器能产生正比于其转速的交流感应信号。

轮速传感器根据检测车速信号方式的不同可分为电磁式被动轮速传感器和霍尔效应主动式轮速传感器。

1）电磁式被动轮速传感器

电磁式被动轮速传感器由电缆、永磁体、外壳、感应线圈、极轴和齿圈 6 部分组成。

按极轴外形结构的不同可分为凿式极轴和柱式极轴两种，如图 4.13 所示。

电磁式被动轮速传感器的信号产生原理与普通交流发电机的原理相同，当随车轮一道转动的齿圈在永久磁铁产生的磁场中旋转时，齿圈齿顶和电极之间的间隙以一定的速度变化，与之相对的是齿顶和电极组成的磁路中的磁阻发生变化，引起磁通量的周期性变化或增减(当齿圈的凸出部分接近传感器导磁体时，磁通量增大；而当齿圈的凸出部分离开导磁体时，磁通量减小)，其结果是在感应线圈两端产生正比于磁通量增减速度的感应电压，并将该交流电压信号(图 4.14)输送给 ECU，电压的变化频率能精确地反映车轮转速的变化。

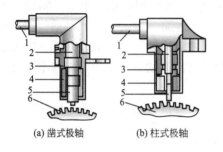

(a) 凿式极轴　　(b) 柱式极轴

图 4.13　电磁式被动轮速传感器结构图
1—电缆；2—永磁体；3—外壳；
4—传感线圈；5—极轴；6—齿圈

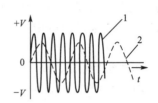

图 4.14　轮速传感器产生的电压
1—高速时；2—低速时

为使传感器能准确地测量轮速，传感器的极轴与齿圈之间的间隙为 1.0mm 左右。在汽车上的安装要牢固，要确保汽车在制动过程中的振动不会影响传感信号。为避免水、泥、灰尘对传感器工作的影响，安装前需对传感器加注润滑脂。电磁式被动轮速传感器的主要缺点是：输出信号随车速的改变而变化，低速时检测难，频率响应低，高速时易产生错误信号，抗电磁波干扰能力差。

电磁式被动轮速传感器在汽车前后轮的安装位置与形式如图 4.15 所示。实际中，一般前轮传感器头被固定在车轮转向架上，齿圈安装在轮毂上与车轮同步转动；后轮上的传感器头被固定在后车轴支架上，齿圈安装在驱动轴上与车轮同步转动。

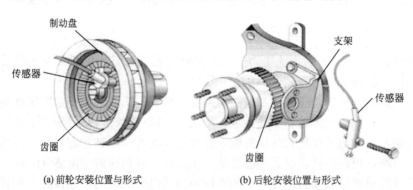

(a) 前轮安装位置与形式　　(b) 后轮安装位置与形式

图 4.15　电磁式被动轮速传感器在汽车前后轮的安装位置与形式

2) 霍尔效应主动式轮速传感器

霍尔效应主动式轮速传感器的理论基础是霍尔效应。霍尔效应是指在一个通电的金属或半导体薄片上，在垂直于金属或半导体薄片平面的方向上施加磁感应强度为 B 的磁场时，在垂直于电流和磁场方向的金属或半导体两端会产生一个很小的电压，该电压就称为霍尔电压。这种现象的产生是因为通电金属或半导体薄片中的载流子在磁场产生的洛伦兹力的作用下，分别向金属或半导体薄片横向两侧偏转和积聚而形成一个电场，继而建立起一个稳定的电压（霍尔电压）。

霍尔效应主动式轮速传感器由传感头（包括永磁体、霍尔元器件、电子电路等）和齿圈组成，如图 4.16 所示。

霍尔效应主动式轮速传感器的工作原理是：永磁体的磁力线穿过霍尔元器件到达齿圈，齿圈相当于一个集磁器。当齿圈位于图 4.16（a）所示位置时，穿过霍尔元器件的磁力线分散，磁场相对较弱；而当齿圈位于图 4.16（b）所示位置时，穿过霍尔元器件的磁力线集中，磁场相对较强。齿圈转动时，齿圈上的凸齿与霍尔元器件之间的间隙交替改变，使得穿过霍尔元器件的磁力线密度发生变化，即相当于有一个变化的磁场作用于

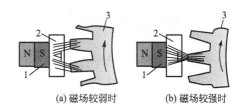

图 4.16　霍尔效应主动式轮速传感器
工作原理示意图
1—永磁体；2—霍尔元件；3—齿圈

霍尔元器件上，引起霍尔电压变化，霍尔元器件将输出一毫伏（mV）级的准正弦波电压，此信号再由电子电路转换成标准的脉冲电压。根据所产生脉冲数目即可检测车轮转速。霍尔效应主动式轮速传感器的主要优点如下。

(1) 其输出信号电压不随车轮转速的改变而变化，且幅值高，当汽车电源电压维持在 12V 时，传感器输出信号电压可保持在 11.5～12V，即使车轮转速接近于零。

(2) 频率响应高，该传感器的响应频率可高达 20Hz（此时相当于车速 1000km/h）。

(3) 抗电磁波干扰能力强。

霍尔效应主动式轮速传感器的这些突出优点使其获得了广泛应用。对于轮速传感器，实际中要谨防传感器探头与齿圈之间附有泥污，特别是磁铁粉物质沾附其表面，以影响信号传输。

轮速传感器在汽车上的安装有径向安装和轴向安装两种形式。

3. ECU

ECU（图 4.17）是 ABS 的核心元件。其主要功用是接受各轮速传感器的输出信号，经过滤波、放大、整形后精确计算出汽车参考车速、各个车轮的轮速、角加（减）速度及滑移率；根据设定的控制逻辑，经过相应的逻辑比较分析，判断汽车的运动状态，并以此为依据向电磁阀输出控制指令，控制压力调节器的动作，以实现对制动管路压力的调控。

ABS 的 ECU 除上述功能外还有监测等功能，当系统出现异常时，警告灯或蜂鸣器向驾驶员报警，使整个系统停止工作，恢复到常规制动方式。ECU 设置了保护电路，接通电源后自动对整个系统进行检测，当系统发生故障时，自动进入故障保护状态，全部或部分关闭失灵系统，以便使受到影响的车轮仍能够按照未装置 ABS 时那样工作，与此同时给出故障原因的报警信号，即 ABS 的 ECU 还具有初始检测、故障排除、速度传感器检测和系统失效保护等功能。ABS 的 ECU 在系统中的基本作用如图 4.18 所示。

图 4.17　ABS 的 ECU 结构外形图

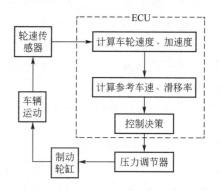

图 4.18　ABS 的 ECU 在系统中的基本作用

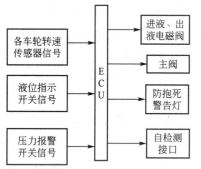

图 4.19　ECU 的主要输入和输出信号

ECU 由硬件和软件两部分组成，硬件由设置在印制电路板上的一系列电子元器件（微处理器）和线路构成，封装在金属壳体中，利用多针接口通过线束与传感器和执行器相连。为保证 ECU 的可靠工作，一般安置在汽车上尘土和潮气不易侵入、电磁波干扰较小的乘客舱、行李箱或发动机罩内的隔离室中。软件则是固存在只读存储器（ROM）中的一系列计算机程序。ECU 的主要输入和输出信号如图 4.19 所示。

目前的 ABS 的 ECU 主要由集成度、运算精度都很高的数字电路构成，其 ECU 结构（四传感器三通道系统）如图 4.20 所示。

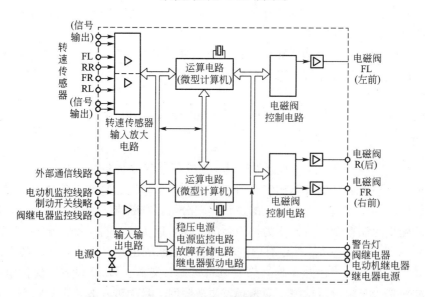

图 4.20　ABS 的 ECU 结构（四传感器三通道系统）

为确保系统工作的可靠性，在许多 ABS‑ECU 中采用两套完全相同的微处理器，一套用于系统控制，另一套则起监测作用，它们以相同的程序执行运算，一旦用于监测的

ECU 发现其计算结果与用于控制的 ECU 所算结果不相符，ECU 立即使制动系统退出 ABS 控制，按常规制动方式工作。这种"冗余"方式能使系统工作更安全。图 4.20 所示 ECU 内部结构主要包括如下部分。

（1）轮速传感器输入放大电路。安装在各车轮上的轮速传感器根据轮速输出交流信号，输入放大电路将输入的交流信号进行调制，使之成为 ECU 能够识别的形式。每个轮速传感器均有一个通道的滤波、整形和限幅电路。

不同的 ABS 中安装轮速传感器的数量并不相同，当每个车轮都装有轮速传感器时，则需要 4 个输入放大电路；当只有左、右前轮和后轴差速器处安装有轮速传感器时，只需要 3 个输入放大电路，但需要把后轮的一个信号作为左、右两轮的两个信号送往运算电路。

（2）运算电路。其关键器件为微处理器芯片（CPU），主要进行车轮线速度、初始速度、滑移率、加减速度及电磁阀的开启控制运算和监控运算。

安装在车轮上的传感器齿圈随轮速旋转，轮速传感器便输出信号，车轮线速度运算电路接受信号并计算出车轮的瞬时线速度。

初始速度、滑移率、加减速度运算电路将瞬时轮速进行积分，计算出初始速度，再把初始速度和瞬时线速度进行比较运算，则得出滑移率和加减速度。电磁阀的开启控制运算根据滑移率和加减速度控制信号，对电磁阀控制电路输出相应的减压、保压或增压的指令。

（3）电磁阀驱动、检测控制电路。根据控制逻辑，每个制动通道都有减压、保压或增压 3 种工作状态。显然，在任何工况下都不允许同一通道的减压阀和增压阀同时打开，因此，一般在电磁阀输出电路中设置有电平检查电路，以通过电位进行判断，确定各个阀的电路工作是否按设计要求处于正常工作状态。

为了使从 CPU 的 I/O 口或扩展 I/O 口获得的指令能够有效的工作，还需要提供功率驱动电路激励电磁阀，以保证电磁阀能够正确、有效的工作。

（4）故障自诊断电路。既可以利用软件对 ECU 自身的主要器件 CPU 进行主要功能检查，也可以通过 CPU 的 I/O 口或扩展 I/O 口对外围电路进行故障诊断。

一般把故障以代码形式储存于内部 RAM 区，并利用报警灯的闪烁信息向驾驶员提示故障的性质。当出现不可快速排除的严重故障（如电磁阀功能性故障）时，CPU 则切断电磁阀供电电路，恢复常规制动性能。

（5）稳压供应电路。除了 CPU 芯片必需的 5V 工作电源外，为了使 ECU 掉电后仍具备保护故障码的功能，除车用蓄电池供电外，还提供一个独立的 5V 电源。电磁阀 12V 电源一般经电子开关电路（机械式或电子式继电器）由车用蓄电池直接供电。

（6）通信电路。ECU 中通常采用串行通信电路。其功能之一是提供多 CPU 之间的信息传递和运算结果的复合核对，即冗余技术；二是提供已存储的故障码和故障出现的先后次序。实际中最后产生的故障一般是送至维修的原因，同时只有在全部故障一一被排除后，系统才能恢复正常。

4. 压力调节器

1) 压力调节器的组成、功能及分类

压力调节器也称制动压力调节装置，是 ABS 的执行器件，主要由电磁阀、蓄能器、回液泵和电动机等部件组成。压力调节器的功能是接收 ABS 的 ECU 的控制指令,自动调节制动分泵的制动压力,即对各制动轮缸的制动压力进行实时调节。

压力调节器根据车型、结构和制造成本的不同有多种结构形式,几种主要分类方法如下。

按动力能源不同可分为液压式气压式及机械式等多种形式。目前,液压式主要用于小轿车和轻型载货汽车;气压式主要用于大客车和中型以上载货汽车。

按压力调节器与制动主缸之间的关系可分为整体式和分离式两种布置形式。整体式布置形式是压力调节器与制动总泵(和制动助力器)构成一个整体,具有结构紧凑、管路接头少、安全可靠性提高、成本较高的特点,用于将 ABS 作为标配的轿车;分离式布置形式是压力调节器、制动总泵(和制动助力器)自成一体,相互间用管路连接,具有布置灵活、成本低、管路复杂的特点,适合于将 ABS 作为选配部件的轿车。

根据调压方式的不同分为流通式和变容式两种。流通式也称为循环流通式,其特点是通过电磁阀直接控制轮缸的制动压力;变容式也称为容积变化式,其特点是电磁阀间接改变轮缸的制动压力。目前,最常用的压力调节器结构形式是液压式和气压式。

2) 液压式压力调节器

液压式压力调节器主要由供能装置(电动机、液压泵、蓄能器)、电磁阀和调压缸等组成。通常,压力调节器串接于制动总泵与车轮制动分泵之间,通过制动管路与制动主缸和各制动轮缸相连,采用电磁阀和液压泵产生的压力控制制动压力。

液压式压力调节器根据液压油流通路径的不同,可进一步分为循环式调压器、可变容积式调压器、回流泵式调压器 3 类。循环式调压器的调压方式是减压时让分泵中的压力油流回至控制回路以外的低压储油器,再用液压泵将储油器内的低压油加压后输送回制动主缸;可变容积式调压器的调压方式是通过改变电磁阀柱塞的位置控制活塞的移动,改变轮缸侧管路容积,利用这种变化间接地控制制动压力的增减;回流泵式调压器的调压方式是减压、保压和增压时采用回流泵将制动液输送至制动总泵。

(1) 循环式调压器。电磁阀是制动压力调节器的主要部件,根据调控的需要,通过电磁阀的不同动作便可控制制动管路压力的升高、保持、降低动作。与循环式调节器相配的电磁阀一般采用三位三通电磁阀(常写成 3/3 电磁阀),三位三通电磁阀分别处于增压、保压、减压 3 种典型位置的工作简图如图 4.21 所示。

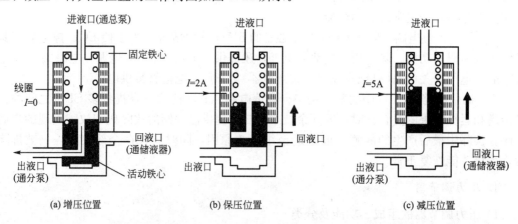

图 4.21　三位三通电磁阀分别处于增压、保压、减压 3 种典型位置的工作简图

其中，三位的含义是电磁阀在受控条件下分别处于增压、保压、减压的 3 个不同位置；三通的含义是指电磁阀上的 3 个阀口(进液口、出液口、回液口)分别与制动总泵(即制动主缸)、制动分泵(即制动轮缸)、蓄能器上对应的接口连通。

三位三通电磁阀主要由阀体、电磁线圈、固定铁心、可动(活动)铁心等组成。三位三通电磁阀的工作状态由 ABS 的 ECU 通过控制电磁线圈中流过电流的大小进行控制。通过控制流过电磁线圈电流的大小改变电磁线圈的磁场力，控制两铁心之间的吸引力，因该吸引力的作用方向与弹簧力方向相反，从而控制柱塞的位置，达到改变 3 个阀口之间通路的目的，如图 4.21(a)、(b)、(c)3 个不同位置。

① 蓄能器与回液泵。为方便区别，一般将高压蓄能器称为蓄能器，而将低压蓄能器称为储液器。蓄能器、储液器在由循环式调压器构成的 ABS 中的位置关系如图 4.22 所示。蓄能器用于向制动助力器、制动轮缸或调压缸供给高压制动液或其他调压介质，作为制动时的能源使用；储液器用于接收回流的制动液或调压介质，并衰减回流制动液或调压介质的压力波动。采用循环式调压器调压方式的系统通常不需要专门设置高压蓄能器(图 4.22 中由制动主缸替代)，ABS 依靠回液泵的起动实现增压，系统只需借助一个三位三通电磁阀和液压泵的启动完成 ABS 增压、减压、保压 3 个动作。

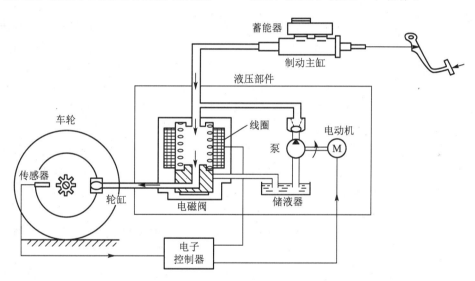

图 4.22 蓄能器、储液器在由循环式调压器构成的 ABS 中的位置关系

图 4.23 为储液器与回液泵结构及工作原理简图。回液泵也称电动泵或电动回液泵，由直流电动机与柱塞泵组成，通过电动机带动凸轮驱动。柱塞泵由柱塞、进液阀、出液阀及弹簧组成，泵内设有两个单向阀(上阀为进液阀，下阀为出液阀)。柱塞上行时，制动轮缸及储液器的压力油推开进液阀进入泵体内；柱塞下行时，泵体内的压力油首先关闭进液阀，随后推开出液阀，将制动液压回制动主缸。

储液器与回液泵的工作原理是：在 ABS 工作过程中，当需要降低制动管路压力时，压力调节器的回液阀打开，具有一定压力的制动液由制动分泵经压力调节器的回液阀流入储液器和柱塞泵。当回液泵中的柱塞上行时，进液阀开启，来自储液器与制动分泵内具有一定压力的制动液进入柱塞泵筒，如图 4.23(a)所示；当回液泵中的柱塞下行时，进液阀关闭，出液阀开启，柱塞泵内的制动液介质流向制动总泵及来自制动分泵的制动液暂时流

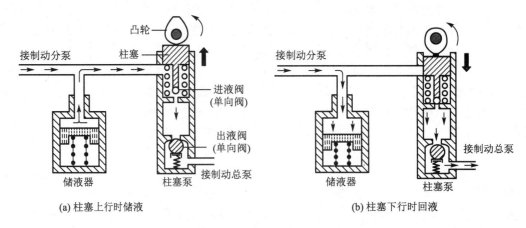

图 4.23　储液器与回液泵结构及工作原理简图

入储液器,如图 4.23(b)所示。

储液器与电动回液泵的功用是：储存 ABS 减压过程中从制动分泵流回的制动液,同时衰减回流制动液的压力波动。

图 4.23 中的储液器是一个内部置有活塞和弹簧的油缸,当制动轮缸的压力油进入储液器,作用于活塞上时,弹簧被压缩,使油道容积增大,以暂时储存制动液。此外,也有的储液器采用气囊式结构。气囊式蓄能器的结构特点是以膜片为中间分隔物将容器分隔成上下两部分：一般上部分(上腔)与回油泵和电磁阀回油口相连,储存制动液；其下部气囊中充满氮气,构成输送制动液的压力源；储液器上的压力开关可根据蓄能器内部的压力高低,向计算机发出信号,以便控制电动机和回液泵的工作。

② ABS 循环式调压器的工作过程如下。ABS 循环式调压器的工作过程可以分为常规制动和压力调节制动,后者又进一步分为制动压力保持(保压)、制动压力减小(减压)和制动压力增大(增压)等不同过程。在制动过程中,当 ECU 根据轮速传感器输入的车轮转速信号判定有车轮趋于抱死时,ABS 就进入防抱制动压力调节过程。

a. 常规制动控制过程。根据 ABS-ECU 的指令,电磁线圈不通电,因电磁线圈没有电流通过,两铁心之间不产生吸引力,电磁阀中的柱塞即可动铁心位于下部,为图 4.24(a)所示位置,制动主缸和各制动轮缸的管路相连通,电动机和液压泵均不工作,即调压电磁阀总成中的各进液口因电磁阀均不通电而处于开启状态,各出液口因电磁阀均不通电而处于关闭状态,液压泵也不通电运转。

其特点是：ABS 不介入制动压力控制,此条件下制动主缸和各制动轮缸的管路相连通,来自制动主缸的制动液经电磁阀直接流向各制动轮缸,各制动轮缸的压力随制动主缸的输出压力而变化,即制动主缸的压力决定着各制动轮缸的压力。此时的制动过程与常规制动系统的制动过程完全相同。

b. 保压过程。随着制动压力的增加,车轮制动强度逐渐增大,如果车速传感器检测到某车轮的制动轮缸需要"保持"制动压力时,根据 ABS-ECU 的指令,给电磁线圈通入较小电流,电磁阀的柱塞即可动铁心移至图 4.24 中(b)所示位置,所有的通道(即制动通道和回流通道)都被关闭,使制动轮缸内的压力保持一定,即制动轮缸内的压力保持不变。

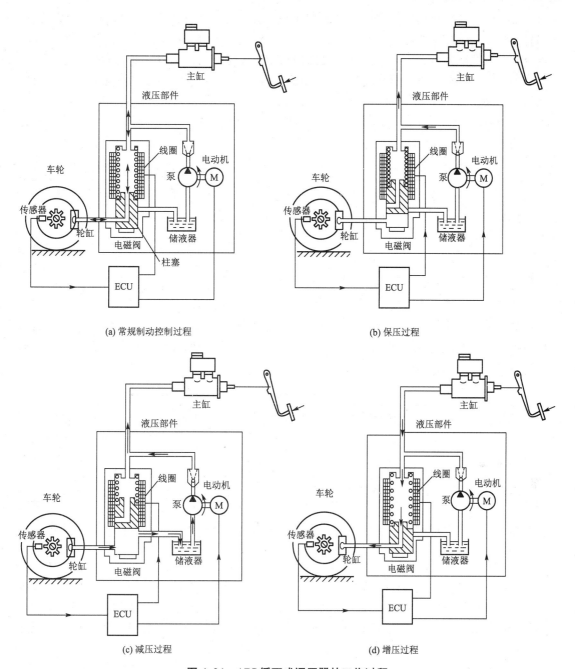

图 4.24　ABS 循环式调压器的工作过程

c. 减压过程。随着制动压力的进一步增加，如果车速传感器检测到某车轮趋于抱死，则对该制动轮缸实施减压，此时 ABS-ECU 发出指令，给电磁线圈通入较大电流，电磁阀的柱塞在电磁力作用下移至图 4.24 中(c)所示的位置，此时制动主缸和制动轮缸的管路（即制动通道）被切断，而制动轮缸和储液器的管路（即回流通道）接通，制动轮缸的制动液流入储液器，使制动轮缸的压力降低；与此同时，液压泵起动，将流回储液器的制动液加压后输送到蓄能器或制动主缸，为下一个制动周期做好准备。

d. 增压过程(制动压力增大过程)。随着制动压力的降低,车轮逐渐恢复滚动状态,当较小的制动强度使车辆趋于加速状态时,制动轮缸需要增大制动压力,ABS-ECU 发出指令,电磁线圈断电,电磁阀的柱塞又回到制动模式时的初始位置,此时制动主缸和制动轮缸的管路(即制动通道)再次相通(此时回流通道封闭),使制动主缸和液压泵的制动液再次流入制动轮缸,如图 4.24(d)所示,以增大制动压力,即制动轮缸压力升高。

上述调压方式中各工作过程对应的电磁阀工作状态及制动主缸、轮缸、储液器之间的相互连通关系见表 4-1。

表 4-1 再循环式调压方式中电磁阀工作状态及制动主缸、轮缸、储液器之间的相互连通关系

工作状态	电磁阀工作状态	制动主缸、轮缸、储液器之间的相互连通关系
常规制动过程	断电	制动主缸与轮缸相通
保压过程	小电流(半通电)	制动轮缸与主缸、储油器的通路截止
减压过程	大电流(全通电)	轮缸与储油器相通
加压过程	断电	液压泵起动,制动主缸与轮缸相通

简明地讲,ABS 再循环式调压方式的控制过程就是 ECU 及制动压力调节系统根据调控目标实时地对制动管路油压进行"增压—保压—减压"的循环调节过程。三位三通电磁阀执行元器件的工作状态见表 4-2。

表 4-2 三位三通电磁阀执行元器件的工作状态

执行元器件名称		常规制动过程	保压过程	减压过程	增压过程
三位三通电磁阀	进液阀	打开	关闭	关闭	打开
	回液阀	关闭	关闭	打开	关闭
回液泵电动机		不转动	转动	转动	转动

近年来,随着控制和执行元器件技术的日益进步,这种调节循环的工作频率通常可达 15~20 次/s。

(2) 可变容积式调压器。可变容积式调压方式是在汽车原有制动系统管路上增加一套液压控制装置,其控制液压油路和由 ABS 控制的制动液油路相互隔开。采用压力调节装置将主缸与轮缸隔离,制动液在轮缸和压力调节装置间交换,通过机械方式(如活塞运动)使密闭的轮缸管路容积发生变化,实现加、减压调节,其制动压力增减速度取决于控制活塞的运动速度。可变容积式调压工作过程如图 4.25 所示。

常规制动时,ABS 不工作,电磁线圈不通电,电磁阀将控制活塞工作腔与回油管路接通,控制活塞在强力弹簧的作用下移向左端,活塞顶端推杆将单向阀推开,使制动主缸与轮缸的制动管路接通,制动主缸的制动液直接进入轮缸,轮缸压力随主缸压力而变化。

减压制动时,ECU 向电磁阀线圈通入大电流,电磁阀内的柱塞在电磁力作用下,克服弹簧力移到右端,将蓄能器与控制活塞工作腔管路接通,蓄能器内的压力油进入控制活塞工作腔,推动活塞右移,关闭单向阀,主缸与轮缸之间的通路被切断,由于控制活塞的右移,使轮缸侧容积增大,制动压力减小。

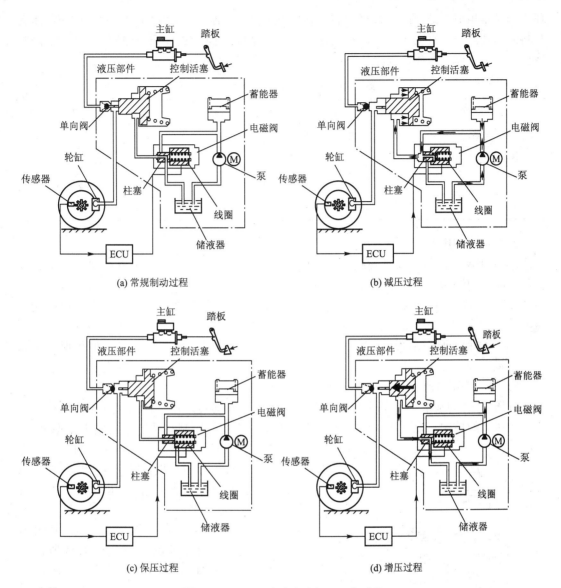

图 4.25 ABS 可变容积式调压工作过程

当 ECU 指令向电磁阀通入较小电流时,由于电磁阀线圈的电磁力减小,电磁阀内柱塞在弹簧力作用下左移,将蓄能器、回油管和控制活塞工作腔管路相互关闭。此时控制活塞左侧的油压保持一定,控制活塞在油压和弹簧的共同作用下保持在一定位置,因单向阀仍处于关闭状态,轮缸侧的容积不发生改变,实现保压制动。

需要增压时,ECU 切断电磁阀线圈中的电流,电磁阀内柱塞回到左端的原始位置,此时控制活塞工作腔与回油管路接通,控制活塞左侧控制油压解除,控制液流回储液器,控制活塞在右侧弹簧作用下左移,使轮缸侧容积减小,压力升高,当控制活塞处于最左端时,单向阀被打开,制动主缸的制动液又再次进入轮缸,使轮缸压力随主缸压力的增大而增大。

(3) 回流泵式调压器。该压力调节装置采用两个二位二通电磁阀,其工作原理与再循环式调压器相似。减压时轮缸释放的制动液被送回蓄能器和制动主缸,同时,液压泵也参与将制动液回送主缸的工作,制动液在主缸和轮缸间交换,实现调节作用。ABS 工作时,液压泵连续工作。电磁阀与液压泵的工作状态见表 4-3。

表 4-3 电磁阀与液压泵的工作状态

工作状况	常开阀(增压)	常闭阀(减压)	液压泵
常规制动	断电	断电	不转
ABS 工作：减压	通电	通电	旋转
保压	通电	断电	旋转
增压	断电	断电	旋转

回流泵式调压器具有以下特点。

① 采用两个二位二通电磁阀取代循环调压方式中的一个三位三通电磁阀,实现 ABS 保压、减压和增压功能,工作可靠性更高。

② 当 ABS 工作、轮缸处于保压状态时,轮缸的压力和来自主缸的压力在单向阀处平衡。

③ 主缸和油泵间串联单向阀、并联缓冲器,减缓了制动踏板的抖动,但仍保留了轻微的感觉。

3) 气压式压力调节器

气压 ABS 的基本工作原理与液压 ABS 类似,也是通过加压、保压和减压等动作完成对制动压力的控制。以气压式压力调节器为主体构成的气压制动系统主要用于大型客车、中型以上货车。气压式压力调节器进一步分为直接控制式空气压力调节器和引导控制式空气压力调节器两种形式。

① 直接控制式空气压力调节器。直接控制式空气压力调节器的结构简图如图 4.26 所示。该调节器由一个进气膜片隔离阀、两个膜片排气阀和多个电磁阀组成,串接在继动阀或快放阀与制动气室之间。进气膜片隔离阀用于控制从继动阀进入的空气,膜片排气阀用于释放制动气室的空气,电磁阀用于控制各膜片阀的背压。

在未进行压力调节时,驱动进气阀用的电磁阀(隔离阀)线圈和排气阀用的电磁阀(排气阀)线圈均不通电,两膜片阀分别处于常开和常闭状态。其电磁阀的控制状态见表 4-4。

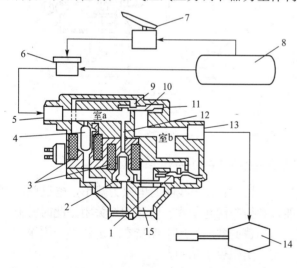

图 4.26 直接控制式空气压力调节器的结构简图

1—排气阀；2—驱动排气阀用的电磁阀；3—线圈；4—驱动进气阀用的电磁阀；5—进气口；6—继动阀；7—制动总阀；8—储气筒；9—导气室；10—膜片；11—进气阀；12—导气孔；13—出气口；14—制动气室；15—出口

表4-4 电磁阀的控制状态

状态	电磁阀(隔离阀)	电磁阀(排气阀)
增压过程	关	关
保压过程	开	关
减压过程	开	开

② 引导控制式空气压力调节器。引导控制式空气压力调节器的结构简图如图4.27所示。在继动阀的活动活塞上部设有两个电磁阀,用于控制辅助管路的气压,以间接控制输向制动分泵(气室)的气压。该调节器要求控制容积尽量小,因为引导控制式供气管路的气压升高过程比直接控制式要慢,在系统设计时需要采取相应措施。

引导控制式继动阀的通路容积比直接控制式要大得多,实际中多用一个电磁阀控制4个制动气室结构,这一形式在挂车上应用较多。

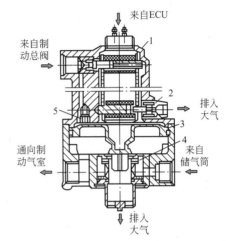

图4.27 引导控制式空气压力调节器的结构简图
1—进气电磁阀;2—排气电磁阀;3—继动活塞;
4—进气阀;5—单向阀

4.2.4 ABS控制车轮的方式及不同控制通道的结构与性能特点

1. ABS控制车轮的方式

按照系统对制动压力调节方式的不同,可将ABS控制方式分为独立控制和同时控制两大类。独立控制是指一条控制通道只控制一个车轮,而同时控制为一条控制通道同时控制多个车轮。依照这些车轮所处位置的不同,同时控制又有同轴控制和异轴控制之分。同轴控制是一个控制通道控制同轴两车轮,而异轴控制则是一个控制通道控制非同轴两车轮。

根据是对车轮实施控制还是对车轴实施控制的差异,ABS的ECU控制车轮的方式分为"轮控式"和"轴控式"两种形式。轮控式(也称独立式)是指每个车轮的制动压力根据各自情况单独控制,即单轮控制;轴控式是指同一车轴上的两个车轮的制动压力被同时控制。同时控制是指两个车轮占用同一个控制通道。

当左、右车轮行驶在附着系数不同的路面上时,由于左、右车轮与路面间的附着力不同,紧急制动时左、右车轮抱死的时机是不同的。实际情况是:在相同制动条件下,附着系数小的车轮会先抱死,附着系数大的车轮后抱死。

"轴控式"按照控制时控制依据选择的不同,又进一步分为"低选控制"(SL)和"高选控制"(SH)。当两个车轮采用同时控制时,如果以保证附着系数小的一侧车轮不发生抱死滑移调节制动压力,则为按低选原则进行控制,简称低选控制;如果以保证附着系数大的一侧车轮不发生抱死滑移调节制动压力,则为按高选原则进行控制,简称高选控制。

2. ABS不同控制通道的结构与性能特点

ABS控制通道是指ABS工作时能够独立进行制动压力调节的制动管路。按照控制通道数的不同，ABS有四通道式、三通道式、二通道式和一通道式等不同形式。

（1）四通道式。ABS有4个轮速传感器，在通往4个车轮制动分泵的管路中，各设一个制动压力调节器装置，进行独立控制，构成四通道控制形式。广州本田使用的就是四通道ABS装置。

性能特点：由于四通道ABS是根据各车轮轮速传感器输入的信号，分别对各个车轮进行独立控制的，因此附着系数利用率高，制动时可以最大限度地利用每个车轮的最大附着力。四通道控制方式特别适用于汽车左右两侧车轮附着系数接近的路面，不仅可以获得良好的方向稳定性和方向控制能力，而且可以得到最短的制动距离。但如果汽车左右两个车轮的附着系数相差较大（如路面部分积水或结冰），制动时因两个车轮的地面制动力相差较大会产生横摆力矩，使车身向制动力较大的一侧跑偏，不能保持汽车按预定方向行驶，会影响汽车的制动方向稳定性。因此，驾驶员在部分结冰或积水等湿滑的路面行车时，应注意降低车速，不可盲目迷信ABS装置。

（2）三通道式。三通道ABS（图4.10）是对两前轮进行独立控制，两后轮按低选原则进行一同控制（即两个车轮由一个通道控制，以保证附着力较小的车轮不抱死为原则），也称混合控制。桑塔纳2000GSi用的就是这种形式。

性能特点：两后轮按低选原则进行一同控制时，可以保证汽车在各种条件下左右两后轮的制动力相等，即使在两侧车轮的附着系数相差较大时，两个车轮的制动力也都限制在附着力较小的水平，使两个后轮的制动力始终保持平衡，保证汽车在各种条件下制动时都具有良好的方向稳定性。实际中，在两后轮按低选原则进行一同控制时，可能出现附着系数较大的一侧后轮附着力不能充分利用的问题，使汽车的总制动力减小。需要指出的是，在紧急制动时，由于发生轴荷前移，在汽车的总制动力中，后轮制动力所占的比例减小，尤其是前轮驱动的小轿车，前轮的附着力比后轮的附着力大得多，通常后轮制动力只占总制动力的30%左右，后轮附着力未能充分利用的损失对汽车的总制动力影响不大。

对两前轮进行独立控制，主要考虑小轿车，特别是前轮驱动的汽车，前轮的制动力在汽车总制动中所占的比例较大（70%左右），可以充分利用两前轮的附着力。一方面使汽车获得尽可能大的总制动力，有利于缩短制动距离；另一方面可使制动中两前轮始终保持较大的横向附着力，使汽车保持良好的转向能力。尽管两前轮独立控制可能导致两前轮制动力不平衡，但由于两前轮制动力不平衡对汽车行驶方向稳定性影响相对较小，而且可以通过驾驶员的转向操纵对由此产生的影响进行修正。因此，三通道ABS在小轿车上被普遍采用。

（3）二通道式。二通道式ABS难以在方向稳定性、转向控制性和制动效能各方面得到兼顾，如果为前轮驱动形式，则后轮制动力小，如果为后轮驱动形式，则后轮易抱死，因此其目前采用很少。

（4）一通道式。一通道式ABS常称为单通道ABS。它是在后轮制动器总管中设置一个制动压力调节器，在后桥主减速器上安装一个轮速传感器（也有在后轮上各安装一个）。单通道ABS一般都是对两后轮按低选原则进行一同控制。单通道ABS不能使两后轮的附着力得到充分利用，因此制动距离不一定会明显缩短。另外，由于未对前轮的制动进行控制，制动时前轮仍会出现制动抱死，因而转向操纵能力也未得到改善，但由于制动时两后轮不会抱死，能够显著地提高制动时的方向稳定性，这是安全上的一大优点，同时该形式具有结构简单、成本低等优势，因而在轻型载货车上得到了广泛应用。

按照传感器数目的不同，ABS可以分为四传感器(4S)、三传感器(3S)、两传感器(2S)和单传感器(1S)等不同系统。按控制通道(M)数目和传感器数目分类，各ABS的控制方法和主要特点比较见表4-5。

表4-5 各ABS的控制方法和主要特点比较

系统名称	传感器数目	控制通道数目	适合制动回路类型	控制方法	主要特点
4S4M	4	4	HH	四轮独立控制	四轮均可充分利用地面附着力，但在左右两轮附着系数相差较大或左右轮载荷差别较大时制动，汽车方向稳定性不好，应用较少
			X	前轮独立控制，后轮低选控制	控制性能稍差，但汽车方向稳定性较好
4S3M	4	3	X或HH	前轮独立控制，后轮选择控制	占总附着力70%的两前轮独立控制，两后轮按低选、同时控制原则是大多数汽车采用的形式之一，实际中应用较多
3S3M	3	3	HH	前轮独立控制，后轮近似选择控制	
4S2M	4	2	X	前轮独立控制，后轮选择控制	在各种复杂路面上难以使方向稳定性、制动距离和转向操控能力得到兼顾，实际中较少采用
2S2M	2	2	X	前轮独立控制，后轮对角前轮控制	
1S1M	1	1	HH	前轮无，后轮近似选择控制	后轴车轮按低选原则控制，可改善汽车的方向稳定性，且结构简单、成本低，在轻型载货车上应用较多

上述分析表明，虽然ABS装置具有缩短汽车制动距离、保持车轮最佳制动效果、保持制动方向稳定性和可操纵性的特点，但是不同类型的ABS装置在紧急制动时产生的效果却存在差异。在我国轿车快速进入普通家庭的当今社会，广大汽车使用者特别是非职业化驾驶员应该充分认识到：ABS系统只是装置于汽车上的一个保障安全驾驶的辅助设备，其功能并不是万能的。驾驶员高度的交通安全意识、精湛的驾驶技术才可使自己终身受益。

ABS已经成为很多乘用车的标准配置，当前国内部分乘用车配置ABS的情况见表4-6。目前国内市场在售的低端(4万元以下)车型的乘用车中，绝大多数没有加装ABS。与之形成鲜明反差的是，近年来，一些热销的中级车(如速腾、宝来、朗逸等车型)乘换代的契机，将更高级的主动安全技术ESP加装在全系车型上。

表 4-6 当前国内部分乘用车配置 ABS 的情况

车辆类别	车型代表	ABS 的配置状况
微型车	比亚迪 F0、昌河艾迪尔、长安奔奔、哈飞路宝、赛马等	标配与未装并存
小型车	广本飞度、范峰、标致 207、长安悦翔、吉利英伦、江淮同悦等	多数标配，少数未装
紧凑型车	本田思域、比亚迪 G3、标致 307、308、别克凯越等	主要为标配，少量车型未装
中型车	比亚迪 F6、奥迪 A4L、广本歌诗图、标致 508、大众迈腾等	标配
中大型车	奥迪 A6、宝马 5 系、奔驰 E 级等	标配

3. 汽车装置 ABS 的实际效果

相同汽车装备 ABS 前后在潮湿混凝土、结冰、积雪等不同路面上进行紧急时制动距离实测值对比见表 4-7。

表 4-7 在不同路面上紧急制动时制动距离实测值对比

路面状况	湿混凝土		结冰		积雪	
路面附着系数	0.8		0.1		0.25	
轮胎类型	子午线轮胎		防滑轮胎		防滑轮胎	
挡位状态	空挡	2 挡	空挡	2 挡	空挡	2 挡
有 ABS 的制动距离 无 ABS 的制动距离	76.4%	80.4%	77.7%	82.6%	85.0%	89.3%

注：制动初速度为 80km/h。

表 4-7 所示的实验结果表明，对于相同汽车而言，在潮湿混凝土、结冰、积雪等不同路面上进行紧急制动时，装备了 ABS 的汽车较未装备 ABS 的汽车相比，其制动距离明显缩短，但不同路面其缩短的幅度存在差异。因而，ABS 在紧急制动时能缩短制动距离是毫无疑问的。

再次提醒广大汽车使用者：以为在车上装置了 ABS 就可以随心所欲地操纵车辆的认识是不可取的，ABS 也不是绝对保险的，在车速过高和转弯过急的情况下，若车辆制动得过急、过猛，汽车仍然会产生侧滑。因此，即使汽车装置了 ABS，也仍然需要谨慎驾驶。

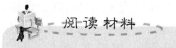

ABS 的发展历程

ABS 的发展可以追溯到 20 世纪初期，早在 1928 年制动防抱死理论就被提出，在 30 年代，机械式 ABS 就开始在火车和飞机上获得应用，Bosch 公司在 1936 年第一个获得了用电磁式轮速传感器获取车轮转速的 ABS 的专利权。

进入20世纪50年代，汽车ABS开始受到较为广泛的关注。福特公司曾于1954年将用于飞机的ABS移置在林肯(LINCOIN)轿车上，凯尔塞·海伊斯公司在1957年对称为"AUTOMATIC"的ABS进行了试验研究，研究结果表明ABS确实可以在制动过程中防止汽车失去方向控制，并且能够缩短制动距离；克莱斯勒公司在这一时期也对称为"SKIDCONTROL"的ABS进行了试验研究。由于这一时期的各种ABS采用的都是基于机械式轮速传感器的机械式压力调节器，因此，获取的车轮转速信号不够精确，制动压力调节的适时性和精确性也难于保证，控制效果并不理想。

随着电子技术的发展，电子控制ABS的发展成为可能。在20世纪60年代后期和70年代初期，一些电子控制的ABS开始进入产品化阶段。凯尔塞·海伊斯公司在1968年研制生产了称为"SURETRACK"的两轮ABS，该系统由ECU根据电磁式转速传感器输入的后轮转速信号，对制动过程中后轮的运动状态进行判定，通过控制由真空驱动的压力调节器对后制动轮缸的制动压力进行调节，并在1969年被福特公司装备在雷鸟(THUNDERBIRD)和大陆·马克III(CONTINENTALMKIII)轿车上。

克莱斯勒公司与本迪克斯(BENDIX)公司合作研制的称为"SURE-TRACK"的能防止4个车轮被制动抱死的系统，在1971年开始装备帝国(IMPERIAL)轿车，其结构原理与凯尔塞·海伊斯的"SURE-TRACK"基本相同，两者不同之处只是在于是两个还是四个车轮有防抱死制动。Bosch公司和泰威士(TEVES)公司在这一时期也都研制了各自第一代电子控制ABS，这两种ABS都是由ECU对设置在制动管路中的电磁阀进行控制，直接对各制动轮以电子控制压力进行调节。

别克(Buick)公司在1971年研制了由ECU自动中断发动机点火，以减小发动机输出转矩，防止驱动车轮发生滑转的驱动防滑系统。

瓦布科(WABCO)公司与奔驰(BENZ)公司合作，在1975年首次将ABS装备在气压制动的载货汽车上。

▲ 资料来源：http://baa.bitauto.com/rongwei550/thread-2169089.html

4.3 驱动防滑系统

4.3.1 概述

当汽车在低附着系数路面上起步或急加速时，驱动轮与路面间会产生滑转，尽管此时驱动轮不停地转动，但汽车却会原地不动。导致这一现象产生的重要原因是此时驱动轮的驱动力大于地面附着力。实际中由于驱动轮的滑转，会引起车轮与地面的纵向附着力下降，从而使得驱动轮上可获得的极限驱动力减小，最终导致汽车的起步、加速性能和在湿滑路面上的通过性能下降；同时，还会由于横向摩擦系数几乎完全丧失，使驱动轮出现横向滑动，随之产生汽车行驶过程中方向失控。这些现象对于未装备驱动防滑系统(Anti-Slip Regulation，ASR)的汽车而言，在行驶过程中特别是在低附着系数路面上起步或急加速时可能会经常遇到,由于驱动轮在驱动状态滑转容易引发交通事故,对行车安全十分有害,因而实际中需要尽力避免。装有 ASR 和未装 ASR 车辆驱动状态效果对比如图 4.28 所示。

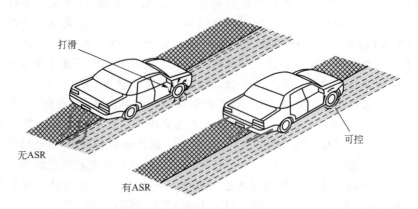

图 4.28　装有 ASR 和未装 ASR 车辆驱动状态效果对比

如何能够有效避免驱动轮在驱动状态滑转呢?汽车 ASR 从结构和功能上有效解决了驱动轮在驱动状态的滑转问题。

ASR 是在驱动车轮出现滑转时,通过对滑转侧的车轮施加制动力或者控制发动机输出转矩,达到对汽车牵引力的控制,以使车轮与路面间的滑移率保持在期望的目标范围内,防止汽车在加速过程中打滑,特别是防止汽车在非对称路面或转弯时驱动轮空转,同时保持汽车驱动时的方向控制能力,以保持汽车行驶方向的稳定性、操纵性和维持汽车的最佳驱动力。即装备有 ASR 的汽车,在起步或急加速时可有效避免驱动轮滑转现象的发生。

ASR 以驱动力为控制对象,因驱动力也称为牵引力,故 ASR 也称为牵引力控制系统(Traction Control System,TCS)等。

虽然 ASR 是继 ABS 之后设置在汽车上专门用来防止驱动轮在起步、加速和在湿滑路面行驶时滑转的电子驱动力调节系统,但 ASR 和 ABS 两者在功能上仍存在明显差别,即 ABS 旨在防止车轮在制动时被抱死而产生侧滑,而 ASR 则是防止汽车在起步、加速时因驱动轮打滑而产生侧滑。ASR 与 ABS 之间的关系是:ASR 是 ABS 的完善与补充,两者相辅相成,ASR 可单独设置,但实际中大多数情况下与 ABS 组合在一起,常用 ASR/ABS 表示。

目前,ASR 在轿车上的装车率明显比 ABS 低,主要配置于 10 万元以上的部分紧凑型车、中型车及高端的轿车上,但由于 ASR 与 ABS 包含着性能及技术上的贯通性,未来一定时期 ASR 会得到快速普及。

4.3.2　驱动轮防滑控制方式

1. ASR 的理论基础

汽车理论指出:汽车行驶时,驱动力的增大要受到地面附着力的限制,当驱动力超过附着力时,驱动轮将会发生滑转。因而,汽车行驶时必须满足如下条件:

$$F_t = \frac{M_n}{r} \leqslant F_z \cdot \varphi \qquad (4-1)$$

式中　F_t——汽车驱动力(N)；
　　　M_n——作用在驱动轮的转矩(N·m)；
　　　r——车轮半径(m)；
　　　F_z——车轮所受垂直载荷(N)；
　　　φ——附着系数。

随着作用于驱动轮上转矩的不断增大，汽车的驱动力也随之增大，但当驱动力超过地面附着力时，驱动轮开始滑转。驱动轮的滑转程度用驱动轮滑转率 S_d 表示。

$$S_d = \frac{车轮速度-车身速度}{车轮速度} \times 100\% = \frac{r\omega - v}{r\omega} \times 100\% \qquad (4-2)$$

式中　ω——车轮旋转角速度(rad/s)；
　　　v——车身速度(m/s)；
　　　r——车轮半径(m)。

汽车行驶过程中，车轮的滑动存在驱动状态"滑动"和制动状态"滑动"两种情况。当汽车在行驶过程中出现车身不动而车轮转动或驱动轮转速高于汽车移动速度，或者汽车在制动过程中出现车轮边滚边滑或车身前移而车轮不转时，意味着轮胎接地点与地面之间出现了相对滑动。对于滑动，为方便区别，特将汽车行驶过程中驱动轮的滑动称为"滑转"，而把汽车制动时车轮抱死而产生的滑动称为车轮"滑移"。

由式(4-2)可知，当 $v = r\omega$ 时，$S_d = 0$，此时车轮处于纯滚动，即自由滚动状态；当 $v = 0$ 时，$S_d = 100\%$，此时车轮在地面上处于完全滑转状态；当 $v < r\omega$ 时，即 $0 < S_d < 100\%$，此时车轮处于边滚动边滑转状态。滑转率数值的大小直接反映出车轮与路面之间的滑移状况，显然，滑转率数值越大，则表明汽车驱动过程中滑转的成分越大，而汽车驱动过程中的滑转成分越大，驱动过程的可控性也越差。驱动和制动两种不同状态下的纵向附着系数随滑转率的变化关系曲线如图4.29所示。

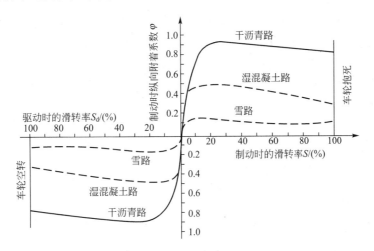

图 4.29　纵向附着系数随滑转率的变化关系曲线

很显然，驱动状态下纵向附着系数随滑转率的变化关系与制动情况极其相似。对于驱动状态而言，①当滑转率在10%～20%时，其纵向附着系数达到峰值，横向附着系数也较大；②当滑转率为100％，即车轮完全空转时，其纵向附着系数相应变小，而横向附着系数近乎为零，此时产生的驱动力最低，对于后轮驱动式汽车会失去方向稳定性，对于前轮驱动式汽车会失去转向控制能力。对比驱动和制动两种不同状态，由图4.29可以得出以下几点结论。

(1) 纵向附着系数的数值随路面类型和状态的不同呈现较大幅度的变化。

(2) 在各种路面上，滑转率 $S_d=15\%\sim20\%$ 时纵向附着系数达到峰值，滑转率继续增大，附着系数则逐渐缓慢减小。

(3) 上述趋势无论是制动状况还是驱动状况几乎一样。

为了最大限度地利用路面附着系数，在获得最大驱动力的同时也获得良好的方向稳定性和转向控制能力，并防止驱动时车轮滑转，必须将车轮滑转率控制在15％～20％的目标范围内。为此，ASR利用安装于各车轮上的转速传感器采集的轮速信号，依据内置的相关计算规则和控制算法实时计算出各车轮的滑转率 S_d。当滑转率 S_d 超过预先设定的界限值时，ECU就会向其执行装置输出控制信号，迅速降低发动机输出转矩，同时控制制动系统降低传递给驱动轮的力矩，以抑制或消除驱动车轮上的滑转。ASR的主要优点如下。

(1) 在汽车起步、行驶过程中提供最佳驱动力，以提高汽车的动力性，特别是在低附着系数路面上，具有良好的起步、加速性和爬坡能力。

(2) 能保持行驶方向稳定性和前轮驱动的转向控制能力。

(3) 减少轮胎磨损，降低发动机油耗。

2. 驱动轮防滑控制方式

驱动轮防滑控制方式是指当其轮速检测装置检测到驱动轮发生滑转时，ASR通过执行结构及时调节点火时间或间歇关闭喷油器减少供油以限制发动机功率输出，或采取对驱动轮进行制动等控制手段防止驱动轮滑移的具体方法与措施。归纳起来，驱动轮防滑控制方式主要有以下3种。

1) 发动机输出转矩控制方式

当汽车起步、加速时，有时因驾驶员踩加速踏板过猛会出现驱动轮短时间滑转的现象（因驱动力超出轮胎和地面附着极限所致）。此时，ASR的ECU将根据加速踏板行程大小发出控制指令，既可通过发动机的副节气门驱动装置适当调节节气门开度，也可以直接控制发动机ECU改变点火时刻或燃油喷射量，以限制发动机转矩输出，达到抑制驱动轮滑转的目的。

简明地讲，是在汽车起步、加速过程中，当轮速检测装置检测到驱动轮发生滑转时，通过减少或中断燃油供应、延迟点火时刻或停止点火、控制进气量等方式控制发动机的转矩输出，以抑制驱动轮滑转。

就加速圆滑和减少污染而言，调节进气量控制方式效果最好，但速度较慢。

2) 驱动轮制动控制方式

当单侧驱动轮打滑时，直接对发生滑转的驱动轮施加制动，此时非滑转车轮仍具有正常的驱动力，通过差速器的作用使驱动桥上驱动力增大；当两侧驱动轮均出现滑转但滑转率不同时，通过对两边驱动轮施加不同的制动力，分别抑制两侧驱动轮的滑转，从而提高汽车在湿滑及溜滑路面上的起步、加速能力和行驶的方向稳定性。

该方式反应时间最短，反应最快，是控制车轮溜滑最迅速的控制方式，一般作为调整进气量改变发动机输出转矩控制方式的补充。

尽管这种方式是防止驱动轮滑转最迅速、有效的控制方法,但出于对舒适性的考虑,一般这种制动力不可太大,因此,其常常作为发动机输出转矩控制方法的补充,以保证控制效果和控制速度的统一。

3) 综合控制方式

综合控制方式是指将发动机输出转矩控制和驱动轮制动控制组合起来使用的一种控制方式。

汽车在行驶过程中,路面湿滑程度各不相同,驱动力的状态也随时变化,综合控制系统将根据发动机工况和车轮滑转的实际情况采取相应的控制措施。如在发动机输出大转矩的状态下,车轮滑转的主要原因往往是路面湿滑,采用对滑转车轮施加制动比较有效,而当发动机输出大功率时车轮滑转则以减小发动机输出功率的方法更有效。在更为复杂的工况下,借助综合控制方式能够更好地达到控制驱动轮滑转的目的。

该控制方式中,控制器同时启动 ASR 制动压力调节器和辅助节气门调节器,在对驱动车轮实施制动力控制的同时减小发动机的输出功率,以达到理想的控制效果。目前,该控制方式的最大难点是探寻一种可以解决各种路面条件下驱动控制问题的有效控制算法。

4.3.3 ASR 组成、工作原理及关键部件结构功能

1. ASR 系统的组成及工作原理

ASR 是在 ABS 的基础上发展起来的,其组成与 ABS 相似,也由传感器、ASR-ECU、执行结构 3 部分组成,如图 4.30 所示。与 ABS 的结构相比,ASR 的结构及组成要复杂些。ASR 除了与 ABS 共用轮速传感器、制动压力调节器外,也将 ECU 的功能进行了扩展,并增加了节气门执行器、制动执行器、电动机继电器等执行机构,图 4.31 为一典型 ABS/ASR 的组成图。汽车上的 ASR 通常和 ABS 结合为一体,平时处于待命状态,不干预常规行驶,只有当驱动车轮出现滑转后才开始工作。

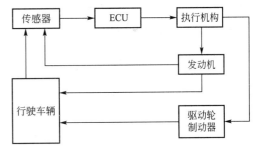

图 4.30 ASR 的组成及工作流程简图

ASR 的工作原理:利用电子装置检测(感知)各个车轮的角速度并计算驱动车轮的滑转率,如果驱动车轮的滑转率超出目标范围就会发出一个信号,通过及时调节点火时间及间歇关闭喷油器减少供油以降低发动机转速和输出转矩,从而使驱动车轮的滑转率保持在允许的范围内;在降低发动机动力输出的同时,ASR 还可以对打滑的车轮进行制动,以使汽车平稳起步。

2. ASR 部件的结构功能

1) ASR 的输入

ASR 的输入装置主要为传感器和选择开关两部分。其中,传感器部分包括轮速传感器、节气门开度传感器。ASR 和 ABS 对信号输入和处理的原则大致相同。为提高传感器

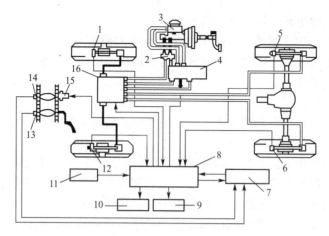

图 4.31 典型 ABS/ASR 的组成图

1—右前轮速传感器；2—比例阀与旁通阀；3—主动轮缸；4—ASR 制动执行器；
5—右后轮速传感器；6—左后轮速传感器；7—发动机及自动变速器 ECU；
8—ABS/ASR ECU；9—ASR 关闭指示灯；10—ASR 工作指示灯；11—ASR 关闭开关；
12—左前轮速传感器；13—主节气门位置传感器；14—副节气门位置传感器；
15—副节气门驱动步进电动机；16—ABS 制动执行器

信息采集的利用率，ASR 的轮速传感器与 ABS 共用，节气门开度传感器则与发动机电子控制系统共用，具体结构不再赘述。

ASR 选择开关是系统的另一个输入装置。将 ASR 的选择开关置于切断（处于 OFF 位置）时，系统可以靠人为因素使系统退出工作状态，以便适应某些特殊的需要。例如，为了检查汽车传动系统或其他系统故障时，让系统停止工作，这样可以避免因驱动轮悬空，ASR 对驱动轮施加制动而影响故障检查。

2) ASR - ECU

ASR - ECU 以微处理器为核心，配以输入、输出电路及电源电路等。为了减少电子元器件的数目，简化和紧凑结构，ASR - ECU 通常均与 ABS - ECU 组合为一体，如图 4.32 所示。

ASR - ECU 的输入信号来自 ABS - ECU、发动机 ECU 及几个选择控制开关等。根据上述输入信号，ASR - ECU 通过计算后向制动器与发动机节气门发出工作指令，并通过指示灯显示当前的工作状态。一旦 ASR - ECU 检测到任何故障，则立即停止 ASR 调节，此时，车辆仍可以按常规方式行驶，同时系统会将检测出的故障信息存入计算机的 RAM，所诊断的故障码输出到多路显示 ECU，并让报警指示灯闪烁。

3) ASR 的执行机构

执行机构部分包括制动压力调节器、节气门开度调节驱动装置等。制动压力调节器执行 ASR 控制器的指令，对滑转车轮施加制动力，并控制制动力的大小，以使驱动轮的滑动率处于目标范围内。ASR 制动压力调节器有独立设置和组合设置两种结构形式。前者指 ASR 与 ABS 制动压力调节器彼此分立的结构形式（图 4.33），适合将 ASR 作为选装系统的车辆，布置较灵活，但结构不紧凑，连接点较多，易泄漏；后者是将两套压力调节装置合二为一的结构形式（图 4.34），即 ABS/ASR 组合压力调节器，其特点正好与独立式结构相反。

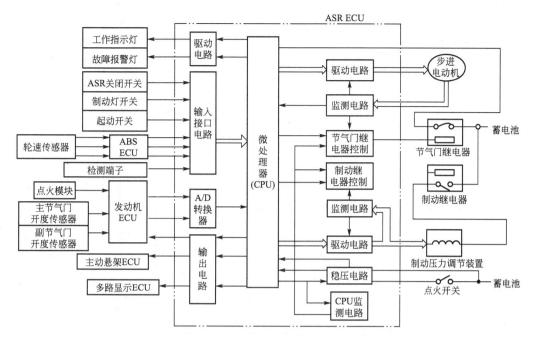

图 4.32 ASR-ECU 及其输入和输出

节气门开度调节驱动装置一般由步进电动机和传动结构组成。步进电动机根据 ASR 控制器输出的控制脉冲转动规定的角度,通过传动结构带动辅助节气门转动。

对于图 4.33 所示的独立调节结构形式,当三位三通电磁阀处于断电状态而取左位时,二位三通电磁阀取左位,ABS 制动压力调节器与车轮上制动轮缸导通,使 ASR 不起作用,

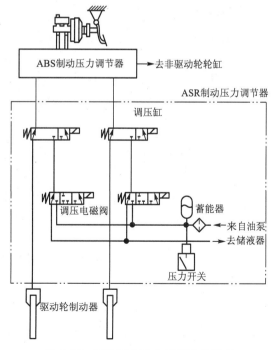

图 4.33 制动压力独立调节结构形式

以保证 ABS 实现正常调压。

当 ECU 使电磁阀半通电而处于中间位置时,二位三通电磁阀与储液器和蓄能器均不导通,驱动轮制动轮缸压力不变。

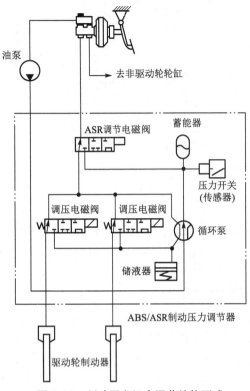

图 4.34 制动压力组合调节结构形式

对于图 4.34 所示的组合调节结构形式,当 ASR 调节电磁阀断电而取左位时,ASR 不起作用。通过两调压电磁阀的作用,可对两驱动轮制动压力实施 ABS 调节。

当 ASR 调节电磁阀通电而取右位时,若调压电磁阀仍处于断电状态而取左位,这时蓄能器的压力油可通入驱动车轮制动轮缸,达到制动增压的目的。

若 ASR 调节电磁阀半通电处于中间位置时,则使蓄能器与制动主缸断开,驱动轮制动轮缸压力维持不变。

当两调节电磁阀通电而取右位时,驱动轮制动轮缸与储液器导通,制动压力下降,实现制动减压。

3. 不同控制方式下 ASR 的工作过程

1) 发动机输出转矩控制方式

发动机输出转矩控制方式结构示意图如图 4.35 所示,不同传感器信息分别输入 ABS/ASR-ECU,ABS/ASR-ECU 分别与燃油喷射电控装置(包括节气门开度调节装置)、电子点火装置相连,视需要通过改变节气门开度大小对传递到驱动轮上的转矩进行控制。

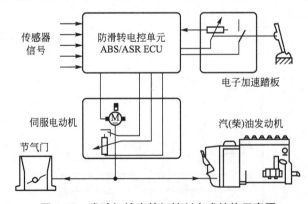

图 4.35 发动机输出转矩控制方式结构示意图

当在附着系数较小的路面上或车辆行驶速度较高的情况下驱动轮发生打滑现象时,只要适当减小发动机输出转矩,就可把传递到驱动轮上的转矩控制在一定范围,以控制驱动轮打滑的程度,有效降低滑移率。与之对应的调节发动机输出转矩的 3 种方法如下。

(1) 节气门开度调节。通过控制节气门开度变化以改变进气量的大小进而调节发动机输出转矩,在结构上是通过控制辅助节气门开度实现的,该控制方式稳定性较差,但舒适性很好。

(2) 点火参数调节。即对点火提前角进行控制或对是否点火进行控制,减少点火提前角可以适度降低输出转矩,暂停点火能更有效地降低输出转矩,该控制方式响应快、稳定性较好,但舒适性变差,还使排放恶化。

(3) 燃油喷射量调节。即减少燃油喷射量或暂停喷油,减少喷油或暂停喷油都能有效地降低输出转矩,该控制方式容易实现,常和燃油电子控制结合在一起使用。

2) 驱动轮制动控制方式

驱动轮制动控制方式示意图如图4.36(a)所示,图中为对位于低附着系数一侧路面的打滑驱动轮施加制动力矩。图4.36(b)为制动控制方式结构示意图。ABS/ASR-ECU与燃油喷射电控装置相连,对传递到驱动轮上的转矩进行控制。

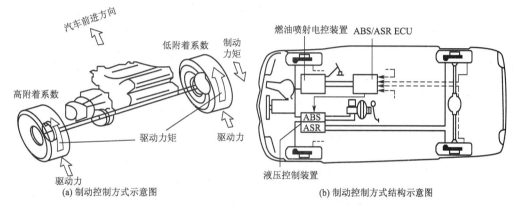

图 4.36 驱动轮制动控制方式及结构示意图

当一侧驱动轮轮速超过滑移率门限值时,直接对发生打滑的驱动轮施加一制动力矩,从而降低其速度,将滑移率控制在允许的范围内。该控制方式牵引性好,但舒适性和操纵稳定性较差。

对驱动轮进行控制还能起到差速锁(Limited Slip Differential,LSD)的作用。差速锁的作用是当一个驱动轮打滑时,将差速器壳与半轴锁紧成一体,使差速器失去差速作用,从而把全部转矩转移到另一侧驱动轮上,因而,差速锁可以被看做具有自动锁止功能的差速器,如图4.37所示。对处于低附着系数路面产生滑转的驱动轮施加一定的制动力矩,能使处于高附着系数路面的车轮产生更大的驱动力,其作用类似于差速锁。

图 4.37 中,设右驱动轮行驶在高附着系数路面上而左驱动轮行驶在低附着系数路面上,此条件下若对汽车加速,在汽车未装置 ASR 时,由于差速器的作用,处于高附着系数路面上的车轮与处于低附着系数路面上的车轮都只能按照低附着系数产生很小的驱动力 F_L,如果此条件下对处于低附着系数路面上的车轮实施制动,就会在制动盘的有效半径上产生作用力 F_B,这时,通过差速锁在高附着系数路面上的车轮产生的作用力为 F_B^*($F_B^* = F_B \times$(制动盘有效半径/驱动轮有效半径))。此时作用于驱动轮上的全部驱动力可增大到最大值 F_T($F_T = F_H + F_L = 2F_L + F_B^*$)。

为防止过热,这种控制方法只能在汽车低速行驶时短时间(1~2s)内使用。

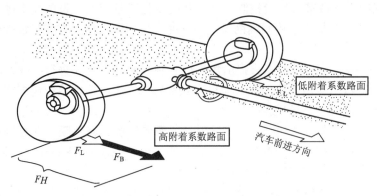

图 4.37 制动控制产生的差速锁作用

电子控制可变锁止差速器也具有防止车轮滑转的作用。电子控制可变锁止差速器也称防滑差速锁控制,其主要结构与原理简图如图 4.38 所示。

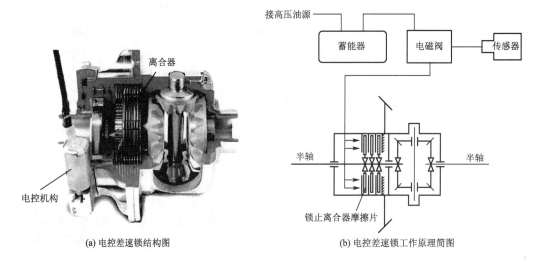

(a) 电控差速锁结构图　　　　　　　　(b) 电控差速锁工作原理简图

图 4.38 电控差速锁主要结构及工作原理简图

该装置主要由装在差速器壳与半轴齿轮间的多片离合器、改变离合器控制油压的电磁阀、提供控制压力的蓄能器、感知控制压力的油压传感器、感知驱动轮轮速的轮速传感器及控制器(ECU)等组成。ECU 根据轮速传感器传来的轮速及车速信号判定车轮是否处于滑转状态,若处于滑转状态,则向电磁阀发出指令,接通蓄能器与离合器的油路,增大油压使离合器锁止,ECU 可以根据传感器的反馈信号随时调整对电磁阀的控制命令,使车轮滑转率保持在目标值范围内。

3) 综合(组合型 ABS/ASR)控制方式

装于雷克萨斯 LS400 的综合(组合型 ABS/ASR)控制方式防滑控制系统示意图如图 4.39 所示。该系统由 ABS 执行器、ASR 执行器、ABS/ASR - ECU、发动机-变速器 ECU、主节气门及其位置传感器、辅助(副)节气门及其位置传感器、辅助(副)节气门执行器、轮速传感器、主缸控制电磁阀、蓄能器及其电磁阀、储液器及其电磁阀、指示灯、压力调节和液面高度调节传感器等部件组成。

在图 4.39 所示系统中，轮速传感器检测各车轮的转速；节气门位置传感器检测主、辅助(副)节气门位置；ABS/ASR-ECU 根据前后轮速信号、发动机节气门开度信号等判断汽车的行驶状况，向制动执行器和辅助节气门执行装置发出控制指令，并可在系统出现故障时，记录故障码，点亮故障报警灯。整个系统的执行机构由 ABS 制动执行器和 ASR 制动执行器两部分组成。当 ASR 不起作用时，所有 ASR 制动器的电磁阀处于断开状态，但不影响 ABS 的正常工作。如果在汽车制动时出现车轮抱死现象，则 ABS 起作用，通过主缸控制电磁阀和 ABS 执行器的三位电磁阀，对车轮制动压力进行调节。

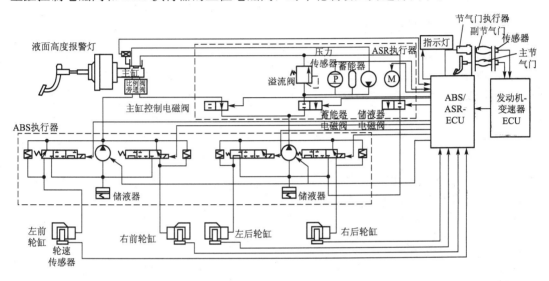

图 4.39　综合(组合型 ABS/ASR)控制方式防滑控制系统示意图

当车轮出现滑转时，ABS 和 ASR 执行器同时起作用，ABS 执行器处于加载状态，ASR 执行器中的主缸控制电磁阀关闭，蓄能器电磁阀导通，在蓄能器中被加压的制动液通过蓄能器电磁阀和 ABS 执行器的三位电磁阀被送入制动轮缸，以增大制动压力。

当需要保持车轮的制动压力时，ABS 执行器不工作，ABS/ASR-ECU 将 ABS 执行器的三位电磁阀置于保压状态，控制蓄能器中高压油的输出，以保持驱动车轮制动压力不变。

当需要降低车轮的制动压力时，ASR 执行器正常工作，ABS/ASR-ECU 将 ABS 执行器的三位电磁阀置于减压状态，制动轮缸中的制动液通过 ABS 执行器的三位电磁阀和蓄能器电磁阀流回蓄能器或制动主缸中，以降低制动轮缸压力。如果需要对左右驱动车轮的制动压力实施不同的控制，ABS/ASR-ECU 可以分别对左右驱动车轮对应的电磁阀实施不同的控制。

如果在驱动过程中，ABS/ASR-ECU 根据轮速传感器输入的轮速信号判断驱动车轮的滑转率超过控制门限时，ABS/ASR 防滑控制系统进入防滑控制过程，ABS/ASR-ECU 将使副节气门控制步进电动机通电转动，将副节气门的开度减小，使进入气缸的进气量减小，以减小发动机的输出转矩。

当 ABS/ASR-ECU 经过判断需要对驱动车轮进行控制时，将使 ASR 电磁阀总成中的 3 个电磁阀通电，使主缸控制电磁阀断开，而使蓄能器电磁阀和储液器电磁阀接通，蓄能器中具有压力的制动液就会驱动轮缸，使驱动轮缸压力随之增大。在驱动轮防滑制动控制过程中，ABS/ASR-ECU 可以像 ABS 一样，独立地对两个后轮的三位电磁阀的通电状况进行控制,实现对两个后制动轮缸的压力进行增大、减小和保持动作的调节。

由以上分析知,ASR 的功能主要是改善汽车在不良路面上的驱动附着性能,其具体效果如下。

(1) 防止汽车在起步、急加速时驱动轮滑转(打滑)。

(2) 防止驱动轮空转,保证汽车加速过程中的稳定性,并改善其在不良路面上的驱动附着条件。

(3) 防止在车速较高并通过滑溜路面且转弯时汽车后部出现侧滑现象。

4.3.4　ASR 与 ABS 的比较

就 ASR 与 ABS 两系统工作过程和调控目标而言,其共性主要如下。

(1) 均以通过控制车轮的力矩来达到控制车轮滑移(滑动)率的目的。

(2) 均要求系统具有迅速的反应能力和足够的控制精度。

(3) 均要求调节过程消耗的能量尽可能低,均具有自诊断功能。

虽然 ASR 与 ABS 两系统都以控制车轮的滑移率为基本目标,但在对车轮运动状态时点的控制及期望目标上明显不同:ABS 是防止车轮制动时抱死拖滑,提高制动效果,确保行车安全;ASR 则是防止驱动车轮原地不动而不停地"滑转",提高汽车起步、加速及溜滑路面行驶的牵引力,确保行驶稳定性。

两系统均是通过控制车轮制动力的大小抑制车轮与地面间的滑移,但 ABS 对所有车轮起作用,而 ASR 只对驱动车轮实施制动控制。ASR 与 ABS 两系统之间的关系与明显差别见表 4-8。

表 4-8　ASR、ABS 两系统之间的关系与明显差别

联系与区别	ASR 和 ABS 两系统之间
关系	① ASR 可由开关选择其是否工作,并由相应的指示灯提示; ② ASR 关闭时,辅助节气门处于全开位置,其压力调节器不影响制动系统的正常工作; ③ ASR 工作时,ABS 具有调节优先权; ④ ASR 在不同的车速范围内通常具有不同的特性
明显差别	① ABS 对所有车轮实施调节,ASR 只对驱动轮加以调节控制; ② ABS 工作过程中传动系振动较小,易控制,ASR 控制过程中传动系产生较大振动; ③ ABS 控制中各车轮间相互影响较小,ASR 控制中两驱动轮间相互影响较大; ④ ASR 控制较复杂,涉及制动控制、发动机控制和差速器锁止控制等多环控制系统

4.4　电子制动力分配

4.4.1　概述

汽车在制动过程中有时 4 个车轮附着的地面条件并不一样,如左侧车轮附着在干燥的水泥地面上,而右侧车轮却附着在湿滑路面上(或泥水中),这种情况下会导致汽车制动时

因 4 个轮子与地面的摩擦力不一样而容易发生车轮打滑、车辆倾斜及车辆侧翻事故。为了有效地避免这种现象，电子制动力分配装置应运而生。电子制动力分配（Electronic Braking Distribute，EBD，德文缩写为 EBV）装置的功能就是在汽车制动的瞬间，高速计算出 4 个轮胎由于附着条件不同而导致的摩擦力数值的差异，然后实时调整制动力大小，也就是使其按照设定的程序在运动中进行高速调整，达到制动力与摩擦力（牵引力）的合理匹配，从而保证车辆行驶过程的平稳与安全。

EBD 能够根据车辆载荷、路况及制动液压力的变化，动态地对制动状态下前后车轮及左右车轮的制动力比例分配进行分配控制，可有效预防因不同轮胎间附着条件差异引发的车轮打滑、车辆倾斜及车辆侧翻事故，明显提高汽车的制动效能，并配合 ABS 提高制动稳定性。同时，EBD 系统具有使在弯道上行驶的汽车进行制动操作时维持车辆稳定的功能，如图 4.40 所示。

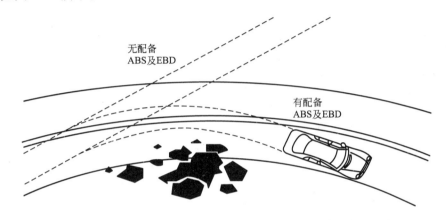

图 4.40　配置 EBD 与未安装 EBD 的车辆在弯道上制动时的效果对比

EBD 的作用主要如下。
（1）紧急制动时，防止因后轮先被抱死造成汽车滑动及甩尾。
（2）取代比例阀功能，相对于机械式分配阀，能更好地提高后轮制动力，缩短制动距离。
（3）可分别控制 4 个车轮的制动。
（4）确保 ABS 工作时的制动安全性。
（5）实现后轮制动压力左右独立控制，确保转向制动时的安全性。
（6）提高后轮的制动效果，减少车轮制动时摩擦片的磨损量及温度的上升。

EBD 的工作原理：在汽车制动的瞬间，利用高速计算机高速计算出 4 个轮胎由于附着条件不同而导致的摩擦力数值差异，然后实时调整制动力大小，也就是使其按照设定的程序在运动中进行高速调整，达到制动力与摩擦力的合理匹配，从而保证车辆行驶过程的平稳与安全。

结构上，EBD 依托 ABS 的基本组件——轮速传感器、ECU、制动压力调节器总成等，其机械系统与 ABS 完全一致。功能上，通过改进、增强 ABS‑ECU 软件控制逻辑，使反应更敏捷、运算功能更强大，是 ABS 功能的进一步扩展与有效补充，提高了 ABS 的功效。汽车制动时，EBD 能够根据车辆各个车轮的运动状态，智能地分配各个车轮制动力大小，以维系车辆在制动状态下的平衡、平稳与方向。当发生紧急制动时，EBD 在 ABS 作用之前，依据车身的重量和路面条件，自动以前轮为基准去比较后轮轮胎的滑动率,当发觉此差异程度超过允许范围必须被调整时,制动系统会实时调整传至后轮的制动油压,以得到更平衡且更接近理想化的制动力分布。

较 ABS 相比,EBD 采用功能更强大的中央处理器(ECU)分配前轴和后轴之间的制动力。汽车制动时,ECU 根据接收到的轮速信号、载荷信号、踏板行程信号及发动机等有关信号,根据内置的相关计算规则和控制算法,对相关信号经比较判断后向电磁阀和轴荷调节器发出控制指令,使各轴的制动力得到合理分配。EBD 在汽车制动时就开始控制制动力,而 ABS 则在车轮有抱死倾向时开始工作。

特别要指出的是,即使 ABS 失效,EBD 也能保证车辆不会出现因甩尾而导致翻车等恶性事件。带有 EBD 的 ABS,通常以"ABS+EBD"表示。由于其能够明显地减少 ABS 工作时的振噪感,且不需要增加任何硬件配置,成本较低,一些专业人士称之为"更安全、更舒适的 ABS"。

4.4.2 对制动力的分配控制

图 4.41 为采用 EBD 调节和采用压力调节装置调节两种不同调节方式时前后轮制动力分配关系曲线对比图。由汽车理论知,当汽车载荷发生变化时,理想的前后轮制动力分配关系会随之发生变化。如果车辆制动系统采用机械式压力调节(安装机械式压力调节阀),虽然制动时可以避免出现后轮先抱死现象,但实际制动力调节曲线与理想的制动力调节曲线相差较大,导致制动效率不高。如果车辆制动系统采用 EBD 调节(安装 EBD 装置),其制动力调节曲线则可在各种载荷下均能与理想的制动力调节曲线靠近,从而获得较高的制动效率。

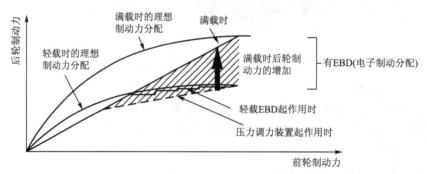

图 4.41 采用 EBD 调节和采用压力调节装置时前后轮制动力分配关系曲线对比图

1) 前后轮制动力分配控制

前后轮制动力分配控制是指在汽车制动时,EBD 根据由车辆的装载条件及减速度而发生的负荷变化,有效运用后轮的制动力,特别是在车辆满载时,适度增大后轮的制动力,以提高制动效果。

从获得良好制动性能的要求而言,当车辆的载重或乘员数发生变化,即汽车制动时前后轴之间的载荷比例不同时,前后轮所需的合适制动力也应是不相同的。当车辆后部无负荷时,EBD 会适当增大车辆前轮的制动力,如图 4.42(a)所示;随着车辆后部的负荷重量加大,EBD 会相应加大后轮的制动力,如图 4.42(b)所示。

2) 左右轮制动力分配控制

为确保汽车在弯道上行驶时制动的稳定性,通过调节左右车轮的制动力分配方式进行左右车轮制动力的分配控制,以确保弯道上制动时车辆的稳定性和良好的制动效果。

汽车转弯时由于离心力作用，较内侧车轮相比，外侧车轮此条件下承受较大的载荷。为减少外侧车轮的侧滑，EBD在此条件下会适当增大外侧车轮的制动力，如图4.43所示，以防止制动力超过轮胎与地面间的附着力而使车辆发生滑移。

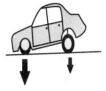
(a) 车辆后部无负荷时

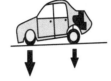
(b) 车辆后部有负荷时

图4.42 前后轮制动力随载荷变化再分配示意图

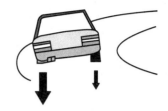

图4.43 左右轮制动力随路况变化分配示意图

4.4.3 EBD的功能与优点

1) EBD的功能

（1）在制动的瞬间高速计算出4个轮胎由于附着条件不同而导致的摩擦力差值，然后实时调控制动轮缸压力，使其按照设定的程序在运动中高速调整，达到制动力与附着力的合理匹配，以保证车辆的平稳与安全。

（2）在发生紧急制动时，EBD在ABS作用之前，可依据车身的重量和路面条件，自动以前轮为基准去比较后轮的滑动率，如发现此差异在调整范围之内时，制动系统将会调整后轮制动轮缸的油压，以得到更平衡且接近理想化的制动力，可以防止甩尾和侧滑，并缩短制动距离。

（3）能够根据由于汽车制动时产生轴荷转移的不同，自动调节前、后轴的制动力分配比例，提高制动效能，并配合ABS提高制动稳定性。

2) EBD的优点

（1）可防止出现甩尾和侧滑，并缩短汽车制动距离，提高制动灵敏性、制动协调性，使制动更加安全。由于制动反应时间短（约为0.3s），当紧急制动车轮趋于抱死时，EBD在ABS动作之前就已经平衡了每一个车轮的有效地面抓地力，可以防止出现甩尾和侧滑，并缩短汽车制动距离，提高制动灵敏性和制动协调性，使制动更加安全。

（2）改善制动舒适性，并使各车轮摩擦片的磨损较均匀。由于EBD在一般制动情况下对制动力的调节主要是考虑不同的载荷和摩擦片的磨损，因而可以改善制动过程舒适性，并使各车轮摩擦片的磨损较均匀。

（3）ABS只在紧急制动状态下当车轮滑移率超过门限值时才起作用，而EBD无论车轮处于何种状态，只要踏下制动踏板即起作用。此外，EBD能够在不同的路面上都可以获得最佳制动效果，缩短制动距离，提高制动灵敏度和协调性，改善制动的舒适性。

4.5 电子稳定程序

4.5.1 概述

电子稳定程序（Electronic Stability Program，ESP），又称汽车稳定性控制（Vehicle

Stability Control，VSC），是一种可在各种行驶条件下提高车辆行驶稳定性的主动安全装置。该装置通过车载在线传感系统实时监测驾驶员的转向意图和车辆的行驶状态，通过ECU识别、判断车辆的转向特性及丧失操纵稳定性的趋势，通过综合调控发动机力矩和车轮制动等，防止汽车发生超出驾驶员操控范围的过度转向和过多不足转向等危险情况，在实现按理想轨迹行驶的同时，改善汽车的方向稳定性和操控性能。

ESP系统是在ABS、ASR的基础上发展起来的。ABS是用于确保紧急制动时的稳定性，ASR是控制车辆急加速时的循迹性，而ESP则是控制车辆转弯过程的循迹稳定性。与ABS和ASR系统相比，ESP系统增加了转向盘传感器、纵向加速度传感器、横向加速度传感器和横摆角速度传感器等，是对ABS和ASR功能的继承与进一步扩展。通过调节车轮纵向力大小及其匹配控制汽车的横摆运动，使汽车具有良好的操纵性和方向稳定性。

ESP系统主要利用左右两侧车轮制动力之差产生的横摆力偶矩，防止出现难以控制的侧滑现象，如在弯道行驶中因前轴侧滑而失去路径跟踪能力的驶出现象及后轴侧滑甩尾而失去稳定性的急转弯现象等危险工况，能够在车辆转弯过程中当出现转向过度或转向不足时快速地修正到原有正常路径的循迹行驶。该系统与ABS和ASR相比，增强了ABS、ASR及发动机转矩控制系统的功能，处于更高的控制层次。

随着汽车行驶速度的不断提高，急速转弯行驶时若驾驶人员操作不当（如猛打转向盘），极易造成车辆进入动力学不稳定状态，使得车辆可能会不按驾驶人员所希望的路线行驶，出现过多转向或严重转向不足，甚至急剧旋转。统计资料显示：在重大死亡交通事故中，约1/6是由于车辆失控造成的；而在车辆失控事件中，由车辆侧滑造成的事故占到了2/3以上。为有效预防汽车行驶过程中因紧急操控（如快速转向、反向转向、紧急变道、紧急避让、湿滑路面等）引发的交通事故，ESP系统利用安装在车辆上的多个传感器及时采集车辆的行驶状态信息并进行分析，可实时监测车辆行驶过程中的运动状况，极大地改善了汽车行驶过程中的安全性和操纵性。特别是在路况很差（如路面潮湿）或被冰雪覆盖时，一旦车辆出现不稳定的征兆，ESP系统便自动介入，通过控制发动机的功率输出和各车轮的制动力，及时修正汽车运动状态，使得汽车的行驶安全性大大提高，图4.44为未安装ESP和装备有ESP车辆在不足转向和过度转向两种行驶工况下的制动效果比较图。

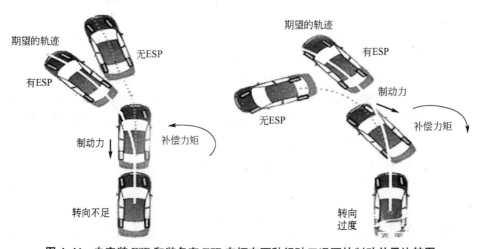

图4.44 未安装ESP和装备有ESP车辆在两种行驶工况下的制动效果比较图

ESP 系统主要通过比较车辆行驶的方向是否与驾驶者的意图一致，来辨识和监测汽车的运行趋向并对危急情况立即做出反应。其主要通过精确地对单个车轮直接施加制动力（如转向不足时直接向内后轮施加制动力，过度转向时直接向外前轮施加制动力，如图中所示的"制动力"箭头），在使汽车按照驾驶者的意图做出反应的同时，这种选择性的制动干涉提高了汽车的操控性。ESP 还使汽车在极限状态下操控更容易，降低了汽车突然转向时的危险，提高了方向稳定性；同时，ESP 因降低了操控过程的复杂性，使得对驾驶者的要求降低。

从 ESP 技术发展的路径看，ESP 是在 ABS 和 ASR 技术基础上发展起来的。对于 ABS、ASR 而言，其功能主要是消除制动过程和操作加速踏板过程中出现的不稳定因素，以确保操纵的稳定性，与之对应的技术措施是控制车轮制动力和发动机输出功率；而 ESP 系统则是在整合 ABS、ASR 相关功能的基础上更注重预防和消除汽车行驶过程中的不稳定状态，从而提高汽车行驶的稳定性。ESP 作为 ABS、ASR 功能的扩展，已成为汽车主动安全系统发展的一个重要方向。

对于 ESP，不同的开发商有不同的称谓，见表 4-9。

表 4-9 不同开发商对 ESP 的称谓

开发商	中文名称	英文名称
博世	电子稳定程序	Electronic Stability Program，ESP
富士重工	车辆动态控制	Vehicle Dynamic Control，VDC
大陆	电子稳定控制	Electronic Stability Control，ESC
宝马	动态稳定控制	Dynamic Stability Control，DSC
丰田	车辆稳定控制	Vehicle Stability Control，VSC
本田	车辆稳定助手	Vehicle Stability Assist，VSA
三菱	主动稳定控制	Active Stability Control，ASC
沃尔沃	动态稳定和牵引控制	Dynamic Stability and Traction Control，DSTC
保时捷	车身动态稳定系统	Porsche Stability Management，PSM

造成对车辆稳定控制系统多种称谓的主要原因是由于 ESP 名称首先被德国 Bosch 公司注册，其他公司开发的类似系统就只能使用其他名称。尽管对车辆稳定控制系统有多种称谓，但其原理和作用基本相同。其作用主要是确保车辆行驶的稳定性，并在起动或加速时保证所有车轮具有与地面附着条件相适应的牵引力，能够探测到过度转向或不足转向的最初迹象并及时做出反应，防止车辆发生甩尾现象。

4.5.2 ESP 系统的组成与工作原理

1. ESP 系统的组成

ESP 系统包括多种传感器、ESP - ECU、执行元件、信息显示四大部分。主要由 ABS、ASR 与 ESP 共用的控制系统，即 ABS/ASR/ESP - ECU、发动机电控系统、多种传感器（如轮速传感器、转向盘转角传感器、横摆角速度传感器、横向/纵向加速度传感器等）、制动控制器、油门控制器及 CAN 总线与发动机管理系统通信等单元构成，图 4.45 为 ESP 系统的组成及相互关系图。

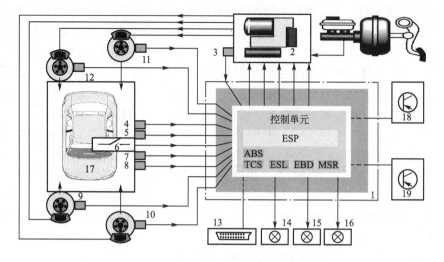

图 4.45 ESP 系统的组成及相互关系图

1—ESP 控制单元；2—液压控制单元；3—制动压力传感器；4—侧向加速度传感器；
5—横向偏摆率传感器；6—ASR/ ESP 按钮；7—转向盘转角传感器；
8—制动灯开关；9~12—轮速传感器；13—自诊断接口；
14—制动系统报警灯；15—ABS 报警灯；16—ASR/ESP 报警灯；
17—汽车及其驾驶状态；18—发动机控制调整；19—变速器控制调整

ESP 系统的大部分元器件与 ABS、ASR 系统共用。传感器部分增加了用于检测汽车状态的车身横摆率传感器和减速度传感器(也称 G 传感器)；ECU 部分增强了运算能力；执行器部分改进了前轮的液压通道；信息显示部分增加了 ESP 蜂鸣器。ESP 系统的组成单元按功能可划分为 4 部分，各部分的重要部件及主要功能分别如下。

1) 执行控制器 ECU 部分

执行控制器 ECU 是 ESP 的控制核心，用于估算汽车侧滑状态和计算恢复到安全状态所需的旋转动量和减速度。为确保高可靠性，采用冗余控制，用两个相同的处理器同时处理信号，并相互比较监控。ECU 安装在车厢内，通过线束与每个传感器和执行器相连。

2) 用于检测车辆运动状态的传感器部分

用于检测车辆运动状态的传感器部分包括以下内容。

(1) 车身横摆角速度传感器(又称横摆率传感器、侧滑传感器或翻转角速度传感器)。该传感器安装在汽车前部，与汽车垂直轴线平行，用于检测汽车的横摆率，即汽车绕垂直轴旋转的角速度，记录汽车绕垂直轴线的运动，用来监测车辆后部因侧滑发生的甩尾情况。其作用类似飞机陀螺，时刻监视着汽车方向的稳定性，确定汽车是否在打滑，使汽车保持相对于垂直轴线的稳定性。

(2) 减速度传感器。该传感器安装在汽车重心附近地板下方的中间位置，用于检测汽车的纵向和横向加速度，确定车辆是否在通过弯道时产生了打滑。

(3) 转向角度传感器。该传感器安装在转向盘后侧，依据光栅原理测量转向盘转角，用于监测转向盘旋转的角度，帮助确定汽车行驶方向是否正确。

(4) 制动液压传感器。该传感器安装在 ESP 的液压控制装置上部，用于检测驾驶员进行制动操作时制动液压力的变化。

(5) 轮速传感器。该传感器安装在每个车轮上，用于检测各车轮的角速度变化，确定车轮是否打滑。

(6) 节气门开度传感器。该传感器安装在节气门执行器上，用于检测节气门开启度角的变化。

3) 执行器部分

根据计算结果，执行器部分用于控制每个车轮的制动力和发动机输出功率，包括以下内容。

(1) 节气门执行器。该执行器安装在发动机进气通道上，在 ESP 控制发动机输出功率期间控制发动机节气门开度的变化。

(2) 液压控制装置。该控制装置主要由供能装置、制动总泵及制动助力器、选择电磁阀、控制电磁阀 4 部分组成，其作用是对制动主缸和制动轮缸的制动液压力进行调控。

(3) 供能装置。由电动机驱动的液压泵和蓄能器组成。蓄能器储存由液压泵供应的液压油，作为液压装置的压力源，即提供具有一定压力的液压油。

(4) 制动总泵和制动助力器。根据驾驶员的制动操作产生液压，并为驾驶员的制动操作行为提供助力。

(5) 选择电磁阀。当 ESP、ASR 或 ABS 工作时，它关闭制动总泵的液压油输送，并把从供能部分（动力液压）来的液压油或从制动助力器（调节液压）来的液压油送到控制电磁阀，从而控制每个车轮分泵的液压。

(6) 控制电磁阀。当 ESP、ASR 或 ABS 工作时，通过增加或降低每个车轮分泵的液压，以控制各车轮的制动力。

4) 信息显示部分

信息显示部分主要由 ESP 工作指示灯、ESP 蜂鸣器、侧滑指示灯、多路信息显示器（含 ESP 故障警告指示）组成。ESP 系统以驾驶员为操作对象，通过警示装置（指示灯和蜂鸣器）向驾驶员提供车辆或 ESP 系统工作状态信息，预警车辆在高速转弯时可能出现的失控，以确保安全行驶。

2. ESP 系统的工作原理

ESP 系统在车辆行驶过程中实时监测由各传感器所提供的车辆运动状态信息，以随时了解车辆的运动状况。通过对各传感器采集到的车辆行驶状态信息进行分析，并计算出保持车身稳定的理论数值，和由侧滑率传感器和加速度传感器测出的数据进行比较，如果测出的数据超过许可范围，则向 ABS、ASR 发出纠偏指令，以帮助车辆维持动态平衡。

ESP 系统控制框图如图 4.46 所示。ESP 系统通过多种传感器收集转向盘转角、横摆角速度、侧向加速度等不同信息并传输给 ECU，ECU 经过计算分析，一旦识别出车辆处于不稳定状态，立刻对制动系统、发动机管理系统和变速器管理系统等综合协调控制，降低车辆横向滑移，防止在制动时车轮抱死、起步时打滑和车辆侧滑。一般情况下，如果单独制动某个或某几个车轮不足以稳定车辆，ESP 将通过降低发动机转矩输出或其他方式来进一步控制。

ESP 系统通过比较车辆行驶的方向是否与驾驶者的意图一致，即通过控制偏航率维持车辆稳定并保持正确行驶方向。如果车辆运动的方向不一致——转向不足或者转向过度

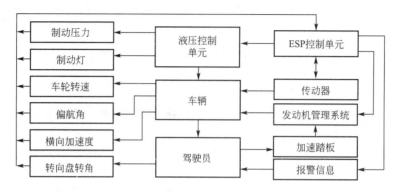

图 4.46 ESP 系统控制框图

——ESP 能够监测出危急的情况并立即做出反应。

研究表明,造成车辆侧滑最主要的原因,或是路面状况的突然改变,使部分车轮失去附着力,造成车辆失去操控性;或是驾驶员为闪躲路面突发的情况而出现的过当操作,使车辆所需的状态超过车轮附着力的上限造成打滑,产生行车危险。由于实际中所有车轮打滑现象均是因为部分车轮超过了该轮所能承担的附着力,ESP 系统针对车轮打滑问题而采取的措施是,通过改善和提高轮胎附着(抓地)力而提高汽车的行驶安全性。

4.5.3 ESP 系统的工作过程

当驾驶员对制动踏板的操作力通过传动机构传递到 ESP 液压控制装置时,正常情况下系统执行常规的制动功能;当车轮在加速或减速下出现滑移时,执行 ASR 和 ABS 功能;当汽车出现侧滑时,系统执行 ESP 功能,将受到控制的制动液施加到每个车轮而增加车轮制动力。

汽车转弯行驶过程中,ESP 系统的工作过程按以下步骤进行。

(1) 通过转向盘转角传感器及各车轮轮速传感器,识别驾驶员的转弯方向(驾驶员转弯意图)。

(2) ESP 系统通过横摆角速度传感器,识别车辆绕垂直于地面轴线方向的旋转角度;通过侧向角速度传感器识别车辆实际运动方向。

(3) 按相关规则进行分析、比较与判断,当判断为出现不足转向时,制动内侧后轮,使车辆继续沿驾驶员转弯方向偏转,从而稳定车辆;当判断为出现过度转向时,制动外侧前轮,防止出现甩尾,并减弱过度转向趋势,保证行车稳定性。

ESP 系统抑制转向和转向过度的示意图如图 4.47 所示。

图 4.47(a)为汽车发生转向不足时的情景,表现为汽车车身向道路外侧运动,即汽车实际轨迹曲线较理论轨迹曲线相比产生向外侧偏离的倾向,此时 ESP 系统通过对位于转向内侧后轮施加经过精确计算的脉冲瞬时制动力(图中剖面线箭头所指),以产生预定的滑动率,使该车轮受到的侧向力迅速减少而纵向制动力迅速增大,即产生了一个与横摆方向相同(图中所示逆时针方向)的横摆力矩,遏制车辆因向道路外侧运动而陷入险境。

在动作实现上,ESP 系统的液压控制装置主要通过选择电磁阀和控制电磁阀把经调节的供能部分的制动液送至两个后轮制动轮缸而形成不同的制动力。

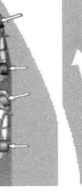

(a) 在转向不足时抑制前轮侧滑　　　　(b) 在转向过度时抑制后轮侧滑

图 4.47　ESP 抑制转向不足和转向过度的示意图

图 4.47(b)为汽车发生转向过度时的情景，表现为汽车车身向道路内侧运动，即汽车实际轨迹曲线较理论轨迹曲线相比产生向内侧偏离的倾向，此时 ESP 系统立即向正在转弯的外前轮施加制动力（图中剖面线箭头所指），即产生了一个与横摆方向相反（图中所示顺时针方向）的横摆力矩，阻止车辆向道路内侧转向以纠正危险的行驶状态。

在动作实现上，ESP 系统的液压控制装置通过选择电磁阀和控制电磁阀把经过调节的供能部分的制动液送至正在转弯的外前轮制动轮缸，以将外前轮的制动压力调控至合适水平，减弱过度转向趋势，防止出现甩尾。与 ASR 比较，ESP 不但可控制驱动轮，而且可控制从动轮。装有 ESP 和只装有 ABS 及 ASR 的汽车相比，其差别在于 ABS 及 ASR 只能被动地做出反应，而 ESP 则能够探测和分析车况并不断纠偏，维持车辆稳定并保持正常行驶方向，防患于未然。ESP 通过有选择性地分缸制动及发动机管理系统干预，防止车辆滑移。ESP 最重要的特点是其调控的主动性。几种典型行驶工况下汽车未装备 ESP 与装备 ESP 的使用效果比较见表 4-10。

表 4-10　几种典型行驶工况下汽车未装备 ESP 与装备 ESP 的使用效果比较

在多变的路面上行驶时	未装备 ESP	① 车辆跑偏，即前轮向外侧偏离弯道，车辆失去控制； ② 一旦驶入干燥的沥青路面车辆就开始打滑
	装备 ESP	车辆表现出转向不足的趋势，在将要跑偏时，在增加右后轮制动力的同时降低发动机输出转矩至车辆保持稳定
紧急避让障碍物时	未装备 ESP	① 紧急制动，猛打转向盘，车辆转向不足； ② 车辆继续冲向障碍物，驾驶员反复转动转向盘以求控制车辆，车辆避开障碍物； ③ 当驾驶员尝试恢复正常行驶路线时车辆产生侧滑
	装备 ESP	① 紧急制动，猛打转向盘，车辆有转向不足的倾向； ② 增加左后轮制动力，车辆按照转向意图行驶； ③ 恢复正常的行驶路线，车辆有转向过度的倾向，在左前轮上施加制动力至车辆保持稳定

(续)

急速转弯时	未装备 ESP	出现甩尾，企图通过转向盘来调整方向，因为时已晚车辆发生侧滑
	装备 ESP	① 车辆有甩尾的倾向，自动在右前轮上施加制动力至车辆保持稳定； ② 车辆有甩尾的倾向，自动在左前轮上施加制动力至车辆保持稳定

日本丰田公司曾对 100 万起涉及人身伤害交通事故的分析结果表明：车辆标配 ESP，能降低 50% 的严重驾驶事故。同样，来自美国和瑞典的研究报告也表明，ESP 对预防事故的发生起到了正面作用。美国高速公路安全管理局证实：装配 ESP 能有效降低 35% 的驾驶事故，致死的交通事故降低 30%，对于 SUV，效果更为显著，比例分别提升至 67% 和 63%。美国高速公路安全管理局估计，美国全面引入 ESP 系统后每年可以挽救 5300～9600 人的生命。

配置 ESP 的车辆为什么能有效降低交通事故呢？这与 ESP 系统拥有的实时监控、主动干预、事先提醒三大功能密不可分。

(1) 实时监控功能。ESP 系统能够实时监控驾驶者的操控动作（转向、制动和油门等）、路面信息、汽车运动状态，并不断向发动机和制动系统发出指令。

(2) 主动干预功能。ABS 安全技术主要是对驾驶者的动作起干预作用，但不能调控发动机功率输出，而 ESP 系统则可以通过主动调控发动机节气门，以调整发动机的转速，并通过调整每个车轮的驱动力和制动力，修正汽车的过度转向和转向不足，使汽车回复到正常行驶方向。

ESP 对车辆行驶中的过度转向或不足转向状态特别敏感，当汽车在湿滑路面左拐过度转向（转弯太急）时会产生向右侧甩尾，传感器感知到滑动后就会迅速制动右前轮使其恢复附着力，产生一种相反的转矩而使汽车恢复到原来的车道上。

(3) 事先提醒功能。当驾驶者操作不当或路面异常时，ESP 系统会用警告灯警示驾驶者。

4.5.4 ESP 的应用情况及其与 ABS、ASR 的比较

1. ESP 的应用情况

目前，ESP 在车辆上的应用，欧洲装车率最高。欧洲不少国家已将 ESP 列为新车的"重要装备"，其中，瑞典新车 ESP 的装配率达到 98%，为全球最高；其次是德国，为 81%。2008 年欧洲新车的 ESP 平均装配率达到 55%，2009 年提升至 60%；2008 年中国新车 ESP 装配率仅为 12%。虽然国内一些中高档车型正逐渐将其作为标准配置，且越来越多的车型已将 ESP 系统作为其标准配置，但与欧洲平均装车水平相比存在明显差距。

ESP 除了装备于乘用车外，也正在向一般的商用车及重型货车普及，多家商用车生产厂商和重型货车生产厂商也在推出带 ESP 系统的车型。可以预见，ESP 汽车安全产品不久将成为多款中、高档轿车和其他车型的标准配置。

2. ESP 与 ABS、ASR 的比较

(1) ESP 与 ABS 和 ASR 相比功能更全面。ABS 和 ASR 均可以改善轮胎和路面间的

附着系数利用率(即改善纵向动力学性能),ASR 还能减少轮胎无谓的磨损和功率消耗,ESP 系统除这些功能之外,还能识别并控制车辆的偏转力矩(改善横向动力学性能)。

ESP 系统根据"所有外部作用于车辆上的力(如制动力、驱动力、侧向力)都会使车辆绕其质心而转动"的原理,通过对一个以上的前、后车轮进行制动干预,使车辆按预定轨迹稳定地行驶,即使车辆在湿滑的路面上仍能保持稳定的驾驶性能。

(2) 实际中 ESP 系统实现行车稳定性需要把握好"度"。虽然 ESP 系统可迅速地将车辆在转弯过程中出现转向过度或转向不足的现象修正到原来正常的路径循迹行驶,但也同样遵循汽车动力学原理,只能在一定的行车条件下实现行车稳定控制。如果车速过快,在某些情况下仍可能发生事故。

4.5.5 ESP 的发展

随着汽车安全技术的发展,在汽车安全系统日益增多的情况下,在设计阶段就将各种不同功能的安全系统统筹综合考虑,实现多层面集成式的全局优化控制,即实现一体化控制,既可提高主动安全系统的工作可靠性,也有利于节约资源,也是汽车主动安全技术发展的方向。德国大陆公司研发的第二代汽车电子稳定程序,即 ESPⅡ和丰田公司的汽车动力学集成管理(Vehicle Dynamics Integrated Management,VDIM)通过系统集成、技术集成等,开发出功能更强大、性能更先进、集成度更高的汽车主动安全系统。

1. 第二代汽车电子稳定程序(ESPⅡ)

德国大陆公司研发的第二代汽车电子稳定程序即 ESPⅡ的组成及主要部件如图 4.48 所示。

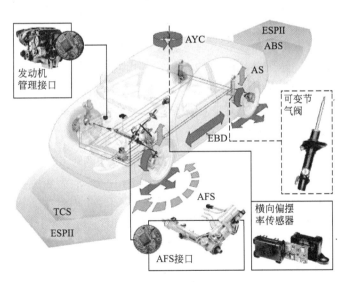

图 4.48 ESPⅡ组成及主要部件

该系统由制动、转向和优化悬架等子系统及多种传感器组成。其中,制动系统采用了 MK60E5/MK25E5 或电液制动,两套系统共同使用内部压力传感器,确保 4 个车轮压力和驾驶员意图的冗余度。转向系统采用主动转向方式,在转向盘转角的基础上通过转向柱上的 1 个集成电动机,经由 1 套两级行星齿轮机构在前轮上附加了 1 个叠加转向角。因而，车轮的转向角就是驾驶员操纵的转角与行星机构驱动的叠加转角之和。根据电动机调节的行星架旋转方向可以控制车轮转角的大小，体现了转向的"直接"和"间接"性。当系统出现故障或者被切断电源时，行星架即被机构锁止，成为传统的转向系统。主动转向体现出ESPⅡ系统中最先进的技术，其基本功能就是能够实现可变的附加转向角。

ESPⅡ的技术革新点主要体现在控制器及其功能的集成通信上。该系统运用"集成控制"的思想，通过对控制器及其功能的集成通信，将制动和转向有机地结合起来，旨在提高系统的工作可靠性和操作方便性的同时，减少控制模块数量。ESPⅡ以ESP技术为平台，对汽车主动安全系统统筹综合考虑，拓展和集成包括EBD、制动辅助系统(BAS)、电子控制制动技术，主动悬架技术(AS)、前轮主动转向(AFS)、四轮转向(Four-wheel Streering，4WS)及防侧翻控制技术等多种新型制动技术、车身控制技术，实现了制动、驱动和转向联合控制和多层面集成式的全局优化控制，使对汽车的控制也更加平滑，进一步提高了车辆的安全性和舒适性。ESPⅡ对底盘系统全局控制示意图如图4.49所示。

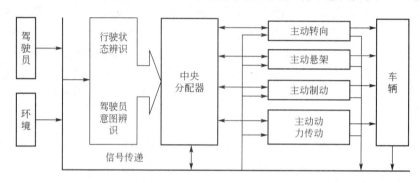

图4.49　ESPⅡ对底盘系统全局控制示意图

ESPⅡ在开发时的主要目标就是实现对底盘的全局控制。整个系统采用CAN总线连接所有执行器和传感器，达到共用的目的，节省了冗余的部件；通过采用状态估计器节约了一定数量的传感器；通过采用协调控制算法，按照工况决定AFS和ESP的工作负荷，既提高了对车辆的控制效果，又延长了制动器、转向器的工作寿命。

2．VDIM

另一基于"集成控制"思想的丰田公司VDIM系统如图4.50所示。

VDIM系统以制动控制系统(Brake Control System，BCS)为集成控制平台，将电动助力转向技术和变传动比转向控制技术(VCRS)集成到VDIM平台中。该系统综合了ABS、ASR、EBD系统、电子控制制动系统、ESP、EPS、BAS、HAC(上坡辅助系统)、VGRS(可变齿比转向系统)的功能，并加以融合，从而获得整车动力学状态及稳定性的控制方式。

为了确保行车安全，并获得更大的驾驶乐趣，VDIM系统对车辆的操控性进行了改进，传统的ABS、ASR和ESP均各自独立地完成其功能，而VDIM系统除了能对包括转向在内的各系统功能进行统一管理之外，还能在发生侧滑之前就对车辆实行控制。这不仅保证了更高安全层次上的预防性能，同时还使"加速、转弯、制动"这一车辆的基本运动形式迈上了一个更高的台阶，使车辆行驶更加流畅，如图4.51所示。为了使车辆真正达到人车一体的境界，VDIM还采纳了通过ASV等培育起来的识别及判断技术，并将在今

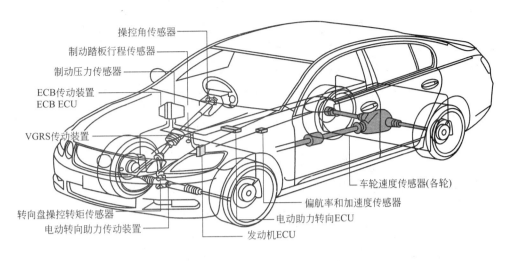

图 4.50 VDIM 系统组成示意图

后对这些技术做更进一步的改进。

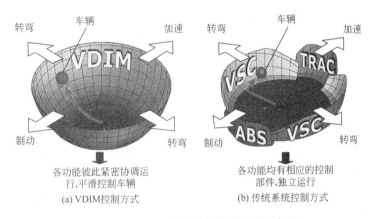

图 4.51 VDIM 与传统系统的区别示意图

VDIM 系统比起之前的电子辅助类系统，其综合化控制方式实现了各个电子辅助系统的有机配合，能提前检测到错误驾驶方式，因此更加人性化，对驾驶的介入粗暴性降低，在不影响安全驾驶的同时，也让操控更具有直接感，大大提升了驾驶乐趣。

汽车制动控制系统的发展

今天，ABS/ASR 已经成为欧、美、日等发达国家和地区汽车的标准配置。车辆制动控制系统的发展主要是控制技术的发展，其特点是一方面是扩大控制范围、增加控制功能；另一方面是采用优化控制理论，实施伺服控制和高精度控制。

在扩大控制范围、增加控制功能方面，ABS 功能的扩充除 ASR 外，同时把悬架和转向控制扩展进来，使 ABS 不仅仅是防抱死系统，更是综合的车辆控制系统。制动器开发厂商还提出了未来将 ABS/ASR 和 ESP 与智能化运输系统一体化运用的构想。随着电子控制传动、悬架系统及转向装置的发展，将产生电子控制系统之间的联系网络，从而产生一些新的功能。例如，采用电子控制的离合器可大大提高汽车静止起动的效率；在制动过程中，通过输入一个驱动命令给电子悬架系统，能防止车辆的俯仰。

在采用优化控制理论、实施伺服控制和高精度控制方面，已经有人将一些智能控制技术(如神经网络控制技术)应用在汽车的制动控制系统中。ABS/ASR并不能解决汽车制动中的所有问题，因此由ABS/ASR进一步发展演变成的电子控制制动系统(EBS)，将是控制系统发展的一个重要的方向。但是EBS要想在实际中应用开来，并不是一个简单的问题。除技术外，系统的成本和相关的法规是其投入应用的关键。

经过了100多年的发展，汽车制动系统的形式已经基本固定下来。随着电子，特别是大规模、超大规模集成电路的发展，汽车制动系统的形式也将发生变化。如凯西-海斯(K-H)公司在一辆实验车上安装了一种电-液(EH)制动系统，该系统彻底改变了制动器的操作机理。通过采用4个比例阀和电力电子控制单元，K-H公司的EBM就能考虑到基本制动、ABS、牵引力控制、巡航控制制动干预等情况，而不需另外增加任何一种附加装置。EBM系统潜在的优点是比标准制动器能更加有效地分配基本制动力，从而使制动距离缩短5%。一种完全无油液电路制动BBW(Brake-By-Wire)的开发将使传统的液压制动装置成为历史。

➡ 资料来源：http://www.docin.com/p-116026358.html

4.6 轮胎压力监测系统

4.6.1 概述

轮胎气压是影响汽车行驶性能和安全性能的重要指标。轮胎气压过高，会加快轮胎的磨损，容易造成胎冠部位爆裂，同时因与地面摩擦力减小，还会影响制动性能；轮胎气压过低或漏气，会使与地面的摩擦力成倍增加，加速轮胎的磨损，同时使油耗增加。由于轮胎胎侧是轮胎的薄弱部位，在气压过低时会因不断受到挤压和拉伸，容易造成疲劳失效，发生爆胎。在行车辆爆胎常使车辆失控而引发恶性交通事故，尤其是高速公路上在行车辆一旦发生爆胎，通常引发严重交通事故。因而，对轮胎气压进行实时监控对保证在行车辆行车安全具有重要意义，而对轮胎气压进行实时监控则是保证轮胎行驶安全的重要手段。

汽车高速行驶过程中，轮胎故障是所有驾驶者最为担心和最难预防的问题，也是突发性交通事故发生的重要原因之一。据统计，在我国高速公路上发生的交通事故中，1/3以上事故与爆胎相关，防止爆胎已成为在行车辆安全驾驶的一个重要课题。分析表明：保持标准的车胎气压行驶和及时发现车胎漏气是防止爆胎的关键。轮胎压力监测系统(Tire Pressure Monitoring System, TPMS)正是基于此出发点而开发的一项提高在行汽车行车安全性的新技术，如图4.52所示，主要用于在汽车行驶时实时地对轮胎气压进行自动监测。该系统是通过对汽车轮胎的气压、温度等参数进行动态实时监测(图4.53)，在出现危险状况，即轮胎漏气和低气压状态时进行报警，因而可最大限度地避免由爆胎引发的交通事故，以保障行车安全。

图 4.52 TPMS

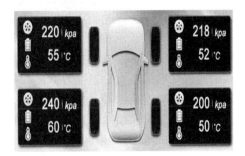

图 4.53 TPMS 的中控液晶屏显示的胎压状况（正常）

TPMS 在美国汽车市场应用的快速增长主要受益于法律环境的改变。在经历了一系列与胎压异常有关的惨痛交通事故后，美国通过了一项强制在汽车上安装 TPMS 的法律。该法律规定汽车厂商必须于 2003 年 11 月后在美国生产的汽车上逐步安装一定比例的直接式或间接式 TPMS。到 2007 年 9 月 1 日，所有在美国销售的汽车必须装有 TPMS。目前在欧美市场，TPMS 已成新车的标准配置，与 ABS、安全气囊一起被视为汽车三大安全系统。在日本，TPMS 主要出现在高端车上及出口至欧美市场的汽车上，在我国，目前 TPMS 主要应用在一些中高端车型上。据悉，我国 TPMS 强制性国家标准已进入论证阶段，该标准的制定将对规范和引导 TPMS 胎压监测技术的发展起到强有力的促进作用。

TPMS 的作用是在汽车行驶过程中对轮胎气压进行实时自动监测，并对轮胎漏气和低气压进行报警，以确保行车安全。TPMS 作为高科技的汽车安全预警设备，使驾驶员的驾驶环境变得轻松和安全。在驾驶过程中，TPMS 自动对汽车轮胎气压进行监测，使驾驶者能够实时了解汽车轮胎气压的变化状况。当轮胎气压发生异常时，如因为机械故障使轮胎变大或渗漏、缺气使轮胎压力降低时，该装置会自动报警提示。该装置具有保障乘员生命安全、延长轮胎寿命及降低油耗等功用。

4.6.2 TPMS 的组成及工作原理

TPMS 主要包括轮胎压力监测模块、接收及显示模块、线束 3 部分，如图 4.54 所示。

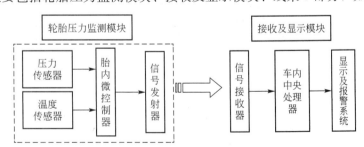

图 4.54 TPMS 的组成及工作原理框图

轮胎压力监测模块主要由压力传感器、温度传感器、胎内微控制器、信号发射器组成，直接安装在汽车轮胎里，实时测量轮胎压力和温度，并将测量得到的信号经调制后通过高频无线电波（RF）发射出去；接收及显示模块主要由信号接收器、车内中央处理器、显示及报警系统组成，安装在驾驶室内，接收监测模块发射的信号，并将各个轮胎的压力和温度数据显示在屏幕上，供驾驶者参考。当任何一个轮胎的气压、温度出现异常状况征兆时，TPMS 即刻以声、光形式向驾驶者报警，提醒驾驶者采取必要的措施以保障行车安全；线束通过接线端子将轮胎压力监测模块与接收及显示模块有机连接，形成一个工作装置。TPMS 的工作过程示意图如图 4.55 所示。

工作原理：TPMS 通过在每一个轮胎上安装高灵敏度的传感器，在行车或静止的状态下，实时监视轮胎的压力、温度等数据，并通过无线方式发射到接收器，安装在驾驶室内的接收监测模块通过显示器上显示各种数据变化或以蜂鸣等形式提醒驾车者；并在轮胎漏气和压力变化超过安全门限（该门限值可通过显示器设定）时进行报警（图 4.56 中左右后轮显示的加框部分的状况），以保障行车安全。

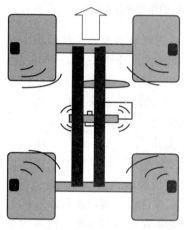
图 4.55 TPMS 的工作过程示意图

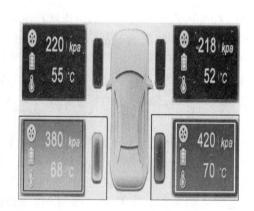
图 4.56 TPMS 的中控液晶屏显示的胎压异常状况

TPMS 按照工作原理差异可分为直接式 TPMS 和间接式 TPMS 两种。

直接式 TPMS(Pressure-Sensor Based TPMS，PSB)利用安装在每一个轮胎里的压力传感器直接测量轮胎气压，并对各轮胎气压进行显示及监视。当轮胎气压太低或有渗漏时，系统会自动报警，属于事前主动防御性。它还可以监测轮胎温度和蓄电池电压。该类型系统的突出优点是所得数据精确，缺点是成本较高。

间接式 TPMS(Wheel-Speed Based TPMS，WSB)是通过汽车 ABS 的轮速传感器比较轮胎之间的转速差别以达到监测胎压的目的。ABS 通过轮速传感器确定车轮是否抱死，从而决定是否启动防抱死系统。当轮胎压力降低时，车辆的重量会使轮胎直径变小，这就会导致车速发生变化，这种变化即可用于触发警报系统来向驾驶员发出警告，属于事后被动型。该类型系统的主要缺点是无法对两个以上轮胎同时缺气的状况和速度超过 100km/h 的情况进行判断，其系统校准较复杂，故障轮胎定位不够准确，无法直观、准确地反映气压数值，使其应用受到很大限制。

因直接式 TPMS 的功能和性能均优于间接式 TPMS，目前直接式 TPMS 已成为主流发展方向。

4.6.3 TPMS 的主要功能和特点

（1）事前主动型安全保护。汽车上现有的一些安全装置如安全气囊等属于"事后被动"型安保，即在事故发生后才起到保护人身安全的作用，而 TPMS 明显属于"事前主动"型安保，即在轮胎出现危险征兆时就及时报警，可使驾驶员及时采取措施而将事故消灭在萌芽状态。

（2）延长轮胎使用寿命。统计表明：当轮胎气压超出许可范围时均会使轮胎使用寿命缩短，如果车轮气压比正常值低10%，轮胎寿命将减少15%；而TMPS系统的使用由于能够实时监测每个轮胎的动态瞬时气压，当轮胎气压出现异常时能及时自动报警，从而减少车胎的磨损，延长轮胎使用寿命。

（3）减少燃油消耗，有利于环保。实验显示：轮胎气压低于标准气压值30%时，车辆油耗将上升10%。车辆油耗上升不仅增加运行费用，还增大废气排放，加大环境污染。车辆安装了TPMS后，就能及时发现车胎气压异常，有效避免轮胎气压异常现象的发生，这不仅有利于降低油耗，而且还可减轻对环境的污染。

（4）可避免车辆部件不正常磨损。若汽车长时期在轮胎气压过高的状态下行驶，将会对底盘及悬架系统造成损害；如果轮胎气压不均匀，会造成制动跑偏，从而增加悬架系统的磨损。汽车安装了TPMS后能有效避免上述现象的发生。

TPMS是以先进的传感技术为先导，以信息处理和信息传输为手段收集、记录、传输与轮胎所处环境相关的多项参数的综合信息，并对这些信息做出正确判断和处理的汽车主动安全技术。先进传感器技术、信息处理技术、传输技术在轮胎监测上的应用成为轮胎气压智能监测技术研究的热点。

4.6.4　吉利集团研发的爆胎监测及安全控制系统简介

2008年，我国吉利集团研发出具有自主知识产权的爆胎监测及安全控制系统（Blow-out Monitoring and Brake System，BMBS）。BMBS采用的是人工智能主动介入技术，除了可以实时监测轮胎的气压并提供胎压过高或过低的预警外，还能够在驾驶员遭遇爆胎反应过来之前，自动接管车辆，代替驾驶员实施行车制动，从而达到降低和化解爆胎风险的目的。图4.57为装备有BMBS的汽车后轮爆胎的试验现场。

图 4.57　装备有 BMBS 的汽车后轮爆胎试验现场

现场试验表明，装备有BMBS的汽车轮胎发生爆胎后，BMBS的安全控制启动，BMBS会在0.5s的时间内实施渐进式自动制动，将车速降至40km/h的安全车速。BMBS与ABS和EBD相结合，避免车轮抱死导致汽车跑偏、侧滑和甩尾现象发生，确保行车安全。

BMBS由爆胎监测模块（分机）、微机智能控制器（主机）、电控行车制动器（制动设备）、显示终端（GPS、仪表）等部件组成。制动控制部分为双路冗余驱动，当一路控制驱动出现问题时，第二路驱动将会启动以保证系统运作正常。

BMBS 技术的核心是轮胎气压的实时监测和快速行车制动,如图 4.58 所示。它使汽车在爆胎后能够及时制动,增大车轮与地面的附着力,并在 ABS 的支持下,使车轮滑移无法产生。制动同时使爆胎车轮对应一侧正常车轮产生的制动力大于或接近爆胎车轮的滚动阻力与制动力之和,有效防止爆胎方向偏航。制动更能使汽车行驶速度快速降低,彻底化解爆胎风险。

图 4.58 BMBS

BMBS 能够化解爆胎风险的技术保障:采用智能化自动控制系统,弥补驾驶员生理局限,爆胎后在驾驶员做出反应($t \leqslant 0.5s$)前替代驾驶员实施行车制动,保障行车安全。

BMBS 在轮胎爆胎后因提前做出反应,可赢得 3~5s 的宝贵时间,取得较驾驶员提前 90~150m 距离制动的实际效果。该系统提前实施制动的 3~5s 内,汽车动能下降幅度达到或超过 75%,使爆胎危险发生概率大大降低,可以在驾驶员做出行车制动前使汽车速度大幅度降低,甚至停车。显然,BMBS 的性能优于 TPMS。

4.7 四轮转向技术

4.7.1 概述

汽车两轮转向(Two-wheel Streering,2WS)技术虽经历了百余年的发展,但如下问题仍未解决好。

(1) 两轮转向汽车在转弯时,现有各类转向机构均不能保证全部车轮绕瞬时中心转动,从而难以从技术上完全消除车辆行驶中的车轮侧滑现象。

(2) 对于独立悬架汽车而言,其转向梯形断开点难以确定,这就导致了横拉杆与悬架导向机构之间运动不协调,使汽车在行驶中易发生摆振,从而加剧轮胎磨损,转向性能随车速、转向角、路面状态的变化而变化,车速越高,操纵稳定性越差。

(3) 采用两轮转向方式时,转弯半径较大,使汽车的机动灵活性降低。

鉴于两轮转向方式存在的上述问题,日本从 20 世纪 60 年代起开展了通过 4WS 方式提高汽车操纵稳定性的研究,至 20 世纪 80 年代末,四轮汽车转向系统获得实际应用。1990 年,本田、马自达、尼桑 3 家汽车公司首先在部分轿车上推出了 4WS 系统。1991 年,美国克莱斯勒和日本的三菱公司也推出了 4WS 车型。目前,4WS 大多应用在一些大型车辆上，也有一些SUV及跑车具有4WS的能力，图4.59为一辆具有4WS能力的越野车。

4WS汽车的转向过程比两轮转向汽车相比，转向能力强、转向响应快的特点明显。普通2WS汽车前轮的运动是既可绕自身的轮轴自转，又可绕主销相对于车身偏转，而后轮则只能自转而不能偏转。当驾驶员转动转向盘后，前轮转向，改变了行驶方向，此时地面对前轮胎产生一个横向力，通过前轮作用于车身，使车身产生横摆，因转向产生的离心力使后轮产生侧偏而被动地改变前进方向。4WS汽车的转向过程较2WS汽车则明显不同，因后轮和前轮一样既可自转，也能偏转，当驾驶员转动转向盘后，前、后轮几乎同时转向，使汽车能按照驾驶员的意愿改变前进方向，实现转向运动。

图4.59 具有4WS能力的越野车

对于2WS汽车转向过程，因后轮是被动地参与转向，从转动转向盘到后轮参与转向运动之间存在一定的滞后时间。2WS汽车的这种相位滞后特性使汽车转向的随动性变差，并使汽车的转向半径增大。另外，2WS汽车在高速行驶时，相对于一定的转向盘转角增量而言，车身的横摆角速度和横向加速度的增量增大，使汽车在高速行驶时的操纵性和稳定性变差。而4WS汽车在转向时因前、后轮都做主动转向，在转向过程中，灵敏度高，响应快，有效地克服了上述缺点。和普通2WS汽车相比，4WS汽车的优、缺点见表4-11。

表4-11 4WS汽车的优、缺点

优 点	缺 点
① 转向操作的准确性提高，响应加快； ② 低速时转弯半径变小，机动灵活性提高； ③ 转向轻便性、行驶稳定性和抗侧向稳定性效果提高； ④ 超车时变换车道更容易，产生侧滑的风险降低	① 使转向系统结构复杂化、成本增加； ② 低速转向时汽车尾部容易碰到障碍物，后轮转角不能过大； ③ 难以实现理想转向控制

4.7.2 4WS汽车的工作原理及转向特性

1. 现代4WS汽车的基本组成及工作原理

4WS汽车是在2WS汽车转向系统的基础上，在后悬架上安装一套后轮转向系统，两者之间通过一定方式（机械式、液压式、电子式）联系，使得汽车在前轮转向的同时，后轮也参与转向，图4.60所示为一个4WS系统构成简图。

电控4WS系统结构简图如图4.61所示。电控4WS系统主要由前轮转向机构、传感器（包括车速传感器、转角传感器、横摆角速度传感器）、ECU、后轮转向执行机构、后轮转向传动机构等组成。转向时，传感器将前轮转向的信号和汽车运动的信号送入ECU进行分析判断，然后ECU将处理后的驱动信号传给后轮转向执行机构，通过后轮转向传动机构驱动后轮产生偏转；与此同时，ECU 实时监控汽车运行状况，计算目标转向角与后轮实时转向角之间的差值，实时调整后轮的转角。

图 4.60　4WS 系统构成
1—前轮转向齿轮；2—转向盘；3—中间轴；4—后轮转向齿轮

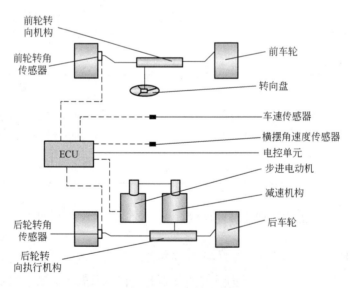

图 4.61　电控 4WS 系统结构简图

一般的 4WS 汽车上设有两种转向模式，即 4WS 转向模式和 2WS 转向模式，驾驶员可通过驾驶室内的转向模式开关进行选择，正常情况下系统优先进入 4WS 转向模式。当 4WS 汽车在行驶过程中电子控制系统出现故障时，后轮自动回到中间位置，汽车自动进入前轮转向状态，以保证汽车像普通前轮转向汽车一样安全地行驶；同时，仪表板上的"4WS"指示灯亮，警告驾驶员，故障情况被存储在 ECU 中，以便于维修时检码。

4WS轿车的前后轮转向装置之间的联系形式既有机械式,也有液压式、电子式等。目前4WS装置已将机械、液压、电子、传感器及微处理机控制技术紧密结合在一起,由于4WS系统是一种可提高汽车转向操作的准确性、机动灵活性和行驶稳定性的重要技术,优点明显,在德国大众的奥迪、帕萨特、高尔夫等,日本的日产、马自达及美国各公司的轿车上应用,今后会在更多的轿车上广泛应用。

2. 4WS汽车的转向方式

目前的汽车转向分为2WS即前轮转向和前后4WS两种,前者普遍使用,后者是最近20多年出现的一种新技术。

汽车2WS是指汽车行驶过程中驾驶员操纵转向盘时仅前轴两个车轮发生偏转的转向方式;而4WS是指车辆行驶过程中驾驶员操纵转向盘时前后两轴4个车轮能同时发生偏转的转向方式。4WS的主要目的是提高汽车在高速行驶或在侧向风力作用时的操纵稳定性,改善低速下的操纵轻便性,以及减小在停车场时的转弯半径。

4WS机构中的后轮不仅可以与前轮同方向转向,也可以与前轮反方向转向。当后轮转向与前轮转向方向相同时称为同向位转向,当后轮转向与前轮转向方向相反时称为逆向位转向,如图4.62所示。

同相位转向模式对应于汽车中、高速行驶或转向盘转角较小的情况。此条件下后轮的偏转方向与前轮的偏转方向相同(后轮最大转角一般为1°左右),使汽车车身的横摆角速度大大降低,可减小汽车车身发生动态侧偏的倾向,提高汽车高速行驶稳定性,从而保证汽车在高速超车、进出高速公路、高架引桥及立交桥时处于不足转向状态。

逆相位转向模式对应于汽车低速行驶或者转向盘转角较大的情况。此条件下后轮的偏转方向与前轮的偏转方向相反,且偏转角度随转向盘转角增大而在一定范围内增大(后轮最大转向角一般不超过5°),这种转向方式可改善汽车低速时的操纵轻便性,减小汽车的转弯半径,如图4.63所示,提高汽车低速行驶的灵活性和转向机动性,便于汽车掉头转弯、避障行驶、进出车库和停车场。

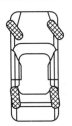 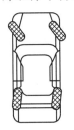

(a) 前后轮同相位转向　(b) 前后轮逆相位转向

图4.62　4WS时前后轮逆相位转向和同相位转向示意图

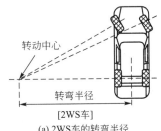 

(a) 2WS车的转弯半径　(b) 4WS车的转弯半径

图4.63　2WS车与4WS车转弯半径的比较

4WS能够提高汽车低速转向时的机动灵活性和高速转向时的操纵稳定性的关键是在低速和中高速分别采取了不同的相位转向模式,即低速时采取前后轮逆相位转向和中高速时采取前后轮同相位转向模式。

与2WS汽车相比,4WS汽车的高速转弯特性明显改善,如图4.64所示。理想的高速转弯运动是车辆的前进方向应尽量与车身的方向保持一致,以限制过度自转运动。

图4.64(a)中,2WS 汽车高速转弯时,因后轮是被动地参与转向,在侧向力作用下前、后轮产生的侧偏角不同,由于前轮产生的侧偏角大于后轮产生的侧偏角,使得前轮产生的侧滑力大于后轮产生的侧滑力,前、后轮侧滑力的不平衡使得汽车车身发生自转而导致车身方向与车辆前进方向发生偏离,且这种偏离随车速的增加而增大,从而损坏汽车行驶稳定性。

图4.64(b)中,4WS 汽车高速转弯时,因后轮与前轮一样参与转向且做同向转动,在侧向力作用下前、后轮产生的侧偏角相同,后轮产生的侧滑力与前轮产生的侧滑力相平衡,从而限制车身的自转运动,使得车辆的前进方向与车身的方向较好地保持一致。

图 4.64 高速转弯时 2WS 车与 4WS 车辆转向特性的比较

3. 4WS 汽车后轮转向方式、装置的类型及转向特性

1) 4WS 汽车的后轮转向方式

4WS 汽车的后轮转向方式概括起来主要有 3 种形式。

(1) 同相位方式,即后轮与前轮同向偏转,在中高速行驶时采用。

(2) 反相位方式,即后轮与前轮反向偏转,在低速行驶时采用。

(3) 反相位向同相位转换方式,即后轮与前轮先反向偏转再同向偏转,在低速或急转弯时采用。

4WS 系统中后轮转角的大小对汽车的驾驶性能及驾驶员的驾驶习惯都会产生影响。图 4.65 为 4WS 汽车与普通前轮转向汽车在相同行车条件下行驶轨迹的对比。

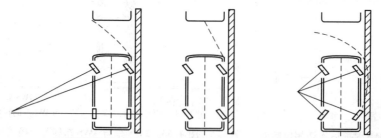

(a) 普通前轮汽车转向 (b) 4WS汽车前后轮同向偏转 (c) 4WS汽车前轮反向偏转

图 4.65 4WS 汽车与普通前轮转向汽车在相同行车条件下行驶轨迹的对比

图 4.65(a)为普通前轮转向汽车驶出停车位置的行驶轨迹,此轨迹表明汽车不会与前车和人行道相碰,但相互间距离非常靠近,需要驾驶员非常谨慎;图 4.65(b)、(c)为 4WS 汽车驶出停车位置的行驶轨迹,对于图 4.65(b)而言,由于后轮与前轮同向偏转,需要的转弯半径较大,此条件下会与前车相撞,无法正常驶出;对于图 4.65(c)而言,由于后轮与前轮反向偏转,此条件下虽然不会与前车相撞,但会与人行道相碰,也无法正常驶出停

车位置。因而，4WS 汽车转弯时后轮转角不能过大(目前后轮的最大转角一般不超过 5°)。

2) 4WS 汽车后轮转向装置的类型及转向特性

4WS 装置按照控制后轮的转向方法、前后轮的偏转角和车速之间的关系分为转角传感(随动)型和车速传感型两种类型。

转角传感型是指前轮和后轮的偏转角度之间存在着一定的因变关系，即后轮可以按前轮偏转方向做同向偏转，也可以做反向偏转。车速传感型根据事先设计的程序规定当车速达到某一预定值时(通常为 35～50km/h)，后轮与前轮同方向偏转，当低于某一预定值时，则与前轮反方向偏转。目前的 4WS 轿车既有采用转角传感型，也有采用车速传感型，还有二者兼而用之的综合型，如马自达 929 型轿车的 4WS 就具有这两种类型的特点。

转角传感型 4WS 装置的工作特点：后轮偏转受前轮偏转控制，做被动转向，且后轮偏转方向和转角大小受转向盘转动的方向和转角大小的控制，如图 4.66 所示。转向特性：小角度转动转向盘时，后轮与前轮同向偏转，随着转角的增大，后轮转角逐渐减小、回正，然后再反向偏转，后轮的最大偏转角不超过 5°。结构上：通过一根后轮转向传动轴将前、后轮转向机构相连，一般都采用机械式传动和人力直接控制。

车速传感型 4WS 装置的工作特点：后轮偏转的方向和转角大小主要受车速高低的控制，在转向过程中还同时受前轮转角、侧向加速度、横摆角速度等动态参数的综合控制作用，如图 4.67 所示。转向特性：根据事先设计的程序规定，当车速低于 50km/h(不同的汽车设定的由反向变正向偏转的车速不同)时，后轮相对前轮反向偏转，当车速高于 50km/h 时，后轮相对前轮同向偏转。结构上：有全液压式、电控液压式、电控机械液压式和电控电动式等几种类型。车速传感型由于综合考虑了汽车的各种动态参数对汽车转向行驶过程中的操纵稳定性的影响，动态模拟控制效果好，是目前 4WS 汽车上主要采用的 4WS 装置。

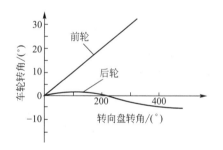

图 4.66 汽车前后轮转角与转向盘转角之间的关系

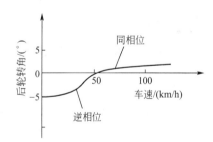

图 4.67 汽车后轮转角与车速之间的关系

4.8 电控动力转向系统

4.8.1 概述

汽车行驶过程中用于改变或保持汽车行驶(或倒退)方向的一系列装置称为汽车转向系统(Steering System)。汽车转向系统的功能就是按照驾驶员的意愿控制汽车的行驶方向。汽车转向系统对汽车的行驶安全至关重要，也是决定汽车主动安全性的关键性总成之一。特别是在当今车辆高速化、驾驶人员非职业化、车流密集化的背景下，针对更多不同类型的驾驶人群，通过优化转向系统结构及设计，改善汽车的转向特性，降低驾驶员的劳动强度，进而提高汽车的操纵轻便性、稳定性及安全行驶性已成为重要的技术问题。

汽车转向系统可按转向能源的不同分为机械转向系统和动力转向系统两类。机械转向系统依靠驾驶员操纵转向盘的转向力来实现车轮转向；动力转向系统则是在驾驶员的控制下，借助于汽车发动机的动力产生的液体压力或电动机驱动力来实现车轮转向。动力转向系统由于具有使转向操纵灵活、轻便，对转向器结构形式的选择灵活性大，能吸收路面对前轮产生的冲击等优点，获得了广泛应用。

随着道路条件的不断改善，汽车速度的不断提高，对转向系统操纵的安全性与舒适性也提出了更高的要求。从易于驾驶和安全性方面考虑，对转向系统的基本要求是，低速时转向轻便、灵活，高速时要有适当的手感并且运行平稳。传统的液压动力转向器因其固定的放大倍率难以满足基本要求已成为动力转向系统的主要缺点，实际中，往往是满足了低速转向轻便的要求则无法满足高速转向时要求的手感，或者满足了高速转向时有良好的手感但低速时又使转向沉重。电子控制技术在汽车动力转向系统的应用为汽车驾驶性能的改善提供了机会，图 4.68 为机械转向（无动力转向）系统、动力转向系统及电子控制动力转向系统（EPS）的转向力随车速的变化关系曲线。

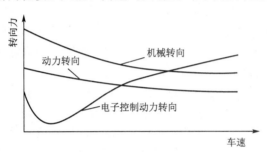

图 4.68　不同转向系统的转向力随车速的变化关系曲线

从图 4.68 可以看出，EPS 的转向特性明显优于机械转向系统、动力转向系统。在汽车低速行驶时，电子控制动力转向系统因提供较大的放大倍率使驾驶员转动转向盘所需的转向力较小，当汽车在中高速区域转向行驶时，电子控制动力转向系统以保证提供最优的动力放大倍率及稳定的转向手感为条件，适当减小放大倍率使驾驶员转动转向盘所需的转向力适当增加，在获得稳定转向手感的同时，提高了高速行驶的操纵稳定性。

纵观汽车发展历程，汽车转向系统机构类型经历了 4 个发展阶段：机械式转向系统（Manual Steering，MS）、液压助力转向系统（Hydraulic Power Steering，HPS）、电控液压助力转向系统（Electro Hydraulic Power Steering，EHPS）、电控动力转向系统（Electric Power Steering，EPS）。其中，EPS 因具有可变放大倍率、转向助力特性好、节能环保等突出优点，已成为汽车转向系统的发展方向。

机械式转向系统的最大缺点是在低速行驶和停车时使驾驶员的转向操纵负担过于沉重。为了解决这个问题，美国通用汽车（GM）公司在 20 世纪 50 年代率先在轿车上采用了液压助力转向系统。因液压助力转向系统无法兼顾车辆低速时的转向轻便性和高速时的转向稳定性，日本 KOYO 公司在 1983 年推出了具备车速感应功能的电控液压助力转向系统。这种新型的转向系统的突出特点是随着车速的升高，提供的转向助力逐渐减小，但因其结构复杂、成本较高，且无法克服液压系统自身所具有的许多缺点，成为介于液压助力转向和电动助力转向之间的过渡产品。1988 年，日本铃木（Suzuki）汽车公司首先在小型轿车 Cervo 上配备了 KOYO 公司研发的转向柱助力式电动助力转向系统；1990 年，日本本田（Honda）公司也在运动型轿车 NSX 上采用了自主研发的齿条助力式电动助力转向系统，使得电动助力转向在汽车上逐渐增多。

用于汽车上的助力转向系统主要有机械液压助力、电子液压助力、电动助力3种类型，各种助力转向方式的主要特点如下。

1）机械液压助力

这是最常见的一种助力方式，诞生于1902年，由英国人Frederick W. Lanchester 发明，该助力方式的最早商品化应用则是克莱斯勒于1951年将此应用于Imperial车系上。由于其技术成熟可靠，而且成本低廉，得以广泛普及。图4.69为机械液压助力转向系统简图。该系统主要由液压泵、油管、压力流体控制阀、储油器等部件组成。这种助力方式是将一部分发动机动力输出转化成液压泵压力，对转向系统施加辅助作用力使轮胎转向。该系统因始终处于工作状态，能耗较高。

2）电子液压助力

由于机械液压助力需要大幅消耗发动机动力，因而人们在此基础上进行改进，开发出了更节省能耗的电子液压助力转向系统，如图4.70所示。该助力方式的转向油泵不再由发动机直接驱动，而是由电动机驱动，并且在之前的基础上加装了电控系统，使得转向助力的大小不仅仅与转向角度有关，还与车速相关。机械结构上增加了液压反应装置和液流分配阀，新增的电控系统包括车速传感器、电磁阀、转向ECU等。

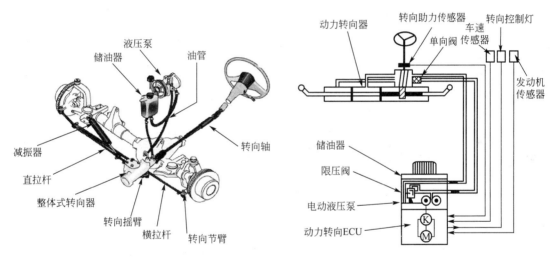

图4.69 机械液压助力转向系统　　图4.70 电子液压助力转向系统

3）电动助力

电动助力即电动助力转向系统。该系统由电动机直接提供转向助力，省去了液压动力转向系统所必需的动力转向油泵、储油器、液压油、软管和装于发动机上的带轮，能够根据车速、转向参数变化提供可变化的放大倍率转动转向盘力，即在低速时提供较大的放大倍率，以减轻转向操纵力，使低速时转向轻便、灵活；在高速时适当减小放大倍率，以稳定转向手感，提高汽车高速行驶的操纵稳定性。该助力方式具有节能、环保、调整简单、装配灵活的突出特点，获得了广泛应用。

机械液压助力、电子液压助力等固定放大倍率转向系统使用中存在的主要问题是：若按低速或停车状态确定合适的转动转向盘的力的助力放大倍率，则汽车高速行驶时由此助力放大倍率获得的转动转向盘的力显得过大，使驾驶员感觉转向"发飘"（感觉到转向盘太轻),缺少显著的"路感",降低了高速行驶时的车辆稳定性和驾驶员的安全感;若按高速状态确定合适的转动转向盘的力的助力放大倍率,则当汽车低速行驶时由此助力放大倍率获得的转动转向盘的力显得过小,使得转动转向盘费力,即转向沉重。电动助力转向系统克服了上述缺点,最突出的亮点是:根据车速变化提供可变放大倍率转动转向盘力,使得转动转向盘力能够根据车速的变化而改变,克服了机械液压助力、电子液压助力转向系统传统的固定放大倍率的弊端,即转动转向盘力不能根据车速的变化而改变。

4.8.2 EPS

EPS根据动力源不同又进一步分为液压式电子控制动力转向系统(液压式EPS,又称为EHPS)和电动式电子控制动力转向系统(电动式EPS)。

1. EHPS

EHPS是在传统的液压动力转向系统的基础上增设了控制液体流量的电磁阀、车速传感器和ECU等装置构成的,凌志牌轿车EHPS动力转向系统结构图如图4.71所示。ECU根据检测到的车速信号控制电磁阀的开度,使转向动力放大倍率实现连续可调,从而满足高、低速时的转向助力要求。现代电控液压动力转向系统主要为车速响应型,即主要根据车速的变化通过传感器向ECU传递信号,经过处理后控制电液转换装置改变动力转向器的转向力,使驾驶员转向力根据车速和行驶条件的变化而变化,从而获得理想的汽车操纵稳定性。

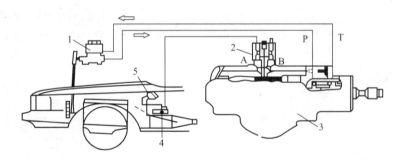

图4.71 EHPS动力转向系统结构图(凌志牌轿车)
1—动力转向油泵;2—电磁阀;3—动力转向控制阀;4—ECU;5—车速传感器

EHPS按控制方式可以分为流量控制式、液压缸分流控制式、油压反馈控制式、阀特性控制式4种类型。

流量控制式动力转向系统主要是随着车速变化通过改变动力转向器的供油流量控制转向力;液压缸分流控制式动力转向系统增设了电磁分流阀和分流油路,通过改变液压缸工作压力而获得改变转向力的效果;油压反馈控制式动力转向系统采用改变控制阀反作用腔反馈压力的办法改变转向力;阀特性控制式动力转向系统以可变的阀特性控制转向力。

流量控制式、液压缸分流控制式控制类型是EHPS发展初期的控制方式,其主要控制目标是将系统中的动力卸荷掉一部分,以实现高速时减小助力,其弊端是浪费了动力,不利于节能,而且还有急转弯反应迟钝的缺点,需要安装特别装置才能解决,现已较少使用。

油压反馈控制式现在使用较普遍,该控制方式根据车速传感器控制反力室油压,改变压力油的输入、输出的增益幅度以控制转向力。转向力的变化量,按照控制的反馈压力,在油压反馈机构的容量范围内可任意给出,急转弯也没问题,但其结构复杂,各部分的加工精度要求较高,价格也较高。阀特性控制式是近几年开发的类型,是根据车速控制电磁阀,直接改变动力转向控制阀的油压增益(阀灵敏度)以控制油压的新方法。该控制方式使来自油泵的供给流量无浪费,具有结构简单、部件少、价格便宜、有较大的选择转向力的自由度的特点,可获得自然的操舵感和最佳的转向特性。又因其阀结构简单,在传统的液力转向系统上不需做太多的改动就可实现,将成为 EHPS 今后发展的主流。

EHPS 虽然可实现根据车速变化改变转向力,提高行驶稳定性、增强路感的效果,具有失效保护功能,但仍然无法克服液压动力系统效率低、能耗大的基本缺点。

2. 电动式 EPS

电动式 EPS 是在传统的机械式转向系统的基础上,利用直流电动机作为动力源,ECU 根据转向参数和车速等信号,控制电动机转矩的大小和方向。电动机的转矩由电磁离合器通过减速增矩后加在转向机构上,形成一个与工况相适应的转向力。

该系统是一种直接依靠电动机提供辅助转矩的电动助力式转向系统,仅需要控制电动机电流的方向和幅值,不需要复杂的控制机构。另外,该系统利用微机控制,为转向系统的设置提供了较大的自由度,同时还降低了成本和重量。

1) EPS 的组成及基本原理

(1) EPS 组成及主要部件功能。EPS 由机械式转向装置、驱动电动机、离合器、减速机构、转向盘传感器(包括转矩传感器和转角传感器)、车速传感器、电控单元(助力转向 ECU)等组成,如图 4.72 所示。

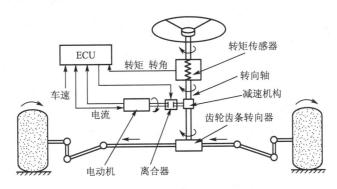

图 4.72 电动式电子控制动力转向系统示意图

驱动电动机:即助力电动机,多采用无刷永磁式直流电动机,其功能是根据 ECU 的指令产生相应的输出转矩;要求低速转矩大、波动小、惯量小、质量小、可靠性高、控制性能好。

离合器:采用干式电磁式离合器,其功能是保证 EPS 在预先设定的车速范围内闭合,当车速超出设定车速范围时,离合器断开,电动机不再提供助力,转入手动转向状态。另外当电动机发生故障时,离合器将自动断开。

减速机构:主要作用是降低电动机转速,使之适合转向需要,增大其输出转矩;结构形式主要有蜗轮蜗杆减速机构和双行星齿轮减速机构两种形式。

转矩传感器:即转向盘转矩传感器,主要用于检测作用于转向盘上的转矩信号的大小与方向。目前采用较多的是扭杆式电位计传感器。它是在转向轴位置加一根扭杆,通过扭杆检测输入轴与输出轴的相对扭转位移得到转矩。

转速传感器：安装在自动变速器的输出轴上，用于检测自动变速器输出轴的转速，根据输出轴的转速计算汽车的行驶速度。常用电磁感应式转速传感器，主要由永久磁铁和电磁感应线圈两部分组成。

助力转向 ECU：根据车速传感器传来的信号，判断汽车是处于停止状态还是处于低速行驶或高速行驶工况，再根据判别出的汽车状态，对电磁线圈的电流进行线性控制，使电磁阀有适当的开度，以控制转向助力的大小。

助力转向 ECU 通常是一个 8 位单片机系统，由一个 8 位单片机，另加一个 256B 的 RAM，4KB 的 ROM 及一个 D/A 转换器组成。ECU 还具有安全保护和故障诊断功能。

(2) EPS 的工作原理。驾驶员在操纵转向盘进行转向时，转矩传感器检测到转向盘的转角(方向)及转矩的大小，并以电压信号输送到 ECU，ECU 根据内置的控制策略，计算出理想的目标助力力矩，转化为电流指令给电动机，电动机产生的助力力矩经减速机构放大作用在机械式转向系统上，和驾驶员的操纵力矩一起克服转向阻力矩，实现车辆的转向。汽车不转向时，ECU 不向电动机控制器发出指令，电动机不工作。

电动助力转向系统的最大特点就是能实现"精确转向"，它能够在汽车转向过程中根据不同车速和转向盘转动的快慢，精确提供各种行驶路况下的最佳转向助力，减小由路面不平引起的对转向系统的扰动。其不但可以减轻低速行驶时的转向操纵力，而且可大大提高高速行驶时的操纵稳定性，并能精确实现人们预先设置的在不同车速、不同转弯角度所需要的转向助力。

2) EPS 的结构形式

根据电动机布置位置的不同，EPS 的结构可分为转向轴助力式、齿轮助力式、齿条助力式 3 种类型。

(1) 转向轴助力式。该形式如图 4.73 所示。其驱动电动机固定在转向轴一侧，通过减速机构与转向轴相连接，直接驱动转向轴助力转向。ECU 通过控制驱动电动机的运动状态实现对转向助力的控制。其特点是结构紧凑，易于安装，电动机助力响应性好，但输出转矩不大，主要用于前轴负荷较小的情况。

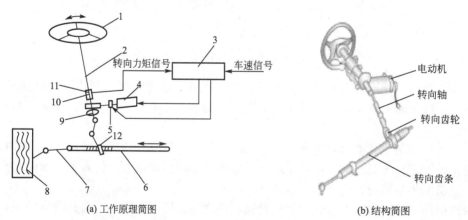

图 4.73 转向轴助力式原理及结构简图

1—转向盘；2—转向轴；3—ECU；4—电动机；5—电磁离合器；6—转向齿条；7—横拉杆；
8—转向轮；9—输出轴；10—扭力杆；11—转矩传感器；12—转向齿轮

（2）齿轮助力式。该形式如图 4.74 所示。ECU 控制驱动电动机输出端的齿轮与小齿轮 8 相连接，直接驱动齿轮进行助力转向，可提供较大的助力值，主要用于前轴中等负荷的情况。

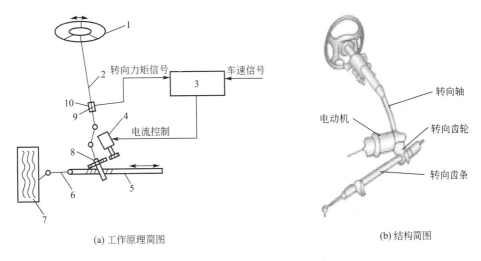

图 4.74　齿轮助力式原理及结构简图

1—转向盘；2—转向轴；3—ECU；4—电动机；5—转向齿条；6—横拉杆；
7—转向轮；8—小齿轮；9—扭力杆；10—转矩传感器

（3）齿条助力式。该形式如图 4.75 所示。驱动电动机输出端通过斜齿轮 11 与螺杆螺母相连接，与转向助力机构一起安装在小齿轮另一端的齿条处。驱动电动机带动螺杆螺母转动，使齿条-螺杆产生轴向位移，形成助力转向，能提供优良的转向特性，主要用于前轴负荷较大的情况。

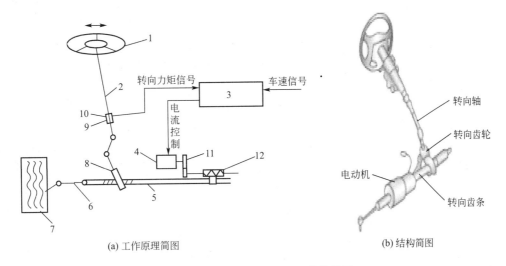

图 4.75　齿条助力式原理及结构简图

1—转向盘；2—转向轴；3—ECU；4—电动机；5—转向齿条；6—横拉杆；7—转向轮；
8—小齿轮；9—扭力杆；10—转矩传感器；11—斜齿轮；12—螺杆螺母

3种电动助力转向系统相关性能的比较见表4-12。

表4-12　3种电动助力转向系统的比较

系统	转向轴助力式	齿轮助力式	齿条助力式
噪声、振动	大	中	小
转矩波动	中	中	中
低速时转矩变动	小	小	小
转矩不足及惯性矩	中	中	中
耐热性、防水性	小	大	大
相应功率输出	小	中	大

4.8.3　EPS的主要优点

与传统液压动力转向系统相比，电动助力转向系统的主要优点如下。

（1）只在转向时电动机才提供助力，有利于降低车辆的燃油消耗。传统的液压助力转向系统由发动机驱动转向油泵转动，不管转向与否都要消耗发动机部分动力；而电动助力转向系统只是在转向时才由电动机提供助力，不转向时不消耗能量，因而，电动助力转向系统可以显著降低车辆的燃油消耗。

相关对比试验表明：在不转向时，电动助力转向可以降低燃油消耗2.5%；在转向时，可以降低5.5%。

（2）可同时兼顾低速时的转向轻便性和高速时的操纵稳定性，转向助力特性好。传统的液压助力转向系统所提供的转向助力大小不能随车速的提高而改变，其结果是汽车虽然在低速时具有良好的转向轻便性，但是在高速行驶时转向盘太轻，产生转向"发飘"的现象，驾驶员缺少显著的"路感"，降低了高速行驶时的车辆稳定性和驾驶员的安全感。

电动助力转向系统提供的助力大小可通过软件方便地进行调整。在低速时，电动助力转向系统可以提供较大的转向助力，实现转向轻便性；随着车速的提高，电动助力转向系统提供的转向助力可以逐渐减小，使转向时驾驶员所需提供的转向力逐渐增大，这样驾驶员就能感受到明显的"路感"，提高车辆稳定性。

电动助力转向系统还可以施加一定的附加回正力矩或阻尼力矩，使得低速时转向盘能够精确地回到中间位置，而且可以抑制高速回正过程中转向盘的振荡和超调，兼顾了车辆高、低速时的回正性能。由于电控系统反应灵敏、迅速，使电动式EPS运转平稳、准确、路感好，缓冲作用好，转向摆动和反冲降低。

（3）结构紧凑，质量轻，易于维护保养。电动助力转向系统取消了液压转向油泵、油缸、液压管路、储油罐等部件，而且电机及减速机构可以和转向柱、转向器做成一个整体，使得整个转向系统结构紧凑，质量小，利于小型轻量化，在生产线上的装配性好，节省装配时间，易于维护保养，因省去了油压系统油路，漏油现象明显减少，有利于环保。

（4）容易与不同车型匹配。通过程序的设置，电动助力转向系统容易与不同车型匹配，可以缩短开发和生产周期。

由于电动助力转向系统具有上述多项优点，在国内昌河北斗星、上海大众途安、一汽大众开迪等多款轿车上获得了应用。

4.8.4 汽车线控转向系统

现有的 EPS，驱动转向轮转向的力由人力和电动机助力两部分组成。随着技术的不断发展，未来的 EPS 将是全助力的电动转向系统，即驱动转向轮转向的力全部由电机提供，转向盘仅作为一个控制电动机的信号发生器由驾驶员操纵。线控转向就是一种全助力转向技术。

线控技术起源于航空航天领域。近几年来，线控技术开始在赛车、概念车及部分高级乘用车上得到应用。目前应用在汽车上的线控系统包括线控转向系统、线控换挡系统、线控制动系统、线控悬架系统、线控加速踏板系统等。线控技术用于汽车上为自动驾驶提供了条件。虽然线控技术目前在普通乘用车的应用还很少，但可以预计，未来随着线控技术的成熟和成本的降低，线控技术将会在普通汽车上获得广泛应用。

1. 汽车线控转向系统的组成、结构及功用

图 4.76 所示为汽车线控转向系统(Steering-By-Wire System，SBW)结构及信息传输示意图。线控转向系统的最大特点是转向盘和转向轮之间没有机械连接。

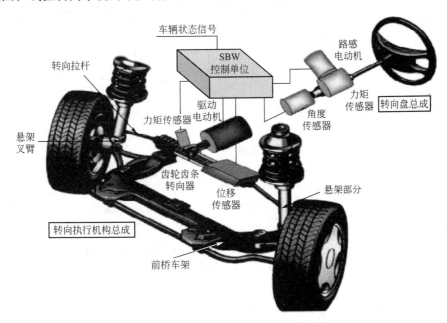

图 4.76　汽车线控转向系统结构及信息传输示意图

汽车线控转向系统由转向盘总成、转向执行机构总成和 ECU 三个主要部分及自动防故障系统组成。

(1) 转向盘总成：包括转向盘组件、转向盘转角传感器、力矩传感器、路感电动机等。其主要功能是将驾驶员的转向意图(通过测量转向盘转角)转换成数字信号并传递给 ECU；同时接受 ECU 送来的回正力矩信号，产生转向盘回正力矩，以提供给驾驶员相应的路感信息。

(2) 转向执行机构总成：包括前轮转角传感器、转向执行电机、转向电机控制器和前轮转向组件等。其功能是将测得的前轮转角信号反馈给 ECU，并接受 ECU 的命令，控制转向盘完成所要求的前轮转角，实现驾驶员的转向意图。

（3）ECU：对采集的信号进行分析处理，判别汽车的运动状态，向转向盘回正力电动机和转向电动机发送指令，控制两个电动机协调工作，保证各种工况下都具有理想的车辆响应，以减少驾驶员对汽车转向特性随车速变化的补偿任务，减轻驾驶员负担；同时控制单元还对驾驶员的操作指令进行识别，判定在当前状态下驾驶员的转向操作是否合理。当汽车处于非稳定状态或驾驶员发出错误指令时，线控转向系统会将驾驶员错误的转向操作屏蔽，而自动进行稳定控制，使汽车尽快地恢复到稳定状态。

（4）自动防故障系统：是线控转向系统的重要模块，包括一系列的监控和实施算法，针对不同的故障形式和故障等级做出相应的处理，以求最大限度地保持汽车的正常行驶。线控转向系统采用严密的故障检测和处理逻辑，以最大限度地提高汽车安全性能。

2. 汽车线控转向系统的工作原理

汽车线控转向系统的工作原理简图如图 4.77 所示。

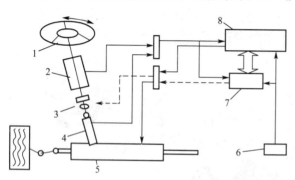

图 4.77　线控转向系统的工作原理简图
1—转向盘；2—转角传感器、转矩传感器和回正力矩电动机；3—故障离合器；4—小齿轮转角传感器；
5—主电动机；6—偏航角速度传感器和车速传感器；
7—故障处理传感器；8—ECU

工作原理：来自转向盘传感器和各种车辆当前状态的信息送给 ECU 后，利用计算机对这些信息进行控制运算，然后对车辆转向子系统发出指令，使车辆转向；同时车轮转向子系统中的转向阻力传感器给出的信息也经 ECU，传给转向盘子系统中模拟路感的部件。

3. 汽车线控转向系统的特点

线控转向系统由于取消了转向盘与转向轮之间的机械连接，占用空间小，可避免或减少碰撞事故中转向机构对于车内乘员的伤害。

（1）提高汽车安全性能。由于去除了转向柱等机械连接，完全避免了撞车事故中转向柱对驾驶员的伤害；智能化的 ECU 根据汽车的行驶状态判断驾驶员的操作是否合理，并做出相应的调整。当汽车处于极限工况时，能够自动对汽车进行稳定控制。

（2）改善驾驶特性，增强操纵性。基于车速、牵引力控制及其他相关参数基础上的转向比率（转向盘转角和车轮转角的比值）不断变化，低速行驶时，转向比率低，可以减少转弯或停车时转向盘转动的角度，高速行驶时，转向比率变大，获得更好的直线行驶条件。

（3）改善驾驶员的路感。由于转向盘和转向车轮之间无机械连接，驾驶员"路感"通过模拟生成。可以从信号中提出最能够反映汽车实际行驶状态和路面状况的信息，作为转向盘回正力矩的控制变量，使转向盘仅向驾驶员提供有用信息，从而为驾驶员提供更为真实的"路感"。

汽车转向技术已经进入电动助力时代，随着传感器、控制方式、助力电机等关键技术的不断进步和完善，以线控技术的应用为标志的全助力转向系统将成为汽车转向技术的焦点。这不仅是市场需求和技术推动的必然,也是人类追求人与自然和谐之美的愿望在汽车领域的具体表现。

4.9 自适应巡航控制系统

4.9.1 概述

自适应巡航控制(Adaptive Cruise Control,ACC)系统是一种构想于 20 世纪 70 年代末期的汽车安全性辅助驾驶系统。该系统将汽车自动巡航控制系统(Cruise Control System,CCS)和车辆前向撞击报警系统(Forward Collision Warning System,FCWS)有机地结合起来,既有自动巡航的功能,又有防止汽车前向撞击的功能,是一种智能化的自动控制系统。当时,由于传感器技术、信号处理技术、汽车电子技术及交通设施等方面的因素制约着 ACC 的发展,直到 20 世纪 90 年代中期,随着各项技术的进步和对汽车行驶安全性要求的提高,特别是对有效地防止追尾碰撞要求的不断提高,才使得 ACC 迅速发展起来。沃尔沃 V60 Sports Wagon 的 ACC 系统如图 4.78 所示,大众自适应定速巡航仪表板显示信息如图 4.79 所示。

图 4.78 沃尔沃 V60 Sports Wagon 的 ACC 系统

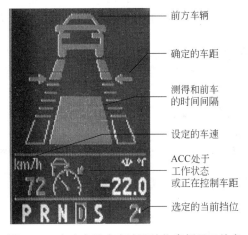

图 4.79 大众自适应定速巡航仪表板显示信息

ACC 是在巡航控制技术的基础上发展而来的。ACC 系统与传统定速巡航系统相比,增加了"定距"的功能,扩大了巡航功能的适用范围,不再仅用于高速公路,城市中也可以自如使用。ACC 系统根据驾驶员设定的车间时距,通过控制本车发动机的节气门开度及车轮制动器对车速、加速度进行控制,以实现设计的目标车头距,从而进行自适应巡航控制。ACC 系统的车速调节装置通过车距传感器来测量与前方汽车的间隔距离和相对

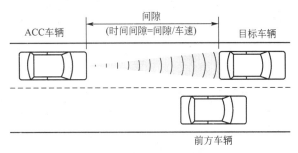

图 4.80 ACC 系统工作示意图

速度，如图 4.80 所示。

在列队行驶或者堵车时，ACC 的制动功能可使汽车完全停住，之后 ACC 又能根据情况在 3s 内自动激活。ACC 在控制车辆制动时，通常会将制动减速度限制在不影响舒适的程度。当需要更大的减速度时，ACC 的控制单元会发出声光信号通知驾驶者主动采取制动操作；当与前车之间的距离增加到安全距离时，ACC 的控制单元控制车辆按照设定的车速行驶。

ACC 的主要功用如下。

(1) 减轻驾驶员的疲劳，提高驾驶的安全性。通过雷达即测距传感器的反馈信号，ACC 可以根据靠近本车前方目标车辆的移动速度判断前方道路情况，并控制本车的行驶速度；通过反馈式加速踏板(图 4.81 所示)感知驾驶员施加在踏板上的力，ACC 的控制单元可决定是否继续执行巡航控制。由于 ACC 在车辆行驶过程中部分替代了驾驶员的操作，在减轻驾驶员工作强度和疲劳的同时，也提高了驾驶的安全性。

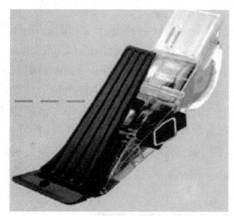

图 4.81　反馈式加速踏板结构

(2) 可使汽车低速行驶状态下也能与前车保持设定的距离。ACC 一般在车速大于 25km/h 时才会起作用，而当车速降低到 25km/h 以下时，就需要驾驶员进行人工控制。通过系统软件的升级，ACC 可以实现"停车/起步"功能，以有效应对城市道路行驶时频繁的停车和起步情况。ACC 的这种扩展功能，可以使汽车在低速状态下也能与前车保持设定的距离。当前方车辆起步后，ACC 会提醒驾驶员，驾驶员通过踩加速踏板或按下按钮发出信号，车辆就可以起步行驶。

(3) 使车辆编队行驶更加轻松。ACC 可以设定自动跟踪的车辆，当本车跟随前车行驶时，ACC 的控制单元可以将车速调整为与前车相同，同时保持稳定的车距，而且这个距离可以通过转向盘附近的控制杆上的设置按钮进行选择。

4.9.2　ACC 的组成与工作原理

1. ACC 的组成

ACC 系统的基本组成如图 4.82 所示，主要由雷达(测距传感器)、轮速传感器、方向角传感器、ACC 控制单元、制动控制器和发动机节气门控制器等组成。雷达安装在散热器的护栅内，用以探测本车前方 200m 内的目标车辆，并向 ACC-ECU 提供本车与目标车辆间的相对距离、相对速度、相对方位角度等信息；轮速传感器安装在前后轮毂上，用以测量车辆的行驶速度；方向角传感器用以判断车辆行驶的方向；发动机节气门控制器和转矩控制器用以探测和调整发动机的输出转矩，并根据需要适时调整车辆的运行速度。各种控制器和传感器均由车内 ACC-ECU 控制。

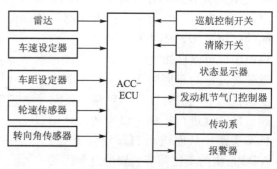

图 4.82　ACC 系统的基本组成

ACC-ECU 控制单元的重要功用之一是根据驾驶员所设定的安全车距及巡航行驶速度，再结合雷达传送来的信息确定本车的行驶状态。当本车与目标车辆之间的距离小于设定的安全距离时，ACC-ECU 计算实际车距和安全车距之比及相对速度的大小，选择减速方式，并发出控制指令，使执行机构产生动作；同时通过报警器向驾驶员发出警报，提醒驾驶员采取相应的措施。

驾驶员可通过设置在仪表板上的人机交互界面(MMI)启动或清除 ACC。启动 ACC 系统时，要设定本车在巡航状态下的车速和与目标车辆间的安全距离，否则 ACC 系统将自动设置为默认值，但所设定的安全距离不可小于设定车速下交通法规所规定的安全距离。

2. ACC 的工作原理

ACC 车辆行驶过程中，安装在车辆前部的车距传感器(雷达)持续扫描车辆前方道路，同时轮速传感器采集车速信号，当本车与前车之间的距离过小(低于安全距离)时，ACC 控制单元可以通过 ABS、发动机控制系统协调动作，使车轮适当制动，并使发动机的输出功率下降，以使本车与前方目标车辆之间始终保持安全距离。当需要更大的减速度时，ACC 控制单元会发出声光信号通知驾驶者主动采取制动操作；当与前车之间的距离增加到安全距离时，ACC 控制单元控制车辆按照设定的车速行驶。

当本车通过雷达探测到前方没有汽车等其他障碍物时，本车将执行传统巡航控制，按驾驶员设定的速度行驶；当雷达探测到前方有汽车切入或减速行驶时，启动 ACC 控制系统，按照驾驶员设定的车间时距，通过调节节气门控制器和制动控制器来控制本车的速度和加速度，以保证计算的车头净距。实际中，ACC 系统共有匀速控制、减速控制、跟随控制、加速控制 4 种典型操作形式，如图 4.83 所示。

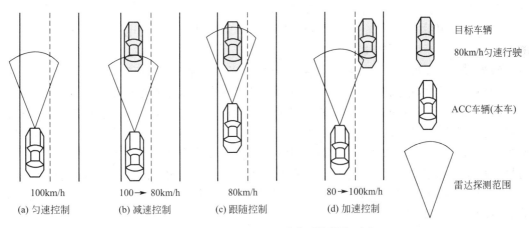

图 4.83 ACC 车辆的 4 种典型的操作形式

(1) 匀速控制操作形式(图 4.83(a))。如果 ACC 车辆前方没有车辆时，ACC 车辆将处于普通的巡航驾驶状态，按照驾驶员设定的车速行驶，驾驶员只需对车辆进行方向的控制。当驾驶员在设定的速度基础上加速时，ACC 车辆将按驾驶员的意图行驶。当驾驶员不再加速以后，如果没有新的速度设定，ACC 车辆将继续按照原先设定的车速行驶。

(2) 减速控制操作形式(图 4.83(b))。当雷达侦测到本车前方出现目标车辆，且若目标车辆的速度小于 ACC 车辆时，ACC 车辆将自动开始进行平滑的减速控制，以确保两车间的距离为所设定的安全距离。

（3）跟随控制操作形式（图4.83(c)）。当雷达侦测到前方车辆进入间隙距离之内，且ACC车辆与目标车辆之间的距离等于安全车距后，采取跟随控制，即与目标车辆以相同的车速行驶。

（4）加速控制操作形式（图4.83(d)）。当目标车换道或者ACC车辆换道后，前方又没有其他的目标车辆，ACC车辆恢复到初期的设定车速行驶，即加速控制。

ACC系统可以自动控制本车的加、减速以保持本车与前车的距离，从而大大减轻驾驶员在驾驶时的操作强度，让驾驶员从频繁的加速和减速中解脱出来，在享受更加舒适驾驶的同时，也增加了行驶的安全性。

3. ACC系统的主要部件

1) 测距雷达

在ACC系统中，测距雷达用于测量本车与前方车辆的车头距、相对速度、相对加速度，是ACC中的关键设备之一，主要包括发射天线、接受天线和DSP（数字信号处理）处理单元、数据线总成等部分。当前，广泛用于车辆主动安全控制系统的测距雷达主要为毫米波雷达和激光雷达。

毫米波雷达是利用目标对电磁波反射来发现目标并测定其位置的。毫米波频率高、波长短，一方面可缩小从天线辐射的电磁波射束角幅度，从而减少由于不需要的反射所引起的误动作和干扰，另一方面由于多普勒频移大，因此相对速度的测量精度高。汽车上应用毫米波雷达测距具有以下优点。

（1）探测性能稳定。不易受对象表面形状和颜色的影响，也不受大气流的影响。

（2）环境适应性能好。雨、雪、雾等对其干扰小。作为车载雷达，目前适用的主要有脉冲多普勒雷达、双频CW雷达和FM雷达3种。

实际中采用雷达测距，需要防止电磁波干扰，雷达彼此之间的电磁波和其他通信设施的电磁波对其测距性能产生影响。

激光雷达是一种光子雷达系统，主要根据激光束传播时间确定距离，具有测量时间短、量程大、精度高等优点。其工作原理是：从高功率窄脉冲激光器发出的激光脉冲经发射物镜聚焦成一定形状的光束后，用扫描镜左右扫描，向空间发射，照射在前方车辆或其他目标上，其反射光经扫描镜、接收物镜及回输光纤，被导入到信号处理装置内的光电二极管，利用计数器计数激光二极管启动脉冲与光电二极管的接收脉冲间的时间差，即可求得目标距离。利用扫描镜系统中的位置探测器测定反射镜的角度即可测出目标的方位。实际中，当激光镜头被泥、雪等物质盖住或在强光干涉情况下，激光雷达的工作将受到影响。目前，激光雷达获得了广泛应用。

2) ECU

控制单元ECU是ACC系统的中央处理器，也是系统的核心部分。其功用是负责将传感器送来的数据（包括相对距离、相对速度）进行处理，然后按照控制算法进行计算，最后形成工作指令，以控制发动机节气门和车轮制动器执行机构的动作。其主要包含：对目标车头距计算以决定本车与前车的距离；通过车头距控制器获取的信息计算获得目标车头距的车速、加速度命令；通过车速控制器决定发动机节气门和车轮制动器的工作状态和位置。

3) 执行机构

ACC系统的执行机构包括节气门控制器和制动器控制结构。控制单元ECU计算出汽车的加速度，再将控制命令传递到执行机构，控制节气门控制器和制动器控制结构的动作，实现对汽车的加速或减速操作。对节气门的控制是通过机械或电子的方式精确控制节气门的开度，从而控制发动机的输出转矩。对制动的控制可通过增加由脉宽调制（PWM）电磁控制的电子真空助力器实现。电子真空助力器与制动系统中的真空助力器相连，控制单元 ECU 通过电磁铁控制电子真空助力器的气压输入，从而控制真空助力器的压力，实现制动装置的制动。

4.9.3 ACC 系统的特点

虽然 ACC 可以自动控制车速，但在任何时候驾驶者都可以主动进行加速或制动。当驾驶者在巡航控制状态下进行制动后，ACC 控制单元就会终止巡航控制，当驾驶者在巡航控制状态下进行加速，停止加速后 ACC 控制单元会按照原来设定的车速进行巡航控制。

自适应巡航控制模式主要有定速模式和跟随模式。定速模式的功能是使本车按照驾驶员设定的巡航速度行驶，此模式下只需要控制节气门；跟随模式的功能是 ACC 自动通过制动和加速来保证本车与其他车辆之间的距离始终处于设定的安全距离附近。ACC 系统可在定速模式和跟随模式间自动转换。

配置 ACC 系统的主要目的是提高驾驶员驾驶过程的舒适度、减轻工作负荷。该系统集 ABS，ASR 及强化车辆稳定性系统（VSE）于一体，在驾驶员即使没有踩下制动踏板的情况下，ACC 也会自动完成制动。该系统的优点如下。

（1）装有 ACC 的智能汽车，通过雷达和计算机可鉴别出靠近本车的车辆是自行车、汽车还是行人，并根据道路情况控制本车的行驶状态，完全或部分地取代驾驶员的操作。

（2）自适应巡航控制属主动安全技术，系统通过各种传感器，在汽车周围产生一个雷达安全区域，计算机根据雷达传输的信息，分析和判断道路情况，通过控制器调整汽车的行驶状态。

（3）汽车上的各种传感器不断收集汽车、道路和周围环境等方面的信息，通过 ECU 控制和调整汽车的运行状态。该系统能够准确地判断汽车四周的安全情况，自动采取措施回避危险或者选择安全的行车路线和工作状态。

理论上，只要驾驶者在巡航控制状态下进行制动后，ACC 控制单元就会终止巡航控制，实际情况并非完全如此，以下案例值得关注。

 案例分析

杭州一私家车定速巡航失控 杭浦高速狂奔一个半小时

事故经过：2012 年 11 月 19 日 11 月 19 日傍晚 17：49，高速交警嘉兴支队指挥中心接到报警，一辆丰田杰路驰轿车在开启定速巡航功能后，因制动失灵，系统瘫痪，无法解除定速巡航，正以 125km/h 的速度，行驶在杭浦高速浦东方向 158km 附近。

接到报警后，嘉兴高速交警火速派出两辆警车，为失控车辆开道。嘉兴高速交警支队范警官告诉记者，驾车人马先生当天从萧山出发，想去临平。在上了沪杭高速公路行驶一段后，转入杭浦高速，想在临平出口下高速。

马先生说，"当转入杭浦高速公路后，因为道路上车辆比较少，就开启了定速巡航功能，当时车速定的是 120km/h。"没想到，开启定速巡航两三分钟后，当马先生想踩制动暂停定速巡航功能时，却发现制动失灵了，不仅车速减不下来，定速巡航也一直保持着开启状态。该车在以 125km/h 的速度狂奔一个半小时后，最终通过不断冲撞隔离带后才使汽车"被动"停了下来，车辆严重受损，如图 4.84 所示，驾车人马先生未受伤。

图 4.84　撞停后的丰田杰路驰轿车事故现场

据了解，当时马先生使用定速巡航功能时，车速大概在 125km/h，当马先生准备减速时，发现车辆所有系统全都处于瘫痪状态，如同计算机死机一样，不管用驻车制动还是换挡，汽车完全没有反应。

技术分析：经技术部门确认，车辆只有在定速巡航控制系统、制动系统、发动机系统、变速器系统 4 个系统同时出现问题的条件下才有可能发生马先生所描述的"制动踏板踩不动、定速巡航无法关闭、置于 N 位时车速没有变化、发动机无法关闭"的现象，迄今为止在全球范围内尚未发生相同情况。正常情况下，制动系统一发生作用，定速巡航马上退出。

"定速巡航"失控破解：遇到"定速巡航"失控的情形时，可通过推空挡、关闭发动机、踩制动、用驻车制动等办法应对。无论是装备手动变速器还是自动变速器的车辆，驾驶者都可用推空挡的办法切断车辆的动力；如果推空挡无效，驾驶者还可尝试关闭发动机，特别是使用钥匙起动的车辆，只关闭一挡，并不会失去转向助力和制动助力；如果上述方法无效，大力踩制动、用驻车制动都可以帮助车辆减速。

思考：行驶在高速公路上的车辆，定速巡航系统确实可以提高驾驶员的舒适感，但此事件也让人们看到了定速巡航系统存在着隐患，即使这仅是小概率事件，但考虑到这项功能多用于高速行驶，所以，隐患带来的危险也不容忽视。

资料来源：http://www.xcar.com.cn/bbs/viewthread.php?tid=18309694

4.10　先进安全汽车

4.10.1　概述

自 20 世纪 60 年代开始，汽车普及带来的负面影响——道路交通事故死亡人数持续上升趋势，引起了发达国家的极大关注。1966 年美国首先制定实施了国家交通、汽车安全法及公路安全法，1968 年又实施了 FMVSS，1970 年，美国运输部公布了开发 1800kg 级的试验安全车的计划。美国提出的 ESV 计划，旨在通过研制实验性的汽车，推动汽车安全性能的全面研究，并通过研究和试验，找到制定安全标准的依据。ESV 计划是汽车以 80km/h 的速度正面碰撞固定壁而能够确保乘员生存为安全目标，开发具有安全性能、车质量大约为 1800kg 的样车。其目的如下。

(1) 弄清汽车的安全性对环境的影响，撞车时乘员生存性等技术进步的可能性。
(2) 掌握如何依靠不断改进的安全设计来减少伤亡和财产损失的一般规律。
(3) 促进全世界的汽车工业界强化汽车安全的研究，把改进后的安全汽车及时用于现实。
(4) 把 ESV 评价试验所得到的技术资料用于制定新的安全标准。

虽然 ESV 计划中汽车以 80km/h 的速度正面碰撞固定壁而能够确保乘员生存为安全目标至今实现起来仍然存在较大困难，但 ESV 计划的实施与研究内容的不断深化，对改善汽车的安全性能确实起到了重要的推动作用。

ESV 计划由美国提出后,迅速得到了欧洲多国、日本政府的积极响应,欧洲、日本的汽车制造公司也纷纷加入,推进 ESV 计划研究内容的深化。与此同时,有关 ESV 的学术研讨会也积极展开,自 1971 年在法国巴黎召开第一届 ESV 国际会议开始,以后每隔 1 或 2 年召开一次相关会议,至 1996 年 6 月共召开了 15 次会议。ESV 国际会议交流的内容除了 ESV 计划的相关内容外,也扩展到包括预防安全、被动安全、碰撞安全、安全新技术等在内的更广泛领域,提出了比 ESV 更接近实用的 RSV(Researched Safety Vehicle,研究安全车)的研究成果报告。

在德国举行的第 14 届国际 ESV 会议上,出于对 ESV 进一步发展的考虑,将原来的 ESV 的含义扩展,即从 ESV 改为功能增强的车辆综合安全性,其英文从 Experiment Safety Vehicle 改为 Enhanced Safety of Vehicle。ESV 计划对提高汽车碰撞性能作用明显,加上 RSV 计划,使汽车安全性能得到了明显改善,主要体现在如下几方面。

(1) 采用吸能车体结构并保持必要的乘员生存空间。

(2) 采用截面较小、刚度较高的前风窗立柱,扩大前方视野。

(3) 采用集中报警装置,扩大警报内容和显示方法。

现代汽车在安全方面的研发主要分为主动安全性和被动安全性两个方向,其主要内容如图 4.85 所示。

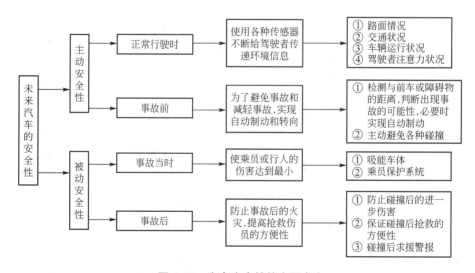

图 4.85 汽车安全性的主要内容

ASV 是为 21 世纪开发使用的一种高度智能化的安全车,其主要是利用电子技术进一步提高汽车的安全性能。ASV 所指的并不是一个单独的系统或机构,而是一整套汽车安全平台,涵盖了众多的汽车安全装备。研究 ASV 的主要目的是避免交通事故的发生和减轻交通伤害程度。通过应用电子技术和计算机技术等使车辆实现高度智能化,极大地改善车辆的安全性。

4.10.2 ASV 简介

丰田 ASV 的构成简图如图 4.86 所示。

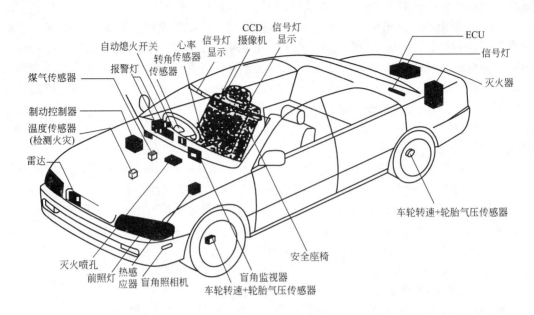

图 4.86　丰田 ASV 的构成简图

1. ASV 的组成及主要结构与功能

(1) 摄像机和雷达。装置摄像机的目的是为驾驶员行车过程中扫除盲区，通过车内的显示屏显示出驾驶员看不到的死角和盲区，防止由于视线不佳造成的错误判断。

汽车的前端装有雷达。雷达的功能是精确测量距离和速度，以使车辆能自动判断与前方车辆的车距，以及相对前方车辆的行驶速度。

(2) ECU。其可根据车辆的速度计算出安全距离，然后通过节气阀控制器使车辆与前方车辆之间的间距大于安全距离，让驾驶员能更安全、高速的行驶。ECU 还能通过两车的相对速度和距离的变化判断是否存在与前车追尾的可能。一旦发现存在与前车追尾的可能，立即报警，警示驾驶员减速直至自动控制制动系统对车辆采取紧急制动。

(3) 各种传感器。其包括轮速传感器、轮胎气压传感器、转向角度传感器等一些传统的主动安全装备。有了轮速传感器和转向盘转角传感器，再配合制动控制系统和节气阀控制系统，就能实现在高速转弯和湿滑路面驾驶时对车辆速度的动态控制，也就是 ABS、ASR、EBD、ESP 等电子系统的控制功能。

(4) 心率传感器。通过检测驾驶员的心率判断驾驶者的驾车状态，是否存在打瞌睡的倾向，一旦心率达到临界值，ECU 会自动控制制动系统对车辆制动，并且发出声音和指示灯警报，以提醒驾驶者。

2. ASV 研发产生的新技术

丰田汽车公司根据日本交通部有关 21 世纪 ASV 的项目要求，于 1995 年完成了对 ASV 的研制，共推出包括四大方面的多项新技术。

1) 安全预防技术

安全预防技术即正常驾驶状态的事故预防安全技术，该技术是指借助传感器和警报系统帮助车辆驾驶员增进安全驾驶状态的技术。具体包括以下 5 个系统。

(1) 瞌睡驾驶报警系统。该系统也称防困警报系统，由 ECU 和摄像头两大模块组成。该系统基于驾驶员生理图像反应，通过装在仪表板上的摄像机监视驾驶员面部表情、眼睛睁开程度和眼皮眨动频率(如图 4.87 所示)等信息以推断驾驶员的疲劳程度。如果确认驾驶员打瞌睡，则发出声音或释放一些刺激的气体警告驾驶员；若驾驶员继续打瞌睡，制动系统自动开启，并闪烁事故灯警告周围车辆。

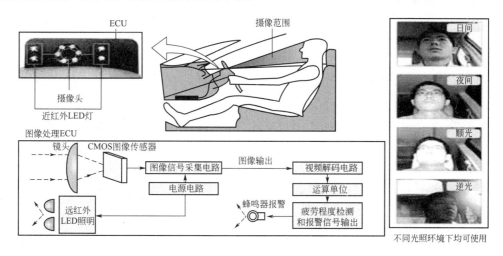

图 4.87　驾驶员瞌睡驾驶报警系统

(2) 车辆危险状态监视系统。该系统包括轮胎气压过低警报系统和车辆检测与警报系统。

轮胎气压过低警报系统根据轮胎压力变化时滚动半径不同的原理判断压力损失程度，并通过比较每个车轮的转速确定滚动半径的变化情况，若气压低于一定值，则发出信号警告驾驶员。

车辆检测与警报系统能够检测出自身周围一定区域内是否有车辆存在。该系统通过后视立体摄像机收集的空间立体信息，计算与被识别车辆间的间距信息，用声音信号警告偏移行驶路线位置车辆的驾驶员；或者利用摄像机检测白色路线标记，若驾驶员无意识偏离自己的行驶路线，系统便用声音信号警告。

(3) 确保良好驾驶视野系统。该系统能够在不良天气和复杂的交通条件下改善驾驶视野，解决视野盲区等问题，应用斥水风窗玻璃及一种高级玻璃熔接涂层技术，能将雨滴变成水珠，防止雨水在玻璃上形成水膜；或者通过装在车上的多个铅笔大小的摄像机和 3 个可切换的视频显示屏为驾驶员提供前、后、侧方视线，极大地改善了驾驶视野。

(4) 夜间路面障碍物检测系统。该系统能够在规定的车辆接近区域内检测是否存在障碍物或行人，并通过直观显示信号警告驾驶员，以便提前采取适当措施。图 4.88 为车辆灯光系统夜间检测到前方道路出现停车且有人离开车辆情景时前照灯照射范围改变前后对比效果图。

该系统通过激光雷达和超声波传感器，检测前方是否有行人及在斜角方向上是否有驶来的车辆，若系统确认有，则发生警告信号，驾驶员可以及时采取相应措施，以避免发生

(a) 前照灯照射范围改变前

(b) 前照灯照射范围改变后

图 4.88　车辆灯光系统前照灯照射范围改变前后对比效果图

事故。

(5) 自动导航技术。针对交通堵塞、交通事故和路面状况等相关的信息，该系统会根据前方车辆车速与跟车距离通过自动加速和减速进行调整。系统主要执行元件有前方道路信息传感器，其中节气门和制动伺服器由运算层次更高的 CPU 来控制执行。

2) 事故避免技术

事故避免技术是指避免汽车在行驶路线上同目标接触的技术。当在行车辆行驶过程中接近目标或偏离正常行驶路线时，系统发出警报，同时不用人工操纵便自动地输入制动和转向信号。其具体包括以下 7 个系统。

(1) 车距警报系统。该系统通过雷达和摄像机检测两车距离。当车距小于规定值时，系统发出警告信号，闪烁车灯警告跟车驾驶员须采取措施；若系统认为碰撞不可避免，则自动停住车辆。

(2) 车辆行驶路线改变警报系统。该系统能够在车辆改变行驶路线时，检测与后面接近车辆的距离。当有危险时，系统发出信号警告驾驶员，以避免发生碰撞事故。

图 4.89　车道偏离预警系统

(3) 车道偏离预警系统。该系统能够在驾驶员未操作转向信号而当车辆开始偏离原车道时，利用摄像机检测白色路线标记提供智能的车道偏离预警，如图 4.89 所示。当系统发现车辆偏离原车道，则用声音信号警告，或振动转向盘以提醒驾驶员，能大大降低因车道偏离引发的碰撞事故。

(4) 调节车辆位置的速度控制系统。该系统能够调节车速，使跟车始终与前车保持一定的距离，以避免事故发生和减轻驾驶员劳动强度。该系统用扫描雷达和摄像机检测前面行驶车辆，当触发"巡行"控制装置情况时，系统自动调节节气门和换挡顺序，使车辆不跟随太紧。

(5) 碰撞自动检测与防护系统。当在同一线路上有车辆或其他障碍物时，该系统通过多个扫描激光雷达、多个摄像机及 6 个方向上的被动光束传感器来确认危险状况。当有危险情况而驾驶员未及时采取措施，系统将按最佳方案触发转向和制动装置来避免碰撞。

(6) 转弯减速调节系统。该系统能够在车辆行驶遇到转弯时检测转弯车辆经过路面的转弯半径及曲率，并相应地自动调节车辆进行减速。

(7) 自动停止警报和调节系统。该系统能够在车辆行驶遇到前方有交叉行驶的车辆、行人或交叉路口时，通过传感器检测危险情况，使车辆自动减速或停止，图 4.90 为一汽车的行人探测与自动制动系统。

3) 碰撞时减轻危害程度技术

碰撞时减轻危害程度技术即冲突发生时减轻伤害程度与防护技术。该技术是指降低车辆发生碰撞时乘员和行人伤害的技术，具体包括以下3个系统。

图4.90 行人探测与自动制动系统

(1) 冲击吸能保护系统。该系统在汽车发生碰撞时能够吸收汽车的动能，减缓乘员移动的程度，并保证乘员有足够的生存空间。当车体受到撞击时，该系统具有高吸能特性的"压偏区"以一种可以预见的形式发生断裂或破坏，在一定程度内被压偏，从而最大限度地吸收车辆所受到的撞击能量，使乘员不遭受直接撞击，并大大减少间接作用力；同时车门结构强度足够大，在受到撞击后既能保证驾乘人员不被甩出车外，又能保证开启容易以便救助；汽车前后保险杠不仅有吸能功能，还考虑保护行人；汽车转向柱设计成缩进式，当转向柱的两端受到撞击时，以便能够折叠起来，通过限制转向柱冲出撞击驾驶员和减少驾驶员与转向盘接触产生的作用力，为驾驶员提供额外的保护功能。

(2) 保护乘员系统。该系统能够在车辆事故发生后尽量减少乘员伤害，主要包括智能安全带及安全气囊系统。该系统用雷达做传感器检测外部情况，座椅蒙皮下的小传感器测量驾驶员体重，用安全带测量驾驶员外形尺寸及驾驶员与转向盘的距离。当预测到事故不可避免时，中央智能系统便使安全带张紧，根据计算得到的将要发生碰撞的严重程度，令驾驶员座椅沿其滑轨向后移动，收缩型转向柱缩到仪表板内，调节气囊充气时间和爆破力。一切数据处理和命令均由中央处理器完成，且这些工作都在几微秒内完成，从而减少碰撞时对乘员的伤害。

(3) 降低行人伤害程度系统。该系统能够在撞到行人后尽量降低伤害程度。采用降低行人伤害程度系统，在发生碰撞事故时，发动机罩宽幅气囊由碰撞传感器激发后，在保险杠上沿着发动机罩的外形展开，能有效地为中、高身材的成年人提供腹部和臀部保护，以及为儿童和矮小身材的成年人提供头部和胸部保护。

4) 碰撞后伤害减轻与防护技术

碰撞后伤害减轻与防护技术是指车辆发生碰撞后使乘员伤害的严重程度减轻及乘员易于逃脱的技术，具体包括以下4个系统。

(1) 灭火系统。该系统通过传感器检查发动机室或隔断的车辆内室中是否着火，若检测到火情，灭火装置将自动进行灭火。

(2) 紧急门锁释放系统。该系统能够在车辆发生碰撞后释放门锁，以便乘员方便地从被撞车辆中解救出来。

(3) 碰撞反应通报系统。该系统由碰撞传感器、车辆坐标器、车辆乘员情况输入器及无线通信设备等组成，当确认车辆发生碰撞后，系统自动地进行紧急呼救。该系统在碰撞事故发生后可自动向事故救援调度中心发出呼救信号，报告汽车基于全球卫星定位系统的准确位置，事故救援调度中心根据收到的信息立即派人前往事故发生地进行救护。在救援人员赶赴现场的途中，还可以报告发生车辆碰撞程度和人员受伤情况等有关重要信息，使救援人员在抵达事故现场之前便可得到有关伤员数量、受伤程度、乘坐位置、安全带使用情况、安全气囊展开情况、汽车姿态等信息,从而为救援做好充分准备。

(4)驾驶记录系统。该系统又称机动车行驶记录仪,类似飞机上的"黑匣子"。它可以监视并记录碰撞前瞬间及撞前各种传感器信号的变化,为分析碰撞事故发生的原因提供有价值的资料。

3. ASV 技术的发展趋势

1)汽车安全技术发展的重点项目

由于高度集成化、智能化、系统化的电子技术及新材料技术运用于汽车领域,目前 ASV 技术重点研究的项目如下。

一是瞌睡驾驶报警系统,如图 4.87 所示。

二是车道偏离预警系统,如图 4.89 所示。

三是高功能尾灯。当需要高速大容量的 ECU 处理驾驶模型(加速与制动操作)和路上障碍物等时,该系统自动启动,此时该车辆就会出现在汽车仪表板的显示屏上。

四是超级光滑风窗玻璃涂层。新一代玻璃采用了一种光滑涂层,直径 1mm 的微小水珠也会以 40km/h 的速度从玻璃上滚落下去。

2)与智能运输系统结合的趋势

未来的汽车将成为各种尖端电子技术的载体,或者说汽车是移动的计算机平台。安全技术将成为"智能运输系统"(ITS)的关键组成部分,汽车的"主动"与"被动"安全项目会不断增加。目前,除了应用防抱死制动装置、安全气囊、高位安装示警停车灯、CSR 前照灯(复杂路面折射灯)、转弯指示灯、防水玻璃、四轮转向、车速及牵引力控制装置、无线电呼救信号系统和吸能车身结构等技术外,主要围绕下面 3 个领域进行开发。

一是信息安全技术,该技术将向驾驶员提示潜在的危险。

二是控制安全技术,该技术将帮助驾驶员减少事故机会,使汽车听从驾驶员的指挥。

三是冲撞安全技术,该技术将减少事故发生后的人员伤害率。

ASV 的单项技术已使汽车整体安全性能得到了明显的提高和改善。随着电子技术的发展及新材料、新技术在汽车上的应用,为进一步提高汽车安全性和智能化水平,应对已有的汽车安全技术进行整合,使之向超级集成化、智能化、系统化方向发展,即在不断完善 ASV 各项单一技术的基础上,做好各项单一技术之间的协同。实践证明,技术集成化的作用远远大于单项技术所有作用的简单总和,这对汽车安全技术也是如此。与此同时,汽车安全技术与现代通信技术、传感器技术、电子控制技术、ITS 等更紧密结合,通过不断提高智能化水平,实现汽车行驶过程的零伤害。

4.11 其他系统

4.11.1 制动辅助系统简介

1. 制动辅助系统

制动辅助系统(Brake Assist System,BAS),也称制动辅助(Brake Assist,BA),而

紧急制动辅助(Emergency Brake Assist，EBA)也有解释为电子制动辅助(Electronic Brake Assist)。无论是 BAS、BA 还是 EBA，虽然各汽车厂家在 EBA 或 BA 的名称使用或解释上各有区别，但其工作原理相同。其采用传感器探测驾驶者踩踏制动踏板的力度与速度，从而判断出驾驶者的制动意图。如果驾驶者踩踏制动踏板的力度与速度都非常大，说明驾驶者遇到了紧急情况，需要全力减速制动，因此，无论驾驶者是否对制动踏板施加了足够的压力，系统能在几毫秒内启动全部制动力，自动提供最大的制动效果，以制止交通事故的发生。

在车辆行驶过程中，BAS 会全程监测制动踏板，一般正常制动时该系统并不介入，会让驾驶者自行决定制动时的力度大小，但当其侦测到驾驶者突然以极快的速度和大力度踩下制动踏板时，会被判定为需要紧急制动，于是便会对制动系统进行加压，以产生最强大的制动力度，让车辆及驾乘者能够迅速脱离险境。相关数据分析表明，拥有 BAS 的车辆比未安装该系统的车辆的制动距离可缩短 45% 左右。图 4.91 为带 BAS 和不带 BAS 制动时的制动力比较。

BAS 的作用是：紧急制动时，自动增加制动力度，缩短制动距离，提高安全性。

BAS 与 ABS 配合使用，辅助 ABS。ABS 能缩短制动距离，并能防止车辆在制动时失控，从而减少了事故发生的可能性。但是在紧急制动的情况下，驾驶员往往由于制动不够果断或踩踏力不足而无法快速触发 ABS，浪费了制动时间，从而达不到预期的效果。为此，BAS 可让现有的 ABS 具有一定的智能，当踩制动踏板的动作快、力量大时，BAS 判断驾驶者紧急制动，并让 ABS 工作，迅速增大制动力。

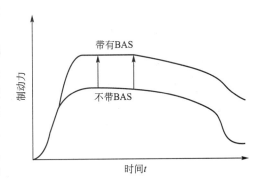

图 4.91　带 BAS 和不带 BAS 制动时制动力比较

BAS 分机械式和电子控制式两种。机械式 BAS 实际上是在普通制动加力器的基础上稍加修改而成的，在制动力量不大时，它起到加力器的作用。随着制动力量的增加，加力器压力室的压力增大，启动 ABS。电子控制式 BAS 的制动加力器上有一个传感器，向 ABS 控制器输送有关踏板行程和移动速度的信息，如果 ABS 控制器判断是紧急制动，它就让加力器内螺线阀门开启，加大压力室内的气压，以提供足够的助力。

BAS 的优点：即使驾驶者踩踏制动踏板的力量很弱，也能发生出很大的制动力，这给老人或女性等脚踝腿部力量不足的人提供了方便；松开踏板时能自动减少辅助力量，降低制动时的不适应感。

目前，BAS 在不同品牌的高端车型中已经比较常见，中级车的部分车型也已经配备该系统。作为车辆电子辅助系统中的一部分，它与 ABS、ASR、EBD、ESP 等系统协同工作，共同保障车辆行驶过程中的安全。

需要特别指出的是，BAS 只具有辅助制动功能，不能避免事故(如超速转弯、在湿滑路面上行驶或滑水现象导致的事故)，遇到紧急情况时，驾驶员的正确操作最为关键，其 BAS、ABS 等安全配置只起辅助作用，一切以鲁莽或危险的方式过分使用 BAS，必定会危及自身和他人的安全。

2. 智能制动辅助系统

智能制动辅助系统（Intelligent Brake Assist，IBA）的作用是在中低速时由计算机自行辅助制动，将车完全停止，代表品牌为英菲尼迪。

IBA 通过雷达系统判断与前车的距离、方位及相对速度。如果侦测到驾驶者应当采取措施以避免与前车的后部直接碰撞时，会点亮警告灯并伴有报警音以对驾驶者进行提醒。此外，如果系统判断在驾驶者采取措施后碰撞仍无法避免时，则会施加制动以降低车辆速度，帮助减小与缓和碰撞伤害。使用该功能时有以下几种可能。

（1）在行驶中虽与前车的距离在缩短，但驾驶者仍然在进行加速动作，此时踏板会给出相反的力度，也就是以顶脚或是加强力度的方式提醒驾驶者。

（2）当车辆行驶中与前车距离缩短，同时车辆处于不加油的滑行状态时，制动系统会及时介入进行自动制动。

（3）当前车减速或制动时，使距离缩短，同时本车驾驶者没有及时做出松加速踏板的动作，结果就是加速踏板的反作用力和制动一起并行工作，最终将危险降低或完全解除。

4.11.2 自动驻车/上坡辅助系统

1. 自动驻车系统

自动驻车是一种自动替驾驶员驻车制动的功能，启动该功能之后，如在停车等红绿灯的时候，就可不用驻车制动了，这个功能特别适应于上下坡及频繁起步停车的时候。

自动驻车的工作原理与机械式驻车制动相同，均是通过制动盘与制动片产生的摩擦力来控制停车制动，只不过是控制方式发生了改变，从之前的机械式驻车制动拉杆变成了电子按钮，从电子驻车制动基本的驻车功能延伸到自动驻车功能（AUTO HOLD），如图 4.92 所示的 AUTO HOLD 按钮键。自动驻车功能技术的运用，使得驾驶者在车辆停下时不需要长时间制动；在启动自动电子驻车制动的情况下，能够避免车辆不必要的滑行。

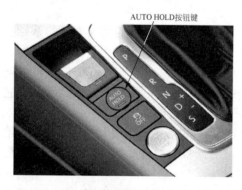

图 4.92 AUTO HOLD 按钮键位于驾驶室内操控板上的位置

传统的驻车制动在斜坡起步时需要依靠驾驶者通过手动释放手制动及熟练的加速踏板、离合器踏板配合实现顺畅起步；而自动驻车功能通过坡度传感器由控制器给出准确的驻车力，在起动时，驻车控制单元通过离合器距离传感器、离合器捏合速度传感器、加速踏板传感器等提供的信息进行计算，当驱动力大于行驶阻力时，自动释放驻车制动，从而使汽车能够平稳起步。

电子驻车制动（Electrical Park Brake，EPB），俗称电子手刹，是指将行车过程中的临时性制动和停车后的长时性制动功能整合在一起，并且由电子控制方式实现停车制动的技术。自动驻车应用过程中应注意以下几点。

（1）自动驻车有单独的开关，只有开启后才能发挥作用。

（2）并不是在任何情况下都能使汽车在坡路上保持静止，如积水或冰雪等湿滑路面会因轮胎抓地力不足而使车辆下滑。

(3) 上坡辅助系统并不完全等同于驻车制动(脚刹或电子制动)，只适于一般坡道起步。

(4) 上坡辅助作用时间有限，一般为2s，松开制动踏板后如果不及时踩加速踏板，会有溜车危险，这时应该踩制动踏板或拉紧驻车制动。

2. 上坡辅助系统

上坡辅助是车辆在坡道上起步时可以在短时间内不用驻车制动也不会下溜，给驾驶员充分踩加速踏板起步的时间，避免驾驶员在坡道上起步时心理紧张而手忙脚乱，确保安全。

上坡辅助系统(Hill-start Assist Control，HAC)是在 ESP 系统基础上衍生开发出来的一种功能。当车辆在坡路停车后重新起步时，系统会自动控制制动器几秒钟的时间，防止车辆下滑，从而提升坡路起步时的行驶安全性。它可让车辆在不适用驻车制动的情况下在坡上起步时，右脚离开制动踏板，车辆仍能继续保持制动几秒钟，让驾驶者轻松地将脚由制动踏板转向加速踏板，以防止溜车而造成事故，并且还不会让驾车者感到手忙脚乱，轻松做到"坡路起步不溜车"。图 4.93 为装备有上坡辅助系统汽车上坡时的情景。

图 4.93 装备有上坡辅助系统汽车上坡时的情景

上坡辅助系统只在有坡度的情况下才启动该功能，在一般平坦的路面上，该辅助系统会自动关闭，装配此系统的车辆在坡度起步时必须具备以下3个条件。

(1) 对于自动挡车型，变速杆必须位于 P 位外的任何位置。

(2) 车辆需处于静止状态。

(3) 驾驶员未启动驻车制动、制动踏板。

满足这3个条件后，只要踩下制动踏板，上坡启动辅助系统便会开启。

3. 自动驻车系统与上坡辅助系统之间的区别

自动驻车系统(AUTO HOLD)是基于电子驻车制动系统的，只要该功能启动，不论平地还是坡路，系统都会持续保持制动，直至传感器感知到加速踏板被踩下；而上坡辅助系统则是基于电子稳定系统(ESP)的硬件单元，通过传感器检测车辆处于坡路上时，系统才会工作，并且只保持短暂制动后自动取消对车辆的制动，与加速踏板无任何关联。相对来说，自动驻车系统(AUTO HOLD)在日常生活中的适用面很广，包括等红灯、堵车、短暂停车等情况下都能带来不少便利，而上坡辅助系统应用情况就比较单一了，只有其传感器检测到车辆处于坡路上时系统才会工作。

4.11.3 DSG变速器突然失速或加速引起的安全隐患

DSG(Direct Shift Gearbox)，中文表面意思为"直接换挡变速器"。DSG 有别于一般的半自动变速器系统，它基于手动变速器而不是自动变速器，因而，它也是 AMT(机械式自动变速器)的一员。

DSG 也称 S-Tronic 变速器、双离合变速器(Double-clutch Gearbox),由德国大众公司在 2002 年推出。DSG 变速器在换挡过程中微小的液压功耗损失和极短的换挡时间使整个换挡过程达到了高效率,从而降低了能量损耗,提高了车辆的加速性和燃料经济性。与其他变速器相比,其最突出的优点是换挡更快,传递的转矩更大,而且效率更高。DSG 可以手动换挡也可以自动换挡,比传统的自动变速器易于控制,也能传递更多功率且比手动变速器反应更快。DSG 是从连续手动挡变速器 SMT(Sequential Manual Transmission)发展而来的,从本质上说,SMT 是一款全自动电控离合的手动变速器,但 DSG 消除了 SMT 换挡离合时的动力传递停滞现象。

DSG 采用传统的 P-R-N-D-S 位设置,可以自动切入 D 位常规模式或者 S 位运动模式。在常规模式下,DSG 会提前加挡以降低发动机噪声,提高燃油经济性;在运动模式下,变速器在低速挡会停留较长时间以保证有足够的动力。而这特别适用于装有涡轮增压装置的车辆,如奥迪 A3、大众 GTI 及大众捷达 GLI,因为涡轮增压机都工作在较高的转速下。在运动模式下只要轻踩加速踏板就可以迅速减挡。

尽管 DSG 与其他变速器相比有明显的技术优势,但也存在不足之处。首先,与传统的自动变速器相比,由于没有液力转矩,又没有 MT 的半联动,对于小排量的发动机与 DSG 的组合,有时会出现低速转矩不足的现象,表现为起步时轻微的抖动;其次,由于 DSG 是采用计算机控制的智能变速器,它的升降挡需要通过计算机向发动机发送信号,并且要等发动机回复确认后才能完成升降挡,因而,智能电子设备的使用也增加了 DSG 发生故障的可能性。特别要指出的是,目前装备 DSG 变速器的汽车,在行驶过程中在驾驶员未进行专门操作时,有时出现突然失速或加速的现象,给驾车人带来极大的安全隐患。

DSG 变速器故障导致汽车行驶过程中突然失速或加速

目前,大众旗下很多车型都使用了 DSG 双离合变速器,在国内,一汽大众的迈腾、速腾、上海大众的途安、朗逸、上海大众斯柯达的昊锐、明锐等多个品牌都有采用 7 挡 DSG 变速器的车型。

国内许多大众车主反应,使用一段时间以后,装备 DSG 变速器的汽车会出现异常抖动。上海的李先生 2011 年 5 月购买了装备了 DSG 变速器的明锐 1.4T 轿车,刚刚行驶了半年就发生了让他意想不到的故障。李先生说:"当速度为 80km/h。我在准备超车的过程当中突然之间汽车没有动力了。"突如其来的故障惊出了李先生一身冷汗,好在处置得当,才未造成事故。在两年多的时间里,大众 4S 店为李先生的明锐轿车进行了 5 次维修,相继进行了软件升级,更换了离合器总成、离合器片、机电控制单元,最后甚至更换了变速器总成,然而,维修后的汽车故障依旧。

云南一位大众速腾车主不经意间捕捉到了该车在高速公路上行驶时长时间失去动力的惊险时刻,在连续踩加速踏板的情况下,车辆突然失去动力,发动机转速已经保持在 3000r/min(正常情况与之相对应的车速应为 100km/h 左右),可车速却缓缓降低,反复踩加速踏板都不起作用,感觉好像在空挡上。由于车辆在失去动力前毫无征兆,更无规律可言,当车主把车送到 4S 店时,却无法检测出此故障及其产生的原因。

踩加速踏板没动力,不踩加速踏板,2s 后整车往前冲,开车的人都知道这种现象非常危险,一些配备了 DSG 变速器技术的大众汽车不同程度出现了这种现象。据记者了解,在全球范围内,搭载了 DSG 变速器技术的大众汽车都出现了程度不同的类似问题。在我国大陆地区,仅仅搭载了 7 挡 DSG 变速器技术的这些汽车就多达50万辆，速腾、迈腾、高尔夫、尚酷、CC、斯柯达等大众汽车均存在DSG故障，其突出表现是汽车在行驶过程中突然失速或加速。

2012年3月13日，国家质量监督检验检疫总局就DSG故障问题约谈了大众汽车的相关代表人，要求企业尽快采取切实有效措施，解决大众DSG变速器故障问题，消除安全隐患。

➡ 资料来源：http://news.iqilu.com/china/gedi/2013/0315/1473686.shtml

4.11.4 车门电动锁遇水出现失灵引起的安全隐患

汽车车门锁主要指前、后侧门锁机构总成。以轿车为例，4个车门锁在车上的位置如图4.94所示。车门锁根据用途不同分为电动门锁和机械门锁，目前乘用车多采用电动门锁。

电动门锁机构的组成包括锁机构机械部分、闭锁器、锁扣、各种锁杆（索），如锁芯拉杆（索）、外开拉杆（索）、内开拉杆（索）、保险拉杆（索）、闭锁器拉杆（索）等。前门锁机构组成部分如图4.95所示。

中央控制门锁简称中控锁。为提高汽车使用便利性和行车安全性，

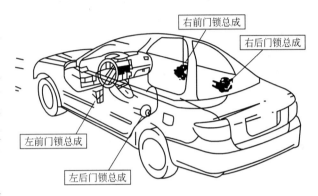

图4.94 轿车四个车门锁在车上的位置示意图

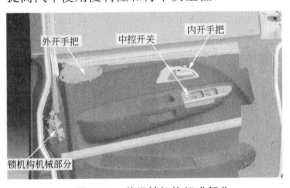

图4.95 前门锁机构组成部分

现代汽车越来越多地安装中控锁。当行车速度达到一定时，各个车门能自行锁上，防止车内乘员误操作车门把手而导致车门打开。遥控中央门锁控制系统也称为无钥匙进入（Remote Keyless Entry）系统，它为驾车者提供了一个打开门锁的方便手段。目前用于汽车上的中控锁虽然种类较多，但其基本组成主要为门锁开关、门锁执行机构和门锁控制器3部分。

（1）门锁开关。其作用是控制门锁控制器的工作状态。大多数中控锁的开关都由总开关和分开关组成，总开关装在驾驶员身旁的车门上，驾驶员操纵总开关可将全车所有车门锁住或打开；分开关装在其他各个车门上，可单独控制一个车门。门锁开关有按钮式控制开关和钥匙控制开关两种。

（2）门锁执行机构。其作用是执行驾驶员的指令，将门锁锁止或开启。门锁执行机构有电动机式、电磁式、真空式和电子式驱动方式。其结构都是通过改变极性转换其运动方向而执行锁门或开门动作。

（3）门锁控制器。其作用是为门锁执行机构提供锁止/开启脉冲电流的控制装置。无论何种门锁执行机构都是通过改变执行机构通电电流方向控制连杆左右移动，实现门锁的锁止和开启。门锁控制器有电子式、车速感应式、车身电控单元控制式。

中控锁的遥控原理：从车辆使用人身边发出微弱的电波，由汽车天线接收该电波信号，经 ECU 识别信号代码，再由该系统的执行器(电动机或电磁激励线圈)执行启/闭锁的动作。该系统主要由发射机和接收机两部分组成。

中控锁的无线遥控功能是指不用把钥匙键插入锁孔中就可以远距离开门和锁门。其最大的优点是不管白天黑夜，无需探明锁孔，可以远距离、方便地进行开锁(开车门)和闭锁(锁车门)。

目前，绝大多数乘用车的车门、车窗多为电动驱动形式。车门电动锁的作用是方便驾车人开启车门和锁定车门。实际中，如果车辆突遇大水，使得车门电动锁遇水出现失灵，导致车门无法打开(同时电动车窗也无法打开)，则会对被困在车内的乘员生命安全构成严重威胁。

案例分析

车门电动锁遇水出现失灵导致车门无法打开

2012 年某夏日晚，我国北方某城市持续暴雨，市区某立交桥下积水达 4m 深，多辆车在水中熄火，驾车人弃车逃离。其中，一男子被困在路边的树上，另一男性驾驶员因没能打开车门随车沉入桥水底。武警消防官兵赶到现场后，救出了被困在树上的男子，3h 后，搜到随车沉入水底的男性驾驶员，确认其已死亡。

车辆遇到大水后，车辆外部承受的压力很大，车门很难被推开。由于许多车辆为电动锁，在落锁的状态下，电动锁遇水会出现失灵的可能，也给开启车窗带来影响。

原因分析：据了解，沉入水底的车辆装有中控锁，而中控锁受车内的线路控制。导致该车车门不能打开的原因可能是雨水浸入车内时，致使线路损坏而导致车门和车窗最终无法打开。虽然对这起悲剧的说法各异，但不少人仍认为，中控锁失灵在这次悲剧成因中扮演了重要角色。

车门无法打开的自救办法：快速转移到车后排，用力砸玻璃四个角。

车辆在遭遇大水后，水并非一下子涌进车里，而是将车浮上来后水再进入车内致其下沉。由于车辆发动机的重量较大，车辆会出现车前部先下沉的情况。驾驶员应该立即向后座移动，并用小锤子砸破车门玻璃(不是后风窗玻璃)。在砸车门玻璃的时候，要用力砸玻璃的 4 个角，这样玻璃更容易被击碎。如果没有小锤子，可以用螺钉旋具等坚硬的工具。

被困在车里逃生时，如果身边没有工具，可把座位头枕拔下来，用其两个尖锐的插头敲打侧面玻璃，这是当初设计时就考虑到的。

在车辆刚刚遇水时，车辆的外压大于车内压力，驾驶员很难击碎车窗，此时不能慌，更不能放弃，要继续用小锤子砸车窗。很快，车内外的压力就会变得相对平衡，这样击碎车窗玻璃会变得相对容易。

试验表明：当遇到车辆被水包围大量水涌进车辆时，最佳逃生时间为 30～40s，因而驾驶员要快速移动到车辆后排，用工具砸破车窗快速逃生。

在车子没有完全下沉时，第一时间经车门逃生是最为快捷，且成功率最高的逃生方式。

4.11.5 正确对待和认识汽车安全装置的作用

目前，就乘用车安全装置的配置状况而言，其价格越高，所配置的安全装置越多，特别是中型车及以上的中大型车、豪华车等车型的 95% 以上都配置了 ABS、ASR/ TCS / TRC、EBD/CBC、EBA/BAS/BA、车身稳定控制(ESP / ESC /DSC)、自动驻车/上坡辅助等安全装置。对于一辆汽车而言，是不是配置的安全装置越多，其行驶过程中的安全性就越高呢？实际情况并非完全如此，这其中涉及人们如何对待和认识汽车安全装置的作用问题。

社会公众特别是汽车驾驶员对于用于汽车上的安全装置的作用需要有一个正确和清醒的认识：现代汽车上配置安全装置肯定有利于提高汽车行驶过程中的安全性，这是毫无疑问的，但绝不是配置这些装置就能够100%地保证行驶中的汽车的绝对安全，这是因为这些安全装置的作用并不是万能的。事实上，任何一项安全装置发挥作用都需要有一定的条件做保证，如使用者的操作程序是否适当、实际行车环境、条件是否满足安全装置所需的条件等相关实际问题；另一方面，若汽车驾驶员在行车过程中将自己和他人的生命安全完全建立在汽车安全装置的基础上而不是安全意识上，本身就是一个冒险行为，本身就存在着很大的安全风险。因而，汽车驾驶员在行车过程中过分依赖汽车安全装置，其驾车的安全性就值得质疑。应该说，在实际中能起主要作用的是包括驾驶员在内的交通参与者自身在参与交通安全活动时的交通安全风险防范意识。

如果交通参与者具有高度的交通安全风险防范意识，在参与交通安全活动的过程中就会自觉遵守交通法规，尽量避免交通危险情形的形成和发展，即防患于未然。显然，在参与交通活动的过程中拥有此种心态形成的危险情形就少，发生交通事故的概率自然就低；若交通参与者的交通安全风险防范意识薄弱，在参与交通活动的过程中可能会不断制造危险情形，造成对汽车安全装置的高频率使用，当现实行车环境不满足安全条件时，道路交通事故的发生就不可避免。

目前，有相当数量的驾驶员特别是一些有车族，在对待汽车上配置的安全装置的效果的认识上存在误区，其认为只要所驾驶的车辆配置了相应的安全装置，车辆行驶中的安全就有了保证，这种认识是存在严重问题的，也是极其危险的。对于现有的汽车安全装置而言，一方面，这些安全装置起作用是需要有一定条件做保证的，汽车行驶过程的客观条件有时并不一定完全满足需要；另一方面，汽车行驶过程中的工况千变万化，现有的这些安全装置有时难以完全满足千变万化的行驶工况，因而，完全依赖汽车安全装置保障人身安全的想法是存在安全风险的。

对用于现代汽车上的各种安全装置，驾驶者持排斥的态度也是不合适的。在对待汽车安全装置作用的认识上，正确的态度应是，驾驶者不要排斥，应充分利用但不过分依赖汽车安全装置，与此同时，应不断提高自身的交通安全风险防范意识和面对交通危险情形时的应急处理能力。

思考题

4-1　汽车主动安全技术主要包括哪些内容？

4-2　ABS是如何工作的（工作原理）？ABS为什么能够缩短汽车制动距离？

4-3　何为ABS的逻辑门限值控制？ABS循环式调压器是如何工作的？ABS不同控制通道的结构与性能有何差别？

4-4　ASR、EBD分别是如何工作的（工作原理）？ASR是如何实现驱动防滑的？EBD是如何实现制动力与摩擦力（牵引力）的实时平衡的？

4-5　ESP系统是如何工作的（工作原理）？ESP系统在车辆转弯时对行驶方向是如何进行实时调节的？

4-6　EPS是如何工作的(工作原理)？有何特点？

4-7　4WS较2WS有何优点？4WS是如何工作的？车速传感型较转角传感(随动)型为什么更优？

4-8　TPMS、ACC等分别是如何工作的？有何特点？

4-9　先进安全汽车的先进性具体包括哪些内容？

第 5 章
汽车被动安全技术(装置)

本章教学要点

知识要点	掌握程度	相关知识
汽车被动安全性	掌握其意义、分类、特点及二次碰撞与一次碰撞之间的内在联系	汽车碰撞伤害与行车速度、乘员保护措施之间的内在关系
车身安全结构	掌握汽车碰撞形式与车身的变形特性及提高正面碰撞、侧面碰撞、追尾碰撞的结构措施	汽车碰撞法规要求与安全车身结构应用状况
座椅安全带、安全气囊防护系统	掌握其分类、工作原理、主要部件及其作用;二者对乘员保护的特点	安全带、安全气囊的应用状况及发展趋势
汽车座椅系统	掌握其分类、组成及主要部件功用	对汽车座椅的要求
儿童乘员保护	掌握其相关概念、对应标准及其相关内容	儿童安全座椅分类
吸能防伤转向机构	掌握其工作原理、主要结构形式与吸能机理	与安全带、安全气囊的内在关系
行人碰撞保护	掌握不同行人保护技术的基本原理及其特点	行人碰撞保护技术的发展过程及其应用状况

汽车安全

 **导入案例**

汽车被动安全发展历程

进入20世纪30年代，汽车工业进入了快速发展时期。1937年，德国大众汽车公司成立，并且推出了风靡全球的甲壳虫汽车，更多的汽车开始走进人们的日常生活，汽车的安全性问题也首次得到了关注。1939年8月，奔驰汽车公司年轻的工程师巴恩伊在为公司设计新车的方案时，首次提出了"车辆安全"的概念，并且指出一辆汽车安全与否的关键在于其车身的设计，同时他创造性地提出设计特别的转向系统、转向柱、转向盘、底盘及车身，以确保发生事故时车内驾乘人员的安全，并且把这一概念融入了自己的车辆设计中。他在车身中部设计了异常坚固的乘坐舱，并且在乘坐舱的前部和后部分别与塑性变形碰撞缓冲区连接，使它们在事故发生时能吸收碰撞所产生的能量，从而减少对车内乘客及驾驶员的冲击力度。

但是此时的车辆安全仍旧只是停留在车辆本身，对于车内驾驶员及乘客的保护几乎为零，直到1952年美国汽车生产者联合会和美国汽车工程师学会在理论上提出了汽车安全系统的必要性，鼓励广大汽车设计师和工程师集思广益，为汽车安全出谋划策。1953年8月，美国人约翰赫·特里特首次提出了"汽车用安全气囊防护装置"的概念，但是由于当时科技水平的限制，还不能把这种想法付诸实现。但是另一项发明却彻底改变了汽车工业的发展，1959年，尼尔斯·波哈林发明了三点式安全带，并且由瑞典沃尔沃汽车公司首先配备在量产汽车（即该型号的汽车已经大量的生产上市）上，从此安全带成为保护车内乘客安全最基本、也是最有效的装置，沿用至今。

➡ 资料来源：http://www.cartech8.com/thread-472227-1-1.html

5.1 汽车被动安全性概述

尽管自20世纪60年代以来，随着电子、信息及计算机技术在汽车上的应用，汽车的安全性能有了明显改进和提高，但在目前科技条件和使用环境下，汽车使用过程中因碰撞引发的交通事故仍然无法避免。汽车的碰撞安全性问题自汽车诞生以来就一直存在，但早期由于行车速度较低、车辆保有量相对较少而未引起广泛重视，随着轿车的大规模生产和使用及车辆行驶速度的不断提高，汽车碰撞安全性问题变得越来越突出。汽车发生碰撞事故后，不仅给车辆本身造成损坏，更重要的是导致乘员受伤，甚至死亡。当今因汽车引发的交通事故已成为威胁、残害人类生命的一大公害，汽车事故造成的大量人员伤亡严重影响了人们的生活和生产。当汽车使用过程中因碰撞引发的交通事故不可避免地要发生时，如何减轻对车内乘员的伤害和货物损失就成为一个重要的技术问题，即汽车被动安全性问题。

前已所述，汽车被动安全性是指当交通事故不可避免地要发生时，汽车本身保护乘员和行人，减轻人员伤害和货物损失的能力。当交通事故的发生不可避免时，汽车被动安全性的意义既包括减轻事故车辆车内乘员受伤和货物受损的能力,也包括减轻对事故所涉及的其他人员和车辆损害的能力,既包含事故发生时的安全性,也包含事故发生后的安全性。

按碰撞事故发生时需保护对象位于车辆内部和外部位置的不同,汽车被动安全性可进一步分为内部被动安全性和外部被动安全性。内部被动安全性是指汽车所具有的在事故中使作用于乘员的加速度和力降低到最小,事故发生后提供足够的生存空间并确保对事故车辆内被困伤员(乘员)营救起关键作用的重要部件的可操作性的能力,如事故发生过程中作用于乘员的加速度和力是否超过许可范围,乘员舱是否坚固,事故发生后车门能否方便打开等。决定内部被动安全性的主要因素包括车身变形状态、乘员舱强度、碰撞事故发生时和发生后乘员的生存空间、约束系统、乘员车内二次碰撞被撞击的面积、转向系统、乘员被营救的方便性及防火等。外部被动安全性是指事故发生过程中对行人、自行车、摩托车乘员等车外交通参与者的伤害减至最轻的能力。决定外部被动安全性的主要因素包括车身外部形状、碰撞事故发生后车身变形状态、保护车外交通参与者的辅助设施等。

因汽车的被动安全性多和广义的汽车碰撞事故联系在一起,故汽车被动安全性又被称为"汽车碰撞安全性"。就汽车碰撞事故而言,按碰撞事故过程中不同碰撞对象组碰撞发生先后顺序的不同可进一步分为一次碰撞和二次碰撞。一次碰撞是指汽车与汽车或汽车与障碍物之间的碰撞,其碰撞对象组为车—车或车—障碍物,可视为刚性物之间的碰撞;二次碰撞是指因一次碰撞后车辆车速急速降低,车内乘员因惯性力作用效果与车内结构物之间的碰撞或被甩出车外引发的碰撞,其碰撞对象组为人—车内结构物或人—车外结构物,可视为柔性体对刚性物之间的碰撞。造成二次碰撞的原因是:汽车发生一次碰撞后车速急速降低(停止),因车内乘员的减速度小于汽车减速度,导致乘员停止运动的时间比汽车停止运动的时间滞后,在汽车停止运动后乘员身体因惯性力还会继续向前运动而与车内结构物(如转向盘、仪表板、风窗玻璃等)发生直接接触所形成的碰撞现象。实际中,发生二次碰撞时汽车停止运动后乘员身体还会向前运动而与车内结构物发生直接接触或被甩出车外而造成从轻伤到致死的各种不同伤害。乘员在碰撞过程中受到损伤的主要原因可归纳为如下4方面。

(1)一次碰撞过程过分剧烈,以致传递到乘员身上的加速度值超过了人体的承受极限,使人体器官受到损伤引起伤亡。

(2)碰撞过程中乘员舱外部的刚硬物体侵入乘员舱内部,直接将乘员挤压伤亡。

(3)由于一次碰撞过分剧烈而引起严重回弹,致使乘员在车内遭受前后两个方向的多次"二次碰撞"而受伤直至死亡。

(4)在碰撞过程中,乘员舱变形太大,以致乘员缺乏必要生存空间而伤亡。

以上4方面中,除了乘员舱外部的刚硬物体侵入乘员舱内部直接将驾乘人员挤压伤亡外,其他均与一次碰撞和二次碰撞的剧烈程度有关,由此可见,减轻这两次碰撞的程度是提高车辆碰撞安全性的关键。

按碰撞事故发生时和发生后的危害特征及其涉伤对象的不同,汽车被动安全性可进一步分为事故发生时安全性和事故发生后安全性。事故发生时安全性是指事故发生过程中汽车保护乘员和行人,减轻乘员和行人伤亡及车辆损失的结构性能。事故发生后安全性是指事故发生后迅速消除事故后果并避免新的危害扩大的性能,即减轻事故后果的能力。对于后者,由于事故的突发性及事故现场交通环境的复杂性,常常伴随着二次伤害发生,作为防止事故后出现二次伤害的安全性,必须要考虑防止事故车辆发生火灾及迅速疏散车内乘员的性能。

随着道路条件的改善及高速公路的网络化,在用汽车平均行驶速度不断提高,导致碰撞事故发生时的车速也相应提高,而碰撞事故发生时的车速越高,引起的伤害程度越严重。因而,降低碰撞事故过程中乘员减速度、减轻与避免碰撞伤害一直是汽车被动安全性关注的重要内容,为此,汽车被动安全技术一直从改进车身结构和提高乘员保护性两个方向研究保护措施。其中,改进车身结构主要为降低或减轻一次碰撞造成的伤害,即安全车身结构;提高乘员保护性则为减轻二次碰撞造成的乘员伤害或避免二次碰撞,主要通过限制乘员位移措施和消除车内部件(凸出物)致伤因素达到目标。提高乘员保护性的宗旨是不断完备乘员保护系统,具体措施包括装置安全带及提高安全带固定强度、装置安全气囊、采用具有防伤功能的吸能转向系统、车内仪表板及饰件软化、采用安全玻璃等。

概括起来,汽车被动安全对策主要涉及车身结构、座椅、车顶和车门强度、安全玻璃、转向盘和转向管柱、安全带、安全气囊、内饰件等,其主要内容如下。

(1) 车身结构及性能——尽量减轻乘员伤害,包括乘员舱(驾驶室)、车身结构的刚度和车顶的强度,防止正面碰撞、侧面碰撞、追尾碰撞及翻车的性能,特别是轿车的侧门强度等。

(2) 座椅及约束系统的安全性——保证撞车时对乘员具有良好的保护性,包括座椅强度、安全带强度、安全带固定点的强度、安全气囊、座椅头枕等。

(3) 消除汽车内外凸出物致伤因素——尽可能降低撞车时凸出物对乘员的伤害,包括汽车内外凸出物平滑化处理、车内饰件软化、采用吸能转向盘、柔性转向器、防撞溃缩机构等。

(4) 货车和挂车的侧面及后下部设有防护装置——防止车辆在行驶过程中与其他车辆、行人、动物发生刮擦、相撞而造成事故,包括商用汽车防钻措施、商用汽车货箱侧面及后下部的护栏等。

(5) 事故后安全性——预防火灾发生及防止火灾扩大和使驾乘人员能够迅速从事故车辆中解脱出来的安全系统。

(6) 汽车安全玻璃——防止被撞击破碎后伤人,增强玻璃的功能化及安全机能。

5.2 安全车身结构

5.2.1 概述

国外对大量汽车碰撞事故的统计研究表明,在正面碰撞、侧面碰撞、尾部碰撞、翻车等主要碰撞事故中,车辆发生正面碰撞的比率超过50%(仅日本为接近50%),并且乘员也大多是在这一类碰撞事故中受伤或死亡,且在导致严重损伤和死亡的事故中,正面碰撞分别占了70%和50%。表5-1为不同国家车辆事故类型的统计结果。就乘员伤亡结果看,其比例数与碰撞车辆的相对速度(即 Δv)有很大的关联性。

表 5-1 不同国家车辆事故类型的统计结果(车辆事故类型构成率)

国家	正面碰撞/(%)	侧面碰撞/(%)	尾部碰撞/(%)	翻车/(%)	伤害程度
日本	49	27	9	15	死亡事故
美国	54	29	3	14	死亡事故
法国	57	31	2	10	重伤和死亡事故
德国	63	30	4	3	重伤和死亡事故
意大利	57	25	12	6	轻伤、重伤和死亡事故
英国	64	22	3	7	重伤和死亡事故
澳大利亚	62.2	32.3	5.5	—	重伤和死亡事故

表 5-1 表明，尽管不同国家的比例数存在一定差异，但正面碰撞和侧面碰撞明显是造成车辆乘员伤亡的主要事故类型。相关试验也表明，在正面碰撞时，车身前部及侧面结构对碰撞能量的吸收状况与乘客舱的变形存在明显的相关关系。因而，对汽车特别是轿车车身前部和侧面结构进行优化对提高碰撞条件下的乘员安全性具有重要现实意义。

汽车(轿车)安全车身主要包括前后部碰撞变形区和中部高强度乘员舱。对前后部碰撞变形区的基本要求是应拥有柔软的吸能区，以便当碰撞发生时能吸收较多能量。在正面碰撞中，车身前后部碰撞变形吸能区的变形越大，吸收的碰撞能量就越多，传到乘员舱中的撞击力也就越小，二次碰撞的能量就越小。同时，车身采用高强度乘员舱，可有效增强碰撞后乘员舱的变形强度，减轻或避免乘员因乘员舱空间变形受到挤压，从而降低乘员受伤的危险。特别是在遭受侧面碰撞时，由于轿车侧面与外界只有一扇车门之隔（乘员与车门内板之间仅存在 20~30mm 的空间），车门的抗冲击能力和乘员舱的整体框架强度就成为保护乘员安全的重要条件。

此外，车身材料的选用及其配置状况对其安全性同样起着非常重要的作用。安全车身结构可通过使用普通、高强度、超高、特高等不同强度的钢梁将车身的骨架分成前部、中部、后部等多个不同变形吸能区域。对于乘员舱，通过使用超高强度钢，保证其强度，并在侧面增加特高强度的加强筋，将侧面碰撞力有效地转移到车身中具有保护作用的梁、柱、地扳、车顶及其他部件上，使撞击力被这些部件分散并吸收，从而最大限度地把可能造成的损害降低到最小。

对于安全车身而言，在关注前后部碰撞变形区和中部高强度乘员舱相关性能的同时，碰撞发生时车身变形的方向性选择、碰撞后车门能否顺利打开、碰撞能量吸收机构的吸能效果等对于保护车内乘员同样具有重要意义。

(1) 碰撞发生时车身的变形具有区域选择性——使乘员舱的变形量极小或者不变形。当碰撞不可避免地要发生时，其车身的变形溃缩唯独避开乘员舱方向而向车身两侧及上部等其他部分快速传递使其变形明显，如发动机盖向上翘弯，叶子板也向两旁弯曲，发动机室里的机件则向上方及两侧移动，图 5.1 中所示的阴影部分就是撞车变形的理想区域。

(2) 发生碰撞后车门能够顺利打开。乘员舱良好的钢性结构，在将传至乘员的冲击力减小的同时也使乘员舱的变形最小，这样有利于保护乘员舱的完整性并使乘员在发生碰撞后能安全逃离。当碰撞不可避免地要发生时，既要防止汽车发生侧面碰撞时车门自动打开，同时又要保证碰撞后车门能够容易被开启，以利于乘员的车外救护。

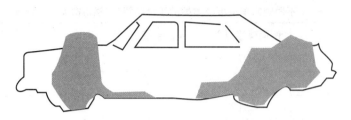

图 5.1　汽车碰撞的理想变形区

（3）高效的碰撞能量吸收机构可以降低对乘员造成的二次碰撞撞击力。现代车身的安全设计是通过把撞击时的冲撞力切断、吸收，再经整体式车身把力量均匀分散至车身各部分，以降低对乘员造成的二次碰撞撞击力。当车辆在遭受到严重撞击的瞬间，通过尽可能地降低内部空间的变形程度，从而最大限度地保护座舱中的驾乘人员。

众所周知，交通事故中大部分的人身伤害都是因为人体受到外力冲击，而车辆的大加速度/大减速度是造成人体伤害的主要原因。人体对外力的冲击存在一定的承受限度，当外力超过了人体的承受限度时人体就要受到伤害。实际中，车内乘员伤亡都是由汽车碰撞导致乘员与车内结构物发生激烈碰撞造成的。为提高汽车的被动安全性，汽车车身设计除应努力把碰撞事故的不良后果减轻到最低外，还需与安全带、安全气囊、汽车座椅、吸能式转向系等围绕乘员的相关装置进行合理匹配，以共同完成如下功能。

（1）尽可能多地缓和、吸收车辆的运动能量，以缓解碰撞过程中乘员受到的撞击。

（2）在确保乘员有效生存空间的同时，还必须保证碰撞后乘员易于逃脱和容易进行车外救护。

5.2.2　汽车碰撞形式与车身的变形特性

1. 主要碰撞形式及其特点

汽车在行驶过程中，由于道路交通状况的复杂性，实际道路上车辆发生碰撞事故的类型尽管多种多样，但按其发生时所处的部位划分，碰撞形式主要有正面碰撞、侧面碰撞、尾部碰撞，另外还有车与行人的碰撞及翻车等。汽车正面碰撞是指在汽车发生碰撞事故时，主要撞击力作用于汽车的前部，并在汽车中心轴线30°范围以内，包括正面碰撞和偏置碰撞，即斜碰。美国统计的各类碰撞事故伤害类型的概率分布如图 5.2 所示。

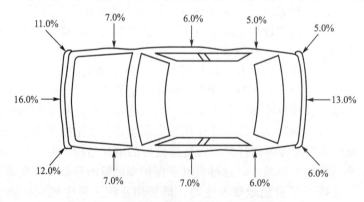

图 5.2　美国各类碰撞事故伤害类型的概率分布

正面碰撞、侧面碰撞、追尾碰撞、翻车等事故形态的特点如下。

(1) 正面碰撞发生率较高，约占总数的 2/3，其死亡人数占到碰撞事故死亡人数的 31%。正面碰撞的危害后果与碰撞事故发生时，车辆的运动速度高低、车辆的质量大小、车身前部结构密切相关。碰撞事故发生时，车辆的运动速度高、车辆的质量小、车身前部结构变形大，危害后果就严重。

(2) 侧面碰撞事故形态发生率也较高，仅次于前部碰撞。由于绝大多数车辆遭受侧面碰撞时车内结构件和装饰件能够吸收的能量有限，且可利用的缓冲吸能区域也很小，因而侧撞时引起的车内严重变形对汽车乘客伤害的危险性很高。

在汽车侧面碰撞事故中，其乘员重伤和死亡率高达 25% 以上，是造成乘员重伤和死亡的主要事故类型。其中 43%~55% 是车对车碰撞事故造成的，另外 12%~16% 是由于车体侧面撞击到柱状物造成的。

(3) 绝大多数情况下追尾碰撞由于相对碰撞速度较低，且轿车尾部一般有足够的碰撞吸能区间(短尾车除外)，与正面碰撞相比其伤害程度相对降低，对车内乘员的伤害主要是颈部冲击损伤。但若是轿车以高速钻入货车尾部则后果会非常严重。

(4) 翻车事故可进一步分为侧翻和滚翻。侧翻事故绝大多数情况下的伤害后果较正面碰撞和侧面碰撞要轻；而滚翻事故总体上讲发生的比例很低，但死亡率却很高，死亡人数占到碰撞事故死亡人数的 33%，且多数是由于乘员被甩出乘员舱造成的。因而，滚翻事故一旦发生，后果会很严重。

2. 车辆前部碰撞时车身前部理想的变形特性

车辆前部碰撞时车身前部理想的变形特性如图 5.3 所示。依据碰撞发生时的不同车速及由此形成的变形力和车身前部变形量之间的相互关系，可将车身前部结构分为 3 个变形区。

低速碰撞和行人保护区，也称第 I 变形区，即低速碰撞条件下的行人碰撞保护和车辆碰撞保护区。由于碰撞时车速低(为低速碰撞)，其特点是变形力和车身前部变形量均较小，具有对行人碰撞保护和避免车辆在低速下碰撞破坏性的双重效用。通过前保险杠装置的合理设计可达到其效果。

相容吸能区，也称第 II 变形区，即中速碰撞条件下车辆碰撞相容区。由于碰撞车辆具有一定的速度，其特点是变形力和车身前部变形量均较第 I 变形区大，此条件下对车辆造成损坏已不可避免，如何尽可能多地吸收碰撞能量，保证两车辆相撞时具有最佳的能量吸收是关键。从整个车身结构上考虑，可将头部设计软一些，正面碰撞的能量依靠车头的变形吸收，并通过纵梁将撞击力导入地板结构中。

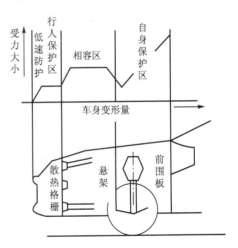

图 5.3 车辆前部碰撞时车身前部理想的变形特性

乘员舱保护区，也称第 III 变形区，即高速(剧烈)碰撞条件下乘员舱的自身保护区。其特点是车辆碰撞速度高，车身前部变形量大，此条件下阻止变形扩展至乘员舱是关键。在结构上将乘客舱设计得相对强些，保证在碰撞过程中为乘员提供足够的生存空间。

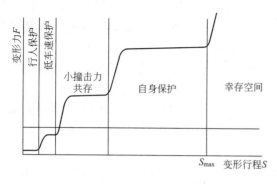

图 5.4 轿车车身前部变形力梯度特性

轿车车身前部变形力梯度特性如图 5.4 所示。按作用力和变形量的不同，分为行人保护、低车速保护、小撞击力共存（事故对方共存保护）、针对本车乘员的自身保护、幸存空间 5 个区域。对车身前部碰撞区域变形形式及变形特性的基本要求是：低速碰撞时即第 I 变形区，车辆的变形及变形力都较小，以保护行人或车辆自身免受伤害；中等速度碰撞时即第 II 变形区，变形力变化应尽量均匀平缓，以最大限度地降低撞击时车身加速度峰值；当发生剧烈碰撞时即第 III 变形区，为了有效阻止变形向乘员舱扩展，前悬架至车身前围钣金之间的刚度应较第 II 变形区明显加强。

为了减轻汽车碰撞事故对人类造成的危害，汽车工业发达国家先后针对汽车碰撞事故中常见的人体损伤和其他危害制定了相应的汽车碰撞安全法规。其中最著名的是美国和欧洲碰撞安全法规，除此之外，日本、澳大利亚和中国也都先后建立了自己的碰撞安全法规。表 5-2 列出了美、欧、日等国家和地区汽车正面碰撞法规试验方法及评价指标。

表 5-2 美、欧、日汽车正面碰撞法规试验方法及评价指标

法规名称	美国 FMVSS 208	ECE R94.00	ECE R94.01	日本 TRIAS11-4-30
项目名称	碰撞时的乘员保护	正面碰撞乘员保护（1995）	正面碰撞乘员保护（1998）	正面碰撞乘员保护
适用车型	轿车	轿车	轿车	轿车
碰撞形式	① 正面撞击障碍壁；② 左侧与 30°楔形块碰撞；③ 右侧与 30°楔形块碰撞	驾驶员侧与 30°楔形障碍壁碰撞，并带防侧滑装置	与可变形吸能障碍壁碰撞发生偏置碰撞，重叠系数为 40%	正面碰撞
碰撞速度	48.3km/h	50km/h	56km/h	50km/h
车辆质量	空车质量+行李质量+假人(2个)	空车质量+假人(2 或 3个)	空车质量+假人测试系统(36kg)	空车质量+假人
安全带	佩戴与不佩戴两种情况	佩戴	佩戴	佩戴
测试假人	HybridⅢ(50%)	HybridⅢ(50%)	HybridⅢ(50%)	HybridⅢ(50%)
假人数量及乘坐位置	前排 2 个	前排 2 个，驾驶员座后排 1 个	前排 2 个，驾驶员座后排 1 个	前排 2 个
门窗状态	关闭，不锁止	关闭，不锁止	关闭，不锁止	关闭，不锁止

(续)

法规名称	美国 FMVSS 208	ECE R94.00	ECE R94.01	日本 TRIAS11-4-30
其他性能要求	试验时假人不被甩出车外	试验后门窗可打开，安全锁扣开启力不超过60N，燃油泄漏不超过30g/min	除与ECE R94.00相同以外，还要求假人不损坏；转向结构：上移80mm以下，后移100mm以下，翻转25°以下	安全带不脱落，假人不损坏

目前，汽车碰撞安全法规主要是针对轿车制定的。随着对汽车安全性要求的不断提高，汽车碰撞安全法规也正逐步向轻型载货汽车、多用途客车等其他车型扩展。相对于美、欧、日等汽车工业发达国家和地区来说，我国的汽车安全碰撞法规虽然起步较晚、起点较低，但发展速度却较快。1999年10月28日，我国颁布了CMVDR 294《关于正面碰撞乘员保护的设计规则》，2004年6月1日我国参照欧洲ECE R94法规制定的国家强制性标准GB 11551—2003《乘用车正面碰撞的乘员保护》正式出台，2006年7月1日，我国国家标准GB 20071—2006《汽车侧面碰撞的乘员保护》及GB 20072—2006《乘用车后碰撞燃油系统安全要求》正式实施，至此，我国已初步建立起汽车正面碰撞、侧面碰撞、后面碰撞三位一体的汽车碰撞安全体系国家强制性标准体系。显然，该体系的建立对全面提高我国汽车碰撞安全性具有重要意义，也将加快我国汽车安全碰撞法规与美、欧、日等汽车工业发达国家和地区相关法规的融合。

5.2.3 车身安全结构

1. 对车身安全结构及其变形区域吸能特性的基本要求

由于汽车碰撞安全法规是指导汽车碰撞安全设计与改进的依据，对于车身结构设计而言，提高车身碰撞安全性的一切措施都应以最大限度地满足或降低法规所规定的伤害指标为设计目标。纵观国内外现有技术状况，改进车身碰撞安全措施主要集中于汽车车身结构的缓冲与吸能。而保证汽车车身结构具有良好的缓冲与能量吸收特性的基本措施主要为两方面：一是优化车身结构变形区域设计，使车身前、后部结构要尽可能多地吸收碰撞能量；二是控制受挤压构件的变形形式，防止车轮、发动机、变速器等刚性构件侵入驾驶室（乘员舱）。

由前述分析知，尽管二次碰撞是造成乘员人体损伤的直接原因，但从二次碰撞产生的原因看，二次碰撞是因为一次碰撞而形成的，且一次碰撞时的能量在很大程度上决定着二次碰撞的剧烈程度，因此，控制住一次碰撞时的能量和强度可以减少人体损伤程度。通过汽车车身结构的缓冲与吸能作用，可以有效降低一次碰撞时的能量和强度，使碰撞过程中作用于乘员的力和加速度降低到规定的范围内。就汽车车身结构而言，其缓冲与吸能作用主要是通过乘员安全区（A区）和缓冲吸能区（B区）科学设计与合理设置实现的，汽车乘员安全区和缓冲区示意图如图5.5所示。

汽车乘员安全区与缓冲区即A区与B区之间的相互关系既存在着统一的一面，也存在着矛盾的一面。如果仅从车内乘员不被汽车碰撞变形后产生挤压受伤的角度看，A区（乘员安全区）在碰撞中的变形应越小越好。要使A区变形小，就要求B区（缓冲吸能区）

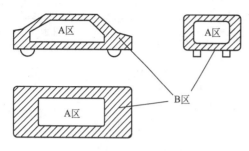

图 5.5 汽车乘员安全区和缓冲区示意图

有较大的总体刚度,但 B 区的刚度过大又会影响汽车车身的缓冲吸能性能。另一方面,从缓冲吸能角度看,B 区的刚性应足够小,变形应足够大,这就导致了 A 区变形小与 B 区变形大的矛盾。为解决这一矛盾,B 区必须设计成"外柔内刚"式的结构,即 B 区与 A 区交界处设计成具有较大刚性的结构,而在 B 区外围设计成具有较小刚性和较好缓冲吸能的结构。由于汽车的结构特点所限,B 区抗侧向和上方的碰撞能力较差,而抗前撞和尾撞的能力相对较好。

对于车身结构及其变形区域(B 区),其碰撞能量吸收特性应充分满足以下 3 方面的要求。

(1) 车身前、后部结构即 B 区要尽可能多地吸收碰撞能量,使碰撞过程中作用于乘员的力和加速度降低到规定的范围内。

(2) 车身前、后部构件在碰撞过程中产生变形应根据碰撞强度逐级发生,控制受挤压构件的变形形式,防止车轮、发动机、变速器等刚性构件侵入乘员舱。

(3) 车身乘员舱即 A 区结构必须紧固可靠,这是保证车辆发生侧面碰撞或翻车时乘员安全的主要手段。

由于汽车轮胎的作用和受汽车底部结构刚性较大的保护,汽车抗击来自下方的冲击能力是很强的,除汽车坠崖外,一般情况下来自下方的碰撞冲击力是较小的,因而,针对汽车下方冲击载荷的缓冲和吸能一般不予考虑。

2. 碰撞安全的车身设计原则

从车辆碰撞变形及乘员保护的角度可以把整个车身划分为 3 个不同区域,即前部(前撞区)、中部(乘员安全区)、后部(后撞区),如图 5.6 所示。对前、后撞区的要求是"软",当车辆发生碰撞时"撞区"应能够尽可能多地吸收撞击能量;对乘员安全区的要求是"硬",以尽可能少地引起变形。此外,车身变形、车门变形直接影响乘员事故发生后的逃离。

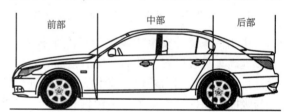

图 5.6 轿车车身的前、中、后 3 个不同区域的划分

轿车的前部、中部和后部分别为发动机室、乘员舱(室)、行李箱。实际中通常把这三个不同空间均称为轿车的"厢",如果这三个厢是相互独立的,就称为三厢车;如果驾驶舱和行李箱是结合在一起的,则称为两厢车。

碰撞安全的车身设计原则是:利用车身前、后部、侧围构件的变形有效地吸收碰撞能量,车身乘员舱坚固可靠,以确保乘员的有效生存空间。就提高安全车身乘员舱碰撞安全性而言,乘员舱的设计需要重点关注两方面的问题:一是碰撞事故发生时对碰撞能量的吸收;二是碰撞事故发生时保持乘员舱的完整性,以尽可能避免乘员受到挤压和冲击。

为了减轻汽车碰撞时乘员的伤亡,车身设计在着重加固乘员舱部分强度的同时,还需适当弱化汽车头部和尾部的强度(图 5.7 中阴影部分),即中间"硬",前后"软",如图 5.7 所示。

适度弱化汽车头部和尾部的强度，有利于其在被压扁变形的过程中吸收较多碰撞能量，而重点加固乘员舱部分的强度，有利于减轻变形以便保证舱内乘员的生命安全。汽车发生正面碰撞时车身良好的能量吸收特性具有两方面的含义：一是当汽车发生正面碰撞时，其前部结构要尽可能多地吸收碰撞能量（正面碰撞时变形吸能区与乘员舱示意图如图 5.8 所示），以使作用于乘员身体上的冲击力和加速度降至规定的范围内；二是控制各受压部件的变形形式及变形量，以有效防止车轮、发动机、变速器等刚性部件受压后侵入乘员舱而对乘员舱内乘员造成伤害。有关计算表明，当汽车以 80km/h 的车速发生正面碰撞（如行驶中的两车迎面相撞或汽车撞在固定物上）时，汽车前部若能吸收全部冲击能量的 70％时，就可保证车内乘员的安全。

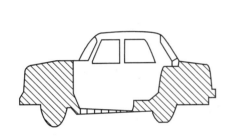
图 5.7　轿车车身中间"硬"前后"软"示意图

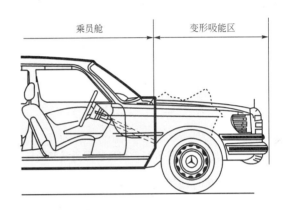
图 5.8　正面碰撞时变形吸能区与乘员舱示意图

目前，轿车车身结构主要是由薄壁梁型结构和接头构成的框架结构，如图 5.9 所示。车身结构的防撞性主要决定于该框架结构的刚度及其整体变形特性。对车身结构的基本要求是：由薄壁梁型结构和接头组成的框架在碰撞过程中吸收大部分碰撞能量，并为乘员舱提供满足法规规定要求的刚度。在此框架结构中，乘员舱的框架如横梁、纵梁、A 柱、B 柱等重要受力部位采用高强度的材料，旨在发生碰撞时变形尽量小；而对车前部和后部为能够吸收撞击力，可以使用强度相对较低的材料，整体上就是针对车身上不同区域及不同受力状况，采用不同强度的钢材料，如图 5.10 所示。

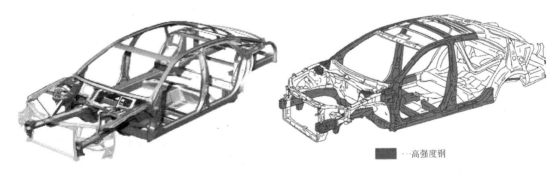

图 5.9　由薄壁梁型结构和接头构成的车身框架结构简图

图 5.10　针对车身不同区域采用不同强度的钢材料

3. 提高车身正面碰撞安全性的结构措施

车辆发生剧烈正面碰撞时,车身前部前围板区域的撞击变形极易引起转向系、仪表板、踏板部件和前围板之间的错位;前部和中部纵梁及车底部的变形容易引起座椅下沉或翻倒;前侧部结构的变形通常引起事故后车门不能打开。这些问题在车身结构设计时必须要予以高度重视。为了降低正面碰撞时的减速度,可将轿车前部设计成压溃易变形结构,在碰撞时提供 500~600mm 的变形行程,以通过压溃易变形结构吸收较多碰撞能量,减少车身前部前围板区域因撞击变形引起的转向系、仪表板、踏板部件和前围板之间错位等问题的发生。

车身正面结构的碰撞安全性设计原则是:有效利用车身前部压溃变形以吸收能量,缓解碰撞加速度;车身乘员舱坚固可靠,防止车辆前部构件侵入乘员舱内,确保乘员的有效生存空间。车身前部压溃变形与刚性状态下受压变形对比示意图如图 5.11 所示。很明显,压溃变形的能量吸收效果会大大优于刚性状态下受压变形的能量吸收效果。

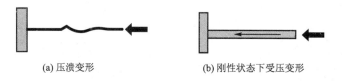

(a) 压溃变形　　　　　　　(b) 刚性状态下受压变形

图 5.11　车身前部压溃变形与刚性状态下受压变形对比示意图

正面碰撞时碰撞作用力沿车体结构的传递路径如图 5.12 所示。由图 5.12 可以看出,正面碰撞时,作用于保险杠/前横梁上的碰撞力是经乘员舱前部的左右前侧纵梁后分别各自沿上边梁、下边梁向后传递的。显然,碰撞时车身前部结构的变形区域越大,吸收的碰撞能量会越多,向后传递的碰撞力会越小。目前,车身前部采取的安全措施主要如下。

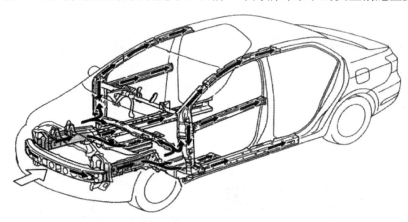

图 5.12　正面碰撞时碰撞作用力沿车体结构的传递路径

(1) 有效利用车身前部轴向压溃变形模式吸收能量,缓解碰撞加速度。对于车身前部构件而言,一是利用其弯曲变形和压溃变形两种吸能方式吸收碰撞能量(实际中碰撞发生时,这两种吸能方式会同时存在);二是利用前纵梁的不同变形形式,有效增加对碰撞能量的吸收能力。

(2) 变形次序、强度由前至后逐渐增强。为提高乘员舱框架的承载能力,防止乘员舱前壁局部压溃,车身前部前纵梁构件与乘员舱连接处多采用叉形或三叉形布置结构形式,如图 5.13 所示。

(3) 防止车辆前部构件侵入乘员舱内。车辆前部构件主要有车轮、发动机、变速器等，其措施主要是使其在车辆碰撞时能够适当向下移动，如图 5.14 所示。发动机采用较低位置的安装方式，当汽车遭受正面碰撞时，发动机直接滑向汽车中央通道的下方，以避免发动机直接向驾驶员席方向冲去，而伤害前排乘员。

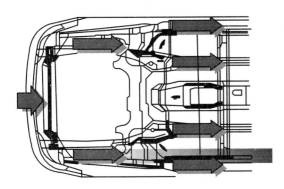

图 5.13 车身前部前纵梁与乘员
舱连接处的叉形连接形式

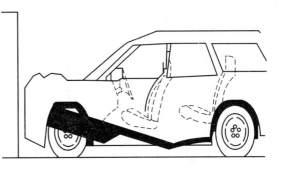

图 5.14 防止车辆前部构件侵入
乘员舱内的结构措施

针对汽车正面碰撞和追尾碰撞的缓冲吸能要求，一般多采用不同截面形状的金属薄壁吸能管，因为这类薄壁吸能管在轴向载荷达到一定程度后会产生折叠式的塑性变形，能够吸收大量碰撞动能，可以达到缓冲的目的。通过改变吸能管的截面形状、尺寸、壁厚和材料特性等参数，使其具有不同的缓冲吸能特性，从而满足不同汽车车身结构对缓冲吸能的不同要求。尽管薄壁吸能管已成为国内外前撞和尾撞缓冲吸能的主要结构措施，但汽车其他结构的缓冲吸能性能也不容忽视，如车身骨架和覆盖件等在前撞和尾撞中都有重要的缓冲和吸能作用。

4. 提高车身侧面碰撞安全性的结构措施

汽车侧面碰撞又可进一步分为直接碰撞和间接碰撞两种形式。直接碰撞是指车与车之间的碰撞，而间接碰撞则是指由于车辆的跑偏、滑移等引起的与障碍物(如树木、柱子)之间的碰撞。

与汽车正面碰撞相比，汽车侧面吸能构件较少，乘员与门内板之间仅存在 20～30mm 的空间，一旦受到来自侧面的撞击，乘员将受到强烈贯入的冲击载荷作用，严重时将危及生命。研究表明，驾驶室(乘员舱)侧面的侵入是乘员受到伤害的直接原因，汽车侧面碰撞时乘员死亡和严重伤害与驾驶室(乘员舱)侧面侵入量有很大关系。美国国家车辆采样系统(NASS)统计的侧面碰撞时驾驶室侧面侵入量与重伤率的关系显示：驾驶室(乘员舱)侧面侵入量与伤害程度等级(重伤率)基本上呈线性关系，即侵入量增大(变形程度越大)时，乘员死亡和伤害的比例也就增大，侧面撞击时乘员舱侵入量为 8cm 时，重伤率为 22%，乘员室侵入量达 61cm 时，重伤率为 100%。

在图 5.15 所示的侧面柱碰撞中，由于刚性柱体相对车身十分狭窄，通常会从侧面冲进车内，高速碰撞的柱体就如同一把锋利的钢刀，可以轻松地撕开整个车身而对车内乘员造成伤害。伤害的主要形式包括侧碰横梁上门内板及 B 柱中上部结构的溃塌变形导致乘员头胸部的伤害；坚硬、突起的几何外形内饰件(如车门内扶手)会导致乘员腹部的伤害；侧碰横梁下门内板会对乘员的骨盆产生垂直的负载，导致骶骨剪切骨折。另外，侧面碰撞发生过程中，驾驶室内的仪表板也可能会对乘员的头部、膝部及下肢造成不同程度的伤害。

侧面碰撞发生时，因侧面碰撞时允许的变形行程很小，应保证主撞车不会侵入被撞车的乘员舱。为防止此现象发生，车门和铰链、门锁机构结构应具有明确的强度要求，以承受相应的碰撞能量。

车身侧面结构的碰撞安全性设计原则是：提高侧面结构的抗撞击强度，减小碰撞凹陷变形，保证乘员舱的完整性及生存空间。侧面碰撞时乘员生存空间及其变化示意图如图5.16所示，其宽度要求需大于等于400mm。很明显，侧面碰撞时一旦车门、门槛和立柱发生明显变形，将直接挤压车内乘员的生存空间，从而威胁乘员的生命安全。

图5.15 侧面柱碰撞图

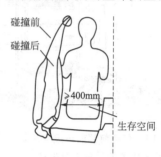

图5.16 侧面碰撞时乘员生存空间及其变化示意图

侧向撞击力沿车身的传递路径如图5.17所示。由图5.17可以看出，侧面碰撞时，作用于车身侧面的碰撞力即侧向碰撞力经侧门框/上边梁（包括A、B、C立柱在内）、下边梁分别沿多根横梁向未受到碰撞一侧传递。与正面碰撞相比，其碰撞力的作用方向与车内乘员呈垂直状态。为保证乘员舱在侧面碰撞下的完整性，增强车内乘员保护效果，除将车门、门槛和立柱设计成刚性结构外，越来越多地采用防侧碰安全气囊，以减轻乘员因二次碰撞造成的伤害。

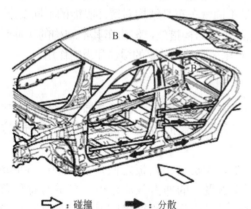

图5.17 侧向撞击力沿车身的传递路径示意图

实现侧面碰撞防护的指导思想是：将侧面碰撞作用力有效地转移到车身具有保护作用的梁、柱、地板、车顶及其他部件，使撞击力被这些部件分散、吸收，从而最大限度地把可能造成的损害降低到最小。实际中一般多采取增加车门强度、增加侧围物件的强度、增加门槛梁强度、合理设计门锁及门铰链等措施达到此目的。具体措施如下。

(1) 合理设计乘员舱的梁框架结构，包括增大A柱、B柱、C柱的截面形状（汽车车身A柱、B柱、C柱位置和结构简图如图5.18所示），以及局部加强侧围与门加强件的接触部位、立柱与门槛和车顶纵梁连接部位的强度，使侧向撞击力能有效地转移到车身结构上具有承载能力的梁、柱、门槛、地板、车顶及其他构件上。

(2) 加强车门强度，如设置车门横向加强梁，提高侧面抗撞能力。

(3) 增加车身侧围框架的抗冲击强度。除保证各梁构件的强度（通过板厚、断面形状设计保证)外,各梁构件之间的连接部位强度也要提高,从而使侧向撞击力传递到整个车身部分。

(4) 增加门槛强度,如增大门槛梁的断面面积,在封闭断面内设置加强板,以及用发泡树脂填充门槛梁的空腔。

(5) 对于前置后驱动车辆,通过合理设计地板中间的传动轴通道,提高车身抗弯强度。

(6) 合理设计及布置门锁与铰链,既要防止汽车发生侧面碰撞时车门自动打开,又要保证碰撞后车门不借助工具能够开启。同时增强车门铰链,有利于车门所受的撞击力有效地传给立柱。

图 5.18 汽车车身 A 柱、B 柱、C 柱位置和结构简图

对于侧面碰撞而言,缓冲吸能结构的设计较正面碰撞要相对困难得多,造成其困难的主要原因是能够用于缓冲和吸能的区间十分有限。从理论上讲,现有的大多数汽车结构设计都难以提供能与前撞和尾撞耐撞性能相比的耐侧撞性能,这也是因为能够用于缓冲和吸能的区间十分有限。现在常用的改进抗侧撞性能的方法主要包括两个方面,即增加 B 区两侧的厚度和加大 B 区两侧的内部刚度。

5. 提高车身后部结构碰撞安全性的结构措施

追尾碰撞时,车身后面碰撞作用力传递路径示意图如图 5.19 所示。由图 5.19 可以看

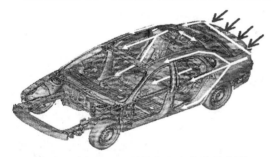

图 5.19 车身后面碰撞作用力传递示意图

出,追尾碰撞时,作用于车身尾部的碰撞作用力向车身前部传递的路径主要是由后保险杠及横梁经后纵梁传递给左右两边门槛梁向前方传递。对于追尾碰撞而言,后纵梁是其主要吸能元件。此外,作用于车身尾部的碰撞作用力也可由轮胎后部结构经轮胎传递给门槛梁向车身前部传递。

对于车身后面碰撞安全性,其结构设计思想与正面碰撞基本相同。由于追尾碰撞时

乘员的加速度较小,与正面碰撞相比,其伤害程度减弱,且轿车尾部一般为行李箱,碰撞吸能区间较大,因而车辆尾部的吸能设计远不如前部重要,追尾碰撞对车内乘员的伤害主要是颈部冲击损伤,所以车辆尾部区段应尽量软化,提供 300~500mm 的变形行程,同时座椅头枕要起到很好的保护作用。

需要强调的是,由于轿车的燃油箱(图 5.20 中阴影处结构物)多布置在车身后部地板的下部,因此,应保证发生追尾碰撞时行李箱盖边缘不能穿过后窗而侵入乘员舱内,维持燃油箱的存放空间,并尽量保证燃油系统的完整性,避免因燃油箱损坏引起燃油泄漏而产生火灾。

实际中,防止轿车火灾的具体结构措施如下。

(1) 提高车身内饰材料的耐火性——采用阻燃材料制造。

(2) 燃油箱布置要求——与排气管的出口端位置应相距 300mm 以上,燃油箱的加油

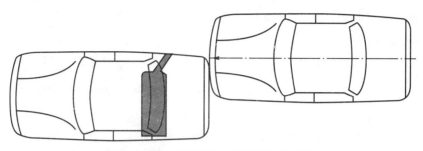

图 5.20　燃油箱在轿车上的布置位置示意图

口应距裸露电器插接器和电器开关 200mm 以上。

(3) 轿车碰撞时燃油箱满足泄漏规定。

对于货车而言，货车后保护装置对于保护追货车尾部的轿车乘员生命安全有着极其重要的作用。货车如果没有后保护装置，追货车尾部的轿车的顶部将与货车后车厢底部直接相撞，因轿车顶部结构的强度是整车中较为薄弱的部分，这将导致货车后车厢底部直接穿过轿车前部的风窗玻璃而侵入乘员舱，危及车内前排人员的生命安全。货车安装了后保护装置，该装置则会与轿车车头发生碰撞，轿车前端的各种缓冲吸能装置就能正常发挥作用，从而保护乘员的安全。

6. 提高车身顶部结构碰撞安全性的结构措施

汽车行驶中，驾驶员因紧急情况而急打转向盘可能会导致车辆翻车。汽车侧翻、仰翻和跌落 3 种典型事故形态如图 5.21 所示。如果汽车在行驶过程中发生翻滚或跌落，车顶顶部将受到冲击载荷作用而发生相应变形。

(a) 侧翻

(b) 仰翻

(c) 跌落

图 5.21　汽车侧翻、仰翻和跌落 3 种典型事故形态

由图 5.21 不难看出，这 3 种事故形态引起的车顶顶部的挤压变形是不相同的。由于车顶顶部的刚度相对较低，车辆翻滚或跌落过程中的冲击载荷很容易造成乘员安全区的大变形，而乘员安全区的大变形导致的乘员生存空间严重缩小甚至丧失，则是车辆翻滚事故中乘员伤害的主要原因之一。为了有效增强车顶顶部的抗挤压变形能力，确保乘员的生存空间，增大立柱和车顶边梁/横梁的弯曲/轴向刚度，减小车顶变形已成为提高车身顶部结构碰撞安全性的基本选择。增大立柱和车顶边梁/横梁的弯曲/轴向刚度在结构上主要通过强化由立柱、车顶边梁/横梁和相应结构及接头组成的框架整体实现，其措施如下。

(1) 合理安排及组织框架结构，将作用在局部的冲击载荷分散给整个框架。

(2) 合理配置框架各部分刚度,防止因应力集中造成局部失稳而导致框架局部塌陷。

(3) 提高 A、B、C 立柱(图 5.18)和车顶边梁/横梁的强度和刚度。

(4) 在车顶设置翻车保险杠。

由于车顶顶部的结构厚度受到汽车总体尺寸和总质量的限制,实际中车顶顶部刚度的增加是十分有限的;此外,即使发生翻车事故,多数情况下由于作用于车顶顶部的冲击载荷较正面碰撞和侧面碰撞时的冲击载荷相比也要小很多,鉴于此,汽车车顶顶部的刚度实际上比其他部位的刚度会明显降低。

7. 车身外部被动安全保护装置

车身被动安全保护装置以车身为对象可分为车身外部防撞装置和车身内部防撞装置两类。车身外部防撞装置包括前保险杠、后保险杠、侧围保险杠、救护网、减轻撞击行人的弹性装置、吸能车架结构、翻车保护装置等;车身内部防撞装置包括安全带、安全气囊、安全座椅、转向安全柱等。由于车身内部防撞装置内容较多、结构较复杂,一般单独分节讨论。

1) 前保险杠

保险杠是安装在汽车前后部及两侧边防止轻度碰撞时损坏汽车的部件。前保险杠系统的主要作用是保证汽车在低速(车速 8km/h)条件下发生碰撞时能够对行人起到保护作用,且车身不受损和车内乘员不受到伤害,而在较高车速条件下通过自身的损坏失效吸收碰撞能量。早期的汽车保险杠以金属材料为主,被设计成刚性的,目前普遍采用吸能式结构,旨在减少一次碰撞的伤害程度。现在轿车的保险杠除了原有的保护、吸收缓和外界冲击力基本功能外,还兼顾着与车体造型和谐统一及本身轻量化的相关功能。

图 5.22 为一轿车用保险杠的结构简图。其组成包括保险杠(含托架)、吸能泡沫、保险杠面罩(护罩)等部件,保险杠面罩采用塑料材料制造,吸能泡沫为氨基甲酸酯泡沫材料;保险杠内含托架,内侧装有加强件,以增强其强度和刚度;保险杠面罩将保险杠、吸能泡沫包为一体;整个保险杠通过托架装配到车身或支撑梁上。

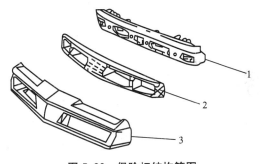

图 5.22 保险杠结构简图
1—保险杠(含托架);2—吸能泡沫;3—保险杠面罩

吸能式保险杠按缓冲吸能的方式不同可大致分为普通自身吸能式、液压吸能式、带气腔式和带安全气囊式 4 类。

(1) 普通自身吸能式保险杠。这种类型的保险杠结构比较简单,主要由保险杠外板、能量吸收体、骨架等部件组成。能量吸收体的种类有泡沫材料、蜂窝材料、波纹管、筒状油液缓冲器等。图 5.23 所示为一种自身吸能式保险杠结构简图。碰撞时主要通过吸能泡沫(内衬)和骨/支架的变形吸收能量。骨/支架使用金属材料已具有一定的刚度,内衬材料多种多样,包括各种塑料、泡沫状金属材料、树脂等复合材料和蜂窝状材料等。这种保险杠的缓冲性能主要取决于缓冲材料的特性。

目前,大部分轿车都使用这种形式的保险杠。

(2) 液压吸能式保险杠。该类型保险杠的结构简图如图 5.24 所示。其横杠内侧加强件通过橡胶垫与液压缓冲器的活塞杆相连接,活塞杆做成空心,内装一浮动活塞,活塞将其隔成左、右两腔，左腔充满氮气，右腔充满液压油，活塞杆外圆柱面与缓冲缸内圆柱面滑动配合，缓冲缸内液压油与活塞杆右腔相通。缓冲缸固定在车架或车身加强件上，当汽车与障碍物碰撞时，保险杠横杠受到的碰撞冲击力由其横杠内侧加强件传到活塞杆上，活塞杆端部向右移动，推动液压油通过节流孔压向活塞右腔，推动浮动活塞向左移动，并使氮气受到压缩。

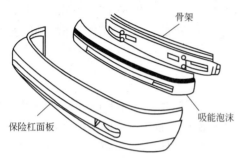

图 5.23　自身吸能式保险杠结构简图

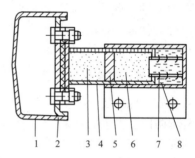

图 5.24　液压吸能式保险杠结构简图
1—横杠；2—横杠加强件；3—氮气；4—活塞杆；
5—浮动活塞；6—液压油；7—节流孔；8—缸体

该保险杠利用液压油的粘性阻力吸收碰撞能量，吸收能量的效率高达 80%，工作特性稳定。撞击后靠氮气产生复原动力，使保险杠复位。这种保险杠由于造价较高仅用在高档轿车上。

(3) 带气腔式保险杠。该类型的保险杠与普通自身吸能式保险杠的结构对比如图 5.25 所示。气腔通常作为内衬安装在外盖板和横杠之间。当碰撞发生时，气腔被压缩，进而影响其外面包裹部件的变形方式，从而改善吸能效果。相关文献指出：合理的设计气腔个数和气压能保证包裹气腔部件的强度。这种保险杠与普通自身吸能式保险杠相比能使车速 15km/h、40% 偏置碰撞的减速度减小 20%～50%。其目前使用较少。

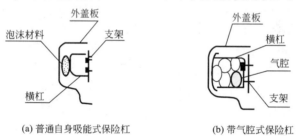

(a) 普通自身吸能式保险杠　　　　(b) 带气腔式保险杠

图 5.25　带气腔式保险杠与普通自身吸能式保险杠的结构对比

(4) 带安全气囊式保险杠。这是一种专门为了保护行人而设计的保险杠，是在汽车与行人发生正面碰撞的紧急状态下使行人免受伤害或减轻伤害的一种安全装置。该装置由传感器、充气泵、气囊等部件组成，并整体装入保险杠内。在行人触及保险杠的瞬间，保险杠内藏的推板迅速落下，阻止行人被撞倒在车底下，同时，装在保险杠上的传感器被触发。点火回路导通，闪动火花引燃充气泵内的固体燃料，燃料迅速燃烧释放出大量的氮气，迅速充入内藏的楔状气囊，使其向前张开，托起被碰撞的行人；与此同时，保险杠前方和两侧的气囊迅速充气将被撞行人托起，并控制汽车实施应急制动。这种保险杠可以有效地保证被撞行人的安全，但还处于研究和试验阶段。

2) 后保险杠和侧围保险杠

后保险杠和侧围保险杠的功用均与前保险杠相同，起着保护、吸收、缓和外界冲击力的作用。所用材料也同于前保险杠。

对于后保险杠而言，由于身处车身后部，主要是减轻倒车时对行人的伤害、与障碍物的碰撞及与其他车辆碰撞时保护车身后部；侧围保险杠主要用于车身侧面的防撞保护，防止会车时与侧面障碍物之间的擦伤，减轻侧面碰撞冲击。

3）救护网

救护网主要是防止受到撞击后的行人跌倒在路面，继而受到车轮碾轧，多设置在车身前部。

4）减轻撞击行人的弹性装置

将弹性材料布置在发动机盖上部及前风窗玻璃周围，旨在减轻行人受到撞击后再次遭受冲击的程度。

5）吸能车架结构

吸能车架结构主要利用车架的变形吸收碰撞能量，以保证乘员必要的生存空间。图5.26 是美国福特公司安全试验车的波纹管形车架结构图，该车架结构的特点是其前部左右边梁设计成波纹管结构，以在碰撞时吸收能量。

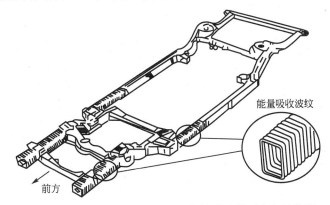

图 5.26　美国福特公司安全试验车的波纹管型车架结构图

波纹管结构是指将薄壁管/壳在外表面沿轴向制成有波纹折皱的管型结构，根据截面形状不同可分为圆柱形波纹管和方形截面波纹管。薄壁波纹管结构具有吸能能力强、加速度曲线变化均匀等优点；但其制造工艺比较复杂，制造成本较高，同时波纹管的横向刚度较弱，难以支撑较大的载荷，因而在车身结构中的应用范围较窄。

6）翻车保护装置

为防止翻车伤害，可加强车顶纵梁及立柱的强度和刚度，以减少驾驶室的变形，并可在车顶设置翻车保险杠。

5.3　座椅安全带

 案例分析

遭遇车祸　驾驶员不系安全带被甩出车外

事故经过：2013 年春季某日上午，某驾驶员驾驶一辆轻型厢式货车由渝湘高速某收费站前往重庆方向。10时多,当车行驶至高速公路进城方向一路段时,车辆突然撞向中央隔离护栏,并原地旋转,该驾驶员被顺势甩出车外,滚到道路右侧20多米高的边坡下,身受重伤,而同车坐在副驾驶位的乘员仅受轻伤。

同坐一车,为何驾驶员受伤如此严重?根据重庆高速公路执法人员现场勘察和高速公路监控视频显示,当时副驾驶位的乘员系着安全带,而驾驶员却没系安全带。

原因:执法人员说,据事后驾驶员称,上道前为躲避执法队员检查,他将肩部安全带假挂在胸前,腰部的部分则坐在背后,上路后觉得麻烦,干脆将安全带抛于身后。驾驶员不系安全带的这一行为导致事故发生瞬间,他在惯性作用下被往前抛,撞碎车辆前风窗玻璃后被甩出车外,滚到道路右侧20多米高的边坡下。

驾乘人员不系安全带很危险:汽车上的安全带到底有多重要?安全专家指出,系好安全带在事故发生时一是能使驾乘人员不致与转向盘、仪表板、风窗玻璃发生二次撞击;二是可有效防止驾乘人员被抛出车外。

高速公路执法人员指出,他们在日常检查中发现,一些驾乘人员为图方便,有意不系或不系好安全带。上高速公路行驶的车辆,尤其是私家车,有三成的驾驶员不系安全带,而坐在副驾上的乘客,不主动系安全带的也不少;有的驾乘人员的安全带所系位置不当或过于宽松,使安全带在关键时刻起不到应有的作用。

高速公路上驾乘人员不系安全带逃避检查的表现方式:在高速公路入口为应付检查,把安全带斜跨于胸前,上路后则把安全带取下;行车途中看到前方有检查,边开车边系安全带。

> 资料来源:http://news.cheshi.com/20130301/859417.shtml

汽车座椅安全带是用于防止驾乘人员在车辆遭遇碰撞时因惯性力作用而与车内结构物相撞导致伤害的防护装置,如图5.27所示。汽车高速行驶过程中,一旦发生严重的撞车(即一次碰撞)事故会产生很大的减速度,往往会在极短的时间(几十毫秒至几百毫秒)内由高速运动状态变为停止运动状态。在此过程中,由于车内乘员的减速度小于汽车的减速度,使得乘员停止运动的时间(图5.28中的t_2)比汽车停止运动的时间(图5.28中的t_1)要长,即汽车停止运动后,乘员的身体还要向前运动,汽车急速停止的巨大惯性力使得车内驾乘人员无法自控而继续向前运动,必然会与车内结构物(如转向盘、仪表板、风窗玻璃)发生二次碰撞,这种二次冲撞可能导致驾乘人员身体受到致命撞击,严重时甚至还会撞碎风窗玻璃而飞出车外,与其他物体再次相撞。碰撞事故车内乘员运动速度与车辆速度的关系如图5.28所示。

图5.27 汽车座椅安全带示意图

座椅安全带是通过对车内乘员的约束作用,使乘员在撞车过程中获得一个比较安全的减速度值,并限制其向前移动的距离,从而防止乘员受到二次碰撞。此外,在车辆发生翻滚时,安全带还可以保护乘员不致被甩出车外。驾/乘人员驾/乘车过程中系与未系安全带的伤亡率对比关系如图5.29所示。

由图5.29可以看出,对于驾驶员而言,相同碰撞速度条件下,未系安全带时的伤亡率比系上安全带时的伤亡率要高出一倍左右;对于乘员而言,相同碰撞速度条件下,未系安全带时的伤亡率比系上安全带时的伤亡率要高出70%~80%,即系上安全带驾驶员位置的伤亡率可降低50%左右;副驾驶员位置的伤亡率可降低40%。相关汽车事故调查结果表明，如果驾乘人员系了安全带，发生正面撞车时可使死亡率减少57%，侧面撞车时可减少44%，翻车时可减少80%。

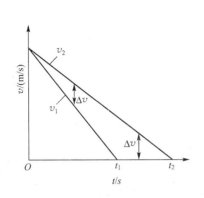

图5.28 碰撞事故车内乘员运动速度
与车辆速度的关系

v_1—碰撞后车辆速度；
v_2—碰撞后乘员运动速度；
Δv—乘员与车内结构物的二次碰撞速度

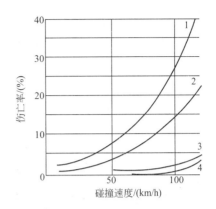

图5.29 驾/乘人员驾/乘车过程中系与未系
安全带的伤亡率对比关系

1—驾驶员未系安全带；2—驾驶员系安全带；
3—乘员未系安全带；4—乘员系安全带

美国公路安全保险协会(IIHS)调查表明，发生碰撞事故时，安全带起到的保护作用占90%，加上安全气囊后是95%，而如果没有安全带的帮助，安全气囊连5%的功效都很难保证。美国高速公路安全管理局的统计也表明，安全带的使用减少了45%~65%的生命死亡和严重受伤的数量，在美国每年有超过10000名驾驶者的生命因为安全带而被挽救，在欧洲通过使用安全带每年挽救5500人的生命，在中国因驾乘人员不系安全带即忽视安全带作用而发生惨剧的事件每年高达1万起。这种巨大反差一方面充分说明驾乘人员在驾/乘车过程中佩戴安全带的重要性，另一方面也说明我国汽车使用者在驾/乘车过程中自觉佩戴安全带的意识还十分薄弱，亟待加强。

1922年，座椅安全带开始应用于赛车车上，而在普通汽车上使用始于20世纪50年代(1955年)，开始时作为选装件在汽车上使用。1968年，美国规定轿车面向前方的座位均要安装安全带，随后，欧洲和日本等发达国家和地区都相继制定了汽车乘员必须要佩戴安全带的规定，从而使得安全带在汽车上的使用制度化，并成为基本配置。我国公安部于1992年11月15日颁布通告，规定从1993年7月1日起，所有小客车(包括轿车、吉普车、面包车、微型车)在行驶时，驾驶员和前排座乘车人都必须使用安全带。

《中华人民共和国道路交通安全法》第五十一条规定：机动车行驶时，驾驶人、乘坐人员应当按规定使用安全带，摩托车驾驶人及乘坐人员应当按规定戴安全头盔。

5.3.1 安全带的作用与工作原理、分类及主要部件

1. 汽车安全带的作用与工作原理

图5.30为典型三点式安全带示意图。汽车座椅安全带的作用是将乘员的身体约束在

座椅上，即通过对车内乘员的约束作用，在汽车发生碰撞时使乘员获得一个比较安全的减速度值，并限制其向前移动的距离，从而防止乘员受到二次碰撞；此外，在车辆发生翻滚时，安全带还可以保护乘员不致被甩出车外。图 5.31 为安全带和气囊控制系统共同工作的情景，8ms 内安全带能收紧 10～15cm。

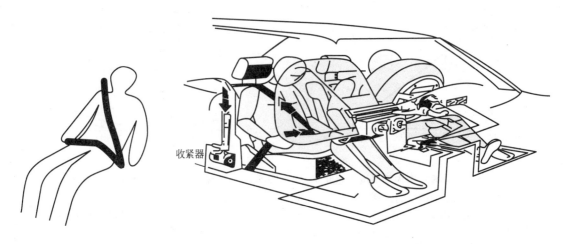

图 5.30　典型三点式安全带示意图

图 5.31　安全带和气囊控制系统共同工作的情景

汽车座椅安全带的工作原理：当碰撞事故发生时，安全带在乘员人体惯性力的作用下产生向前移动，当乘员人体作用于安全带上的力使安全带的运动速度超过一定阈值后，安全带系统中的锁止结构开始工作，安全带被锁紧，不能从卷收器中继续拉出，从而将乘员约束在座椅上，使乘员的头部、胸部不至于向前撞到转向盘、仪表板及风窗玻璃上，降低乘员发生二次碰撞的风险；同时避免乘员在车辆发生翻滚等情况下被甩出车外。

汽车座椅安全带系统的工作特点是：缓拉时无阻力，急拉时则锁紧，即当车辆出现紧急制动、正面碰撞或发生翻滚时，因乘员的惯性运动会使安全带受到快速而猛烈的拉伸时，安全带系统中卷收器的自锁功能可在瞬间卡住安全带而不让继续被拉出，使乘员紧贴座椅，避免遭受猛烈碰撞或被甩出车外而受伤。

理想安全带的作用过程：在碰撞事故发生的第一时刻首先及时将安全带收紧，毫不犹豫地把乘员"按"在座椅上，然后适度放松，即待冲击力峰值过去，或乘员已受到气囊的保护时适当放松安全带，避免因拉力过大而使乘员肋骨受伤。

2. 汽车座椅安全带的分类

1）按固定方式划分

安全带按固定方式划分，可分为两点式安全带、三点式安全带、四点式（全背式）安全带 3 种形式，如图 5.32 所示。

（1）两点式安全带是一种与车体或座椅仅有两个固定点的安全带。这种安全带又进一步可分为腰带（或膝带）式和肩带式两种形式如图 5.32 中（a）、（b）所示。腰带式是应用最早的安全带形式，它不能保护人体上身的安全，但能有效地防止乘客被抛出车外。肩带式也称斜挂式，它的一端装于汽车地板上，另一端安装在车体中心柱上。由于这种安全带在

(a) 两点式(腰带式)安全带　　(b) 两点式(肩带式)安全带　　(c) 三点式安全带　　(d) 四点式安全带

图 5.32　安全带的种类

撞车时乘员受力不均匀，乘员下体容易先行挤出，若安装不当，乘员身体会从带中脱出或头部被撞。

两点式安全带的优点是使用方便，乘员容易解脱；腰带式的缺点是碰撞过程中乘员上身容易前倾，使其头部撞到仪表板或前风窗玻璃而导致伤害。这种安全带多用在轿车后排座位上，目前使用较少。

(2) 三点式安全带在两点式安全带的基础上增加了肩带，如图 5.32 中(c)所示，在靠近肩部的车体上有一个固定点，可同时防止乘员身体前移和上半身前倾，增强了乘员的安全性，是目前使用最广泛的一种安全带。

三点式安全带有连续型三点式安全带和分离型三点安全带两种形式。连续型三点式安全带是两点式安全腰带和安全肩带的组合形式；分离型三点安全带是将防止乘员上体前倾的安全肩带连接在两点式腰带上的任意点而成。

(3) 四点式安全带也称马甲式安全带，是在两点式安全带上连接两根肩带而构成的形式，如图 5.32 中(d)所示。与其他两种安全带相比，这种安全带对乘员的保护性最好，儿童安全座椅采用较多，因结构复杂，对于成人保护仅用于赛车或特殊用途车上。

2) 按功能划分

安全带按功能划分，可分为普通安全带、预紧式安全带和限力式安全带。预紧式安全带(Pretensioner Seat Belt)也称预缩式安全带，其特点是在汽车发生碰撞事故但乘员尚未向前移动时会首先拉紧织带，立即将乘员紧紧地绑在座椅上，达到保护乘员的效果，而普通安全带则没有预紧式安全带在乘员尚未向前移动时首先拉紧织带的功能；限力式安全带的特点是将作用于安全带的力限制在一定程度内，以缓解给乘员胸部带来的冲击。

3) 按智能化程度划分

安全带按智能化程度划分，可分为被动式安全带和自动式安全带两种。被动式安全带的特点是其锁扣及解扣都需乘员人工自主操作完成，目前绝大部分汽车所配置的安全带都是此类形式；自动式安全带是一种自动约束驾驶员或乘客的安全带，即在汽车起动时，无需驾驶员或乘客操作就能自动提供保护，而且乘客上下车时也不需要任何操纵动作，其特点是其锁扣及解扣在车门关闭或开启后自动进行，无需乘员人工动作，相比被动式而言其结构比较复杂，目前仅应用于高端轿车上。自动式安全带有全自动式安全带和半自动式安全带两种。

3. 安全带的组成及各部件作用

汽车安全带主要由织带、锁扣、卷收器、长度调整机构、预紧器、安装固定件等部件组成,如图5.33所示。

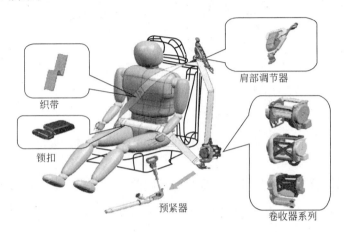

图5.33 汽车安全带主要部件组成及其图示

1) 织带

织带是用于约束乘员身体并将其所受的力传到安全带固定点的柔性部件,其功能是对乘员起约束作用。织带是构成安全带的重要部件,用做肩带、腰带及部件锁扣与车体固定件之间的连接,多用尼龙、聚酯、维尼纶等合成纤维丝纺织成宽约48mm、厚1.1~1.2mm的带子,均由专业生产厂家生产。为使织带能在使用过程中充分发挥对乘员的保护作用,对织带的要求是应具有足够高的强度、一定延伸性、良好的能量吸收性。为提高织带的耐久性,织带应具有良好的耐磨性能、耐气候性(耐寒、耐热、耐水、耐光、耐腐蚀等)。此外,织带应外观平整,手感柔软舒适。

各国对安全带织带的性能和试验要求都有明确的规定。生产的织带必须经过抗拉强度、延伸率、收缩率、能量吸收性、耐磨、耐寒、耐热性、耐水及不褪色性等项目的考核试验,只有符合规定后才能使用。我国对安全带织带的相关要求见国家标准GB 14166—2013《机动车乘员用安全带、约束系统、儿童约束系统 ISOFIX 儿童约束系统》。

2) 锁扣

锁扣也称带扣,是一种既能方便地把乘员约束在安全带内,又能快速使乘员解脱的连接装置,其功能是用以接合或脱开安全带。各国对安全带锁扣接合的可靠性、耐蚀性、耐热性都有明确的规定,为使用方便,对锁扣按钮面积和操作力等也做了规定。

锁扣按是否有舌分为有舌和无舌两类,有舌锁扣又进一步分为包围型按钮式和开放型按钮式两种。汽车前排座椅一般采用弹出式带杆锁扣。锁扣锁杆一般为金属杆或带塑料套的窄带杆,以及带塑料套的钢丝杆。按钮式锁扣多用于后排座椅使用的两点式安全带。

锁扣的内部结构分为压式结构锁扣和拉式结构锁扣。压式结构锁扣结构简单,但其工作时,锁舌与锁扣内扣一直接触,对接触面要求很高,无论是材料还是接触面形状,既要保证锁扣易于开启,又要保证在安全带总成伸长量试验中承受拉力时不会在锁扣处脱开。拉式结构锁扣相对复杂些,但结构强度比压式结构好,对锁舌和锁扣的形状及表面加工要求均比压式锁扣简单。

对于锁扣锁设计需要引起注意的是:安全带使用过程中,存在着汽车碰撞时乘员肘部可能产生接触到锁扣的动作或因误碰撞而使锁扣开启的现象;硬币之类物品可能滑入锁扣锁舌插孔而影响锁扣的正常使用。

3) 卷收器

图 5.34 为卷收器结构图。卷收器的作用是在汽车正常行驶时允许织带自由伸缩,而当汽车行驶速度急剧变化时通过锁止装置卡住织带达到对乘员实施约束的目的。其基本功能如下。

(1) 正常情况下,使用者慢拉时织带能自由收放,以适应乘员身体体型的差别,一旦使用者将安全锁扣好后,卷收器自动将过长的织带收回,让织带以适当的收卷力将乘员约束住。

(2) 紧急情况下,当织带被快速拉出时,卷收器可在瞬间将织带卡住而不让其伸展,从而对乘员实施有效约束。

(3) 使用中调整织带长度,并收卷、储存部分或全部织带。

卷收器是安全带中最复杂的机械部件。安全带的主要区别在于卷收器的不同,卷收器按类型的不同可分为如下几种。

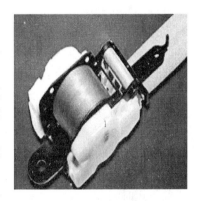

图 5.34 卷收器结构图

(1) 无锁式卷收器。这是一种只有收放功能的卷收器,即仅在织带全部拉出时保持束紧力的卷收器,但无法在织带部分拉出位置自动锁紧织带,因此其已很少使用。

(2) 自锁式卷收器。这是一种在任意位置停止拉出织带动作时,其锁止机构都能在停止位置自动锁止且同时保持束紧力的卷收器,其特点是卷收器中增加了棘轮结构。

(3) 紧急锁止式卷收器。这是目前应用最广泛的一种卷收器。其工作特点是:在汽车正常行驶过程中,膝/肩部允许织带随着乘员身体移动而伸长和缩短,从而使安全带能够紧贴合身,而且舒适;当汽车速度急剧变化使得织带被快速拉出时,其锁止机构迅速锁止织带并保持安全带对乘员的束紧力。该类型卷收器中装有惯性敏感元件和棘轮棘爪机构或中心锁止机构,织带缠绕在卷轴上。汽车正常行驶时,卷收器借助卷簧的作用,既能使织带随乘员身体的移动而自由伸缩,又不会使织带松弛;当出现紧急制动、碰撞或车辆行驶状态急剧变化时,卷收器内的敏感元件将驱动锁止机构锁住卷轴,使之固定在某一位置,并承受乘员身体施加给织带的载荷。

紧急锁止式卷收器的传感方式分为织带拉出加速度敏感型(又称织带敏感型)、汽车加速度敏感型(又称车体敏感型)和兼有两者功能的复合敏感型。织带拉出加速度敏感型的锁紧装置由织带拉出加速度传感控制,该卷收器的心轴上安装有棘轮,其锁止动作最终是通过棘轮止动杆锁止棘轮来停止卷轴转动而使织带被锁止;汽车加速度敏感型卷收器根据车身加速度进行传感控制,当感应到车速发生急剧变化时对织带进行锁止而不被拉出。复合敏感型的锁止装置根据车身减速度和织带被拉出加速度的双因素进行传感控制,这些传感器都适用于三点式安全带。

4) 长度调整机构

其对织带的长度进行调节,以适应乘员身体体型不同的需要。

5) 预紧器

预紧器的作用是在汽车发生碰撞一瞬间、乘员尚未向前移动时,预紧器立即回拉织带,收紧并消除织带松弛量、缠绕间隙和佩戴间隙,消除约束空行程的影响,迅速有效地将乘员"束缚"在座椅上,即预先张紧并锁止安全带,防止乘员身体的前倾,改善乘员约束性能。

织带的松弛量是指碰撞中乘员因惯性从前倾运动开始至开始感应到织带张力时织带长度的伸长量。织带松弛量的产生原因主要是乘员衣服的松弛、织带在卷轴上的缠绕间隙、卷收器的锁止敏感性等因素。为提高安全带对乘员的约束效果,应通过使织带较早地产生约束力的方法减少乘员的前移量。

相关试验结果表明:乘员胸部加速度和头部伤害指数(HIC值)与安全带的松弛量呈线性增长;松弛量过大还会造成乘员与车身的直接碰撞,尤其是对于乘员空间较小的小型车更是如此。减小织带松弛量可以通过增加卷收器轴的直径、使用织带夹等措施,但在目前较为有效的办法则是采用安全带预紧器。

安全带预紧器按作用机理不同分为机械式预紧器和烟火式预紧器两种。机械式预紧器能在碰撞事故中快速拉下锁扣以消除织带缠绕间隙;烟火式预紧器通过加速度传感器实现烟火发生器电子点火,产生的高压气体驱动卷轴转动(回转),以预先拉紧织带。两种预紧器的作用时间基本相同,10ms左右,消除织带缠绕间隙40mm左右。与普通卷收器相比,上述系统的乘员保护性能明显得到了改善。

6) 安装固定件

座椅安全带系统的安装固定件是指与车体或座椅构件相连接的耳片、插件和螺栓等部件,它们的安装位置和牢固性,直接影响到安全带的保护效果和乘员的舒适感,因此,各国对于安装固定件的安装位置和安装标准也做出了明确的规定。

4. 先进安全带

1) 先进安全带的特点

先进安全带除了织带、锁扣、卷收器、长度调整机构、预紧器、安装固定件等部件外,另外还带有预收紧装置和拉力限制器。

预收紧装置是在安全带处于使用状态时,当汽车发生碰撞或强烈制动时将安全带锁紧在恰当的位置,在安全带处于未使用状态时贮存安全带。座椅安全带预收紧装置内置于座椅安全带内,由收紧器和安全带张力限制器组成。在碰撞事故初期,预收紧装置会立刻启动,迅速收紧安全带,将乘员"按"在座椅上,以最大限度地降低乘员发生二次碰撞的风险,同时也避免安全气囊工作时对乘员的误伤害。安全带张力限制器的作用是,当安全带的张力过大超过预定极限时,随即将安全带锁紧力量减弱,使作用在乘员胸部的力不致过大。

拉力限制器的作用是在受力峰值过去后,马上降低安全带的张紧力度。它与安全带预收紧器和安全气囊结合使用,能有效减少前排乘员上半身受伤害的风险。

2) 预紧式安全带

预紧式安全带是近年发展起来的能在一种较先进的座椅安全带系统,主要在普通安全带基础上增加了预紧器部件。预紧式安全带能在汽车发生碰撞事故的一瞬间,乘员尚未向前移动时它会首先拉紧织带,立即将乘员紧紧地绑在座椅上,然后锁止织带防止乘员身体前倾,以有效保护乘员的安全。预紧式安全带中起主要作用的卷收器与普通安全带不同,除了普通卷收器的收放织带功能外,还具有当车速发生急剧变化时能够在 0.1s 左右加强对乘员约束力功能的控制装置和预拉紧装置。

预紧式安全带的控制装置分为两种:电子式控制装置和机械式控制装置。电子式控制装置通过 ECU 检测汽车加速度的变化情况,当检测到加速度的变化超限时,经判断处理并立即将信号发至卷收器的控制装置,激发预拉紧装置工作,这种预紧式安全带通常与辅助安全气囊组合使用。机械式控制装置则由传感器检测汽车加速度的变化情况,当检测到超限时,控制装置激发预拉紧装置工作,这种预紧式安全带可以单独使用。

预紧式安全带的预拉紧装置有多种形式,常见的预拉紧装置是一种引爆式的,由气体引发剂、气体发生剂、导管、活塞、绳索和驱动轮组成。当汽车受到碰撞时预拉紧装置受到激发后,密封导管内底部的气体引发剂立即自燃,引爆同一密封导管内的气体发生剂,气体发生剂立即产生大量膨胀气体,迫使活塞向上移动拉动绳索,绳索带动驱动轮旋转,驱动轮使卷收器卷筒转动,将织带回拉。卷收器会紧急锁止织带,固定乘员身体,防止乘员身体前倾而与转向盘、仪表板、风窗玻璃相碰撞。

3) 气囊式安全带

气囊式安全带将传统安全带和安全气囊有效结合,为乘员提供了更高级别的碰撞安全保护,如图 5.35 所示,由福特公司于 2010 年首次推出。这项技术旨在减少事故发生时对后座乘客头部、颈部和胸部的伤害,而后座的乘客往往是更易受到伤害的儿童和老人。

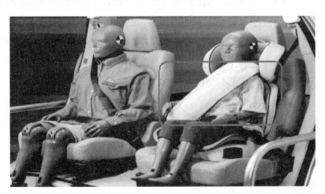

图 5.35　乘员佩戴普通织带式安全带与气囊式安全带效果比较

福特公司研发的这款气囊式安全带,当碰到意外情况时,安全带会在 0.04s 膨胀成气囊状,其缓解冲击力的效果是传统安全带的 5 倍。这个装置将给后排乘客带来又一个保障,一是面积大可以有效降低头部与颈部的晃动,二是气囊膨胀时具备一定的弹性,能减少事故中后排乘客容易出现的肋骨骨折、内脏器官受损和淤伤等现象,提升后排乘客的安全性。

5.3.2　安全带的使用误区

安全带是用于保护驾/乘人员的安全保护装置,绝大多数人对此都应该是清楚的。然而,在现实生活中,不少汽车使用者及乘员对安全带的作用存在着不正确的认识,如把安全带当成摆设，只有在遇到警察时才装模作样地系一下，概括起来，在安全带的使用上存在以下"误区"。

1) 市区内行车可用可不用

由于安全意识淡薄，许多驾车人存在着侥幸心理，认为在市区内行车车速不高，不会发生重大交通事故，因而系不系安全带无关紧要。其实，当汽车以 40km/h 的行驶速度发生碰撞时，车内乘员身体前冲的力量相当于从 4 层楼上扔下一袋 50kg 的水泥，其冲击力是很大的。因而，为了驾乘人员的安全，请上车时随时系好安全带。

2) 有安全气囊就足够了，没有必要系安全带

有很多人认为，车上已配备了安全气囊等装备，就没必要系安全带了，这是一种十分错误的认识。其实，单纯依靠安全气囊也是十分危险的。因为安全气囊瞬间的爆发力非常大，如果没有安全带对乘员身体的制约而使气囊在爆发的瞬间直接与乘员相接触，极有可能对乘员身体造成严重的损伤。所以，安全气囊应与安全带配合使用才能有效发挥其防撞"安全"作用，即乘员只有在系好安全带的前提下才能更安全。

3) 发生事故时会因系着安全带而被困在车内

不少人担心一旦发生事故后车辆起火，系上安全带会难以逃生，这种认识也是十分错误的。由于安全带锁扣很容易解开，安全带将乘员卡在事故车内几乎是不可能的。事实上，乘员系好了安全带，在撞车时保持清醒的机会要比不系安全带时高得多，这给逃生提供了更多的机会。

4) 用"虚扣"代替系安全带

有的汽车使用者很烦驾车过程中系上安全带，理由是安全带勒着腹部不舒服。为了避免罚款，有些驾驶人员干脆用一些硬的物品卡住安全扣，以使汽车仪表板上显示信号不再提醒，由于安全带锁扣人为地被硬的物品卡住，实际上安全带是"虚扣"在汽车使用者身上。这种做法既是违法的，也是十分危险的。

5) "老司机"而且行驶距离不长可以不系

发生交通事故同行驶距离之间没有必然的联系，即使是很短的行驶距离，也仍然存在着发生交通事故的可能性，交通事故的发生其实就在一瞬间。作为一名专业驾驶员（老司机），即使驾驶技术高超，有些情况也可能是难以控制的，如他人的驾驶技术太差，他人的车辆在快速行驶时撞上自己的汽车，也可以导致自己车内人员受伤或死亡，因而，只要驾车出行，就应该自觉系上安全带。

大量的道路交通实例表明：安全带能有效地减少交通事故致死率和重度创伤发生率，特别是对减少最常见的导致乘员头部严重创伤的正面碰撞效果尤为明显。然而，在我国由于许多驾乘人员对于安全带在碰撞事故发生时防止二次冲撞效果缺乏深入认识与理解，致使很多驾乘人员对驾车和乘车过程中佩戴安全带存在以上误区，导致安全带的使用率不够高。据调查，我国轿车上安全带的使用比例约为 65%，与交通发达国家 90% 左右的使用率相比还存在明显差距，而大型长途客车上乘员使用安全带的比例非常低。从保护乘员自身安全的角度来讲，不论是驾驶员驾车还是乘客乘车，只要车辆处于行驶过程中，就应该系好安全带，特别是在高速公路行驶的所有客车驾驶员及其乘员更应该如此。

《中华人民共和国道路交通安全法》第五十一条明确规定：机动车行驶时，驾驶人、乘坐人员应当按规定使用安全带。

5.4 安全气囊防护系统

安全气囊防护系统(Supplemental Restraint System，SRS，直译为辅助约束(防护)系统，一般译为安全气囊)是现代轿车上的一种重要辅助乘员约束系统，与座椅安全带配合使用，可为乘员提供十分有效的防撞保护。安全气囊的作用是，当汽车遭受碰撞导致车速发生急剧变化时，安全气囊迅速膨胀，承受并缓冲乘员头部与身体上部的惯性力，避免乘员的胸部、颈部和头部强烈撞击在转向盘、仪表板或风窗玻璃上而遭受伤害。

研究表明，安全气囊能大大降低中等及严重正面碰撞事故过程中乘员受伤的风险。装备安全气囊装置的轿车发生正面撞车，驾驶者的死亡率，大型轿车降低了30%，中型轿车降低了11%，小型轿车降低了14%。据美国有关部门统计，自20世纪80年代后期采用安全气囊到1997年，安全气囊已经挽救了数万人的生命。安全气囊现已成为当今轿车上的标准配置。

虽然安全气囊和安全带一样，也是一种车内乘员保护装置，但其具有明显的高技术特点。驾驶员席安全气囊平时呈折叠态安置在轿车的转向盘中央内，一旦汽车前端发生了强烈的碰撞，安全气囊就会瞬间从转向盘内"蹦"出来，垫在转向盘与驾驶者之间，起着"气垫"的作用，以防止驾驶者的头部和胸部撞击到转向盘或仪表板等硬物上。就安全带、安全气囊对车内乘员的保护方式看，两种装置存在着明显的差别：安全带主要是在碰撞等事故发生时通过约束车内乘员，即尽可能使车内乘员保持在原有的位置对其进行保护；而安全气囊则是在汽车碰撞事故发生过程中通过对气囊充气使气囊迅速膨胀并快速垫在车内乘员与车内坚硬物之间达到保护乘员的目的。

5.4.1 安全气囊简介

1. 汽车对安全气囊的基本要求

(1) 可靠性高，安全气囊的使用年限为7～15年。

(2) 安全可靠，能正确区分制动减速度和碰撞减速度的区别。

(3) 灵敏度高，当汽车发生碰撞时，在二次碰撞前正确、快速打开并正确泄气，起到缓冲作用。

(4) 有防误爆功能，减速度过低、轻微碰撞不能引爆，一般采用二级门限控制。

(5) 有自诊断功能，能及时发现故障并报告驾驶员。

(6) 电控安全气囊要有备用电源，在断电情况下气囊电路的储能元器件供短时间供电，至少可以引爆气囊工作。

2. 安全气囊的组成及工作过程

安全气囊系统主要由控制装置(传感器、电子控制系统、触发装置)、气体发生器、气袋等部件组成，如图5.36所示，图5.37所示为安全气囊充气过程效果示意图。

安全气囊的工作过程：在发生碰撞事故的瞬间传感器侦测到车速瞬间急速降低(这是强烈碰撞的表现)后传递出信号，电子控制系统接受并处理传感器传来的信号。当经判断

控制装置
传感器
电子控制系统
触发装置
气体发生器
气袋

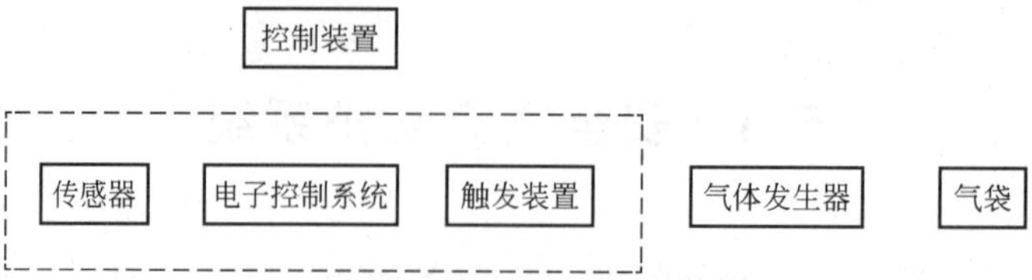

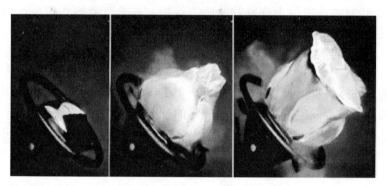

图 5.36　安全气囊系统的组成

图 5.37　安全气囊充气过程效果示意图

认为需要打开气袋时，立即由触发装置发出点火信号触发气体发生器，点燃固体燃料并产生大量气体迅速使气袋充气，在乘员的前部形成充满气体的气囊。该气囊一方面将乘员的头部和胸部与前面的车内结构物隔开；另一方面，当乘员的身体与气囊接触时，利用气囊本身的阻尼或气囊背面的排气节流作用吸收乘员惯性力产生的动能，使猛烈的车内碰撞得以缓和，从而达到保护乘员的效果。

Bosch 公司在奥迪(Audi)轿车上的试验研究表明：当汽车以车速 50km/h 与前面障碍物相撞时，气囊与座椅上驾驶员的动作时序如图 5.38 所示。

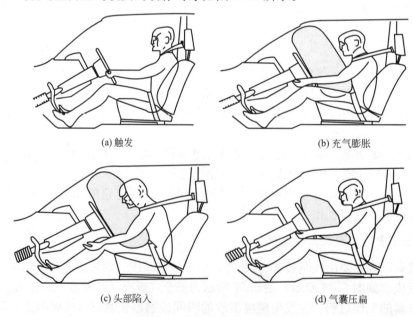

(a) 触发
(b) 充气膨胀
(c) 头部陷入
(d) 气囊压扁

图 5.38　安全气囊的工作过程

与图 5.38 所示的 4 个重要时刻对应的驾驶员与气囊的工作特征见表 5-3。

表 5-3 气囊工作过程及对应特征

气囊工作状态	发生时刻	特征
触发	碰撞约 10ms 后	气囊达到引爆条件,点火器引爆点火剂并产生大量热量,使充气剂受热分解,此时驾驶员尚未动作(身体没有前移)
充气膨胀	碰撞约 40ms 后	气囊完全充气,体积最大,驾驶员向前移动,安全带斜系在驾驶员身上并拉紧,部分冲击能量已被吸收
头部陷入	碰撞约 60ms 后	驾驶员头部及身体上部压向气囊,气囊排气孔在气体和人体压力作用下排气节流,吸收人体与气囊碰撞产生的动能
气囊压扁	碰撞约 110ms 后	大部分气体已从气囊逸出,驾驶员身体上部回到座椅靠背上,前方恢复视野
	碰撞约 120ms 后	碰撞危害解除,汽车车速降低直至为零

整个碰撞及气囊充、排气过程就时间而言极为短暂,从气囊开始充气到完全充满约为 30ms;从汽车遭受碰撞开始到气囊收缩约为 120ms,小于人眨眼的时间(人眨眼的时间约为 200ms),因而人的肉眼无法确认气囊的动作状态和经历时间。

3. 安全气囊的工作原理

汽车行驶过程中,安全气囊系统中的传感器不断向控制装置发送车速变化(或加速度)信息,由控制装置对这些信息加以分析判断,如果检测到汽车的速度、加速度变化量或其他指标超过预定值(即真正发生了碰撞),则控制装置向气体发生器发出点火命令或传感器直接控制点火,点火后发生爆炸反应,产生氮气或将储气罐中压缩氮气释放出来充满气袋。乘员与气袋接触时,通过气袋上排气孔的阻尼吸收碰撞能量,达到保护乘员的目的。

汽车遭受正面和侧面碰撞时安全气囊系统的工作原理完全相同。以正面碰撞为例,安全气囊系统控制原理简图如图 5.39 所示。

由图 5.39 可知,从碰撞开始至气囊膨胀保护乘员全过程的主要环节如下。

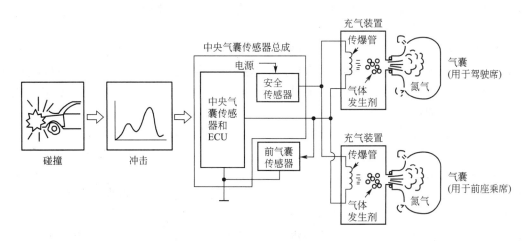

图 5.39 安全气囊系统控制原理简图

发生碰撞→碰撞传感器和防护传感器触点闭合→点火器点火→点火剂(引爆火药)爆炸→充气剂(叠氮化钠固体药片)受热分解释放氮气→气囊膨胀形成气垫→保护乘员。

安全气囊的工作原理：当汽车发生较严重的碰撞时，碰撞传感器将汽车碰撞信息(汽车减速度)转换成相应的电信号输入到ECU，与此同时，安全传感器内部的触点也在汽车减速惯性力的作用下闭合，接通点火器电源；ECU对碰撞传感器输入的信号进行分析处理后，迅速向点火器输出点火信号，点火器通电引燃点火剂并产生高温，使气体发生器产生大量气体，并经过滤与冷却后，冲入气囊使气囊快速膨胀展开，在车内乘员还没触及到前方坚硬结构物之前，抢先在二者之间形成弹性气垫，并及时由小孔排气收缩，吸收强大惯性冲击能量，以保护乘员头部、胸部，避免或减轻受伤害程度。

4. 安全气囊的主要部件

1) 控制装置及控制过程

由图5.36知，安全气囊的控制装置由传感器、电子控制系统、触发装置等部件构成，是安全气囊的核心，其功能是判断汽车发生碰撞的剧烈程度，决定是否需要启动安全气囊，并在条件满足时启动气体发生器工作，同时对气囊系统的故障进行诊断。

(1) 传感器。传感器用于检测汽车发生碰撞事故的严重程度，并将感测到的信号传给电子控制系统。电子控制系统通过对传感器的信号进行计算分析，以决定是否需要启动气囊充气，如果汽车碰撞足够强烈达到了启动条件，电子控制系统就给触发装置发送启动信号，触发装置接收到启动信号后便点燃气体发生器，快速产生大量气体向气囊充气，使气囊进入工作状态。

根据用途的不同，传感器可分为碰撞传感器和安全传感器。碰撞传感器用于检测汽车碰撞时的减速度或惯性，并将碰撞信号传给气囊ECU。安装在汽车前部的碰撞传感器称为前碰撞传感器，安装在安全气囊ECU内部的碰撞传感器称为中央传感器，用于检验和判断由传感器输入的碰撞信号。安全传感器也称保险传感器，安装在气囊ECU内部，用于防止安全气囊系统在非碰撞(如汽车紧急制动、跨越凹坑及低于规定强度条件)情况下发生的误引爆。安全传感器通常有两个。

按照结构的不同，传感器分为机械式传感器、机电式传感器和电子式传感器。碰撞传感器一般采用机电结合式结构或机械式结构，而安全传感器一般采用电子式结构。下面简单介绍几种传感器。

① 滚球式碰撞传感器。滚球式碰撞传感器为机械式传感器，其结构及工作原理如图5.40所示。铁质滚球置于导缸内，可移动或滚动，铁质滚球用于探测惯性力或减速度大小；导缸左端为两个固定式触点，右端为永久磁铁。壳体上印有箭头标记，安装时必须按说明书规定方向进行安装。

当汽车正常行驶即传感器处于未触发状态时，在永久磁铁的磁力作用下，导缸内的滚球被磁铁吸引，此时两个触点未被接通，如图5.40中(a)所示。当汽车遭遇碰撞使滚球因此产生的惯性力大于永久磁铁的吸力时，惯性力和磁铁吸力的合力使滚球沿导缸向触点方向运动(图5.40(b)中合力的箭头方向)，将两个触点接通(此时传感器为触发状态)，接通安全气囊点火器回路，以引爆气体发生器向气囊充气。

滚球式碰撞传感器用于检测和判断汽车发生碰撞后的撞击信号。汽车发生碰撞时，滚球式碰撞传感器能根据汽车的速度和加速度大小，自动选择安全带预紧器动作或与安全气

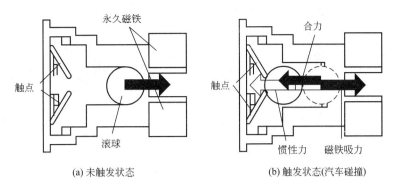

(a) 未触发状态　　　　　　(b) 触发状态(汽车碰撞)

图 5.40　滚球式碰撞传感器的结构及工作原理简图

囊同时工作,从而避免了气囊的浪费。滚球式碰撞传感器具有结构简单、抗干扰能力好、制造成本低及使用维护方便等优点,已经成功用于多款车型。

② 偏心锤式碰撞传感器。偏心锤式碰撞传感器为机电式传感器,其结构如图 5.41 所示。

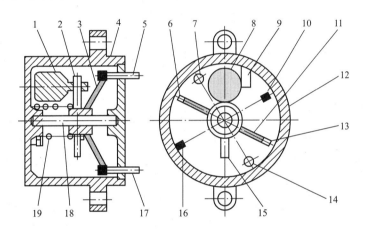

图 5.41　偏心锤式碰撞传感器结构简图

1、8—偏心锤;2、15—偏心锤臂;3、11—转动触点臂;4、12—壳体;5、17、7、14—端子;
6、13—转动触点;9—挡块;10、16—固定触点;18—传感器轴;19—复位弹簧

偏心锤式碰撞传感器由壳体、偏心锤、偏心锤臂、转动触点、固定触点和复位弹簧等组成。偏心转子总成由偏心锤、转动触点臂及转动触点组成,安装在传感器轴上。偏心锤偏心安装在偏心锤臂上。转动触点臂两端固定有转动触点,转动触点随触点臂一起转动。两个固定触点绝缘固定在传感器壳体上,并用导线与传感器两接线端子连接。偏心锤式碰撞传感器的工作原理简图如图 5.42 所示。

当汽车正常行驶即传感器处于未触发状态时,偏心锤和偏心锤臂在螺旋复位弹簧力的作用下,顶靠在与外壳相连的挡板上,偏心转子总成处于静止状态,此时转动触点与固定触点处于断开状态,如图 5.42(a)所示;当汽车遭遇碰撞时,由于偏心重块的惯性作用,偏心转子克服复位弹簧力的作用产生旋转,当碰撞强度达到设定值时,偏心转子总成偏转的角度较大,使转动触点与固定触点相接触,如图 5.42(b)所示,此时传感器为触发状态,偏心锤式碰撞传感器接通安全气囊防护系统的搭铁回路,向 ECU 输入一个开关信号,从而引爆气体发生器向气囊充气。

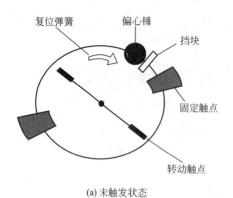 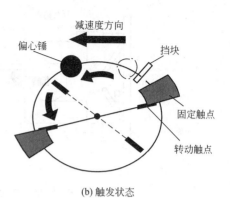

(a) 未触发状态　　　　　　　　　　　　(b) 触发状态

图 5.42　偏心锤式碰撞传感器的工作原理简图

③ 水银开关式碰撞传感器。该传感器的结构与工作原理如图 5.43 所示。该传感器也称安全传感器，通常处于断开状态。当汽车遭遇碰撞且所产生的减速度大于预先设定的限值时，管中的水银在惯性力作用下上移，使系统电路中断开的触点闭合，利用水银的优良导电特性使其电路导通，发出点火信息。

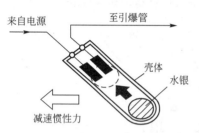

图 5.43　水银开关式碰撞传感器的结构及工作原理简图

对于用于检测汽车碰撞的其他类型传感器而言，其工作原理与上述传感器基本相似，要么是利用活动触点在碰撞时的运动使电路闭合产生电信号；要么是利用电子原理如利用半导体的压阻效应得到反映车身减速度的电信号供 ECU 分析处理，决定是否点火。

传统的传感器常布置在车身前端，近年来随着电子式传感器的发展，将传感器直接装于中央控制器内的布置方式越来越多。这样的布置方式的优点是在减少电缆束的同时，提高了可靠性，降低了成本，但对调整和控制的精度要求更高。电子式传感器有应变片式和压电式两种。

（2）ECU。ECU 是安全气囊系统的控制中心，接收来自前碰撞传感器的输入信号，对引爆条件进行判断，控制充气装置点火电路的接通与断开，同时还兼有对系统装置监测和对故障进行诊断的功能。安全气囊 ECU 一般由中央处理器（CPU）、只读存储器（ROM）、随机存储器（RAM）、I/O 接口、驱动器等电子电路组成；同时，安全气囊 ECU 内部还有安全传感器、备用电源、稳压电源、故障自诊断电路等。安全气囊电子控制装置（SRS-ECU）电路框图如图 5.44 所示。

为了保证安全气囊在需要时能够即时触发，而当汽车紧急制动和通过凸凹不平道路引起剧烈颠簸振动及轻微碰撞时不发生误动作，对安全气囊的引爆控制以多传感器的逻辑组合方式加以控制。因此，安全气囊必须在某个安全传感器与中央安全气囊传感器之一闭合，或者在某个安全传感器与中央安全传感器同时闭合，或者上述 3 种传感器同时闭合时才能触发。

（3）触发装置。安全气囊的触发装置控制着气体发生器点火开关的开启时刻。触发装置接收到启动信号后即刻点燃气体发生器，快速产生大量气体充入气囊，使气囊进入工作状态。

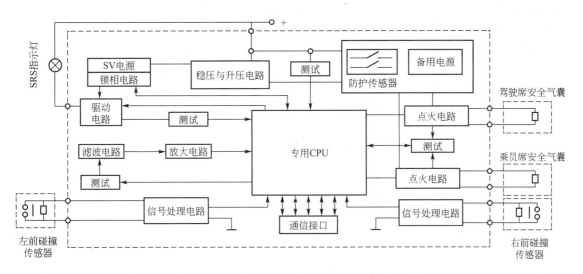

图 5.44 安全气囊电子控制装置(SRS-ECU)电路框图

(4) 电控安全气囊系统的控制过程。点火器引爆气囊的条件是前碰撞传感器与安全气囊内部的安全传感器同时接通。当汽车发生碰撞时，前碰撞传感器、安全传感器送给安全气囊 ECU 一个闭合信号，这时安全气囊 ECU 再综合中央传感器、安全气囊防护系统检测电路的信息，最后发出点火指令，通过点火驱动电路控制点火器的最终搭铁，点火器中电热丝迅速通电引爆充气剂，充气剂受热分解产生大量氮气充入气囊内。

当汽车车速以低于 30km/h 发生碰撞时，碰撞产生的减速度和惯性力均较小，安全传感器和中央传感器将此信号送到安全气囊 ECU，安全气囊 ECU 的判断结果为不引爆安全气囊，只引爆安全带收紧器的点火器；与此同时，向左、右安全带点火器发出点火指令使安全带收紧，防止驾驶员和乘客受伤。

当汽车车速高于 30km/h 发生碰撞时，碰撞产生的减速度和惯性力均较大，安全传感器和中央传感器将此信号送到安全气囊 ECU，安全气囊 ECU 判断结果为需要引爆安全气囊和安全带收紧器共同保护驾驶员和乘客。与此同时，向左、右安全带点火器和安全气囊点火器发出点火指令，在安全带收紧的同时，驾驶员侧气囊和乘客侧气囊同时打开，达到保护驾驶员和乘客的目的。

2) 气体发生器

气体发生器也称充气器，用于在点火器引爆点火剂时，快速产生大量气体向气囊充气，使气囊迅速膨胀，如图 5.45 所示。其作用是在有效的时间内产生足够气体，使气囊张开。过滤网安装在气体发生器的内表面，用于过滤充气剂和点火剂燃烧产生的渣粒。

其工作原理是利用反应热效应产生氮气并快速充入气囊。在点火器引爆点火剂（引爆火药）的瞬间，点火剂会产生大量热量，叠氮化钠药片受

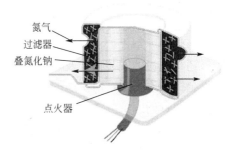

图 5.45 安全气囊气体发生器充气示意图

热立即分解，产生大量氮气充入气囊。虽然氮气是无毒气体，但是叠氮化钠的副产品有少量的氢氧化钠和碳酸氢钠（白色粉末）。这些物质是有害的，因此在清洁膨胀后的气囊时，应保持良好的通风并采取防护措施。

气体发生器使用的火药目前主要是叠氮化钠，这种火药燃烧后产生氮气。要使叠氮化钠充分燃烧，需加入助燃剂，因而使得气体发生器的体积较大。该气体发生器的优点是在高低温时化学性能稳定，而且通过调整助燃剂的比例，可以较容易地调整火药的燃烧速度和燃烧后的杂质。

由于叠氮化钠在燃烧前有毒性，采用其他无毒化合物（非叠氮化钠）做燃料的新型气体发生器不断被开发。新型的气体发生器包括混合式气体发生器和纯气体式气体发生器等。前者采用少量固体燃料来加热被储存的惰性气体，从而达到给安全气囊充气的目的；后者则采用有机气体或可燃气体混合剂为燃料来产生气体。

3）气袋

气袋即气囊，用于接受来自气体发生器的气体，控制气体的压力和气囊所占据空间的位置与形状，并承受乘员的碰撞，吸收碰撞动能，从而达到减少和减轻乘员伤亡的目的。

图 5.46　驾驶员席安全气囊的组件及结构

由于习惯不同，气袋的容积目前形成了两种类型，容积为 60～80L 的大尺寸（美国采用）和容积为 35～40L 的小尺寸（欧洲采用）。驾驶员席的气囊呈折叠态装在转向盘毂内紧靠缓冲垫处（图 5.46），乘客席气囊则藏在仪表板内。在转向盘外壳或仪表板上刻有 "Air Bag" 或写有 "SRS"，表明该车配置有气囊。折叠起来的气囊表面附有干粉，以防安全气囊粘着在一起在爆发时被冲破；为了防止气体泄漏，气囊内层涂有密封橡胶；同时气囊设有安全阀，当充气过量或囊内压力超过一定值时会自动泄放部分气体，避免将乘客挤压受伤；同时气袋的排气方向不得与气袋的膨胀方向相同以免对乘员造成伤害。气囊中所用的气体多是氮气。

气囊是用具有良好物理力学特性的膜状材料制成的，具有特定结构的袋子，其材料多选用尼龙材质，以获得高的抗拉强度。气袋的进口与气体发生器的气体出口相连，以使气体发生器产生的气体全部进入袋子。气囊可以是单气室的，也可以是多气室的。对多气室的气囊而言，各气室之间须有通道相连，以保证所有气室都能获得来自气体发生器的气体。

无论是单气室气囊还是多气室气囊，气囊内部都设置了一定的连接筋，以控制气囊充气后的形状。安全气囊充气后的形状和大小不仅与汽车的碰撞特性及相关的其他安全措施有关，还与气囊的安装位置及其特定的保护要求有关。例如，乘员座的安全气囊与驾驶员座的安全气囊不一样，防正撞的安全气囊与防侧撞的安全气囊不一样，有安全带配合与没有安全带配合的安全气囊不一样等。气囊系统不仅需要在充气过程中有足够的密封性以保证气囊能迅速建立足够的压力起到缓冲吸能作用，而且也应有相应的透气或节流机制以便气囊受撞后能够快速排出其内部的气体而达到消耗碰撞能量的目的。

目前，安全气囊为非涂层全成型气囊，这种气囊在织机上直接加工成袋状，无需缝制。与涂层型安全气囊织物相比，非涂层全成型安全气囊织物具有以下优点。

（1）气囊系统工作过程中，气囊中灼热空气的排逸采取织物过滤方式，这对减轻车厢污染、保护环境卫生十分有利。

（2）减少涂层加工，使工艺流程缩短，成本降低。

（3）气囊织物使用之后可以回收，符合环保要求。

随着科技的发展及驾乘人员对安全性及舒适性的要求不断提高，安全气囊正向着智能化方向发展。据资料介绍，英国已研制出一种灵敏安全气囊装置，它可以根据乘客的体形、位置、坐姿及撞车的程度等，灵活地控制气囊展开的张力及速度，以达到最佳的保护作用。

5.4.2 安全气囊的分类及引爆条件

1. 安全气囊的分类

1）按碰撞类型划分

根据碰撞类型的不同，安全气囊可分为正面碰撞防护安全气囊系统、侧面碰撞防护安全气囊系统、顶部碰撞防护安全气囊系统。正面碰撞防护安全气囊系统以保护乘员的头部和胸部为主；侧面碰撞防护安全气囊系统以保护乘员的颈部、腰部为主；顶部碰撞防护安全气囊系统以保护乘员头部为主。正面碰撞防护安全气囊系统在轿车的驾驶员席和副驾驶员席有较高的安装率。如图5.47所示为斯柯达明锐轿车上配置的前排气囊、侧气囊、侧气帘、膝部气囊等9个安全气囊，图5.48为乘员膝部气囊示意图。

图 5.47 斯柯达明锐轿车上配置的 9 个安全气囊

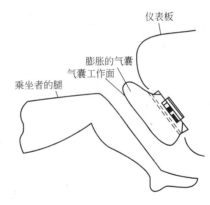

图 5.48 乘员膝部气囊示意图

2）按安全气囊安装数目划分

根据安装数目的不同，安全气囊可分为单气囊系统（只装在驾驶员席）和双气囊系统（驾驶员席和副驾驶员席）、多气囊系统（装有3个或3个以上的气囊，除驾驶员席和副驾驶员席安装外，后排乘员也装备）。无论气囊数量有多少，均可由一个气囊ECU控制。

3）按传感器类型划分

（1）机械式安全气囊系统：无需用电源，检测碰撞动作和引爆点火剂都是利用机械动作完成，全部零件组装在转向盘装饰盖板下面。

其优点是结构简单、可靠性高，直接由传感器触发气体发生器，省去了电气单元；缺点是获得的车身减速度信号不够理想,抗干扰能力差,不容易使气囊在最佳时刻点火,且传感器必须与气体发生器安装在一起。

(2) 机电式安全气囊系统:由机械和电子相结合组成。一般对碰撞状态的检测采用机械装置,而对触发气体发生器、点燃固体燃料等采用电子装置控制。

其具备机械式安全气囊系统的优点,由于采用了电子信号点火,使得传感器可以布置在车身的任何位置。

(3) 电子式安全气囊系统:在机械式安全气囊结构的基础上,增加了 ECU、故障诊断系统及传感器、控制器之间的线路连接系统。通常采用多个传感器,由 ECU 控制,判断准确。

其优点是对路况及碰撞情况判断较为准确,并能根据不同的碰撞速度、乘员在碰撞时的具体状态控制气囊的爆发时间,以达到对乘员的最佳保护;缺点是结构复杂,成本高,开发周期长。

电子式安全气囊系统有两种布置方式,早期的电子式传感器在汽车的前端安装,气囊引爆装置安装在转向盘上,前端的传感器需要引线连接。现在开发出的整体式安全气囊,是把电子式传感器后移,和点火引爆装置作为一个整体安装在转向盘上,取消线束,消除了由于线路短路或断路导致气囊失效的故障。

4) 按保护对象和安装位置的不同划分

(1) 驾驶员席防撞安全气囊。装于转向盘内,其目的主要是防止车辆碰撞时驾驶员与转向盘、仪表板、仪表板及前风窗玻璃之间发生碰撞而造成伤害。

驾驶员席防撞安全气囊分为与安全带共同作用和单独作用两种。与安全带共同作用的气囊容积为 45L 左右,单独作用的气囊容积为 60~80L。美式安全气囊是按照没有配备座椅安全带设计的,即单独作用形式,体积较大,约 60L;欧式安全气囊是按照有驾驶员座椅安全带设计的,即共同作用形式,体积较小,约 40L。日本车一般配有安全带,多采用共同作用形式。

(2) 前排乘员席防撞安全气囊。装于仪表板内。由于乘员在车内位置不固定,为保护其撞车时免受伤害,选用的安全气囊体积较大。美式为 160L 左右,欧式为 75L 左右。

(3) 侧面防撞安全气囊。主要作用是保护车内乘员在发生撞车事故时不会因与车门发生碰撞而造成伤害。根据保护对象保护部位的不同,防侧撞安全气囊可以安装在车门上横梁中、车门内板中或座椅侧面。安装在车门上横梁中的防侧撞安全气囊主要用以保护乘员的头部、颈部;安装在车门内板中的防侧撞安全气囊和安装在座椅侧面的防侧撞安全气囊,主要用以保护乘员的胸部和心、肺脏等重要器官。

由于空间的限制,通常防侧撞安全气囊的体积都较小,安装在车门板内的安全气囊体积通常为 35~40L,而安装在座椅侧面的安全气囊体积仅为 12L 左右。

图 5.49 为一车内多气囊结构实物图(包括驾驶员席气囊、前排乘员席气囊、侧气囊、侧气帘等)。

(4) 后排座成员防撞安全气囊。近年来,随着对后排座成员安全防护的重视,不仅在后排座椅安装了安全带,还安装了保护后排座成员的安全气囊。后排座成员防撞安全气囊一般安装在前排座椅的靠背上部后侧或头枕后部内,主要用于高档轿车上。

后排座成员防撞安全气囊在结构上同其他安全气囊基本相同,其体积通常可达 100L。在车辆发生碰撞并引爆后,安全气囊便在后排座乘员与前排座椅间形成一个防护气垫,从而达到对后排座成员的保护作用。虽然安全气囊在结构上会有所不同,但其工作原理是相同的。

图 5.49　车内多气囊结构图实物图

5) 其他形式安全气囊

(1) 窗帘式安全气囊。窗帘式安全气囊(图 5.49)是指以窗帘状展开的气囊。由于管形安全气囊不能全部覆盖侧窗,破损玻璃的碎片可能进入车内刺伤乘员,窗帘式安全气囊则可在车辆侧面碰撞时,与侧面安全气囊同时展开。

(2) 智能型安全气囊。智能型安全气囊在普通型的基础上增加了传感器,以检测座椅上是否有乘员及其乘员乘坐位置、姿态;检测乘员是否系上安全带;检测儿童座椅;调控安全气囊充气膨胀力,使其发挥最佳作用。智能安全气囊比普通型主要多了两个核心元件,即传感器及其与之配套的计算机软件。图 5.50 为本田公司开发的具有乘员姿态检知功能的智能侧面安全气囊系统。

(3) 多级安全气囊用充气膨胀器。多级安全气囊用充气膨胀器可以根据汽车的行驶速度和车辆的碰撞程度不同,分几个阶段调节充气膨胀力,图 5.51 为 2 级安全气囊用充气装置。显然,车速越高,撞击程度越大,充气膨胀力也越大。

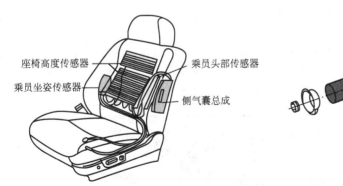

图 5.50　具有乘员姿态检知功能的智能侧面安全气囊系统结构简图

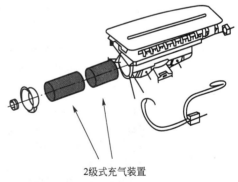

图 5.51　2 级安全气囊用充气装置

2. 正面气囊引爆的条件

安全气囊的点爆条件是指在一定碰撞条件下安全气囊必须点爆,而在另一些条件下不得点爆,也就是要确定点爆阈值。为了保证安全气囊在规定的条件下能够打开,各汽车生产厂家都规定了气囊的相应起爆条件，只有当车辆碰撞时的强度达到了规定的起爆条件时，气囊才会引爆。实际中各汽车生产厂家规定气囊的起爆条件有所差异。

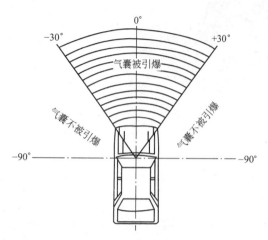

图 5.52　正面碰撞时安全气囊的有效范围

正面碰撞安全气囊引爆的条件是：正前方±30°角(图 5.52)；纵向加速度达到某一数值(减速度阈值)。从理论上讲，只有车辆在正前方±30°角之间位置撞击在固定的物体上、速度高于 30km/h 时，安全气囊才可能打开。这里速度的含义是指在实验室中车辆相对刚性固定障碍物碰撞的速度(并非通常意义上所理解的车速)，实际碰撞中汽车的速度高于试验速度气囊才能打开。美国规定汽车在较低的车速(12～22km/h)行驶发生碰撞时气囊可以引爆；欧洲规定汽车在较高的车速(19～32km/h)行驶发生碰撞时气囊可以引爆。

下列情况下正面气囊不会被引爆充气。

(1) 汽车遭受侧面碰撞超过斜前方±30°角时。
(2) 汽车遭受侧面或后面碰撞。
(3) 汽车发生绕纵向轴线侧翻。
(4) 纵向减速度未达到设定阈值。
(5) 汽车正常行驶、正常制动，在路面不平的道路条件下行驶。
(6) 所有传感器都未接通，ECU 内部的防护传感器未接通。

案例分析

遭遇车祸　安全气囊无法弹出

事故经过：2012 年 11 月，山西太原的魏先生驾驶自己购买一年尚在保修期内的汽车在省道行驶，由于自己分神与迎面而来的大货车相撞发生事故。事故导致其车头全部撞坏，防撞钢梁几乎断掉，发动机盖严重扭曲(图 5.53)，人未受伤，但赖以保命的安全气囊在此情况下未能打开。

图 5.53　发生碰撞的车辆严重受损但安全气囊未能打开

事件处理：汽车投诉网接到魏先生的投诉后，工作人员及时将投诉转交该车厂商方面进行协调处理，同时对魏先生进行回访了解情况。魏先生告诉汽车投诉网的工作人员，事故发生后他向当地该车4S店提出质疑，希望能够对安全气囊质量问题进行详细鉴定，但4S方称导致气囊打不开的主要原因是撞击力度不够，未能触及气囊传感器。对于这样的回复，魏先生非常纳闷："连防撞钢梁都几乎撞断的力难道还不足以让安全气囊打开吗？"但4S店坚持自己的立场，认为安全气囊并无质量问题。

思考：对于这起事件，要完全分清责任需要经过科学认定。但要指出的是，装备于汽车上的安全气囊打开确实存在一定条件：碰撞时车辆的纵向减速度要达到一定值，碰撞角度在一定范围内。从理论上讲，只有车辆的正前方左右大约30°之间位置撞击在固定的物体上，速度高于30km/h时安全气囊才可能打开。

➢ 资料来源：http://365jia.cn/news/2012-12-11/649EF97DE1BBDA4A.html

为了保证安全气囊不随意起爆，汽车生产厂家都预先规定了气囊的起爆条件，只有满足了这些条件，气囊才会起爆打开。虽然在一些交通事故中，车内乘员碰得头破血流，甚至出现生命危险，车辆接近报废，但是如果达不到安全气囊起爆的条件，气囊还是不会打开。例如，当轿车与没有安装后部防护装置的货车发生钻入性追尾事故，或轿车碰撞护栏后发生翻车事故，或发生车身侧面碰撞等，因为没有发生车身前部的直接撞击（主要是车身上部和侧面发生碰撞），由于碰撞处车身部位的刚度很小，虽然乘员舱发生了很严重的变形，甚至造成了车内乘员受伤或死亡，但因碰撞部位不在使气囊引爆的区域范围，有时候气囊并不能打开。造成这种现象的原因是：虽然车辆发生了碰撞，但气囊打开的条件并未完全满足。

安全带与安全气囊对驾乘人员的安全防护作用比较见表5-4。

表5-4 安全带与安全气囊对驾乘人员的安全防护作用比较

项目	安全带系统	安全气囊系统
安全保护范围	提供各种碰撞事故和翻滚事故的全过程保护	发生严重的正面与侧面碰撞时，对头部和胸部提供有效保护
装备的可靠性	可以随时对系统的零部件故障进行检查	依靠诊断装置进行一般性故障检查，但无法进行系统零部件的无损检查
装备的方便性	需要乘员主动佩戴和解开，对乘员的行动有很大约束	对乘员无任何约束
维修的方便性	安装、维修、更换都很方便	维修较复杂，如零部件出现大的故障则要更换全套安全气囊系统
普及性及成本	普及方便、成本低廉，基本不需要提高汽车总造价	驾驶员和前排座安全气囊正普及为汽车标准配置，但要提高汽车总造价
发展方向	电子控制式安全带预收紧（与安全气囊电子控制系统统一控制）	智能安全气囊系统；多方位、多气囊的电子控制的安全气囊系统

5.4.3 安全气囊发展新技术

随着科技的发展和人们对汽车安全重视程度的不断提高，在用安全气囊存在的问题受到了广泛的重视。传统的正面碰撞安全气囊系统是根据前座乘员的常规乘坐位置和气囊的理想点火时刻为原则设计的,但是在实际的汽车碰撞事故中,影响气囊保护性能的因素很多,如乘员的身高和体重、乘员相对于转向盘或仪表板的位置、碰撞的剧烈程度等。不同的碰撞条件及乘员和乘员位置的变化会导致乘员不是在最佳时刻与气囊接触,从而降低对乘员的保护效果,因而,提高安全气囊的智能化水平十分必要。此外,安全气囊应避免使用有潜在危险和有毒性的含钠物质,提高环保水平。近些年来,汽车安全气囊技术发展很快,总体上看,智能化、绿色环保化、虚拟技术化、保护全方位化已成为安全气囊系统今后发展的重要方向。

1. 安全气囊智能化

安全气囊的智能化包括了先进的传感器技术和信息处理系统,能够在事故发生的短暂时间内提供可靠的碰撞环境方面的信息。这些信息包括汽车碰撞的剧烈程度,碰撞的形式(正面碰撞、侧面碰撞还是整车翻滚运动),乘员的身材、体重、乘坐位置和乘坐姿态,以及乘员是否系上安全带,等等。智能安全气囊系统根据探测到的信息,通过其电子控制系统的计算分析,决定安全气囊何时及以何种程度展开,从而对乘员提供最优化的保护。

安全气囊的智能化,主要是指在普通安全气囊的基础上通过增设多种类型的传感器和与之相配套的计算机软件。多种类型的传感器包括重量传感器、红外线传感器、超声波传感器等,能分别对乘员的不同特性进行监测。例如,重量传感器可以根据重量差别感知乘客是大人还是儿童,红外线传感器能根据热量探测座椅上是人还是物,超声波传感器能探明乘员的存在和位置等。计算机软件则能根据乘客的身体、体重、所处位置、是否系安全带及汽车碰撞速度及撞击程度等,及时调整气囊的膨胀时机、速度和程度,使安全气囊对乘客提供最合理、有效的保护。这种气囊系统能够在汽车碰撞的一瞬间,根据碰撞条件和乘员状况来调节气囊的工作性能,有效地解决了安全气囊膨胀过快而对乘客造成的挤压伤害问题。

2. 安全气囊绿色环保化

目前汽车上配置的安全气囊中普遍使用了叠氮化钠。由于叠氮化钠在燃烧前有毒性,且在被激活后释放的气体在冲入气囊的同时还会生成固态的钠,而钠的化学性质非常活泼,在与水接触时可以直接燃烧,因而,避免使用有潜在危险和有毒性的含钠物质,采用新型气体发生技术使之符合环境保护的要求,是汽车安全气囊绿色环保化的迫切需要。

安全气囊绿色环保化的发展方向主要是采用对人体无毒害、易于回收处理、没有环境污染的非叠氮化合物的推进剂做动力,替代原来安全气囊所用的固体氮化合物,如采用空气和氢的混合物的安全气囊,采用氦气使其膨胀的安全气囊系统,还有采用火箭中使用的推进剂替代叠氮化钠做动力的安全气囊系统。

3. 安全气囊虚拟技术化

安全气囊虚拟技术化是通过采用计算机"虚拟技术"模拟替代轿车实物碰撞的过程。运用计算机进行模拟碰撞试验时,以现实交通中发生的同类事故为依据,通过大量模拟碰撞试验在充分认识不同的汽车结构设计对减少驾驶员和乘客受伤的风险能起多少作用的同时，深入研究轿车受撞变形的方式，以及安全带和安全气囊之类防护系统应如何设计才能达到最佳的防护效果，从而为不断提高安全气囊保护效能提供专业性理论指导。

该技术既可减少人力、物力、财力的消耗，也能加快产品的开发周期。

4. 保护全方位化

安全气囊对车内乘员的保护应是全体乘员，而不应仅局限于保护驾驶员与前座乘员。为此，现代汽车上除了配置防正面、侧面碰撞的相关气囊外，其他新型功能的防护性安全气囊也不断被开发与配置，如置于车门两侧及车顶的侧翼气囊。当侧面撞击发生时，点火剂能在车门与传感器接触的瞬间，推动两个气体发生器以高达2000m/s的速度为气囊充满氮气，从而可在撞击发生的关键瞬间对乘员实施保护。

此外，根据车辆发生碰撞时，除乘员头部、颈部、胸部以外的一些易受伤害部位的具有特定保护功能的气囊正被特别配置：安装在转向盘下方膝垫部位的安全气囊，可保护乘员膝盖、大腿与仪表板下部的碰撞中免受伤害；安装在制动踏板下的安全气囊，可保护乘员的脚和踝关节在碰撞中免受伤害；安装在汽车发动机罩下的安全气囊以保护行人；安装在前风窗玻璃边框的安全气囊，可以减少行人在汽车碰撞事故中头部的损伤。

需要特别指出的是，安全气囊是汽车的辅助约束系统，不能在保护乘员方面起主要作用，只能和主约束系统（安全带）配合使用，才能更有效地降低对乘员的伤害。乘员如果使用不当，如未按要求系安全带，在发生碰撞时气囊打开可能对乘员造成伤害。

 阅读材料

安全气囊如何能够发挥保护作用

事故经过：2012年10月某日，杭州一地下车库内发生一起车辆撞墙致死事故，导致驾驶员死亡的"罪魁祸首"竟然是原本起防护作用的安全气囊。

原因分析：事故分析显示，由于驾驶员未按要求系安全带，发生碰撞时，身体在安全气囊爆开前撞在转向盘上，安全气囊瞬间爆开时的冲击力给予伤者致命一击。不正确的使用方式让保命的安全气囊成为了致命杀手。

思考：安全气囊只有在正确的使用环境下触发才能起到保护作用，相反则有可能造成对驾乘人员更为致命的伤害。在英国就曾经发生过这样一起事故，一男子驾驶的汽车与前面汽车追尾后车头剧烈变形，安全气囊弹出时碰上了车内摆放的尖锐器物而爆破，男子没坐稳一头扎进气囊里，吸入大量的粉末和氮气，导致该男子三周后肺部病变，不幸死亡。

面对潜在的安全气囊使用误区，特别提醒驾驶人，在安全气囊处于备用状态时，不要在前排安全气囊处摆放香水瓶、粘贴饰品，一旦安全气囊打开，强大的冲击力会将这些物品弹出，伤害驾乘人员。特别是不要在安全气囊周围粘放尖锐装饰器物，因其在爆开时体积会迅速膨大，如果碰上尖锐器物会刺破气囊，使其在失去保护作用的同时对乘员造成附加伤害。

➢ 资料来源：http：//auto.hunantv.com/news/20121025/story_230035.html

对安全气囊使用效果的正确认识是：安全气囊必须与安全带配合使用才能更有效；安全气囊只能减少或降低对乘客的伤害程度，不可能消除事故的发生；安全气囊不是万能的，在低速碰撞中，安全气囊的展开有时反而会增大意外伤害。

5.5　汽车座椅系统

5.5.1　概述

汽车座椅是汽车中将乘员与车身联系在一起的重要部件，直接影响到乘员的安全性、乘坐舒适性和方便性。汽车座椅的主要功能是为驾乘人员提供便于操作、舒适、安全、不易疲劳的驾乘位置。其主要作用如下。

（1）定位，即为驾驶员的视野和对汽车控制进行操作定位。通过座椅对驾驶员定位，可以使驾驶员获得良好的视野，并实现驾驶员对汽车操纵系统的控制。

（2）支撑，即为乘员身体提供良好的支撑。座椅通过为人体提供合理的体压分布，在重要的人体结构点上支撑人体，可以有效地保证乘员在车辆行驶过程中的平衡与平稳。

（3）舒适性，即为乘员提供舒适的驾乘环境。座椅中各种人性化的附属设备及车内相关配置，可减少路面激励对乘员的影响，缓和衰减由车身传来的冲击和振动，能为乘员提供优越的驾乘环境。

（4）安全保护，即在汽车受到撞击时最大限度地保护乘员的安全。合理地配置头枕和靠背的软垫，防止驾驶员或乘员的颈部及头部在汽车发生碰撞时受到意外伤害。

汽车座椅在汽车碰撞中起着保持乘员生存空间，使其他约束装置实现保护效能的作用。实际中，当座椅的安全功能失效时，可能会导致多种形式的乘员伤害。例如，正面碰撞中，座椅与车身连接强度不够时，座椅会脱离车体，使得乘员逸出其所处的特定空间；如果后排乘员未受到约束，前排座椅靠背强度不足，则后排乘员的惯性力将击溃前排座椅，使前排乘员受到伤害；反之，若前排座椅强度太高，又会对后排乘员在与之相撞时造成伤害。另外，若座椅外形设计不当，则在正面碰撞过程中会使乘员沿座椅靠背下滑，使腰部安全带移到胸部以上（即"潜水"现象），产生对安全不利的约束姿态。在后部碰撞中，如果头枕设计过低或与靠背的相对位置设计不当，会引起胸部与头部的加速度差值，当作用在颈部上的这个差值达到一定程度后，就会对乘员造成致命的伤害。当前排座椅靠背的强度不够时，会在其本身及乘员质量的惯性力作用下向后发生较大的弹性变形以致塑性变形，失去对乘员的支撑作用，把前排乘员射向后排座椅或后窗，并伤及后排乘员。汽车座椅的系统安全性设计目标，就是要避免上述不利情况的发生。

汽车座椅系统的安全性是指汽车座椅能有效地防止汽车事故的发生，并在事故发生时能最大限度地减轻对驾驶员及乘员造成伤害的能力。汽车座椅不仅要减轻驾驶员及乘员的疲劳以满足主动安全性要求，还要与安全带和安全气囊一起对乘员定位的同时缓解碰撞的强度，使乘员的损伤指标达到最小。

汽车座椅系统的安全性包括座椅主动安全性和座椅被动安全性。座椅主动安全性是指汽车乘员座椅预防事故的能力，主要为驾驶员座椅。例如，考虑合理的座椅尺寸设计、坐垫及靠背上合理的体压分布等为驾驶员提供一个舒适的作业环境，减轻驾驶员的疲劳，从而保证驾驶座椅主动安全性的设计要求。座椅被动安全性是指事故发生时保护乘员的能力。汽车座椅是汽车使用者的直接支承装置，作为被动安全装置的功能如下。

(1) 保证乘员的生存空间。在事故中，保证使每个乘员处在自身特定的活动空间内，并防止其他车载体(如其他乘员、货物)进入该空间。

(2) 保持乘员姿态。使乘员在事故发生过程中保持一定的姿态，以使其他的约束系统能充分发挥其保护效能。

(3) 吸收能量。在乘员与其发生碰撞时，应能够吸收乘员与之碰撞产生的能量，减轻乘员受到的伤害。

汽车座椅安全性研究始于 20 世纪 50 年代，早期研究主要采用试验手段，研究汽车尾部碰撞的乘员保护。随着计算机技术的发展，计算机辅助工程(CAE)分析在汽车座椅系统开发和研究中发挥着越来越重要的作用，研究内容包括预测座椅骨架失效形式和采用参数化方法对座椅进行设计开发和结构优化等。安全、舒适、方便是现代汽车座椅设计的基本目标，对汽车座椅系统的设计与制造要求如下。

(1) 具有足够的刚度和强度。座椅作为固定安全带的基座，应能承受乘员各种动作的作用力(包括车辆碰撞时乘员的冲击力)。

(2) 良好的静态特性。座椅尺寸和形状应保证乘员身体具有合适的坐姿、良好的体压分布、触感良好。

(3) 良好的振动特性。具有与乘员身体、车体相适应的振动特性。

(4) 满足整车布置的要求。座椅在整车上的布置应使转向盘和其他操纵机构与驾驶员之间的距离、视野、头部间隙等适应各种不同身材的驾驶员/乘员乘坐，且其布置有利于减轻乘员在汽车发生撞击时的伤害。

(5) 具有良好的造型。结构简单，外形符合人体生理功能，布置合适。

5.5.2 汽车座椅的分类、组成及主要部件功用

1. 汽车座椅的分类

汽车座椅的分类见表 5-5。

表 5-5 汽车座椅的分类

分类原则	类　　型
按使用性能划分	固定式、活动式、可折式、调节式
按乘坐人数划分	单人用、双人用、多人用、辅助座椅
按安装位置划分	驾驶员、前排乘客、后排乘客
按形状划分	分离式、扉斗式、半分离式、凳式

2. 汽车座椅的组成及主要部件功用

汽车座椅主要由座椅骨架、坐垫、调节装置、靠背、头枕、座椅连接部件等部件组成，如图 5.54 所示。

1) 座椅骨架

汽车座椅骨架从结构上看，既是支撑和连接座椅零部件的框架，也是座椅形状的基

础。座椅弹簧或缓冲材料及蒙皮等元件直接或间接地固定在骨架上,如图 5.55 所示;从功能上看,它是整个座椅的核心部件,乘员的全部重量依靠其来支撑,因而,座椅骨架必须具有足够的强度。在发生事故时,座椅骨架总成应能承受绕 H 点所产生的力矩,卸载后各种调整机构和骨架不能受损。此外,座椅总成与车身不应分离,锁止机构不得脱开;各种调节机构不允许损坏,各零部件不得破碎。

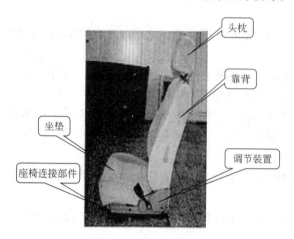

图 5.54　汽车座椅结构示意图

图 5.55　汽车座椅骨架结构示意图

对于座椅而言,考虑到乘员坐姿调整的需要,其骨架上须留有安装座椅调节装置和靠背倾斜调节装置的安装位置。汽车座椅骨架根据靠背、坐垫、头枕的结合形式,又分为整体式骨架和分离式骨架两种类型。其中,分离式骨架由于便于座椅调节而应用广泛。汽车座椅骨架的材料一般采用软钢板、软钢管、软钢丝或硬钢丝等,也有采用铝板、树脂板和木材的。

2) 坐垫

座椅坐垫通常由座椅弹簧、缓冲垫和蒙皮等元件组成。座椅弹簧是座椅的弹性元件,起缓冲作用,通常采用直径为 2.6～4.0mm 的弹簧钢丝或硬钢丝加工而成,也有采用橡胶弹性元件的。缓冲垫是汽车座椅弹簧和蒙皮之间的柔性物质,通常采用一层或二层棉花、毛发类物质、海绵、黄麻毡、乳胶泡沫、氨基甲酸乙酯泡沫等材料适当加工而成。蒙皮是套在座椅总成表面的软性材料,既起着保护膜的作用,同时也应体现出座椅的外观和良好的触感。座椅蒙皮材料可分为纺织纤维、粘胶纤维和天然皮革,应具有美观、强度高、耐磨、耐老化、不易燃烧等特性。目前在轿车座椅上广泛使用针织布料,毛织物因价格较高仅在部分高级轿车上使用。

坐垫在碰撞事故发生过程中一般不会对乘员造成直接的伤害,但其结构会影响到乘员的运动过程及约束力施加到乘员身体上的方式和外部载荷(加速度、力)的绝对值大小。坐垫结构主要影响人体的颈椎倾角、胸部倾角、躯干基准线与汽车车身纵向轴线(X 轴)之间的夹角等坐姿参数。另外,坐垫的有效深度、坐垫倾角的选取也会对座椅安全性产生一定的影响。一般在满足乘坐舒适性的前提下,车速越高,驾驶员座椅的坐垫倾角就越大。

3) 调节装置

座椅调节装置是用于对乘员的坐姿进行调节的装置,其功用主要是提高乘员乘坐时的舒适性。座椅调节装置包括座椅(前后方向、上下高度)调节装置、靠背倾斜角度调节装置,如图 5.56 所示,调节方式可分为手动调节和动力调节两种。其中,动力调节按照动力源的不同又分为液压式、电动式、真空式3种,其中电动座椅因操作方便,结构简单被广泛使用。按座椅电机的数目和调节方向数目的不同,电动座椅一般有两向、四向、六向、八向和多向可调等可调类型。实际中,普通乘客的座椅调节方式多采用手动调节。对于手动调节方式,其调节手柄一般布置在每个成员座椅的前方及右(左)侧,以方便乘员根据需要随时自我进行手动调节。

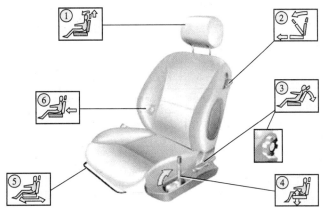

图 5.56　汽车座椅调节方式

座椅调节装置装在座椅坐垫骨架和地板之间,可以通过手动或其他方式对座椅的前后相对距离和上下高度进行调节,并使座椅锁止在所调节的位置。一般前后方向的调节量在 90~140mm、上下高度的调节量在 15~60mm 之间,以适应不同身材的乘员。

靠背倾斜角度调节装置安装在坐垫骨架和靠背骨架之间,用以调节靠背的倾斜角度,并使座椅锁止在所调节的角度位置。对于驾驶员,可在驾驶姿态、休息姿态、睡眠姿态之间进行选择调节;对于乘员,可在休息姿态、睡眠姿态之间进行选择调节。

为确保发生碰撞事故时的安全性,对于座椅调节装置,其基本要求是安装关系和锁止装置牢固可靠、操作方便、可靠性高。

4) 靠背

靠背的功用主要是支撑人体背部,提高乘员坐姿的舒适性。靠背的强度设计分柔性吸能式和刚性吸能式两种。根据不同的碰撞条件,两种靠背的保护效果是不同的。在高强度碰撞时,刚性靠背的设计理念对于正常坐姿、按标准状态使用约束系统的乘员来讲是合理的,但在发生低强度尾部碰撞时,刚性靠背座椅会引起乘员身体沿靠背向上滑动、靠背对乘员产生回弹导致乘员以非正常坐姿乘坐。

5) 头枕

头枕是用以在汽车发生追尾等事故时限制乘员头部,相对于躯干向后移动的弹性装置,其作用是防止在发生追尾等事故时被追尾车辆内乘员的颈椎因惯性而受伤。在汽车受到追尾冲撞时,前车因受到后车向前的撞击而突然加速,坐在座椅上的乘员会随汽车一起加速,而乘员的头部则因惯性而保持原运动状态,由于乘员的头部和胸部间形成了速度差使乘员的头部会向后仰,很容易伤及颈椎。头枕装置可支持乘员头部和身体一起加速,抑制乘员头部后倾,使其整体相对静止,以防止或减轻颈部损伤,图 5.57 为座椅头枕调节示意图。

头枕按是否能够分拆分为整体式和可拆式两种。整体式也称为固定式,有两种结构形式,一种是头枕本体以插入式、螺纹式结构安装于靠背上的对应插口或螺口中,另一种是

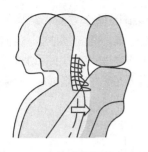

图 5.57 座椅头枕调节示意图

靠背的上部形成头枕,即靠背和头枕为整体结构。整体式头枕按其宽度分为 255mm 以上的 A 型和 170mm 以上的 B 型,A 型适用于乘员的落座姿态横向变动比较容易的座椅,B 型适用于乘员的落座姿态横向不易变动的座椅。可拆式也称为分离式,主要由头枕本体、支持架及固定架组成,支持架根据结构形式可设置或不设置。分离式头枕按固定架的形式及固定方法,其分类见表 5-6。

表 5-6 分离式头枕的类型

种类		固定架的形式及固定方法
第一种		固定架为鞍形,跨置于座椅靠背上固定
第二种		固定架为附着式,以螺钉等固定方式将其固定于车内的嵌板、隔板等车体附件上
第三种		固定架为倒 L 形,插入座椅靠背与车体之间固定
第四种	A 型	固定架为插入式、螺钉固定式,固定于座椅靠背内的固定座内
	B 型	固定架的形式及固定方法与 A 型相同,只是已设定了乘员的坐姿,横向姿态不宜变动

根据与靠背的位置关系是否可改变,头枕又可分为可调节型和不可调节型,可调节型头枕具有垂直和横向位置可以调节的结构,其调节形式有手动与自动之分。

在国际标准中,有关座椅头枕的法规是独立于整个座椅系统的,在我国的国家标准中,也对座椅头枕单独进行了规定。考虑到整个座椅系统结构的完整性,故将头枕作为整个座椅系统的一个重要组成部件考虑其对被动安全性的影响。

头枕应能够自动实现水平、垂直位置的调整,以适应乘员位置的变化。在碰撞事故中必须能够承受一定的冲击力,各调节机构、锁止机构及支架不得失灵与破损。头枕的设计应以低速碰撞防护为主。虽然与正面碰撞相比,后部碰撞的碰撞能量通常是较小的,但在发生后部碰撞时,引起的乘员头部与胸部加速度差值对颈部尤其是脊柱及神经系统的影响却是不可忽视的。

汽车座椅头枕的性能直接影响头枕对乘员头部、颈部的保护效果。为此,各国的汽车安全技术法规对头枕的性能都做出了强制性规定。我国国家标准 GB 11550—2009 对汽车座椅头枕的强度及试验方法作出了明确规定。

一种先进的主动式头部支撑系统,可提高预防或减轻乘员颈部的损伤效果。该装置是在座椅下方有一机械装置和一个管状框架与压力板,最后连接着一个旋转轴,整个系统连接于接近座椅底部的位置,而这个管状框架的路径系以一组座椅顶端的横轴导管控制。当车辆承受突然撞击,乘员身体因而往后压时,会迫使导管上升而使头枕向前倾,抵住头部,防止头部快速后仰,保护头部颈椎的安全。

6) 座椅连接部件

座椅连接部件的强度影响座椅本身的安全性能,在发生碰撞时,如果连接部件先于座椅失效,很可能会造成座椅骨架的断裂、严重变形和调节机构失灵等,此时乘员的生命安全将受到极大的威胁。因此,座椅连接部件必须满足规范要求。

为了使汽车座椅满足使用要求,各国的汽车安全法规,如美国的 FMVSS 207《座椅系统》、欧盟的 EEC R17《座椅、座椅固定点和头枕》、我国的 GB 15083—2006《汽车座椅、座椅固定装置及头枕强度要求和试验方法》均做出了明确要求。就安全而言,为了确保在碰撞事故过程中不因座椅损坏而对乘员产生伤害事故,座椅整体结构及其座椅骨架、靠背、滑轨、调节装置、安全带固定装置、与车身相连的固定部件等主要部件的刚度、强度,以及它们互相间的安装强度必须满足 GB 15083—2006 规范的要求。

5.6 儿童乘员保护

5.6.1 我国儿童乘员保护现状

近几年来,随着我国私家车保有量的快速增加,儿童乘员的安全性正受到越来越广泛的重视,如图 5.58 所示。在我国,道路交通伤害是造成儿童伤亡的重要原因之一。2006年,全国死因监测资料显示,我国儿童道路交通伤害死亡 1.3 万余人,为我国儿童的第二位伤害死亡原因,同时还伴随着大量的致伤、致残,给儿童所在家庭造成沉重的经济负担和精神创伤。儿童道路交通伤害已经成为一个不可忽视的重要公共安全问题。

据统计,目前我国每年都有超过 1.85 万名 0~14 岁儿童死于道路交通安全事故,死亡率是欧洲的 2.5 倍、美国的 2.6 倍。调查显示,在我国,有 76% 的私家车内没有安装儿童安全座椅;有 40% 的家长都曾经让孩子坐在危险的副驾驶位置;有 43% 的家长认为乘车时儿童由母亲怀抱或

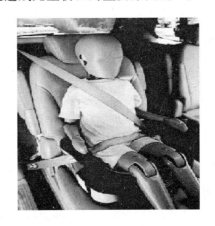

图 5.58 儿童乘车示意图

坐在成人腿上是对儿童有效的保护,超过 50% 的家长对儿童乘车安全存在着认识误区。在我国私家车保有量快速增加的情况下,作为世界儿童最多和机动车保有量最多的国家之一,我国儿童乘员安全保护面临严峻的挑战,存在以下三大突出问题。

(1) 缺少专门针对儿童监护人、保护儿童乘车安全的法规。

(2) 缺少针对儿童安全座椅产品的强制性规范和行业认证标准,导致汽车儿童座椅产品良莠混存。

(3) 有相当数量的家长缺乏对儿童乘车安全的正确认知。

自从 20 世纪 70 年代开始,欧美等发达国家就开始了对保护儿童乘车安全课题的各项研究。研究显示,汽车使用儿童专用的安全装置可有效地将儿童受伤害的概率降低 70% 左右,伤亡的比例从 11.5% 减少至 3.5%。在美国、欧洲、日本等国家和地区,轿车中都配备有儿童约束系统(Child Restraint System,CRS),同时对儿童约束系统及在车辆中的安装固定制定了相应的标准法规,如美国的 FMVSS 213 标准、欧洲 ECE R44 号法规、日本 TRIAS 51-1999 法规等,都对儿童约束系统进行了详细规定。在我国,目前对儿童保护方面的研究尚处于起步阶段,正式的技术标准、法规很少,对儿童汽车座椅产品也不具备完善的试验能力。

5.6.2 儿童乘员保护法规简介

1)《机动车儿童乘员用约束系统》

我国国家标准 GB 27887—2011《机动车儿童乘员用约束系统》已于 2012 年 7 月 1 日正式实施。这是我国第一部有关儿童乘车安全的强制性国家标准。该国家标准的实施，将对我国儿童安全座椅生产起到督促监督作用，对儿童安全乘车起到极大的保障作用。

《机动车儿童乘员用约束系统》规定了机动车儿童乘员用约束系统术语、定义，在车辆上的安装及固定要求，约束系统的结构，以及对约束系统总成及其组成部件的性能要求和试验方法。该标准适用于适合安装在 3 个车轮或 3 个车轮以上机动车上的儿童乘员用约束系统，但不适用于折叠座椅或侧向座椅。

儿童约束系统是指带有保护锁扣的织带或相应柔软的部件、调节装置、连接装置及辅助装置(如手提式婴儿床、婴儿携带装置、辅助座椅和碰撞防护装置)，且能将其稳固放置在机动车上的装置。其作用是在车辆碰撞事故或突然减速情况下，减轻对儿童乘员造成的伤害。

该标准针对儿童乘员约束系统的使用、安装及其他相关问题做出了以下强制性规定。

(1) 成人安全带锁扣和儿童约束系统的锁扣不能通用，儿童不应使用成人安全带。

(2) 儿童应该很容易地被安放到约束系统上或从系统上移走。

(3) 为了防止由碰撞或儿童自身动作引起儿童身体下滑或发生危险，所有向前的约束系统必须装备防前冲约束装置。

(4) 约束系统不应使儿童身体软弱部分(头部、颈部、胯部等)承受过大的压力，发生碰撞事故时，儿童头部、颈部也不应承受压力等。

(5) 每个儿童约束系统都必须有一份中文说明书。儿童约束系统的安装方法应以照片或特别清楚的图示表示，并应警告使用者，没有认证许可的产品和经过改装的产品是危险的，还应提示不要将无人照看的儿童放置在约束系统内等。消费者在购买儿童乘员约束装置时，应该对照以上几个标准进行选择。

目前，世界上的车用儿童乘员约束系统技术法规分为两大体系，一个是美国的 FMVSS 213，另一个是欧洲的 ECER 44，我国的《机动车儿童乘员用约束系统》是参照欧盟 ECE - R44/04 标准制定的，其基本参数和该标准完全一致。

2) 儿童乘车安全评价从 2009 年版开始纳入 C - NCAP 评测

从 2009 年版开始，儿童乘车安全评价纳入 C - NCAP 评测。在《C - NCAP 管理规则(2009 年版)》中，重点增加了对儿童乘员安全性的考核内容。C - NCAP 对儿童保护的评价，主要是针对车辆本身对儿童及其儿童座椅提供保护是否有效进行评价（以 2009 年版为基础改进的 2012 年版的《C - NCAP 管理规则》已于 2012 年 7 月 1 日起开始执行）。

要求：车内用于固定儿童座椅的安全带或 ISOFIX 装置不能失效，这无疑大大强化了原本被忽视的儿童安全配置的有效性，2009 年版的 C - NCAP 管理规则对拥有 ISOFIX 装置的车辆有 0.5 分的加分鼓励，旨在促进车辆 ISOFIX 装置配装率的提高。

ISOFIX 实际是一个关于在汽车中安置儿童座椅的标准，其全称是"International Standards Organization FIX"，中文意义是国际标准化组织固定装置，为欧盟标准。该标准已为众多汽车制造商接受，其作用是使儿童座椅的安装变得快速而简单。ISOFIX 提供两个标准的固定点接口，在后排座椅靠背和坐垫的接缝处。汽车出厂时就配备有 ISOFIX

接口，儿童座椅生产商在儿童座椅上安装 ISOFIX 接头。相比安全带而言，ISOFIX 装置因为可以在儿童座椅和汽车之间建立刚性连接，更加稳固。

LATCH 是 "Lower Anchors and Tethers for Children" 的简称，中文意义为 "儿童使用的下扣件和拴带"，为美国标准。该标准除了可以与 ISOFIX 的两个接口共用外，还有一个上部锚点，一般在后排座椅头枕后方。从 2002 年 9 月 1 日开始，美国便规定几乎所有种类的轿车必须提供 LATCH 系统的儿童安全座椅固定方式。它与欧洲标准的 ISOFIX 固定方式最大的区别是连接方式并不是硬链接，而是同时挂钩方式连接，且固定点比 ISOFIX 多一个，共 3 个。

5.6.3 儿童安全座椅的分类

公认的儿童乘车时最有效的保护方式是使用儿童安全座椅，因为儿童安全座椅根据儿童的身高体重、骨骼发育特征进行研发设计，并安装在汽车座椅上，在汽车发生碰撞或突然减速的情况下，可以减少对儿童的冲击力，减轻对他们的伤害。研究表明，当车体遭受突然撞击时，正确使用儿童安全座椅可使得婴儿潜在车祸伤亡率有效降低 70% 以上；对于 1~4 岁儿童的死亡率能降低 54% 以上；对于 4~7 岁儿童的死亡率也可降低到 59% 以上，这说明，正确使用儿童安全座椅是非常有效的一种保护措施。

儿童安全座椅是一种系于汽车座位上，供儿童乘坐且有束缚设备并能在发生车祸时，束缚着儿童以最大限度保障儿童安全的座椅。根据固定方式的种类不同，儿童安全座椅目前共分成 3 种：欧洲标准的 ISOFIX 固定方式、美国标准的 LATCH 固定方式和安全带固定方式。

1. 按年龄和体重分类

儿童安全座椅按照儿童年龄和体重共分为 5 类。

(1) 适用于新生儿到 15 个月的儿童(或体重在 2.2~13kg 之间的婴儿)。这类儿童安全座椅一般都装有可摇摆的底部，且还有把手，可做手提篮用。

(2) 适用于新生儿到 4 岁儿童(或体重在 2.2~18kg 之间的小孩)。

其设计同时提供两种功能：先用于新生儿到 9 个月的婴儿，然后改成用于 9 个月的婴儿到 4 岁的儿童。这种座椅虽然没有摇摆、便携与手推车合用的功能，但可固定在车内并能长久使用。这种座椅在使用上特别要注意，新生儿到 9 个月的婴儿需要反向安装座椅，9 个月到 4 岁的新生儿需正向安装，但正向安装有两个必要条件，第一是儿童体重在 9kg 以上，第二是儿童可以自己坐起来，两者缺一不可。

(3) 适用于 1~4 岁儿童(或体重在 9~18kg 之间的小孩)。这款儿童用汽车安全座椅设计简单，没有前者座椅那么多的复杂功能，适合大的幼儿使用。

(4) 适用于 1~12 岁儿童(或体重在 9~36kg 之间的小孩)。这款安全座椅是一种有趣的组合产品，既是一种专为蹒跚学步儿童(年龄从 1~4 岁)准备的座椅，又可拆除座椅本身的安全带而直接使用大人的安全带，可用至 12 岁。

(5) 适用于 3~12 岁儿童(或体重在 15~36kg 之间的小孩)。

图 5.59 为宝马系列儿童座椅。其中图 5.59(a)所示为婴儿座椅，供 18 个月以下、约 13kg 的婴儿乘坐；图 5.59(b)所示为小号儿童座椅，供 9 个月至 7 岁、9~25kg 的儿童乘坐，其特点是高度和倾斜度均可调节，增加了安全性能；图 5.59(c)所示的大号儿童座椅，供 3~12 岁、15~36kg 的儿童乘坐。

(a) BMW婴儿座椅　　　　(b) BMW儿童座椅(小)　　　　(c) BMW儿童座椅(大)

图 5.59　宝马系列儿童座椅

2. 按安装方向分类

按安装方向的不同，可以把儿童安全座椅分为前向式和后向式两种。

图 5.60 所示为前向式和后向式儿童安全座椅。图 5.60(a) 为前向式儿童安全座椅，是儿童坐上后正面向前的一种座椅，通常所见的大多数儿童座椅为前向式，这种座椅适合 3 岁以上儿童的使用。3 岁以上的儿童更喜欢前向式儿童安全座椅，主要是因为坐在前向式儿童安全座椅上视觉大为改善，便于欣赏大自然的美好景色。

图 5.60(b) 为后向式儿童安全座椅，是儿童坐上后正面向后的一种座椅，这种座椅主要用于 3 岁以下婴儿。3 岁以下婴儿由于骨骼十分脆弱，其颈部最容易受到致命的伤害。儿童与成人相比，头部比例要大得多，这使得碰撞过程中颈部的受力也更大。因为绝大多数的碰撞事故都有紧急制动过程，如果婴儿向前坐，脆弱的颈部极容易因受到过大的冲击力而造成严重伤害。后向式儿童安全座椅的结构有椅背、靠垫、颈部安全枕等多重保护，最大限度地吸收了撞击冲力，使得儿童幼小脆弱的颈部得到很好的保护。

(a) 前向式儿童座椅　　　　(b) 后向式儿童座椅

图 5.60　前向式、后向式儿童安全座椅

目前，世界上比较知名的儿童安全座椅的生产商主要有意大利 CAM 和 Fair(宝马汽车官方推荐的儿童安全座椅)、挪威 BeSafe、美国 Graco、瑞士 Coccoon、德国 Recaro。美国、加拿大、德国、英国、瑞典、新加坡、韩国等国家都已立法强制使用儿童安全座椅。

5.6.4　ISOFIX 标准和 LATCH 标准

研究表明：正确使用儿童约束系统能有效减少交通事故中儿童的伤亡，而儿童约束系统的误用会严重降低儿童约束系统的功效。儿童约束系统的误用主要包括座椅方向是否正确，儿童约束系统与车辆的链接是否牢固，安全带的引用是否正确，儿童安全带的锁扣是否锁止和缚带长度调节是否合适，滑动夹套定位及座椅倾角锁止是否正确，等等。2006

年,欧洲一份报告指出其调查人群中儿童约束系统的误用率高达63%,为此,欧洲和美国分别制定了ISOFIX标准和LATCH标准,分别导入到欧洲的ECE-R44和美国的FMVSS 231两大体系的儿童约束系统法规中,以推进儿童约束系统的正确使用。由于我国选定了欧洲ECE R44号法规作为主要参照,因此采用了ISOFIX标准。

2004年2月,ISOFIX系统导入到欧洲法规ECE R44。制定ISOFIX的目标是,让ISOFIX儿童座椅能适合各种车型,只需简单地将儿童座椅插入其接口就可以使用。ISOFIX装置一是使儿童约束系统的安装简单,降低因使用成人安全带固定儿童约束系统的错误使用率,以有效提高儿童乘车安全性,图5.61所示为高尔夫6后排座椅的两个ISOFIX接口;二是能在儿童座椅和汽车之间建立刚性连接,以使其更加稳固,如图5.62所示。

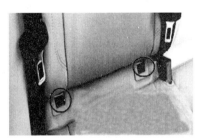

图5.61 高尔夫6后排座椅的两个ISOFIX接口　图5.62 ISOFIX接口使儿童座椅和汽车刚性连接

美国高速公路安全管理局规定,所有在2002年9月1日以后出厂的新车都必须安装LATCH系统,而且大多数的儿童座椅都被要求安装一个位置较低的附加装置,以便可以将座椅与挂钩扣在一起。大多数的面向前方的儿童座椅也被要求在上部配备一条可与车内挂钩相连的皮带。图5.63为LATCH系统安装示意图。

LATCH系统可以独立于安全带而独立工作,对于儿童座椅的安装也非常简便,且可以减少错误使用儿童座椅的可能。

ISOFIX、LATCH标准的主要特征及其对应装置的优缺点比较见表5-7。

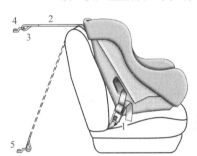

图5.63 LATCH系统安装示意图
1—底部系带;2—顶部系带;
3—儿童座椅上的锁扣;
4、5—汽车上的插接器

表5-7 ISOFIX、LATCH标准的主要特征及其对应装置的优缺点比较

标准	主要特征	优点	缺点
ISOFIX	为刚性固定装置,CRS与车身之间为刚性连接	稳定,装上后稳固;金属支架刚性好,耐用。	较笨重;当儿童座椅没放在车上时,金属部分对儿童和车可能存在隐患;系统在车外无法使用;硬固定点容易攒杂物
LATCH	锁扣通过织带连接在CRS上,锁舌与车身的连接是柔性的	质量轻,车外可使用;成熟的设计和连接;在不使用说明书的情况下,容易正确操作	对比较柔弱的用户来说,不太容易将座椅拉紧;连接儿童座椅侧的铰链很弱;锁扣有可能被儿童解脱

5.7 吸能防伤转向机构

对交通事故的统计资料和汽车碰撞试验结果的研究表明,汽车正面碰撞时转向盘和刚性转向管柱是使驾驶员受伤的主要元件。不用座椅安全带的驾驶员从头到膝盖几乎全身都受到刚性转向机构的伤害,表5-8是依据268例交通事故得到的驾驶员头、颈、脊椎、手臂、……、脚腕等12个不同被伤害部位的伤害统计结果。

表5-8　正面撞车时不用安全带驾驶员的重伤部位和伤害位置(268例事故)

加害物 \ 被伤害部位	头	颈	脊椎	手臂	胸	腹	骨盆	臀部关节	大腿	膝	下肢	脚腕
车顶柱	3	1										
立柱、顶部横梁	9		2	1								
风窗玻璃	4											
转向盘、转向柱	10			1	21	10	4		8	3		
仪表板								8	9	8		
杂物箱								5	3	4	9	
变速杆												
加热器												
踏板等凸出物								3			8	9
座椅									5			
其他凸出物	3											

由表5-8可以看出,268例事故共导致驾驶员的头、颈、脊椎、手臂、……、脚腕等12个不同被伤害部位的151次伤害。在加害物中,转向盘、转向柱所占比例最高,达37.7%,与其他加害物相比要明显高出许多。美国20世纪80年代中期发生的汽车碰撞事故统计调查的结果表明,转向机构致伤驾驶员的比例为26%。这表明转向机构是一个严重的碰撞伤害源。

5.3、5.4节分别对安全带、安全气囊在汽车碰撞事故中的作用进行了讨论分析,结果表明,安全带、安全气囊在汽车碰撞事故中具有降低驾驶员伤害的明显效果,这是客观事实。然而,随着车速的提高,仅靠座椅安全带和安全气囊两种约束装置来确保驾驶员的安全已变得越来越困难。其原因是因为在严重的正面撞车事故中,当车身有较大的压扁变形时,刚性的转向机构必然会被迫后移,挤压驾驶员的生存空间。如果刚性转向机构的后移量过大,即使配有座椅安全带、安全气囊等约束装置,也会给驾驶员造成伤害。

在车辆发生正面碰撞时,驾驶员的受伤程度很大程度上取决于二次碰撞的剧烈程度。在碰撞事故发生时,如果乘员舱变形很大,一方面因乘员舱受到挤压而可能危及乘员的生存空间使其受到伤害,另一方面因驾驶员在惯性力作用下向前运动,这使得作为驾驶员约束装置的安全带和安全气囊及刚性的转向机构并不能够确保驾驶员有足够的生存空间,因而,保护驾驶员不受伤害,不仅要减少驾驶员的前冲位移,更要减轻车身内部的刚性凸出物与驾驶员发生的二次碰撞,对于转向系统而言就是当正面碰撞作用力达到一定限值时有意使转向系的相关零部件产生变形而吸收碰撞能量。

现代汽车的吸能防伤转向机构所采取的措施是:在汽车碰撞时,使转向系的有关零部件产生塑性变形、弹性变形、某些零部件相互分开而不传递运动和力或利用零部件之间的摩擦实现对冲击能量的吸收,以消除和减轻对驾驶员的伤害程度。图5.64为转向轴受到冲击时可变形部位示意图,图5.65为转向轴变形前后对比图。

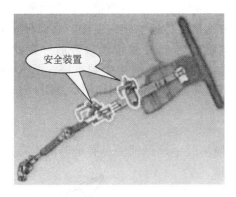 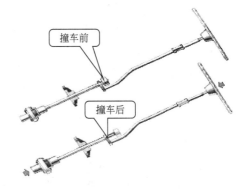

图5.64 转向轴受到冲击后可变形部位示意图　　图5.65 转向轴变形前后对比图

5.7.1 汽车正面碰撞时转向管柱与驾驶员运动趋向分析

汽车发生正面碰撞事故时,碰撞能量使汽车的前部发生塑性变形。一方面,碰撞能量使位于汽车前部的转向盘、转向柱及转向轴在碰撞力的作用下产生向后即向驾驶员胸部方向的移动,使转向盘与驾驶座椅之间的空间缩小;另一方面,驾驶员在惯性力的作用下又向前冲,使得驾驶员的胸部和头部会碰撞到转向盘而受伤。图5.66所示为汽车正面碰撞时转向管柱与驾驶员的碰撞关系示意图。图中左下角指向向右的箭头代表正面碰撞作用在转向柱下端的碰撞力,图中右上角指向向左的箭头代表正面碰撞驾驶员在惯性力作用下冲向转向盘的作用力。

由于刚性转向机构在正面碰撞事故中对驾驶员的伤害程度比较突出,为此,世界多国对防止转向柱对驾驶员的伤害都制定了相关法规,如美国的安全法规FMVSS 203、204,欧盟的安全法规ECE R12、74/297/EEC,我国的安全法规GB 11557—2011等。这些法规中均规定了汽车发生

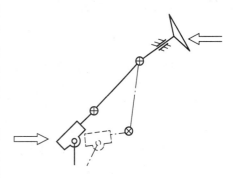

图5.66 汽车发生正面碰撞时转向管柱与驾驶员的碰撞关系示意图

正面碰撞时转向柱向后水平位移量和碰撞力的限值要求。在GB 11557—2011中,要求汽车以48.3~51.1km/h的速度与其他物体正面碰撞时转向管柱与转向轴在水平方向的后移量不得大于127mm;在台架试验中,人体模块躯干以6.8m/s的速度碰撞转向盘时,作用在转向盘上的水平力不得超过11123N。为了满足这些法规的要求,需要在转向系中设

计并安装能防止或减轻驾驶员受伤的吸能机构,通过使转向系的有关零部件在碰撞时发生塑性变形、弹性变形或者利用摩擦来吸收部分冲击能量。

对于一次碰撞,因碰撞能量使汽车的前部发生塑性变形不可避免,安装在汽车前部的与转向器输入端相连的转向柱及转向轴在碰撞力的作用下必然要向后运动,其运动能量可通过转向柱以机械的方式予以吸收;对于二次碰撞,驾驶员在惯性力作用下向前冲向转向盘也不可避免,尽管驾驶员本身有约束装置,如安全带、安全气囊,但仍然会有部分能量要传递给转向系统,这部分能量也要通过转向盘及转向柱系统予以吸收。在此背景下,汽车吸能防伤转向机构受到重视。图 5.67 为转向溃缩机构与安全气囊共同作用示意图。

图 5.67 转向溃缩机构与安全气囊共同作用示意图

5.7.2 吸能防伤转向机构工作原理与结构

汽车吸能防伤转向机构是一种能够在正面碰撞事故中确保驾驶员有足够的生存空间,并能够吸收冲撞能量,防止或减轻驾驶员伤害的被动保护装置。该装置主要由转向盘、上转向轴、下转向轴、转向轴上套管、转向轴下套管、转向器、万向节及当转向盘受到撞击时能够吸收冲击能量的吸能元件组成,如图 5.68 所示。常见的吸能零部件有可收缩吸能转向管柱和伸缩式转向中间轴、吸能转向盘。吸能转向机构于 1967 年首先用于美国的轿车上,从 1969 年起美国的轿车全部采用,日本也从 1973 年起规定其轿车必须装设吸能转向机构。我国生产的轿车现正逐步装设吸能转向机构。

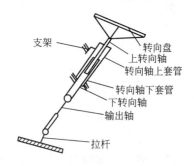

图 5.68 吸能防伤转向机构示意图

1) 吸能防伤转向机构的工作过程

以可收缩吸能转向管柱为例,该转向管柱在汽车发生碰撞时重新分配传到转向盘上的冲击力(主要是将冲击力路径迅速分流),使得传递到转向盘上的载荷最小。转向管柱由空心管和转向轴构成。传统转向管柱的空心管和转向轴是整体式的,转向轴上端和转向盘连接,下端与方向器连接。而吸能方向管柱的特点是将整体式转向管柱分为上转向管柱和下转向管柱两部分;里面的转向轴也分为上转向轴、下转向轴两段,中间用万向节机构连接,详见图 5.68 中上转向轴、下转向轴、转向轴上套管、转向轴下套管、万向节等结构形式。一旦汽车发生碰撞令转向机构产生位移,万向节下端特制的转向轴会折叠,上转向管柱移入下转向管柱内,实现"缩进",从而扩大空间以减低对驾驶员的伤害。

转向系防伤机构的工作原理是:通过在转向系中设计并安装防止或者减轻驾驶员受伤的机构,以有效吸收汽车正面碰撞时的碰撞能量。

2) 隔绝首次碰撞影响的吸能防伤机构

根据汽车碰撞中防止转向柱对驾驶员伤害的相关法规,吸能转向柱(轴)结构得到广泛应用。由于吸能的机理和形式的不同,转向柱与车身受撞脱开方式及转向轴受撞压缩的形式不同,吸能式转向管柱(转向轴)的种类也较多,如图 5.69 所示。

(1) 钢球滚压变形双层管式转向管柱,也称套筒式吸能转向柱。这种形式的转向管柱分为上、下两段,上转向管柱比下转向管柱稍细,可套在下转向管柱的内孔里,二者之间压入带有塑料隔圈的钢球。隔圈起钢球保持架的作用,钢球与上、下转向管柱压紧并使之结合在一起。在汽车发生正面碰撞其碰撞力超过许可限值时,上下管柱在轴向发生相对移动,此时钢球边转动边在上、下转向管柱的壁上压出沟槽,从而消耗了冲击能量,如图 5.69(a)所示。

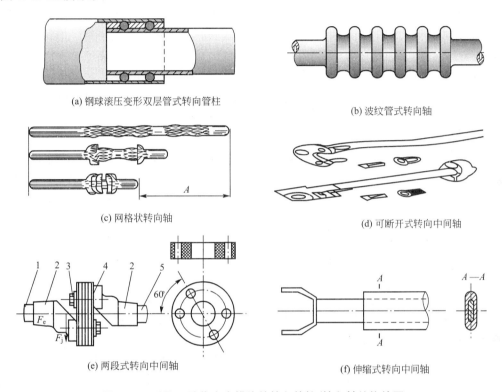

图 5.69 采取了防伤安全措施的转向管柱/转向轴结构简图
1、5—转向轴;2—凸缘;3—连接螺栓;4—弹性垫片

(2) 波纹管式或网格状转向轴。这种形式的转向中间轴上、下两个联轴节之间是波纹管式或网格状结构。汽车正常行驶时,该结构正常地传递转向转矩,当汽车发生正面碰撞时,通过波纹管或网格状转向轴的弯曲和压缩来消除碰撞力使转向器齿轮轴产生的向后的位移,达到隔绝首次碰撞影响的目的,如图 5.69(b)、(c)所示。

在网格状转向轴结构中,外套管呈网格状,转向盘和仪表板或支架之间用塑料件连接,当驾驶员撞向转向盘时的载荷超过允许范围时,塑料连接件脱开仪表板,网格状转向柱被压缩变形来吸收撞击能量,以减轻对驾驶员的伤害,其水平方向最大位移量为 A。

(3) 可断开式转向中间轴。这种形式的转向中间轴采用双销式连接结构。汽车正常行驶时,上下两段通过销与孔的配合传递转向力矩;在汽车发生正面碰撞当碰撞力达到某一规定值时,上下两段轴能够及时脱开而避免转向盘后移,达到隔绝首次碰撞影响的目的,如图 5.69(d)所示。

(4) 两段式转向中间轴。这种形式的转向中间轴采用弹性联轴器连接。两段式转向轴 1、5 由弹性联轴器连接，后者由有一定角度斜面的凸缘 2、弹性垫片 4(由浸有橡胶的多层帘布制成)和连接螺栓 3 组成。弹性垫片的轴向变形可以缓和冲击载荷并允许上段轴向下有一定的弹性位移。一旦汽车发生严重的碰撞，两凸缘的斜面接触而吸收能量，如图 5.69(e)所示。

(5) 伸缩式转向中间轴。这种形式的转向中间轴上、下两个联轴器之间是花键轴、套式转向轴，或者是"D"形管轴式转向轴。当汽车发生正撞时，通过花键轴套相对滑动来消除碰撞力产生的转向器齿轮轴向后的位移，即当汽车发生正撞，碰撞力达到某一规定值时，可脱开或断开式转向中间轴的联轴节可脱开或断开零件便脱开或断开，使转向中间轴从转向器或上转向轴中脱离，消除转向器齿轮轴的向后位移量，达到隔绝首次碰撞影响的目的，如图 5.69(f)所示。

3) 保护驾驶员免受二次碰撞伤害的吸能防伤机构

吸能转向盘也是保护驾驶员免受二次碰撞伤害的一种结构形式。图 5.70 为通过轮缘弯曲和轮毂变形吸收碰撞能量的结构示意图。汽车正常行驶时，转向盘正常传递力矩(轮缘和轮毂不发生弯曲

图 5.70 转向盘轮缘和轮毂吸能示意图

与变形)；当汽车发生正面碰撞且碰撞力达到某一规定值时，一方面轮缘因压缩变形吸收能量；另一方面，轮缘因折弯变形吸收能量。

5.7.3 吸能式转向管柱系统结构设计

1) 对吸能式转向管柱系统的性能要求

(1) 在汽车正常行驶时，转向管柱及其中的转向轴有足够的强度和刚度，以保证正常的转向力传递及安装于转向柱管上的其他功能件(如变速杆、组合开关等)正常工作。

(2) 当汽车发生正面碰撞时，转向管柱系统能够从车身结构中以机械的方式脱离。

(3) 当汽车发生正面碰撞时，转向管柱及其中的转向轴可以被压缩，并且转向管柱系统中应具有能量吸收元件以吸收碰撞能量。

2) 吸能式转向管柱系统的吸能形式

吸能式转向管柱系统主要通过材料的弯曲、材料的变形、接触摩擦、剪短、折断及以上几种方式的组合等方式吸收碰撞能量，以实现在碰撞压缩的最大设计位移或时间内对驾驶员胸部产生较小的不变作用力。

在以上几种吸能方式中，通过改变材料的厚度、截面形状、几何尺寸、摩擦系数及强度等，可以获得所需要的能量吸收能力。

3) 吸能式转向管柱系统结构

因套筒式吸能转向柱(图 5.69(a))的吸能波形接近理想波形，而且稳定性好，这种设计技术在转向机构中应用较多。如前所述，套筒式结构通过嵌在上下套筒之间的钢球挤压套筒变形吸收能量。

套筒式吸能转向柱系统的吸能过程是：当汽车发生正面碰撞时，碰撞力先使联结盒中的注塑销剪断，使转向柱系统从车身上脱开。在 3～5ms 后，转向轴内注塑销被剪断，转向轴被压缩；同时，转向柱上、下套筒被压缩，上、下套筒中的钢球在碰撞力的作用下使

上、下套筒壁表面被挤压变形，起到吸收碰撞能量的作用。

吸能式转向管柱的吸能形式有多种，除了钢球和内套套筒形式外，变形支架、变形条等几种形式也能实现"缩进"。变形支架结构的吸能转向管柱通过金属的变形吸收碰撞能量。变形支架与下转向管柱相连，使用拉脱安全锁，里面的塑性材料受到大负载冲击被剪切断开，会使下转向管柱和转向轴从支架中脱出沿轴向移动，令上转向管柱和转向轴下移。

变形条结构的吸能转向管柱与变形支架结构相似，也是靠金属的变形吸收碰撞能量的。与变形支架不同的是占用的空间较小。变形条一端与车身相连，另一端固定在转向管柱上。当碰撞时冲击力达到一定值时，转向管柱产生位移，变形条发生变形，从而达到吸能效果。

吸能式转向管柱和溃缩式转向柱的区别：吸能式转向管柱的特点是在汽车发生正面碰撞当碰撞作用力超过一定限度时，使下转向轴总成、上转向轴总成和转向支架总成三大部件的部分总成或全部总成产生收缩变形吸收能量而对驾驶员进行保护；溃缩式转向柱的特点是在碰撞作用力超过一定限度时就直接断掉而对驾驶员进行保护。显然，两种转向柱的保护目的是相同的，但保护方式存在明显差异。

5.8　行人碰撞保护

行人是道路交通事故中的弱势群体，最容易受到伤害。据世界卫生组织统计，每年全球约有120万人死于道路交通事故，其中46%为步行者、骑自行车者或者两轮机动车使用者，这一比例在一些低收入和中等收入国家会更高。欧盟的分析数据也显示，在欧盟的道路交通事故中，行人的死亡人数是车内乘员事故死亡人数的9倍。中国是典型的以混合交通为主的国家，道路交通情况复杂，人、车并行情况多，行人伤害事故高发，自1998年以来，每年死于交通事故的行人均达1.5万人，因此行人保护是一项全世界都面临的严峻问题。

车辆与行人发生碰撞的时候，绝大多数的情况是车头与行人发生碰撞。目前绝大多数乘用车车头在与行人发生碰撞时，行人的下肢和头部是最容易受到伤害的部位。一般来说，在车头与行人碰撞时，近45%的腿部伤害是由于保险杠与行人下肢碰撞造成的，有近35%的头部伤害是由于撞击后行人与风窗玻璃碰撞造成的，有近20%的头部伤害是由于与发动机罩碰撞造成的。由此可见，车头造型的设计和发动机盖及风窗玻璃的设计是影响行人碰撞伤害的主要因素。另一方面，因下肢的伤害可能导致人残疾，头部的伤害则很可能致命，这使得头部伤害的危害程度远远大于下肢伤害。

为了减少交通事故中的行人伤亡，20世纪60年代美国最先提出行人保护概念，但由于当时缺乏相应的测试手段，虽然相关的法规无法建立，但从这个时候开始，大部分汽车厂商开始重视行人保护方面的研究。1994年，首个行人保护的试验方法及碰撞模拟器在欧洲推出，即EEVC WG10；2003年，欧洲行人保护法规2003/102/EC正式出台，该法规对车辆行人保护方面的性能提出了分阶段的引导式要求。2009年，根据多年的实际情况，欧洲对行人保护法规进行了修改和调整，推出了新法规，即78/2009。

根据欧洲交通安全委员会(ETSC)的专家估计，上述这些措施在欧盟范围内完全实施后，每年可挽救2000个生命，减少17000多个重伤人员。除欧盟外，日本和韩国的汽车制造商协会(JAMA和KAMA)也分别在2001年7月和2002年3月做出了类似的有关保护行人安全的承诺，而且日本在2004年颁布实施了《步行者头部保护基准》，规定新车也要安装行人保护装置。

然而，长期以来，汽车生产厂家对提高车内乘员的保护能力关注较多，而对行人保护比较忽略，致使目前大多数车型在行人安全水平方面普遍较低。在欧洲NCAP的测试中，针对行人安全保护而言，很多车型未达到二星水平，因而大多数车型都需要加强行人保护能力。

5.8.1 人车碰撞事故特点

为减少对行人的伤害，欧洲车辆安全促进委员会(EEVC)曾对欧盟国家中的道路交通事故进行了长达22年的调查、分析和研究，并在此基础上公布了相关的研究结果。该研究结果表明：在人车碰撞事故中，行人被撞击是一个综合、复杂的过程，包括人与车辆的一次碰撞，以及人被撞弹后与道路设施的二次碰撞等。人车碰撞事故通常具有以下特点。

(1) 在大部分的人车碰撞事故中，人体与车辆的前部发生碰撞，所以车辆的前部形状和刚度是与碰撞伤害程度非常相关的重要参数；而且在2/3的人车碰撞事故中，行人与车辆间的碰撞速度小于40km/h。在车辆与行人发生碰撞的瞬间，行人头部撞击发动机盖及发动机舱内的坚硬部件，是造成行人头部伤害的重要原因。

(2) 在行人死亡的总数中，25岁以上的人数占79%；在行人受伤的总数中，20岁以下的人占40%。在我国的行人事故中，儿童所占比例远高于国外。

(3) 人体头部和下肢是最容易受伤的两个部位，其次是胸部、腹部、脊椎及上肢，人体的这些部位容易受到伤害都与汽车的某些特定部位有直接关系。例如，人体头部受伤通常是与发动机盖和汽车前柱碰撞造成的；骨盆和大腿受伤是与发动机盖、翼子板碰撞造成的；大约3/4的小腿受伤和40%以上的膝盖受伤是与保险杠碰撞造成的。

下肢创伤是最常见的行人受伤类型，头部的创伤则是导致行人死亡的主要原因。

5.8.2 行人保护技术简介

1. 行人保护措施解析

EEVC的分析报告表明，不同的汽车结构和外形设计对行人的伤害程度是不同的，尤其是车辆的前部，与之相关的保险杠、发动机盖和发动机盖前缘部位是造成重伤和死亡的主要原因。因此，对这些部件结构的优化和改进，可以缓解人车碰撞过程中车辆对行人的伤害，从而可以有效地降低事故中行人的死亡和重伤比重。在对人车事故的机理进行综合研究后，欧盟拟定了一项用于检验汽车前部对行人安全性的方法，对可能撞击行人的汽车保险杠、发动机前缘、发动机盖等部件在撞击中对行人的伤害程度进行了定义。该方法分为以下3种试验，试验位置的确定均为引发事故伤害较多的部位。

(1) 模拟腿部撞击保险杠试验，包括小腿撞击保险杠试验和大腿撞击保险杠试验。

(2) 模拟大腿撞击发动机盖前缘试验。

(3) 模拟头部撞击汽车发动机罩试验。由于儿童和成人的身高差别较大，因此将头部撞击试验分为两部分，儿童头部撞击和成人头部撞击。

3种试验对应于人体的部位及被碰撞后人体在汽车前部的接触位置如图5.71所示。试验时要求撞击速度为(11.1±0.2)m/s(相当于40km/h),环境温度为(20±4)℃。

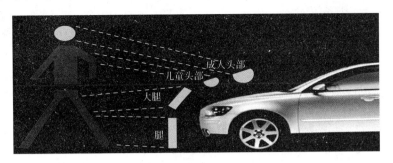

图 5.71　3种试验对应于人体的部位及被碰撞后人体在汽车前部的接触位置示意图

2. 行人保护技术

1)碰撞缓冲防护系统

这是一种最基本的行人保护技术,主要涉及车身吸能材料的应用,如吸能保险杠、软性的发动机舱盖材料、前照灯及附件无锐角等。在发动机舱盖断面上采用缓冲结构设计,则是目前汽车厂商较为常见的做法。例如,雅阁汽车的发动机舱盖掀起的末端安装有一个活动铰链,当汽车碰撞到行人时,铰链带动发动机舱盖下沉,从而达到缓冲及减轻伤害的作用;此外,其前翼子板和保险杠也都预留出碰撞的余地空间,同样起到缓冲作用。目前,碰撞缓冲防护系统技术成熟、成本也相对较低,故应用广泛。

2)发动机舱盖弹升主动防护系统

发动机舱盖弹升主动防护系统是利用发动机舱盖弹升技术,在汽车发生碰撞的瞬间使发动机舱盖升起,即在发动机舱盖与发动机舱之间形成一个缓冲区,使得被撞行人不是直接与发动机舱盖及盖下面坚硬的发动机部件相撞,而是与弹升悬起的具有柔性和圆滑的发动机舱盖表面接触,如图5.72所示。该系统在检测到碰撞行人之后,会自动启动发动机舱盖弹升控制模块,车内配备的弹射装置可在瞬间将发动机舱盖升高,这一过程相当于被撞行人倒下时在其下面垫上了柔性物。

图 5.72　发动机舱盖弹升主动防护系统

装置弹升式发动机舱盖的目的就是在发动机舱盖与发动机之间保留一个缓冲区,以阻止行人在被撞击后其头部直接砸到坚硬的发动机部件上。日产汽车的发动机舱盖弹升主动防护系统是在前保险杠内放置了传感器,当系统检测到碰撞行人时立即启动弹升控制模块,机械部件以爆炸的方式在瞬间举升发动机舱盖,以减少对行人的伤害。

除此之外，还辅之以一套被动缓冲系统作为补充。这种设计意在通过使用可压碎泡沫和塑料遮盖物来减轻对行人腿部的伤害。

3）智能安全保护系统

车辆智能安全保护系统能够对行人采取主动保护，即在事故发生前的瞬间及时告知驾驶员，以避免碰撞事故发生或将碰撞伤害降至最小。该系统包括安全监控、危险预警、防撞等子系统，涉及传感器技术、通信技术、信息显示技术、驾驶状态监控技术等。

该系统包括安装在车身各个部位的传感器、激光雷达、红外线、超声波传感器、盲点探测器等设备，具有碰撞事故监测的功能，能随时通过声音、图像等方式向驾驶员提供车辆周围及车辆本身的相关信息，并可自动或半自动地对车辆进行控制，从而有效地防止事故的发生。图5.73为沃尔沃的主动前照灯控制技术。

图 5.73　沃尔沃的主动前照灯控制技术

沃尔沃主动前照灯控制技术：当探测到路边行人时，会自动调整灯光高度，让灯光始终低于行人头部，避免灯光直射行人眼部的情况。这项功能也将随着本车与行人的距离，不断调整灯光高度，达到既保护行人又不丧失照明范围的效果。

以沃尔沃为代表的汽车将主动安全技术全面用于行人保护方面，尽量避免行人碰撞的发生。被称为带自动制动功能的碰撞警示系统（CWAB），使用雷达和摄像头探测汽车前方的行人。当碰撞事故临近时，信息的准确性以实现汽车自动判断和自动制动。系统设定在雷达和摄像头共同确认情况危急时才启用自动制动模式。如果带警示系统的车辆逼近前方车辆，而驾驶员没有留意时，位于风挡上的红色报警灯会闪烁并发出声响，提醒驾驶员需注意及时采取行动。如果发出警示后碰撞的风险仍然在增加，制动支持功能会被激活，辅助紧急制动系统开始作用，减小制动衬块和制动盘之间的距离以缩短制动时间，同时还会增加制动液压力，即使驾驶员没有用力踩制动踏板也能进行最有效的制动。如果车辆仍未制动，而系统认为即将发生碰撞，会对车辆进行自动制动，以最大限度地降低车速。

车辆自动制动功能的作用是尽可能地降低碰撞速度，从而减少两车乘员的受伤概率。例如，把碰撞速度从60km/h降低到50km/h，撞击力会降低大约30%。这足以决定乘员是受轻伤还是重伤，在有些情况下自动制动功能甚至可以完全避免碰撞事故的发生。

奔驰S级轿车上采用的众多新技术改进当中，驾驶员及乘客保护预防性安全系统（pre-safe）首屈一指。pre-safe系统在提前检测到车辆即将发生碰撞后，能够帮助驾驶员、乘客及车辆本身在撞击发生前进入预备状态。其原理是通过各种传感器实时监测汽车的运动状态以判断即将发生的碰撞，然后在驾驶者还未做出充分反应的时候就提前介入制动系统，过一个较长的时间间隔。pre-safe 系统的设计宗旨是在对即将发生的碰撞进行感知和判断的基础上提前启动保护系统,以求进一步降低驾驶员及乘客受伤的危险。

4) 车外行人安全气囊系统

车外行人安全气囊系统以气囊为碰撞缓冲装置,为避免人体直接撞击汽车的前风窗玻璃,在发动机盖及前风窗玻璃附近设置安全气囊,如图 5.74 所示,两者配合使用。发动机盖气囊在保险杠上方紧靠保险杠处开始展开。车外行人安全气囊系统旨在避免人体撞击汽车的前风窗玻璃,以免在猛烈碰撞下行人受到严重伤害。

图 5.74 发动机盖及前风窗玻璃附近设置安全气囊示意图

行人安全气囊的工作方式与传统的汽车安全气囊一样。碰撞事故发生前由一个碰撞预警传感器激发,50~75ms 内完成充气。充气后的安全气囊在两个前照灯之间的部位展开,由保险杠顶面向上伸展到发动机盖表面以上,以保证儿童头部和成人腿部的安全。

福特汽车公司的行人安全措施采用了两种可在碰撞中对行人进行保护的安全气囊:一是发动机罩气囊,二是前围安全气囊,两者配合使用可减少最常见的行人伤亡事故。

5) 改进保险杠外形设计

汽车撞上行人时,保险杠会对行人的小腿造成很大的伤害。要减少伤害,除采用吸能性好的新材料外,改进保险杠的外形设计及提高与行人的碰撞作用点也可以提高对行人碰撞时的保护能力。在较早比较老款车型的车头设计中,保险杠一般是向前凸出,形成一个类似"铲子"的结构,在发生碰撞时,保险杠突出的上沿将与行人膝部以下的部位发生碰撞,由于碰撞点低于行人的重心位置(行人的重心位于身体的中部),其碰撞结果则是行人以其重心为轴心画圆,行人将按照这个轨迹发生翻滚,这必然会导致其头部与发动机罩或风窗玻璃发生碰撞,如果碰撞时速度较高,行人会一直沿着车的顶部翻滚到车后,无疑会使伤害程度加重。

造成这种情况的最根本原因,在于碰撞点位置过低。在车辆与行人不可避免地要发生碰撞时,如果能够将碰撞点抬高(如与行人的胯部发生碰撞),就能使碰撞点与行人的重心点接近或重合,碰撞后行人的翻滚现象则可以避免,结果是行人的臀部或者腹部与车头发生碰撞,行人或被撞飞,或者贴在车头上。相关实验表明,此种情况下的碰撞,在同等速度下对行人的伤害程度会远远小于碰撞点过低的情形。其主要原因就是这类碰撞可有效避免行人的头部与车身发生碰撞,同时车头与人体接触面积较大,可以减小伤害的程度。对于碰撞而言,车头面积越大、越平整,其伤害会越轻。

5.8.3 本田公司的 G-CON 碰撞安全技术

本田公司自 20 世纪 70 年代就开始了车辆安全性的研究,并取得了许多先进的成果。本田公司独有的 G-CON(G-Force Control Technology)碰撞安全技术,通过在碰撞发生时,对乘员/行人及车辆的冲击力进行控制,从而达到降低人员所受伤害的目的。本田公司的 G-CON 技术是一项提升汽车安全性、保障车内乘员安全的同时兼顾行人安全的车体安全技术,涵盖了车身碰撞技术、安全气囊技术和行人保护等相关技术,其主要内容如图 5.75 所示。

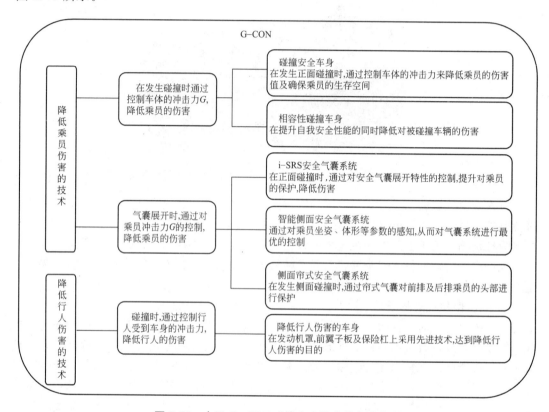

图 5.75 本田 G-CON 碰撞安全技术的主要内容

1) 碰撞安全车身

在进行车体设计时,通常优先考虑两种碰撞情形:全正面碰撞和正面偏置碰撞。对于这两种碰撞情形,会有不同的车身设计考虑。传统的车身在考虑正面碰撞和正面偏置碰撞时,难以同时满足降低乘员受到的冲击和保持乘员舱完整性的要求。

针对传统车身在碰撞安全性上的矛盾,G-CON 通过对车身进行有技巧的设计,不但降低乘员受到的冲击力,同时还能保持乘员舱的完整性,从而保护乘员的安全,如图 5.76 所示。

对于前部传来的冲击,依靠前纵梁、上横梁等零件组成的框架结构吸收冲击能量,同时将碰撞能量有效地向地板骨架和侧面框架分散,提高了发动机舱吸收碰撞能量的效率,减轻了对乘员舱的负荷,确保了乘员的生存空间。其车身碰撞技术呈现以下特点。

(1) 将冲击能量分散、吸收,并向前立柱和车身底部逐渐削弱。

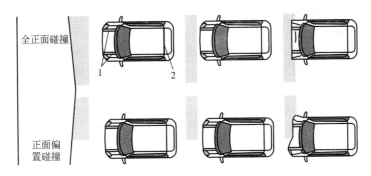

图 5.76 本田对车身进行的技巧性设计
1—充分吸能设计；2—足够坚固设计

(2) 发动机舱两侧的纵梁，能减轻与对方车辆同部位的撞击力。

(3) 发动机舱前部下横梁与上横梁将撞击力扩散到较大的面积范围内，大幅降低了对乘员的冲击负荷。

2) 相容性车身技术

在对汽车碰撞安全研究及冲击力控制技术发展的基础上，本田公司开发出了相容性车身技术，旨在使"提高自我保护性能"与"降低对对方车辆的危害性"同时满足本田公司独特的被动安全技术。

3) 安全气囊技术

本田公司从 20 世纪 70 年代就开始着手开发安全气囊，从那时起把"人"放在第一位考虑，同时对实际事故情况进行详细分析，并有效运用于实际车辆中。本田公司安全气囊的特点如下。

(1) 在对事故信息进行缜密分析的基础上进行精密控制。

(2) 适应各种乘员体型和坐姿。

(3) 实现对乘员的冲击最小化。

4) 行人保护技术

(1) 通过发动机舱高效率的能量吸收，实现高水平自我保护，同时也降低了对对方车辆及乘员的伤害。

(2) 考虑到行人的安全，发动机盖前保险杠、刮水器等采用了能够吸收冲击力的设计，以最大程度减轻对行人的伤害。

5) 高仿真度行人保护试验

本田公司一直都把减轻行人伤害作为一个重要的课题。为了更好地研究实际中发生的车辆碰撞行人的事故，深入认识碰撞事故中对行人的伤害机理，并有效确定车身撞击行人时的具体部位，本田公司已先后开发出三代技术先进的行人假人。

(1) 1998 年本田公司在世界上创先开发出可再现事故中人体举动的行人假人。

(2) 2000 年，本田公司进一步扩大了减轻对行人伤害的研究范围，在高度模拟解析人体举动和伤害的同时，开发出了头部、颈部等 8 处设置内置式伤害值监测器的第二代行人假人"POLAR Ⅱ"。

(3) 2008 年，本田公司开发出的第三代行人假人"POLAR Ⅲ"，着眼于近年来呈增加趋势的 SUV 和微型厢车等车身较高的车辆撞击行人的事故中行人易受伤的腰部和大腿部。为了能进一步扩大数据解析的范围，本田公司选择与人体特性相近的材料并改进了假人外形，根据对人体各部位特性的验证，使假人的腰部、大腿部等下半身结构更加科学。

与此同时，本田公司通过对行人假人的充分利用，积极开展减轻事故中对行人伤害的试验研究。例如，第二代行人假人能高仿真再现行人发生碰撞的状态，拥有与人类更加相似的关节和人体特征，包括韧带和半月板等人体构造，可精细反映出各部位的伤害值。

5-1　何谓"一次碰撞"与"二次碰撞"？二者之间有何关系？提高汽车内部被动安全性有何意义？

5-2　汽车被动安全技术从哪些方面改善和提高对乘员的保护效果？

5-3　汽车碰撞主要有几种形式？各有何特点？

5-4　车辆正面碰撞时车身前部理想变形特性有何意义？轿车车身结构为何要强调中间"硬"、前后"软"？

5-5　提高车身正面、侧面碰撞安全性的主要结构措施有哪些？

5-6　汽车安全带在急拉时是如何被锁紧的？预紧式安全带的先进性何在？

5-7　滚球式、偏心锤式碰撞传感器是如何传感信号的？

5-8　简述安全气囊的工作过程及工作原理。试比较安全带与安全气囊的特点与差异。

5-9　简述汽车座椅对乘员的保护效果。

5-10　简述吸能防伤转向机构的工作原理及吸能形式。

5-11　行人碰撞保护具体包括哪些内容？

第 6 章 汽车结构安全性

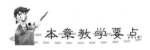

本章教学要点

知识要点	掌握程度	相关知识
车身结构与碰撞安全性	掌握非承载式、承载式两种不同车身结构碰撞安全性的差别	不同车身结构形式对汽车安全性的影响
制动器与安全性	掌握鼓式、盘式两种制动器制动效能的差异及摩擦材料对制动效能的影响	制动器摩擦材料的发展变化过程
轮胎与安全性	掌握不同轮胎结构对安全性的影响及安全轮胎的类型与特点	安全轮胎的发展过程
汽车玻璃与安全性	掌握车用玻璃的类型、特点及对安全性的影响	汽车玻璃新技术
汽车自燃与安全性	掌握汽车自燃产生的原因及预防措施	汽车自燃的危害性

汽车安全

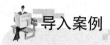

导入案例

汽车结构形式对汽车安全性也具有明显影响

随着汽车技术的进步和对安全性要求的不断提高，无论是汽车的车身还是其他一些重要的零部件，其结构均具有多种不同形式，如车身有非承载式和承载式车身结构形式，车轮制动器有鼓式和盘式结构形式，轮胎有子午线轮胎和普通斜交胎结构形式。就其安全性而言，不同的结构形式，其安全效果也会呈现明显差异。对于车身结构形式，非承载式车身由于其质量大、体积大、重心高，高速行驶稳定性较差，并不合适轿车使用，因而轿车广泛选用承载式车身结构形式；作为制动系统的重要部件——制动器，鼓式和盘式两种不同结构形式的制动器在制动过程中表现出的抗热衰退性也是不相同的，盘式制动器由于制动盘充分暴露于空气中，散热能力强，抗热衰退性好，在轿车上获得广泛应用。这些实例表明，汽车上重要部位典型部件的不同结构形式对其安全性存在重要影响。

在明确"使用要求"的前提下，对汽车结构形式选择合理，可提高汽车使用过程中的安全性，否则，可能会降低安全性。因而，实际中如何根据需要和功能，合理选择汽车结构形式值得汽车设计人员及汽车使用者重视。

对于汽车而言，一些重要的零部件结构，采用不同的结构形式，在使用过程中则会表现出明显的安全性差异。以汽车制动器为例，鼓式和盘式两种不同结构形式在制动过程中表现出的制动热衰退性就存在明显不同。因而，实际中如何根据汽车的使用条件设计或选择合适的结构形式，值得深入研究。汽车结构安全性是指在汽车系统结构设计及系统部件配置过程中，以提高汽车整车安全性为目标，通过运用优化理论及现代结构分析方法，将事故发生时对乘员及其交通参与者的伤害程度降至最低。汽车结构安全性属于被动安全的范畴。对汽车的安全性具有重要影响的典型部件有车身结构、汽车制动器、汽车轮胎、汽车玻璃等。

6.1 车身结构与碰撞安全性

6.1.1 车身类型及承载式车身

汽车车身的主要作用是保证驾驶员便于操纵及为乘客或货物提供容纳空间，消除或减轻汽车行驶时汽车自身和外界给驾驶员、乘客和货物造成的影响，保证行车安全和减轻事故后果。

汽车车身结构包括车身壳体、车前板制件、车门、车身外部装饰件、内部覆饰件、车身附件、座椅、通风和暖气等。车身壳体是一切车身部件的安装基础，通常是指纵、横梁和立柱等主要承力元件及与它们相连的板件共同组成的刚性空间结构，还包括在其上铺设的隔音、隔热、防振和密封等材料及涂层。在汽车车身结构中，有的单独设置了刚性车架，有的则是将车架和车身合二为一,实际中,不同的车架形式对结构安全性的影响是不同的。

1. 车架

车架是跨装在汽车前后轴上的桥梁式结构,为支承车身的基础构件,发动机、变速器、转向器及车身部分都固定其上。车架的作用除了承受由自身零部件重量形成的静载荷外,还要承受汽车行驶时产生的冲击、扭曲、惯性力等动载荷,因此车架必须要有足够的强度和刚度,以保证汽车在正常行驶过程中受到各种应力时不会破坏和变形。现有的车架种类有边梁式、中梁式、综合式及特殊材料一体成型式等。

边梁式是应用最广泛的一种车架,如图 6.1 所示。边梁式车架由两根长纵梁及若干根短横梁铆接或焊接成形,纵梁主要承受负弯曲载荷,一般采用具有较大抗弯强度的槽形钢梁,也有的采用钢管。因纵梁中部受力最大,一般将纵梁中部的截面高度加大,两端的截面高度逐渐减少,这样既可使应力分布均匀,同时也减轻了质量。这种车架结构广泛用于载货汽车和大多数特种汽车上。

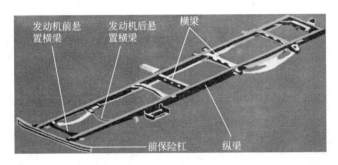

图 6.1 边梁式车架结构图

近代轿车车架的设计从保证汽车有良好的整车性能出发,也有部分采用了边梁式车架,如图 6.2 和图 6.3 所示。其车架特点如下。

图 6.2 雪佛兰开拓者的边梁式车架

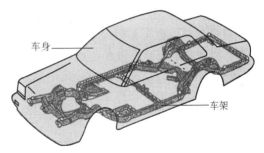

图 6.3 丰田皇冠轿车车架与车身

(1) 车架的中部较平较低,以降低汽车的重心,满足了轿车高速行驶稳定性和乘坐舒适的要求。

(2) 车架前端做得较窄,以允许转向轮有较大的偏转角度。

(3) 车架后端向上弯曲,保证了悬架变形时车轮的跳动空间。

承载式车身是目前轿车的主流,这种结构将车架和车身合二为一。由于承载式车身结构取消了车架,而以车身兼起车架的作用,也可称之为"无车架结构的承载式车身",即将所有部件固定在车身上，所有的力都由车身承受。其突出优点是车身自身质量小、可利用空间大、重心低、高速行驶稳定性提高，而且冲压成型的制造方式十分适合现代化的大批量生产。

2. 车身类型

汽车车身结构按有无刚性车架，可分为非承载式、承载式两种不同的结构形式。

非承载式车身也称有车架式车身。车架承载着整个车体，发动机、传动系统、悬架和车身都安装在车架上，车架通过前后悬架装置与车轮连接，如图6.4所示。由于车身悬置于车架上，车架的振动通过弹性元器件传到车身上，大部分振动被减弱或消除。该结构形式发生碰撞时车架能吸收大部分冲击能量，有利于提高乘员安全性，在坏路行驶时对车身起到保护作用。由于车身纵梁贯穿整个车身，这种结构的突出优点是车身强度高，抗扭曲性强，钢架能够提供很强的车身刚性，有利于提高安全性，但车身质量大、高度高、高速行驶稳定性较差，一般用于载重车、客车和越野车。因非承载式车身具有较好的平稳性和安全性，部分高级轿车也有采用。

图6.4 非承载式车身结构图

承载式车身也称无车架式车身，如图6.5所示。针对非承载式车身质量大、体积大、重心高、噪声小、高速行驶稳定性较差的问题，承载式车身取消了独立的刚性车架，采用钢材（或高强度的铝）经冲压、焊接成一个坚固的框架式结构，再将发动机、悬架等部件直接安装在其上。由于没有贯穿整体的刚性车架，相应加强了车头、车尾、侧围、底板等部位的结构与强度。

图6.5 承载式车身结构图

这种车身结构除了其固有的乘载功能外，还要直接承受各种负荷。其主要优点是车身质量减轻，重心低，噪声小，高速行驶稳定性较好，车内空间利用率较非承载式车身结构更高，且冲压成型的制造方式十分适合大批量生产，但这种车身的抗扭刚性和承载能力相对较非承载式车身要弱。承载式车身除用于轿车上外，包括越野车、一些客车也有采用这种形式的。

现代轿车车身本体主要由车身前部、前围、

地板、侧围、顶盖、车身后部等部分组成。随着计算机仿真技术、材料技术、焊接工艺的提升及碰撞试验的不断完善，现代轿车车身的设计更加科学，承载式车身在改进的过程中也吸收了非承载式车身的优点，将非承载式的车架和车身合二为一构成一个坚固整体，并通过车身内不同部位纵梁、横梁的有序配置，有效分解碰撞时的能量，从而使车身的结构安全性不断改善和提升。

3. 承载式车身的结构件和覆盖件

为获得较大抗弯曲和抗扭转刚度，承载式车身加工采用先进的冲压、焊接生产工艺，钢板先被冲压成不同的形状，然后焊接成一个完整的车身如图 6.5 所示。若在图 6.5 所示车身上覆盖车顶、发动机罩盖板、行李箱盖盖板、前后车门外板、前后翼子板、侧围板等，则形成一个完整的车身，如图 6.6 所示。图 6.6 所示的完整车身结构，其部件按照功能不同主要可分为车身覆盖件和车身结构件两类。

图 6.6 完整车身结构图

车身覆盖件为覆盖车身内部结构的表面钣件，如车顶、发动机罩、车门外板、翼子板等，人眼从车外可看到的薄壳钣件基本上都属于覆盖件。覆盖件主要起着封闭车身和装饰美观的作用，一般用厚度不超过 1mm 的钢板冲压而成。人们平时所说的某辆车钢板的薄厚就是指这些覆盖件的厚度。实际中这些覆盖件的厚度对于车身强度的影响很有限，因而绝不能根据车身覆盖件的薄厚判断一辆汽车的碰撞安全性。当然，较厚的钢板在抵御轻度剐蹭方面还是要更强一些。

车身结构件为支撑覆盖件的全部车身结构零件的总称，如车身骨架、支撑梁、立柱等。对于承载式车身，车身结构件中各种类型的钢梁，隐藏在车身覆盖件之下，分布在车身各处（图 6.7 中的箭头所示），对车身起到支撑和抗冲击的作用。它由钢板围成一个闭合断面结构，钢板的厚度和材质规格都要比车身覆盖件高很多，而且为了在碰撞时能够有效吸收撞击能量，通过将不同截面形状、尺寸、壁厚的钢梁，即将不同强度的钢材焊接在一起，以形成有效的溃缩吸能区。其中，有些钢梁是非闭合断面结构，在尽量轻量化的原则下被设计成多种不同形状以承受特定方向上的力。汽车的安全性不应以钢板的厚薄或车身的重量进行评判，优良的车身结构才是汽车安全的最终保障。

图 6.7 隐藏在车身覆盖件之下的部分钢梁分布示意图

6.1.2 车身结构、碰撞安全性及行驶安全

1. 车身结构与碰撞安全性

大量碰撞试验表明,车身结构在汽车被动安全方面起着重要作用。就车身结构的安全性而言,良好的碰撞安全性至关重要。良好的碰撞安全性,简明地讲,就是碰撞试验时其车身结构必须满足最严格的碰撞试验标准,遵守有关行人保护法规。

碰撞安全性是评价汽车被动安全性能优劣的重要指标之一,为了使车身达到结构安全性的要求,各国都规定了强制性要求。例如,我国的国家标准 GB 11551—2003《乘用车正面碰撞乘员保护》、GB 17354—1998《汽车前、后端防护装置》、GB 20071—2006《汽车侧面碰撞的乘员保护》等;欧洲的正面碰撞试验法规 ECE R94 和侧面碰撞法规 ECE R95;美国的正面碰撞试验法规 FSMVS208 和侧面碰撞法规 FSMVS214。汽车的碰撞安全性研究成为汽车安全研究领域的重要内容。

为满足法规要求,车身的结构设计需解决好两方面问题:一是汽车的前后部结构,尤其是前部结构在碰撞发生时要尽可能多地吸收撞击能量,使作用于乘员上的力和加速度降到规定的范围内;二是控制碰撞过程中受压各部件的变形过程及形式,防止发动机舱内的部件(如发动机和变速器等)过多地侵入乘员舱而导致乘员受到伤害。车身结构的安全性是所有措施的基础,而且在一定程度上起着至关重要的作用(关于车身碰撞特性及提高碰撞结构安全性措施的详细内容,见 5.2 节)。

一辆车体结构足够好即具有良好碰撞安全性的汽车在碰撞中起到的保护作用不逊色于安全带和气囊。那么,什么是好的车体结构呢?虽然尚无统一说法,但一般认为,坚固的笼型结构能够把驾乘人员所在的乘员舱保护得更好,如图 6.8 所示。

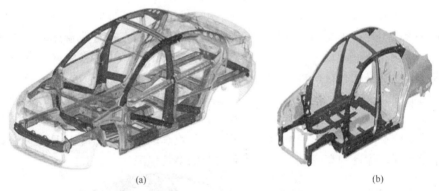

图 6.8 具有坚固的笼型车身结构简图

不同的厂家对于这种车体结构有不同的称谓,如有的厂家称之为 3H 型,有的厂家称之为 GOA,有的厂家称之为 G-CON。尽管称谓不同,但其原理都是相同的,就是用高强度的钢梁形成一个框架,把乘员舱保护起来,其差异仅是设计结构及高强度钢梁所占的比例不同而已。

对于汽车的安全性,除了车身的结构设计应努力保证优良的性能外,其材质选用上也在发生着变化。在不减弱车身强度的前提下,由于铝合金比同等强度的钢材更轻,全铝车身较全钢车身相比能有效减轻车身的质量,而车身质量越轻,除使行驶过程中的动态性能表现更好、更节油外,在发生碰撞时产生的能量也会越小,从此意义上讲采用铝合金车身的车辆也会更加安全。

2. 车身结构与行驶安全

车身结构与行驶安全也密切相关，具有足够强度和刚度的车身结构是汽车具备被动安全保护能力的重要保证。首先，车身结构的强度、刚度直接影响交通事故发生时对乘员的保护能力，碰撞事故时，车身前后部的结构形式直接影响着能量吸收效果。对于轿车车身而言，合理的车身结构概括地说就是前后部"软"、中间"硬"。因为前、后部"软"有利于在碰撞中较多地吸收碰撞产生的能量，中间"硬"使得在碰撞中发生的变形较小，从而减轻对乘员的伤害。翻车事故时，车身顶部的抗挤压变形能力直接影响着乘员的生存空间。为保证乘员舱的生存空间，应增强车顶梁及立柱的强度，并在车顶设计横向支撑梁构件。总之，车身应具有足够的强度、刚度、确保发生交通事故时尽可能减少乘员伤亡。

其次，车身中前柱的结构形式会对驾驶视野产生影响。轿车车身上一般有3根立柱，从前往后依次为前柱（A柱）、中柱（B柱）、后柱（C柱）。立柱除了支撑作用，还起到门框的作用，因而，需考虑A柱遮挡驾驶者视线的角度问题。一般情况下，驾驶者通过前柱处的视线，双目重叠角总计为5°～6°，从驾驶者的舒适性看，重叠角越小越好，但重叠角小将使前柱宽度变窄，从而使前柱的刚度降低。既要有一定的几何尺寸保持前柱的高刚度，又要减少驾驶者的视线遮挡影响，这是一个矛盾的问题，需要在车身结构设计时统筹协调好。实际中，决不能允许出现因为视野不足即盲区过大而造成交通事故。

最后，车身结构也对驾驶操作舒适、方便性产生影响。应按人机工程要求设计布置驾驶区、座椅、仪表等，尽可能减缓驾驶员驾车过程中的疲劳程度，提高交通安全性。

目前，汽车车身正朝着轻量化方向发展，其特点是轻量化材料和复合材料的使用量不断增多，如铝合金、镁合金、钛合金、高强度钢、塑料、生态复合材料及陶瓷等材料在汽车上的应用越来越多。汽车轻量化设计技术及高强度合金钢深拉延技术和轻合金、复合材料的开发攻关与应用无疑将会进一步提升汽车的安全性、经济性。在未来汽车制造中，汽车轻量化已经成为汽车工业发展的重要方向之一，这无论对于传统汽车技术，还是开发新的能源技术，都有利于提高汽车产品的市场竞争力。

阅读材料

汽车安全性是一个综合指数，三厢车的安全性并非高于二厢车

目前不论是E-NCAP、IIHS还是国内的C-NCAP，都是以车内人员安全为评价标准，汽车安全性是一个综合指数，碰撞实验里测试的假人头部、颈部的加速度、胸部位移等，主要体现的是车体吸能区的作用。

在车辆发生碰撞后，要求车辆必须保障每侧有一个车门能在非常方便且不需要借助任何工具的情况下打开，所以汽车制造商们都在车门内安装了防侧撞钢梁，提高了侧面的刚度，两门车型采取类似的设计同样可以达到侧面保护的目的。

在发生追尾事故时，三厢车因为比两厢车多了一个吸能区域，这确实能对后排乘坐的人员起到一定的保护作用，但这种保护作用是很有限的，并且其前提是行李箱中是空的。如果行李箱中存放有尖锐物体，如说高尔夫球杆，在发生追尾事故时尖锐物体可能会直接插入到车厢中，给乘客造成严重伤害。

从车身结构方面讲，三厢车和两厢车车身后部的吸能结构并没有本质的不同，都是靠下方的纵梁吸收和传递碰撞能量。诚然,三厢车因为车身尺寸的原因确实拥有比两厢车更长一些的纵梁,理论上拥有更多一些的吸能空间。但某些两厢车(如铃木SX4)拥有D柱(这是三厢车不具有的),而且从纵梁的角度上看,两厢车的C柱和D柱是沿着车辆轮拱向下延伸的,这样车身侧面的主受力框架就和后轮拱连接到一起,形成一个盆型结构,如图6.9所示。

图6.9 两厢车后部的盆型结构(图中后部较深颜色的方框结构)

三厢车的该部分是向后延伸支撑起行李箱结构的,所以在受到外力时,可承受的力度不如盆型结构大。在此消彼长之下,得出的结论是两厢车的安全性不见得会低于三厢车,并且在厂家和第三方的各种实验数据上,也没有三厢车的安全性高于两厢车这样的结论。

资料来源：http://www.pcauto.com.cn/wenhua/cehua/1206/2002979_all.html

6.2 制动器与安全性

6.2.1 制动器的结构、类型与特点

汽车制动器是制动系统的重要装置之一,其作用是按照需要使汽车减速或在最短的距离内停车,在保证安全的前提下尽量发挥出高速行驶的性能。目前,汽车所用的制动器几乎都是摩擦式制动器,也就是阻止汽车运动的制动力矩来源于固定元件和旋转工作表面之间的摩擦作用。制动器按结构形式可分为鼓式制动器和盘式制动器两类。

鼓式制动器是汽车上最常见的车轮制动器,整体结构如图6.10所示,主要由制动底板、制动鼓、制动蹄、摩擦片、制动轮缸(制动分泵)、回位弹簧、支座等零部件组成,如图6.11所示,其中摩擦副元件为随车轮一起旋转的制动鼓和安装在制动底板上面不随车轮旋转的制动蹄。制动底板安装在车轴的固定位置上,固定不动,制动蹄、摩擦片、制动轮缸、回位弹簧、支座等安装在其上面,底板承受制动时的旋转扭力。制动鼓安装在轮毂上,随车轮一起旋转,由铸铁做成,形状似圆鼓状。每一个制动鼓配一对制动蹄,制动蹄上装有摩擦衬片(摩擦片)。制动时,两个制动蹄及其摩擦片靠油缸(液压制动)或凸轮(气压制动)的力量向外张开,挤压在制动鼓的内圆柱表面上,产生摩擦力矩,制动鼓受到摩擦减速,迫使车轮减速直至停止转动。

鼓式制动器的优点是可利用制动蹄的增势效应达到比较高的效能因数,且具有多种可选结构形式(如增力式、双领蹄式、领从蹄式、双从蹄式等),成本低,防尘,便于同时

作为驻车制动器;缺点是尺寸大,质量大,制动产生的热量不易散发,制动稳定性较差。鼓式制动器主要用于中、重型汽车上。

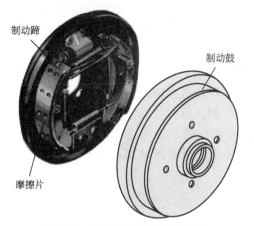 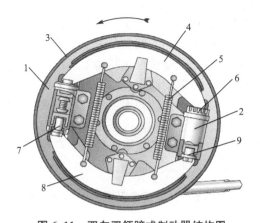

图 6.10 鼓式制动器整体结构图　　图 6.11 双向双领蹄式制动器结构图

1—制动鼓;2—制动轮缸;3—制动底板;4、8—制动蹄;
5—回位弹簧;6—调整螺母;7—可调支座;9—支座

盘式制动器是目前轿车普遍使用的制动器形式,一般都为钳盘式结构,其主要零部件有制动盘、分泵、制动钳、油管等,采用液压控制,工作原理示意图如图 6.12 所示。盘式制动器的摩擦副元件为随车轮一同转动的制动盘(如图 6.13 中的制动盘)和不随车轮转动的制动钳等。呈圆盘状的制动盘用合金钢制造并固定在车轮上,随车轮一道转动,其工作表面为两端面。不随车轮转动的分泵、制动钳、油管等固定在制动器的底板上。制动钳是其两股跨夹着制动盘的夹钳形部件,其上装有分泵,分泵的活塞受油管输送来的制动液作用,制动钳上的两个摩擦衬片(如图 6.13 中的摩擦片)分别装在制动盘的两侧。制动时,活塞推动带摩擦片的制动块压向制动盘发生摩擦制动,从而产生制动力矩,迫使制动盘连同车轮减速直至停止转动。

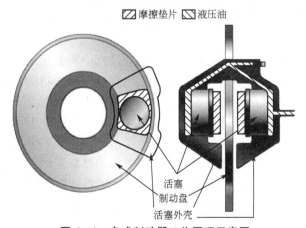 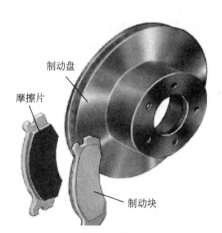

图 6.12 盘式制动器工作原理示意图　　图 6.13 盘式制动器主要部件图

与传统的鼓式制动器相比较,盘式制动器的优点是散热快、质量小、构造简单、调整方便。特别是高负载时耐高温性能好,制动效果稳定,而且不怕泥水侵袭,在冬季和恶劣路况下行车更容易在较短的时间内使车停下。有些盘式制动器为强化散热,在制动盘中间铸有通风孔道或开有多个小孔,以加速通风散热和提高制动效率。

盘式制动器的缺点主要是:对制动器和制动管路的制造要求较高,摩擦片的耗损量较大,且由于摩擦片的面积小,相对摩擦的工作面也较小,需要的制动液压力高,要有助力装置配合,故主要用于轻型车上。

尽管鼓式制动器在盘式制动器还没有出现前已经广泛用于各类汽车上,但由于自身结构的局限性——制动蹄完全位于制动鼓内腔中,使其在制动过程中的散热性差,在持续频繁制动时容易导致制动效率下降,已越来越不能适应车辆高速行驶的使用要求;此外,涉水后其排水性能也较差,因此在近30年中,鼓式制动器在轿车领域已经逐步退出让位于盘式制动器。但由于其成本比较低,在部分经济类轿车上仍然有所使用,主要用于制动负荷比较小的后轮和驻车制动。

6.2.2 制动器热衰退现象及其产生原因分析

1. 制动器热衰退现象及其抗热衰退性评价

在3.2.3节中,从制动过程与制动效能之间内在关系的角度讨论了制动效能的热衰退现象及不同结构形式的制动器的制动效能因数曲线(图3.4)。制动效能的热衰退现象也就是汽车制动器的热衰退现象。汽车制动器的热衰退是指高速制动或下长坡制动时制动器温度迅速上升,制动器摩擦系数下降,摩擦力矩显著下降,从而使制动能力明显降低的现象。

鼓式制动器的热衰退比盘式制动器更突出,这与鼓式制动器的结构形式密切相关。鼓式制动器因制动蹄完全置于制动鼓内腔中,呈现被包裹状态,连续制动时由于摩擦副中的制动鼓和制动蹄之间频繁摩擦,会产生大量热量,而被包裹的结构形式因散热性差,使摩擦片温度迅速升高,造成摩擦系数下降,制动力矩及制动力也随之下降,导致制动距离增大、制动性能降低,严重时会导致制动失效。

实际中,制动初速度大、制动器摩擦副压力增大、制动频繁导致摩擦副温度升高时,将使摩擦系数降低,容易出现"热衰退";此外,制动器中制动蹄本体和摩擦片的热变形,以及摩擦片内部成分的化学变化也会导致制动器热衰退。

制动器摩擦材料的摩擦系数热稳定性是指制动器摩擦衬片在制动过程中所表现出的摩擦系数随温度改变而变化的特性,主要反映在制动器的热衰退性上,直接影响着制动器工作的稳定性和行车的安全性。热衰退是目前车用制动器不可避免的现象,只是程度上有所差别。就鼓式和盘式两种制动器的结构形式而言,盘式制动器因制动盘充分暴露于空气中,散热效果好,摩擦系数的热稳定性好,热衰退轻;而鼓式制动器由于制动鼓完全将制动蹄包裹在封闭空间中,其散热效果差,当持续频繁制动时,摩擦系数的热稳定性差,使得鼓式制动器的热衰退现象十分突出,因而,热衰退现象多见于鼓式制动器结构。

制动器的抗热衰退性能是指汽车在高速行驶条件下或下长坡过程中连续制动时制动效能的热稳定性,即制动器温度升高后与未升高前即冷态时相比,其制动性能保持的程度。制动器抗热衰退性一般用一系列连续制动时制动效能的保持程度来衡量。根据国际标准草案 ISO/DIS 6597,要求以一定车速连续制动15次,每次的制动强度为 $3m/s^2$,最后的制动效能应不低于规定的冷试验制动效能($5.8m/s^2$)的60%(在制动踏板力相同的条件下)。

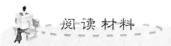

阅读材料

制动器摩擦片炭化的严重危害性

大型车辆的鼓式制动器利用具有一定压力的压缩气体及制动传动装置推动制动蹄绕支点向外张开，与制动鼓内圆柱表面发生摩擦形成摩擦力矩而获得制动效果。由于制动蹄被包裹在制动鼓内，摩擦制动时产生的高温难以快速散出，当温度超过制动器的耐热极限，制动摩擦片受热变质，表面炭化，使摩擦表面间的摩擦系数降低。当制动蹄摩擦片炭化到一定程度后，会使制动力矩急剧下降，制动效能大大减退，制动的稳定性和可靠性降低，最终导致制动失灵。以下是因高速公路连续下坡导致鼓式制动蹄炭化而使制动失灵所引发的数起交通事故的真实事例。

在京珠高速公路粤北段，这条仅有109km长的路段从2003年开通至2005年底，总共发生交通事故355起，造成250人死亡，522人受伤，被称为"死亡高速"。

在对事故的调查中交警们发现，发生在京珠北高速公路上的事故共同的特征都是由大货车追尾造成的。在2004年的春运期间，京珠北高速公路共发生事故23起，死亡8人，伤29人。经过对事故资料的汇总统计后发现，事故的发生地点并不是在109km的路段上均匀分布，而主要集中在3个点上，这3个事故黑点的恶性事故占总事故的70%以上，尤其是南行49~52km的路段上，30%以上的恶性事故都发生在这3km的路段上。

为什么货车行驶到这里就会失控呢？它和超载又有着怎样的联系呢？交警们通过仔细检查事故车辆的制动器惊奇地发现，所有原本灰黄色的制动片已经炭化变成了黑色。这表明，事故车辆的制动器摩擦片经历了高温的烧灼；这也说明，事故车辆的驾驶员曾经持续制动，而这种行为和京珠北高速公路的长坡线形有着直接的关系。在京珠北高速公路上总共有3个下坡路段，分别在北行39~14km路段、南行39~52km、南行58~75km路段。其中南行39~52km路段的下坡长度竟然达13km，发生事故最多的黑点正在这段下坡路的尽头。

车辆经过这13km的长下坡时，由于绝大多数驾驶员不熟悉此处路况及缺少连续坡道驾驶的安全常识，因此许多驾驶员并不是采取挂慢速挡的方式，而是在正常速度下靠持续制动来控制车速。严重的超载和长时间的制动当车辆行驶到下坡路段的尽头时，制动器摩擦片因温度过高已失去了制动的功能以致最终酿成了事故惨祸。

相关试验表明，如果不停地踩制动，当制动器摩擦片的温度达到了250℃左右时就开始变软，与此同时其摩擦副摩擦系数也迅速降低，制动时会出现制动失灵的状况。当摩擦片被磨薄了很多，而且已经出现炭化现象时，摩擦系数也会越来越低。在京珠北高速公路上经常会发现超载的大货车经过长时间的制动之后，其制动鼓已变得通红，其温度可达800℃左右，在此情况下制动肯定将失灵。

➡ 资料来源：http://www.doc88.com/p-508348435145.html

2. 影响制动器抗热衰退性的主要因素

首先，抗热衰退性与制动器摩擦副的材料相关。一般鼓式制动器的制动鼓是以铸铁为材料、摩擦片以无石棉摩擦材料组成的。正常制动时，摩擦副的温度在200℃左右，摩擦副的摩擦系数为 0.3~0.4，当温度高于 300℃后，随着温度的升高，摩擦系数会明显下降，即出现热衰退现象。

其次，抗热衰退性与制动器的结构形式密切相关。对于鼓式制动器结构而言，因制动蹄完全置于制动鼓内腔中，呈现被包裹状态，这样结构形式在连续制动时因制动鼓和制动蹄之间的频繁摩擦会产生大量热量，使摩擦片温度迅速升高到 300℃甚至更高。具有典型尺寸的不同结构形式制动器制动效能因数与摩擦系数之间的关系曲线如图 3.4 所示。

3. 制动热衰退产生的原因

产生制动热衰退现象的主要原因是装于制动蹄上的摩擦片里含有大量的有机化合物，这些有机化合物在生产过程中被固化下来。当摩擦片的工作温度不超过 300℃时，制动鼓与摩擦片的摩擦系数稳定在 0.3~0.4 之间。在制动过程中，只要制动器的工作温度不超过摩擦片的最高工作温度，制动效能相对稳定，当其工作温度超过 300℃后，摩擦片里的有机化合物会受热分解，所产生的气体和液体析出，并存在于摩擦片与制动鼓之间，起着润滑膜的作用，导致摩擦系数变小。即在相同踏板力的作用下，摩擦力矩会显著降低，从而产生制动热衰退现象。

此外，制动鼓的材料成分、质量、金相组织、硬度及制动鼓的结构对其抗热衰退能力也有一定影响。在汽车下长坡连续制动或高速制动的过程中，如果制动器的工作温度高达 300℃以上，由于制动鼓的质量和散热面积有限，制动鼓的温度就会急剧上升，有时高达 600~700℃，并受热膨胀、软化，甚至其金相组织也发生变化。根据摩擦学理论，温度对摩擦系数的影响，一般是随着温度的升高，摩擦系数增加；达到极大值后，温度升高而摩擦系数则下降。制动鼓受热膨胀，使制动鼓与摩擦片的间隙增大，制动时的踏板行程也相应增加，导致制动器工作灵敏性下降；制动鼓软化，金相组织发生变化，制动鼓与摩擦片表面之间配对材料的性质发生改变，也是导致制动效能变差的原因之一。

6.2.3 汽车制动器摩擦材料

汽车制动器摩擦片，俗称刹车片，是汽车制动系统中重要的安全部件之一。该部件将汽车运动的动能转化为热能和其他形式的能量，从而使汽车减速或停止。由于汽车制动器的性能对汽车行驶安全性具有决定性影响，而制动器的性能又与其衬片的摩擦材料密切相关，因而，汽车制动器摩擦材料对汽车行驶安全性具有重要影响。

1. 汽车制动器摩擦材料的组成及特点

制动器摩擦材料是以摩擦为主，兼有结构性能要求的多组分复合材料。对摩擦材料的要求是要具有较高的摩擦系统及稳定性和耐磨损性能，同时具有一定的耐热性和机械强度，能满足车辆或机械的制动与传动的性能要求。汽车制动器用摩擦材料主要由增强材料、粘接材料及填充材料等组成。

1) 增强材料

增强材料是构成摩擦材料的基材，赋予摩擦片制品足够的机械强度，使其能承受摩擦片在生产过程中的磨削和铆接加工的负荷力及使用过程中由于制动和传动而产生的冲击力、剪切力、压力。增强材料是摩擦材料的一个重要组成部分，以无机或有机纤维为增强组分，纤维作为摩擦材料的增强剂，对摩擦材料的摩擦、磨损性能有着重要影响。目前，增强材料主要有钢纤维、玻璃纤维、碳纤维、有机纤维和混杂纤维等。钢纤维等不同典型增强材料的主要优、缺点见表6-1。

表6-1 钢纤维等不同典型增强材料的主要优、缺点

增强材料	主要优点	主要缺点
钢纤维	导热性好、热量扩散快、避免表面温度过高、防止树脂热分解、摩擦系数平稳	密度大、易锈蚀，并损伤对偶件，有噪声
玻璃纤维	原料易得，拉伸强度高，断裂伸长低，弹性模量高，防水、耐热、耐腐蚀、尺寸稳定性好，价格便宜	硬度高、磨损大，高温工作时形成玻璃珠，损伤对偶材料，摩擦系数不稳定
碳纤维	比强度高、比模量高、耐热、耐磨、耐腐蚀及热膨胀系数适宜	纤维表面活性低，与基体树脂相容性差，需进行预处理，价格高
石棉纤维	质轻价廉、分散性好、摩擦磨损性能好、增强效果好	随温度升高，弹性和强度降低；高温挥发物有致癌作用，已被禁止使用

有机纤维摩擦材料包括芳纶纤维、聚丙烯纤维、聚乙烯纤维、聚酯纤维等，以芳纶纤维摩擦材料性能最佳。有机纤维摩擦材料可燃点高、高温热分解不明显，当其单独作为增强纤维使用时，一般都要经过表面处理。经过表面处理的有机纤维，既具有金属纤维的优点，如导热性好、耐磨等，又具有非金属纤维的特点，如密度小，韧性好等。其缺点是制成的复合材料的耐压强度、弯曲疲劳程度较低，有待进一步研究。

虽然纤维的种类很多，但目前还没有一种纤维能够完全在成本、性能上取代石棉，因而，对此的研究逐渐从单一纤维转向混杂纤维的研究，主要有碳纤维/钢纤维、玻璃纤维/有机纤维、钢纤维/芳纶混杂等，现正处于试验中。

2) 粘接材料

其作用是将增强材料(纤维)和填料粘接在一起，形成质地致密，有相当强度且能满足摩擦材料使用性能要求的摩擦片制品。粘接剂是摩擦材料的基体，直接影响着材料的各种性能。对粘接材料的选择首先要考虑其耐热性能，此外还要求其结构强度高、模量低、贴合性好、分解温度高、分解物少、分解速度慢及分解残留物有一定的摩擦性能等。粘接材料的种类包括橡胶型粘接剂、酚醛树脂粘接剂和改性树脂粘接剂等，以酚醛树脂粘接剂为主。

3) 填充材料

填充材料是摩擦材料中不可缺少的组分，主要由摩擦性能调节剂和配合剂组成。其在摩擦材料中主要起改善材料的物理与力学性能、调节摩擦性能及降低成本的作用，分为有机、无机和金属3种材料。目前，填充材料常用重晶石、硅灰石、氧化铝、铬铁矿粉、氧化铁、轮胎粉及铜、铅等粉末。

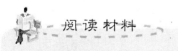
阅读材料

摩擦材料的发展历程

摩擦材料是一种应用在动力机械上，依靠摩擦作用来执行制动和传动功能的部件材料。它主要包括制动器衬片(制动器摩擦片)和离合器面片(离合器片)。制动器摩擦片用于制动，离合器片用于传动。

自世界上出现动力机械和机动车辆后,在其传动和制动机构中就使用摩擦片。初期的摩擦片采用棉花、棉布、皮革等作为基材。例如,将棉花纤维或其织品浸渍橡胶浆液后,进行加工成型制成制动器摩擦片或制动器摩擦带。其缺点是耐热性较差,当摩擦面温度超过120℃后,棉花和棉布会逐渐焦化甚至燃烧。随着车辆速度和载重的增加,其制动温度也相应提高,这类摩擦材料已经不能满足使用要求。人们开始寻求耐热性好的、新的摩擦材料类型,石棉摩擦材料由此诞生。

石棉是一种天然的矿物纤维,具有较高的耐热性和机械强度,还具有较长的纤维长度、很好的散热性,柔软性和浸渍性也很好,可以进行纺织加工制成石棉布或石棉带并浸渍粘接剂。石棉短纤维和其布、带织品都可以作为摩擦材料的基材。另外,其由于具有较低的价格,很快就取代了棉花与棉布而成为摩擦材料中的主要基材料。1905年石棉制动器摩擦带开始被应用,其制品的摩擦性能和使用寿命、耐热性和机械强度均有较大的提高。1918年开始,人们用石棉短纤维与沥青混合制成模压制动器摩擦片。20世纪20年代初,酚醛树脂开始工业化应用,由于其耐热性明显高于橡胶,所以很快就取代了橡胶,而成为摩擦材料中主要的粘接剂材料。由于酚醛树脂与其他的各种耐热型的合成树脂相比价格较低,从那时起,石棉-酚醛型摩擦材料被世界各国广泛使用至今。

20世纪60年代,人们逐渐认识到石棉危害人体健康。在开采或生产过程中,微细的石棉纤维易飞扬在空气中被人吸入肺部,长时期处于这种环境下的人们容易患上石棉肺一类的疾病。因此人们开始寻求能取代石棉的其他纤维材料制造摩擦材料,即无石棉摩擦材料或非石棉摩擦材料。70年代,以钢纤维为主要代替材料的半金属材料在国外被首先采用。80—90年代初,半金属摩擦材料已占据了整个汽车用盘式片领域。20世纪90年代后期以来,NAO(少金属)摩擦材料在欧洲的出现是一个发展趋势:无石棉,采用两种或两种以上纤维(以无机纤维为主,并有少量有机纤维),只含少量钢纤维、铁粉。NAO摩擦材料有助于克服半金属型摩擦材料固有的高密度、易生锈、易产生制动噪声、伤对偶(盘、鼓)及导热系数过大等缺陷。目前,NAO摩擦材料已得到广泛应用,取代半金属型摩擦材料。

随着对汽车制动性能要求的提高,21世纪初期,人们对陶瓷型摩擦材料进行了深入试验研究。陶瓷型摩擦材料主要以无机纤维和几种有机纤维混杂组成,其主要特点如下。

(1) 无石棉符合环保要求。
(2) 磨耗低,粉尘少。
(3) 摩擦材料不生锈,不腐蚀。
(4) 无金属和多孔性材料的使用可降低制品密度,有利于减少损伤制动盘(鼓)和产生制动噪声的黏度。

资料来源:http://detail.china.alibaba.com/offer/1197144700.html

2. 摩擦材料的分类

在大多数情况下,摩擦材料都是同各种金属对偶相摩擦的。一般公认,在干摩擦条件下,同对偶摩擦系数大于0.2的材料,称为摩擦材料。

1) 按摩擦特性划分

摩擦材料可分为低摩擦系数材料和高摩擦系数材料。低摩擦系数材料又称减摩材料或润滑材料，其作用是减少机械运动中的动力损耗，降低机械部件磨损，延长使用寿命。高摩擦系数材料又称摩阻材料(称为摩擦材料)。

2) 按功用划分

摩擦材料可分为起制动作用的摩擦片与传动作用的摩擦片两大类。起制动作用的制动器摩擦片(分为盘式与鼓式摩擦片)，系通过车辆制动机构将制动器摩擦片紧贴在制动盘(鼓)上，使行走中的车辆减速或停止下来。起传动作用的离合器摩擦片，系通过离合器总成中离合器摩擦面的接合与分离，将发动机产生的动力传递到驱动轮上或中断动力传递。

3) 按产品形状划分

摩擦材料可分为制动器摩擦片(盘式片、鼓式片)、制动器摩擦带、闸瓦、离合器摩擦片、异型摩擦片等。盘式摩擦片为平面状，鼓式摩擦片呈弧形；闸瓦(火车闸瓦、石油钻机)为弧形产品，但比普通弧形摩擦片要厚许多；制动器摩擦带常用于农机和工程机械上，属软质摩擦材料；离合器摩擦片一般为圆环形状制品；异型摩擦片多用于各种工程机械方面，如摩擦压力机、电葫芦等。

4) 按产品材质划分

摩擦材料可分为石棉摩擦材料和无石棉摩擦材料两大类。由于石棉有致癌作用，各国相继对其禁止使用，为此近些年开发了多种新型的无石棉摩擦材料。无石棉摩擦材料主要可分成以下类别。

(1) 半金属摩擦材料：20世纪70年代发展起来的一种最早取代石棉的新型制动器用材料，广泛应用于轿车和重型汽车的盘式制动器摩擦片中。其材质配方组成中通常含有30%~50%的铁质金属物(如钢纤维、还原铁粉、泡沫铁粉等)，半金属摩擦材料因此而得名。其优点是：耐热性好，单位面积吸收功率高，导热系数大，能适用于汽车在高速、重负荷运行时的制动工况要求；缺点是制动噪声大、边角脆裂。

(2) NAO(少金属)摩擦材料：广义上是指非石棉-非钢纤维型摩擦材料，但盘式摩擦片也含有少量的钢纤维。NAO摩擦材料中的基材料在大多数情况下为两种或两种以上纤维(以无机纤维为主，也有少量有机纤维)混合物，因此，NAO摩擦材料是非石棉混合纤维摩擦材料。通常制动器摩擦片为短切纤维型摩擦块，离合器摩擦片为连续纤维型摩擦片。其优点是噪声低、硬度低、舒适性好，对对偶件损伤小；缺点是散热性差、强度低(适用于轿车)。

(3) 粉末冶金摩擦材料：也称烧结摩擦材料，系将铁基、铜基粉状物料经混合、压型，并在高温下烧结而成，适用于较高温度下的制动与传动工况条件，如飞机、载重汽车、重型工程机械的制动与传动。其优点是使用寿命长；缺点是制品价格高，制动噪声大，重而脆性大，对偶磨损大，使其使用受到一定限制。

(4) 碳纤维(基)摩擦材料：系用碳纤维为增强材料制成的一类摩擦材料。碳纤维摩擦材料是各种类型摩擦材料中性能最好的一种，其单位面积吸收功率高及密度小，使其特别适合生产飞机用摩擦片，国外有些高档轿车、赛车的制动器摩擦片也有使用此材料的。因其价格昂贵，产量小，所以其应用范围受到限制。在碳纤维摩擦材料组分中，除了碳纤维外，还使用石墨、碳的化合物。组分中的有机粘接剂也要经过炭化处理，故碳纤维摩擦材料也称为碳-碳(C/C)摩擦材料或碳基摩擦材料。其优点是密度小、耐高温、制动平稳、散热好、耐磨损等；缺点是工艺复杂、价格昂贵，仅用于飞机、高档轿车、赛车上。

3. 对摩擦材料的技术要求

摩擦材料是车辆和机械的制动器（或离合器）中的关键性安全零件，对其技术要求如下。

1）适宜而稳定的摩擦系数

摩擦系数是评价摩擦材料的一项最重要的性能指标，关系着摩擦片执行制动（或传动）功能的好坏。它不是一个常数，而是受温度、压力、摩擦速度或表面状态及周围介质等因素影响而发生变化的一个变数。理想的摩擦系数应具有理想的冷摩擦系数和可以控制的温度衰退。由于摩擦产生热量，增高了工作温度，导致了摩擦材料的摩擦系数会发生变化。

温度是影响摩擦系数的重要因素。摩擦系数在摩擦过程中会随温度的升高而降低，一般是温度达200℃以上摩擦系数开始下降。当温度达到树脂和橡胶分解温度范围后，摩擦系数会骤然降低，这种现象称为"热衰退"。严重的"热衰退"会导致制动效能恶化，从而降低制动作用，这是必须要避免的。在摩擦材料中适量加入高温摩擦调节剂填料，是减少和克服"热衰退"的有效手段。

为使汽车制动器摩擦片的摩擦系数随温度改变而变化的范围在允许要求内，我国汽车制动器衬片台架标准中就有制动力矩、速度稳定性要求。实际中，当车辆行驶速度加快时，要注意制动效能的下降因素。

摩擦材料表面沾水时，摩擦系数也会下降，当表面的水膜消除恢复至干燥状态后，摩擦系数就会恢复正常，称之为"涉水恢复性"。摩擦材料表面沾有油污时，摩擦系数显著下降，但应保持一定的摩擦力，使其仍有一定的制动效能。

2）良好的耐磨性

摩擦材料的耐磨性是其使用寿命的反映，也是衡量摩擦材料耐用程度的重要技术经济指标。耐磨性越好，表明其使用寿命会越长。摩擦材料在工作过程中的磨损主要是由摩擦接触表面产生的剪切力造成的。

工作温度是影响磨损量的重要因素。当摩擦材料表面温度达到有机粘接剂的热分解温度范围时，橡胶、树脂等有机粘接剂会产生分解、炭化和失重现象。随着温度的升高，这种现象加剧，粘结作用下降，磨损量急剧增大，这称为"热磨损"。选用合适的减磨填料和耐热性好的树脂、橡胶，能有效地减少材料的工作磨损，有效控制热磨损，可显著延长摩擦材料的使用寿命。

摩擦材料的耐磨性指标有多种表示方法，我国国家标准GB 5763—2008《汽车用制动器衬片》对此做出了相应的规定。

3）具有良好的机械强度和物理性能

摩擦材料制品在装配使用之前需要进行钻孔、铆装装配等机械加工，才能制成制动摩擦片总成或离合器总成。在摩擦工作过程中，摩擦材料除了要承受高温外，同时还要承受较大的压力与剪切力，因此要求摩擦材料必须具有足够的机械强度，以保证在加工或使用过程中不出现破损与碎裂。例如，铆接制动摩擦片，要求有一定的抗冲击强度、铆接应力、抗压强度等；粘接制动摩擦片，盘式片要具有足够的常温粘结强度与高温（200～250℃）粘结强度，以保证摩擦材料与钢背粘接牢固，可经受盘式片在制动过程中高剪切力而不产生相互脱离，以免造成制动失效的严重后果。对于离合器片，则要求具有足够的抗冲击强度、静弯曲强度、最大应变值及旋转破坏强度，一是以保证离合器片在运输、铆装加工过程中不致损坏，二是保障离合器片在高速旋转的工作条件下不发生破裂。

4) 制动噪声低

制动噪声关系到车辆行驶的舒适性，而且会对周围环境特别是对城市环境造成噪声污染。对于轿车和城市公交车来说，制动噪声是一项重要的性能要求。就轿车盘式制动器摩擦片而言，摩擦性能良好的无噪声或低噪声制动器摩擦片成为首选产品。随着汽车工业的发展，制动噪声受到高度重视，有关部门已经提出了标准规定。一般汽车制动时产生的噪声不应超过85dB。

引起制动噪声的因素很多，因制动摩擦片只是制动总成的一个零件，制动时摩擦片与制动盘(鼓)在高速与高压相对运动下的强烈摩擦作用，彼此产生振动，从而放大产生的噪声。

实际中，适当控制摩擦因数，使其不要过高，降低摩擦片制品的硬度，减少硬质填料的用量，避免工作表面形成炭化层，使用减振垫或涂胶膜以降低震动频率，均有利于降低与克服噪声。

5) 对偶面磨损较小

摩擦材料制品的制动或传动功能，都要通过与对偶件即摩擦盘(鼓)在摩擦中实现。在此摩擦过程中，这一对摩擦偶件相互都会产生磨损，这为正常现象。但作为消耗性材料的摩擦材料制品，除自身应该有尽量小的磨损外，对偶件的磨损也要小，也就是应该使对偶件的使用寿命相对较长，只有这样，才能够显示出摩擦材料具有良好的摩擦性能特性；同时在相互摩擦过程中，不应出现将对偶件即摩擦盘或制动鼓的表面磨成较重的擦伤、划痕、沟槽等过度磨损情况。

4. 对车用摩擦材料的性能要求

(1) 有足够高而稳定的摩擦系数。摩擦系数是摩擦材料最重要的技术指标之一，通常不是一个常数，而是一个随温度、压力、速度或者表面状态、摩擦环境等因素改变而变化的变数。

(2) 有较好的物理、力学性能。除满足摩擦材料在加工过程中的要求之外，还要满足在使用中的强度要求，以保持良好的使用性能，对汽车离合器摩擦片还要有较好的抗回转破坏强度，同时随温度的变化要小，通常包含的指标是冲击韧性、抗压强度、抗剪强度、导热系数、耐热性等。

(3) 有良好的耐磨性。对相应耦合件的磨损也应较小。

(4) 不产生过重的噪声。汽车制动噪声的产生因素很复杂，一般就摩擦材料而言，低模量、低摩擦因数则不易产生过重的噪声。

显然，汽车制动器中摩擦副的摩擦材料的性能越高，在相同行驶里程条件下，其安全可靠性越高。

6.3 轮胎与安全性

轮胎是汽车行驶系中的最重要的部件之一，其主要功能是支撑载荷，传递驱动力、制动力和转向力,保证车轮与路面的附着力,减轻和吸收汽车在行驶时的振动和冲击力。由于轮胎直接与路面相接触,它不仅对汽车的动力性、经济性、制动性、操纵稳定性、通过性产生影响,更与汽车的行驶安全性密切相关。据统计,我国高速公路发生的交通事故中约有46%是由于轮胎发生故障(如轮胎被扎钉、漏气、爆胎)引起的,引发的交通事故的比例仅次于酒后驾驶,因而,对轮胎安全必须要引起高度重视,且重点需解决好轮胎的防爆、防漏气问题。

6.3.1 轮胎分类、结构及其安全性

1. 轮胎分类

轮胎按胎体中帘线排列方式的不同分为斜交轮胎和子午线轮胎。斜交轮胎的特点是胎面和胎侧的强度大,且胎侧刚度较大,使得舒适性差。由于高速时帘布层间移动与摩擦大,其并不适合高速行驶。随着子午线轮胎性能的不断改进,斜交轮胎已基本上被淘汰。

子午线轮胎的帘布层相当于轮胎的基本骨架,其排列方向与轮胎子午断面一致,如图6.14所示。由于行驶时轮胎要承受较大的切向作用力,为保证帘线的稳固,在其外部又有若干层由高强度、不易拉伸的材料制成的带束层(又称箍紧层),其帘线方向与子午断面呈较大的交角。

子午线轮胎与普通斜交轮胎相比,其突出优点是,接地面积大,附着性能好,滚动阻力小,弹性大,耐磨性好,缓冲性能好,承载能力大,不易刺穿;缺点是胎侧易裂口,由于侧向变形大,导致汽车侧向稳定性稍差,制造技术要求高,成本高。由于子午线轮胎性能明显优于普通斜交轮胎,在轿车、货车上获得了广泛采用。

汽车轮胎按是否有内胎可分为有内胎轮胎和无内胎轮胎。有内胎轮胎是在外胎的里面装有一个充有压缩空气的内胎,如图6.15所示。有内胎轮胎的主要缺点是行驶温度高,不适应高速行驶,不能充分保证行驶的安全性,使用时内胎在轮胎中处于伸张状态,略受穿刺便形成小孔而使轮胎迅速降压。

无内胎轮胎不使用内胎,如图6.16所示。空气直接充入外胎内腔,消除了内外胎之间的摩擦,并使热量直接从轮辋散出,比普通轮胎降温20%以上,在轿车上获得了广泛应用。无内胎轮胎的突出优点如下。

图6.14 子午线轮胎

图6.15 有内胎轮胎

图6.16 无内胎轮胎

(1) 气密性好。其气密层采用特种的丁基橡胶混合物制成。胎圈外侧上附加一层厚2~3mm专门用来封气的橡胶密封层,当轮胎在充气压力作用下,胎体与轮辋紧紧压合,保持密封。

(2) 工作温度低。由于不存在内外胎之间的摩擦,并且可通过轮辋直接散热,使胎温

低,耐磨性强,使用寿命长。

(3) 结构简单,省去了内胎和胎带,有利于车辆轻量化。

(4) 安全性和便利性提高。无内胎轮胎只有在爆破时才会失效。当被异物刺穿后,气压不会迅速消失,至少能行驶几十千米,可避免途中修理。

无内胎轮胎对破口有比较强的自封能力,在穿孔较小时能够继续行驶,提高了行驶安全性,中途修理比有内胎轮胎容易,不需拆卸轮辋,因为有较好的柔软性,所以可改善轮胎的缓冲性能,提高轮胎的使用寿命。子午线轮胎多为无内胎轮胎。汽车轮胎不同分类方法如图 6.17 所示。

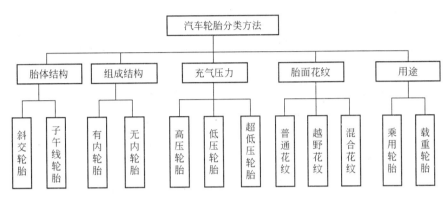

图 6.17　汽车轮胎不同分类方法

2. 轮胎结构及其安全性

轮胎外胎由胎体、带束层(缓冲层)、胎面、胎肩、花纹沟、胎侧、冠带层、内衬层、钢丝圈、三角胶等部分组成,如图 6.18 所示。各部分的结构特点及主要作用如下。

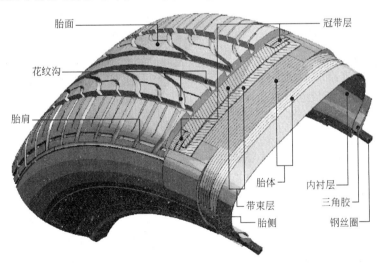

图 6.18　轮胎结构实物图

(1) 胎体:又称胎身,通常指由一层或数层帘布层与胎圈组成整体的充气轮胎的受力结构。帘布层是轮胎的受力骨架层,用以保证轮胎具有必要的强度及尺寸稳定性,帘布层数越多,轮胎强度越大。帘布使胎体及整个外胎具有必要的强度,布层胶使布层间紧密结合在一起，防止帘线间摩擦；使传递给帘布的冲击得到缓冲；承受汽车在起动、制动和滚动时轮胎中所产生的剪切应力。胎体的作用是：使轮胎具有充分的强度，以便承受负荷和振动，子午线轮胎与斜交轮胎的根本区别就是胎体中帘线排列方式不同。并使轮胎保持一定的外缘尺寸。对胎体的要求是尺寸稳定、耐疲劳、耐冲击。

（2）缓冲层（子午胎称为带束层）：胎体和胎面之间的胶帘布层或胶层结构。缓冲层用于缓冲外部冲击力，减少作用于胎体的驱动力和制动力，保护胎体，增强胎面胶和胎体间的附着力。子午线结构轮胎的缓冲层由于其作用不同，一般称为带束层。

外胎内产生的最大应力集中于缓冲层，而且缓冲层的温度最高。缓冲层的材料及结构一般因外胎的规格、结构、胎体材料等不同而异。

（3）胎面：轮胎最外面与路面接触的橡胶层（通常把外胎胎冠、胎肩、胎侧、加强区部位最外层的橡胶统称为胎面胶）。胎冠由耐磨橡胶构成，直接承受摩擦和载荷，能减轻帘布层所受的冲击，并保护帘布层和内胎，以免其受到机械损伤。

（4）胎肩：较厚的胎冠与较薄的胎侧之间的过渡部分，除了起到保护帘布层的作用外，表面一般还制有各种花纹，以利于防滑和散热。

（5）花纹沟：轮胎在正常行驶时直接与路面接触的那一部分胎面称为行驶面。行驶面表面由不同形状的花纹块、花纹沟构成，凸出部分为花纹块，花纹块的表面可增大外胎和路面（土壤）的抓地力及保证车辆必要的抗侧滑力。花纹沟下层称为胎面基部，用来缓冲振荡和冲击。胎面上凹凸花纹的作用是保证轮胎与地面的附着性能，防止轮胎滑移。轮胎胎面的花纹对汽车使用性能有非常重要的影响，因此在选用轮胎时必须足够重视轮胎的花纹。

胎面花纹根据花纹结构不同分为普通花纹、越野花纹和混合花纹3种基本类型。普通花纹主要用于硬路面行驶的轮胎；越野花纹用于无路面条件下行驶的轮胎；混合花纹既用于硬路面，也用于土路面上行驶的轮胎。一般乘用车的轮胎胎面花纹形式主要为普通花纹。

（6）胎侧：贴在帘布层侧壁的较薄的一层橡胶层，作用是保护帘布层免受机械损伤和水分侵蚀。胎侧与胎面的明显差别是不承受大的应力，不与地面接触（不受磨损），胎侧主要在屈挠状态下工作，因此胎侧的厚度可以稍薄，但须能够有效地承受多次屈挠应力，并应有很好的耐屈挠龟裂和耐老化的性能。胎侧上标有轮胎的商标等。

（7）冠带层：带束层上使用的特殊帘子布，作用是限制带束层在高速运转状态下的扩张幅度，降低高速运转状态下轮胎的滚动阻力和带束层的温度，即束缚和保护带束层，提高高速行驶安全性和耐刺穿能力。

（8）内衬层：位于轮胎的最内层，作用是减少轮胎胎体与内胎之间的摩擦，防止空气及湿气渗透到胎体内部。对有内胎结构，主要是减少内胎受到轮胎胎体帘线的摩擦；对无内胎结构，主要是代替内胎，使其具有存气、稳压、安全作用。对内衬层的要求是既要有良好的气密性，又要与胎体帘布层有良好的粘合性。

（9）钢丝圈：包胶钢丝按一定断面形状排列制成的刚性环，作用是赋予胎圈以必要的强度和刚性，使轮胎牢牢固着于轮辋上。其断面形状有方形、圆形及六角形。方形主要用于斜交胎，也用于纤维胎体的子午线轮胎，圆形和六角形则只用于子午线轮胎。

（10）三角胶：子午线轮胎中比较重要的部件，位于钢丝圈上端，起填充作用，使胎圈轮廓过渡均匀。为了使三角胶具有较大刚性并保持较好的耐屈挠性能，通常采用上下两种胶料复合而成，对上三角胶的要求是硬度适中且耐屈挠性能好，对下三角胶的要求是硬度高以增强胎圈刚性。

就轮胎产品的安全性而言,产品出厂前通常要进行多项专门试验:如转鼓试验用以检测轮胎的耐久性和高速稳定性能;无内胎脱圈阻力性能试验用以检测轮胎受到侧向力作用时迫使胎圈从轮辋边缘上脱落的最大力值;轮胎强度性能试验用于检测轮胎帘线强度。

翻新轮胎是指因磨损或其他原因损坏失去使用性能后,经翻修加工使之重新能够继续使用的轮胎。对于翻新轮胎,由于其强度和安全性均低于新胎,一般只装于车辆后胎与新胎并装使用,不宜用于前胎。

6.3.2 安全轮胎

安全轮胎又称为"零压轮胎",英文是 Run - flat Tire,意为轮胎在遭遇到外来物刺扎后,气体不会很快漏完,能够继续行驶一段里程,轮胎行业直译为"跑气保用轮胎",又称"缺气保用轮胎"。普通轮胎遭到外物刺扎后,先是很快漏气,接着发生胎侧下塌,胎圈脱离轮辋,轻则无法继续行驶,重则引发车辆倾覆导致重大交通事故。安全轮胎在遭到刺扎后,漏气非常缓慢,能够保持行驶轮廓,胎圈依然固定在轮辋上,从而保证汽车能够长时间或者暂时稳定行驶,如图 6.19 所示。汽车装上安全轮胎后,不仅安全性能大大提高,而且不再需要携带备用轮胎。

(a) 普通轮胎充气状态下　　(b) 安全轮胎充气状态下　　(c) 普通轮胎缺气状态下　　(d) 安全轮胎缺气状态下

图 6.19　普通轮胎和安全轮胎在充气及缺气状态下效果比较

从 1934 年固特异公司取得首项安全轮胎专利开始,安全轮胎的研制开发经历了多年的历程。

1. 安全轮胎的分类及其发展

汽车行驶过程中,由于轮胎很容易遭受路面钉子及尖棱、碎块等外物刺扎致使轮胎刺穿、扎破、割口等损害而造成交通事故,因此提高轮胎安全性对保证行车安全具有重要意义。

安全轮胎目前主要分两大类:一类为自封型安全轮胎,是指具有一定抗刺破能力的轮胎,即轮胎在被约 6mm 以下异物刺穿时依靠轮胎自身特殊的结构能迅速封堵破损处,阻止轮胎充气内压下降,从而维持正常行驶状态;另一类为刚性支撑型安全轮胎(进一步细分为自体支撑型和辅助支撑型两种),即轮胎在破损、气压为零的情况下通过胎内支撑物在轮胎失压后保持行驶轮廓,保证车辆以可接受的操纵稳定性继续行驶相当长的距离。

在民用车辆领域,安全轮胎的主要贡献是可减少车辆行驶过程中爆胎带来的交通事故。同时采用泄气保用轮胎的车辆可取消备胎,为车辆减轻自重、节省空间做出一定的贡献;对军用车辆来说,泄气保用轮胎技术的应用,不仅可提高日常行车时的安全性,更重要的是能提高车辆在特殊环境下的机动性和生存性。

"抗刺扎、防爆破、失压后还能行驶"是安全轮胎的 3 个基本要求。对于"失压后还能行驶",其衡量指标包括失压后的行驶速度和续驶距离。就保证汽车暂时稳定行驶的安全轮胎而言,汽车工业目前的标准是以 80~88km/h 的速度续驶 160km。

就提高轮胎安全性能而言,主要采用防漏(扎)、泄气保用、零压续跑等技术措施,与之相应地也出现了多种安全轮胎产品,分类形式及具体类型见表 6-2。

表 6-2 安全轮胎分类形式及具体类型

分类形式	具体类型
按结构形式分	双重内胎型、自密封型、自体支撑型、辅助支撑型
按配套轮辋分	普通(标准)轮辋型、特制(非标)轮辋型
按用途分	保证暂时稳定行驶,长时间连续行驶

1) 自密封型

自密封型(Self-Sealing)安全轮胎结构如图 6.20 所示。其主要是在普通标准轮胎结构基础上增加一层特别的内衬层,内衬层与轮胎内表面形成一个副腔,副腔内充满可流动的软密封剂,一旦轮胎被刺穿时,软密封胶在轮胎充气内压作用下第一时间内自动流出固化"伤口",以保持轮胎不漏气,如图 6.21 所示。由于密封过程几乎是与穿孔发生同时完成的,所以驾驶者不易觉察。1992 年德国大陆公司推出的 Gen Seal 轮胎正是这样的结构;1998 年法国米其林的 Tiger Paw Nail Gard 轮胎也属于自密封型安全轮胎。大陆公司建议 Gen Seal 最好与 TPMS 配套使用。

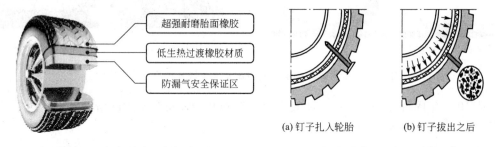

图 6.20 自密封型安全轮胎结构　　图 6.21 软密封胶固化轮胎"伤口"示意图

这种安全轮胎严格来讲属于防漏气轮胎,能够解决轻度的轮胎破损问题,优点是快捷方便,相对双腔结构轮胎重量较轻,阻力较小;缺点是补损范围小,仍然需要依赖充气机构,无法解决轮胎严重破损问题,而且需要特殊加工工艺制造,失压后行驶距离较短,目前也处于逐渐被淘汰的地位(双重内腔型轮胎目前已基本退出市场)。

2) 自体支撑型

自体支撑型(Self-Supporting)安全轮胎也称胎侧补强型安全轮胎,主要是通过降低胎侧高度、添加骨架材料、增加胎侧厚度等措施提高胎侧的强度和刚度。图 6.22 所示为在胎体侧面添加补强胶的结构形式。

自体支撑型安全轮胎失压前后截面示意图如图 6.23 所示。当轮胎漏气失压时,胎侧补强结构能防止胎侧折叠,使整个胎侧和胎唇牢固地"捏紧"轮辋,从而增强轮胎支撑能力。实际中该轮胎最好和 TPMS 配套使用。这种轮胎分为配套特制轮辋和标准轮辋两种类型。此类轮胎产品按轮辋和支撑形式还可以分为以下两种。

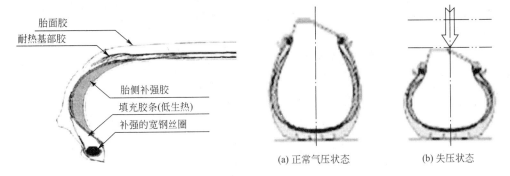

图 6.22　胎体侧面添加补强胶型安全轮胎　　图 6.23　自体支撑型安全轮胎失压前后截面示意图

（1）特制轮辋＋自体支撑型安全轮胎。这种轮胎必须装在非标轮辋上使用，而且轮胎上的某个部件是经过加厚或者是被衬上特制补强件的，特制轮辋在轮胎失压后可有效地防止胎圈脱座。典型代表产品是日本普利司通公司 1992 年研制成功的 Expedia 轮胎/轮辋总成，主要由胎侧补强轮胎、楔形轮辋、TPMS 共 3 部分组成。在轮胎失压时，胎侧补强件参与支撑车体重量，胶料弹性保证基本行驶功能，能以 80km/h 的速度行驶 240km。类似的还有法国米其林集团公司 1994 年研制成功的 MXV4 轮胎，能够在失压的情况以 80km/h 的速度行驶 80km。由于非标准轮辋需要特殊加工，胎侧补强结构也需要特殊工艺处理，比普通轮胎重 20%～40%。

（2）标准轮辋＋加物支撑型安全轮胎。这种轮胎的特点是使用标准轮辋。1999 年，日本普利司通公司的 Hawk 轮胎是可以与标准轮相配套的自体支撑型轮胎。其胎侧采用独特的带束层设计，质量较轻，能够在失压的情况下以 80km/h 的速度行驶 80km。无需特制轮辋和内支撑物是 Hawk 轮胎与其他安全轮胎的不同之处。2000 年 6 月，日本住友橡胶工业公司推出 CCT（综合技术轮胎），轮胎是标准轮辋式的，CCT 从胎面到胎侧的轮廓线有多个连续变化的曲率，具有这种轮廓线的轮胎，即使减薄胎侧，仍然拥有良好的自支撑能力，因此这种轮胎又被称为轻量化安全轮胎。2001 年 10 月，意大利倍耐力公司推出的 Eufori@子午线安全轮胎，使用 MIRS（模块集成自动化系统），具有智能支撑式内侧，由于安装在普通轮辋上，这种轮胎使用较便利，但因胎侧刚性大对乘坐舒适性产生影响，只适合于小型车辆。

自体支撑型安全轮胎的优点是：重量相对较轻，能够解决轮胎轻度损伤的问题，使用、更换比较简单方便；但也同样无法解决轮胎严重受损的问题，而且对于在大型车辆上的使用有所限制，因胎侧刚度增大导致舒适性下降，严重情况下续航里程不佳，不适用于军事需求的车辆。

3）辅助支撑型

与普通标准轮胎相比，辅助支撑型（Insert Supporting）安全轮胎的一个突出特点是在轮胎内部多了一些普通轮胎所没有的部件——内支撑体。内支撑体材料主要由金属、软/硬橡胶、高分子复合材料构成，其断面结构形状有蜂窝多气室、工字型或其他复合结构。辅助支撑型安全轮胎主要由标准轮辋或非标轮辋、内支撑体和轮胎组成，其结构如图 6.24 所示。这种轮胎已自成一套组合系统，附加的内支撑体在正常气压下不参与支撑作用，因而不影响车辆的乘坐舒适性和行驶平顺性。

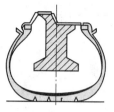 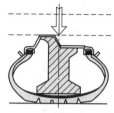

(a) 正常气压状态   (b) 零气压状态

图 6.24 辅助支撑型安全轮胎截面示意图

该轮胎在失压状态下的续跑能力比其他类型的安全轮胎好，能够保证车辆较长时间远距离行驶。根据内支撑体的结构形式不同，其又可划分为单块式、双块式、三块式等。其中双块式和三块式较多见。

最具代表性的产品有法国米其林集团公司的 PAX(1999 年)、德国大陆公司的 CWS 体系(1999 年)和意大利倍耐力公司的 EMI(整体组合膨胀泡沫轮胎，1994 年)。PAX 在失压后能够以 80km/h 的速度行驶 200km，是当时全球断面最低的安全轮胎(60 系列)。这 3 种轮胎的差别仅在使用的材料、质量方面。

米其林强制性要求 PAX 与 TPMS 配套使用，这是因为 PAX 的使用性能太好了，如果没有 TPMS，驾驶员根本无法凭感觉区分 PAX 的充气行驶状态和失压行驶状态，结果是到达目的地才发现已失压行驶了很长时间。在失压情况下承载负荷行驶对轮胎造成非常大的负担，所以不管是对普通轮胎还是安全轮胎而言，失压行驶都是非常状态，配备 TPMS 的目的就是尽可能地缩短 PAX 处于非常状态的时间，延长 PAX 的寿命。

此型轮胎与前两种安全轮胎形式相比，较好地解决了轮胎轻度破损的情况，而且自重相对来说比较低，对车辆的操纵性能影响不大。在某些轮胎严重破损的情况下也可以临时使用，但是这种轮胎形式会增加车辆负载，增大行驶阻力。

1997 年美国固特异公司的 Engle EMT 轮胎产品是一个自支撑型和内支撑型综合的特例，在失压状态下能够保持原有的充气形状，胎腔内壁不会互相贴近产生磨损，可以 80km/h 的速度行驶 320km，突出优势是续航里程较长。此外，Engle EMT 轮胎能装在普通轮辋上使用，与必须和特制轮辋配套的其他安全轮胎相比更具市场竞争力。

从安全轮胎技术的发展过程看，胎面胶内埋置金属片、防爆内胎、多腔等方法已被淘汰；自密封方法虽尚在应用，但因失压后续驶距离较短也处于被淘汰之列；而胎侧补强、内支撑物、特制轮辋等方法通过改进和完善逐渐成为主流技术，出现了多种方法的整合优化，演变成新的技术趋势，如胎侧补强与内支撑物综合，特制轮辋与胎侧补强综合，特制轮辋与内支撑物综合。

2. 零压续跑轮胎的概念

零压续跑轮胎的基本意义是轮胎在零气压下还能续跑一定里程。对于零压续跑轮胎，虽然目前还没有严格规范的定义，但一般认为是指泄气后还能续驶一定里程的轮胎，国内业界习惯称之为"泄(漏、跑)气保用轮胎"、"零压轮胎"、"安全轮胎"、"防爆(漏)轮胎"等。零压续跑轮胎属于安全轮胎的一种，是指具有零压续跑能力的轮胎。

零压续跑轮胎由于采用了特殊材料的设计与更厚的胎壁，其舒适性有所下降，轮胎噪声会增大，轮胎的质量比普通轮胎大，但整体来讲利大于弊。装有零压续跑轮胎的各种车辆，正常压力下并不影响乘坐舒适性和操纵性能。当前后不同轮轴和左右两边不同位置中的一个或两个轮胎漏气后，胎圈依然固定在轮辋，保持行驶轮廓，车辆仍然能够以一定速度安全行驶一定距离，并保证车辆具有可接受的操作稳定性和行驶平顺性。多数情况下被戳破跑气的轮胎可修复重用。

零压续跑轮胎的技术内涵是指由轮胎、轮辋和支撑体等核心部件组成的一套完整的技术体系，涉及轮胎、轮辋和支撑体等核心部件的结构、尺寸、材料、安装与配合、相互作用和摩擦磨损等技术内容，零压续跑轮胎和 TPMS 共同构成零压续跑轮胎系统。辅助支撑型安全轮胎是典型的零压续跑轮胎系统。

6.3.3 防滑水轮胎

对交通事故的统计分析表明，雨天的行车事故大约为晴天的两倍，其原因除了雨天驾驶员视野变差外，主要是轮胎在湿路面上不良的行驶性能所致。这表明，轮胎在湿路面上的行驶性能对汽车的行驶安全性有重要影响，为此，近些年各大轮胎公司都加强了提高轮胎在湿路面上行驶性能的研究工作，并已开发出具有良好湿路面行驶性能的高性能轮胎。

汽车行驶过程中可能遇到两种附着力很小的危险情况：一种情况是刚开始下雨，路面上只有少量雨水时，雨水与路面上的尘土、油污相混合，形成高黏度的水液，滚动的轮胎无法排挤出胎面与路面间的水液膜，由于水液膜的润滑作用使轮胎附着能力大为下降，而使行驶的轮胎出现溜滑；另一种情况是高速行驶的汽车经过有积水层的路面时出现"滑水现象"，如图 6.25 所示。

当轮胎在有积水的路面上滚动时，会挤压积水层，与轮胎接触的前部的积水会产生一定的压力冲向轮胎。积水对轮胎产生的动压力与速度的平方成正比，当轮胎的转速提高到使积水动压力与轮胎的载荷相平衡时，此时轮胎就会脱离与路面之间的直接接触而漂浮在水膜上，失去地面的摩擦力，即出现滑水现象。滑水现象使汽车丧失操纵性，对行车安全十分不利。

汽车在湿滑路面上行驶时，被挤压进轮胎花纹中的水会顺着排水沟槽排出，如图 6.26 所示。胎面花纹排水沟槽及时排水对保证汽车在湿滑路面安全行驶十分重要。实际中，低速时轮胎花纹排水沟槽的排水功能均可较好满足要求，随着车速的提高，轮胎花纹排水沟槽的排水能力会难以满足要求，当轮胎花纹中的积水越来越多，其排水沟槽出现饱负荷，即积水无法及时排出时，车辆就会因水滑导致操作失控而引发交通事故。

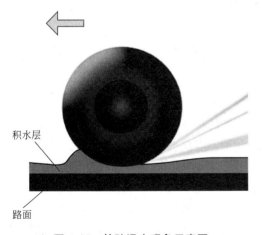

图 6.25　轮胎滑水现象示意图

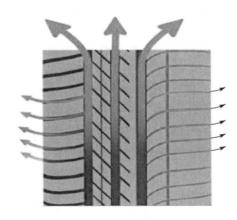

图 6.26　轮胎纵向及两侧横向花纹的排水示意图

要提高轮胎在湿路面上的行驶性能，在不降低其在干路面上行驶性能的前提下，应以着重提高轮胎在湿路面上的抗滑水和抗湿滑性能为重点，即着重提高轮胎的滑水临界速度和降低湿路面制动距离，同时兼顾对轮胎的低滚动阻力、低磨耗和低噪声方面的使用要

图 6.27 德国马牌公司具有 3D 沟槽的防滑水轮胎

求。轮胎的抗滑水性能主要与轮胎花纹的设计相关。防滑水轮胎与普通轮胎相比,其胎面花纹的主要特点是,在胎面中部设计出宽大的排水主沟,在主沟两侧有通往胎侧的侧沟,以提高排水效率,最大限度地避免轮胎在湿路面高速行驶可能产生的"滑水现象"。图 6.27 为德国马牌公司的 Conti Premium Contact 2 型防滑水轮胎胎面外形图,该轮胎具有完全新型的 3D 沟槽。经常在高速公路上行驶的轿车,应尽量选择防滑水轮胎。

6.3.4 SUV 轮胎

兼具舒适性与运动性的 SUV,以其开阔的驾驶视野、超大承载空间及更好的通过性,备受车友们的青睐,不少车主驾驶着 SUV 或行驶在城市道路上,或在旷野高速疾驶,或深入沙丘,或攀爬山峰。随着国内 SUV 车型的增多,选择与常驶路况相适应的轮胎显得十分重要。

目前,SUV 轮胎主要分为 HT(铺装路面)轮胎、AT(全地形路面)轮胎、MT(极限越野路面)轮胎和 UHP 超高性能轮胎,如图 6.28 所示。其主要特征如下。

(a) HT轮胎及花纹　　(b) AT轮胎及花纹　　(c) MT轮胎及花纹　　(d) UHP轮胎及花纹

图 6.28 SUV 车型轮胎类型及花纹

(1) HT 轮胎:花纹细密,胎质较软,会带来足够的舒适感。除了噪声小、柔薄的胎壁能够提供好的减振性能外,还能在铺装良好的路面上提供最大的抓地力。HT 轮胎非常适合城市与高速公路的柏油路面行驶,其制动性、操控性、静音性等优势都能得到完美的体现。

(2) AT 轮胎:胎纹与 HT 轮胎相比略微粗犷,使其具有极好的排石性和排水性,在泥泞道路上优势明显。该轮胎的耐用性也超过一般的 HT 轮胎,因此被称为全地形轮胎。该轮胎在公路行进和越野性能方面的出色平衡,十分适合喜欢出门休闲踏青的一般越野爱好者使用。

(3) MT 轮胎:在沙石路、飞石滑坡、冰雹路、泥泞路、沼泽、戈壁滩等复杂路况中具有强大的通过性,能让车辆轻松脱离困境。正因为该轮胎追求极限越野道路时的通过性,其驾乘的舒适性较 HT、AT 轮胎略为逊色。由于 MT 轮胎是极限越野轮胎,能踏平极端路况,十分适合喜爱挑战极限、享受越野生活的深度越野迷。

(4) UHP 轮胎:被称为公路路面的"贵族胎",其在设计、配方和制作工艺上都提高了运动性能,使之在各方面都有极好的表现。由于价格高,UHP 轮胎多用于豪华越野车的适配轮胎。

对于 SUV 车主来说，选择轮胎首先要考虑制动性能和操控性能，尤其是湿地制动性，这直接关系到雨天的行车安全；其次是轮胎的静音性能。鉴于城市 SUV 主要以日常市区代步及高速公路行驶为主，HT 轮胎是上佳之选。

翼虎作为一款紧凑型 SUV，将出色的燃油经济性、耐用性、宽敞性及公路行驶与越野能力集于一身，图 6.29 为福特翼虎超强爬坡能力表演现场图。

图 6.29　福特翼虎超强爬坡能力表演现场图

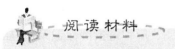

非对称花纹轮胎

非对称花纹是相对对称花纹而言的。非对称花纹是指以轮胎胎面中心沟槽为基准，左右两边拥有不同的花纹结构，如图 6.30 所示。非对称花纹轮胎的特点是：侧向转弯稳定性好，排水性能好、湿滑路面操控性好，但费用较高，安装时须注意内、外侧方向，以保证轮胎的内外正确。

固特异的 Excellence 系列轮胎是典型的非对称花纹轮胎，在保证良好驾驶安全性的同时，提出了"轮胎功能区划分"的新概念。按照轮胎花纹的不同，Excellence 在同一条轮胎上提供了"安全功能区"、"操控功能区"和"舒适功能区"3 种不同的花纹，用以达到更加均衡的驾驶感受。这也是固特异的"三能科技"。

Excellence 轮胎的"安全功能区"以其独特的胎面花纹要素为特征，连贯的大角度斜切面花纹和宽大的纵向沟槽能够有效地排出胎面积水，从而确保轮胎在湿滑路面的抓地力和操控性。其"操控功能区"由坚实的胎肩花纹块和连贯的花纹条组成，这种结构可以为车辆提供灵敏的转向反应，即使在临近极限状态下转向和制动，该轮胎也能使车辆保证足够的稳定性。其"舒适功能区"主要指一层橡胶软垫降低噪声、缓冲颠簸、保证舒适顺畅的行驶。

图 6.30　非对称花纹轮胎

Excellence 轮胎的花纹设计十分注重功能组合性：4 条非等间距的纵向花纹非常显

眼，以提高高速行驶性能，4条纵向花纹中两侧的花纹沟较宽，以降低噪声，胎肩处的斜向沟槽除了能够有效地提高排水性能外，还使得轮胎的接地面积最大化，提高轮胎转弯时的抓地力，增强操控性。轮胎胎面内侧的大斜条花纹块和小斜条花纹块的非对称搭配，构成了"安全功能区"，花纹块上的沟槽仍可见到"V"形花纹的踪影，"V"形花纹能够提供优越的高速直线行驶稳定性能和轮胎操控性能。

非对称花纹由于左右两边花纹结构不同，在设计时会更加注重增大转弯时外侧花纹的着地压力，这也就是为什么不对称轮胎在某些情况下转弯时性能会相对出色的重要原因。考虑到日常使用的情况，不对称花纹轮胎也相应提高了外侧花纹的耐磨性。

目前不对称花纹轮胎已获得市场肯定，为许多车主购买轮胎时的首选。

6.3.5 轮胎的发展趋势

轮胎未来的发展趋势，可概括为安全、环保、智能化。对于轮胎，除了更坚固耐用、更舒适宁静外，如何让其"有表达能力，更聪明"一直是轮胎制造商努力的方向。21世纪轮胎发展的主题是人性化，其内涵包括智能便利、绿色安全。近10年间，轮胎制造商已开发出多种智能轮胎技术及其产品。轮胎智能化不仅仅是轮胎自身的一场革命，还将带动轮胎制造工艺技术与生产设备产生变革，让轮胎具有"智慧"，使车辆行驶将更加安全。

智能轮胎是指能够收集、传输有关自身所处环境的所有信息，并对这些信息作出正确判断和处理的轮胎。其相关技术包括轮胎充气压力（内压）监测、历程可追溯性记录（轮胎在造→出厂→使用→报废全过程中的每一个阶段均形成资料，且该资料可供随时提档查阅）、自动补充轮胎内压、轮胎温度监测等。

绿色轮胎是指由于应用新材质和设计，而导致滚动阻力小，因而耗油低、废气排放少的子午线轮胎。以安全高效、节能环保为主要特点的"绿色轮胎"，是国际轮胎工业发展的主流方向。据了解，"绿色轮胎"采用新技术配方设计，与一般子午线轮胎相比，滚动阻力降低20%～30%，节油2%～4%甚至更高，行驶里程提高35%，每百公里二氧化碳排放量减少400g左右，同时更加安全可靠。轮胎跨国公司从20世纪90年代开始研发"绿色轮胎"，除改进配方外，还在有效降低噪声、提高轮胎的抓着力、舒适性、操控性等安全性能，实现轮胎行驶过程中的动态智能监控等领域进行重点突破。目前，各大国际轮胎品牌都已经把"绿色轮胎"、智能轮胎、安全轮胎的普及作为今后发展的重点目标。

6.4 汽车玻璃与安全性

6.4.1 汽车玻璃的基本要求与分类

1. 对汽车玻璃的基本要求

车窗玻璃是汽车车身附件中必不可少的部件，其作用主要为提供清晰视野，防止异物进入车内，保护乘员安全，减少空气阻力。对汽车玻璃的基本要求：一是具有良好的光学性能，要求透光率高，而且透视的影像不产生变形，以保证驾驶员良好的可见性；二是具有足够的强度(有一定的抗冲击和弯曲强度)，在高速行驶时的风压下不致破碎或变形，其表面具有一定的硬度，以免表面划伤而妨碍视野；三是安全性，要求意外事故时对乘员起到保护作用，在受到碰撞后只裂不碎，或碎块不呈尖角，以尽量减少对乘员或行人的伤害，同时碰撞后仍应保持一定的能见度，以避免因影响驾驶员的视线而造成二次事故。

风窗玻璃作为汽车安全部件的重要组成部分之一，其安全性主要体现在以下3个方面。

(1) 保护性。汽车风窗玻璃的一项重要安全功能就是当车辆发生撞击事故时，风窗玻璃必须保留在车身上，以保障乘员不被抛出车外；此外，风窗玻璃也是副驾驶席位置的安全气囊在展开时的后支撑板，气囊打开时，乘员抵到气囊上，气囊冲压到风窗玻璃上，风窗玻璃承受了来自自身惯性、乘员和气囊的三重冲击，牢固的风窗玻璃粘合效果可限制气囊的前移距离，制约乘员的前冲空间，对乘员起到保护作用。如果风窗玻璃飞出，气囊外翻，乘员前冲，气囊的保护作用就会极大降低，甚至失效。

(2) 支撑性。汽车风窗玻璃也是汽车车顶刚性结构的重要支撑系统。当汽车发生翻车事故时，它可以防止汽车车体的进一步变形，从而保障乘员的安全。

(3) 光学性。汽车玻璃必须具备良好的光学性能，低质量的汽车玻璃或当汽车玻璃破损后，其光学性能将会发生变化，会妨碍驾驶员的视线，从而可能影响行车安全。

目前，安全带、安全气囊、汽车玻璃及安装系统被称为汽车安全保护三要素。

2. 汽车玻璃的分类

汽车玻璃由玻璃原片二次加工而成，目前以夹层钢化玻璃和夹层区域钢化玻璃为主，能承受较强的冲击力。夹层玻璃是由两层或两层以上的玻璃用一层或多层透明的粘接材料(玻璃胶、中间膜)粘合而成的玻璃制品，如图6.31所示。这种结构形式将玻璃的坚硬性和塑料的强韧性有机地结合在一起，明显增加了玻璃的抗破碎能力。其特点是玻璃碎裂时因胶片能把玻璃碎片粘在一起，使玻璃碎片不致散落而伤人，并保证驾驶员有一定的视野处理紧急情况。

钢化玻璃是指将普通玻璃在炽热状态下使之迅速冷却即淬火，从而产生预应力的强度较高的玻璃，如图6.32所示。钢化玻璃在受到冲击破碎时，仅会分裂成带钝边的小碎块，对乘员不易造成伤害。区域钢化玻璃是钢化玻璃的一种新品种，它经过特殊处理，能够在受到冲击破裂时，其玻璃的裂纹仍可以保持一定的清晰度，保证驾驶者的视野区域不受影响。

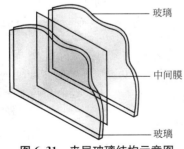

图6.31 夹层玻璃结构示意图

图6.32 钢化玻璃结构示意图

我国规定汽车只能使用夹层玻璃和部分区域钢化玻璃(均为安全玻璃)，其目的是要求风窗玻璃受到撞击后，只裂不碎，以减少对乘员和行人的划伤；同时裂纹不致严重影响驾驶员的视线。不少国家规定只能使用夹层玻璃。目前汽车前风窗玻璃以夹层钢化玻璃和夹层区域钢化玻璃为主，能承受较强的冲击力。

汽车安全

现代轿车的前风窗玻璃

现代轿车外形的发展与玻璃工艺的发展息息相关。自20世纪60年代开始，轿车前风窗玻璃采用单件式弯曲风窗玻璃，并逐渐抛弃了平面型的风窗玻璃。当今的轿车风窗玻璃一般都做成整体一幅式的大曲面型，上下左右都有一定的弧度。这种曲面玻璃不论从加工过程还是从装嵌的配合来看，都是一种技术要求十分高的产品，涉及车型、强度、隔热、装配等诸多方面。

轿车风窗玻璃采用曲面玻璃，首先是出于空气动力学的需要。因为现代轿车的正常车速大都超过100km/h，高速下迎面气流流过曲面玻璃能减少涡流和紊流，从而降低空气阻力。加上窗框边缘与车身表面平滑过渡，玻璃与车身浑然成一体，从视觉上既感到整体协调和美观，又可以降低整车的风阻系数。另外，曲面玻璃具有较高的强度，可以采用较薄的玻璃，对轿车轻量化也有一定的意义。

现代轿车的曲面风窗玻璃要求弯曲拐角处的平整度要高，不能出现光学上的畸变，从驾驶坐席上的任何角度观看外面的物体均不能产生变形和炫目。以前轿车玻璃通常采用整齐的条带沿玻璃边缘修饰或保护，现在轿车上的玻璃都采用陶瓷釉，即所谓"黑边框"。

目前广泛使用的"绿色玻璃"通过采用反射涂层工艺或改善玻璃的成分，只让太阳可见光进入车厢，挡住紫外线和红外线，能较明显地减轻乘员的炎热之苦。

资料来源：http://news.cartech8.com/article-2639-1.html

6.4.2 玻璃破碎形状与安全性

一般普通玻璃破碎后，会形成块状面积不等的锋利刀状尖角碎块，如图6.33所示。锋利的刀状尖角玻璃碎块很容易割伤撞击者，造成人身伤害，因而这种玻璃不允许直接装在汽车上使用。钢化玻璃是将普通玻璃通过淬火工艺使其内部组织发生改变，形成一定的内应力，在使玻璃的强度得到提高的同时，当受到冲击破碎时，玻璃破碎后没有普通玻璃刀状的尖角（图6.34），仅会分裂成带钝边的小碎块，这会大大降低对人身的伤害。实际中，通过观察玻璃破碎后是刀状碎块还是小颗粒碎块可对普通玻璃与钢化玻璃进行有效区分。

图6.33 普通玻璃破碎的情境　　　图6.34 无夹层钢化玻璃破碎的情境

对于夹层玻璃而言，由于在其两层玻璃中间夹有一层胶状膜，在发生损坏破裂时不会完全裂开和扩散，即便车辆发生严重撞击，依靠中间胶状膜也可以在受损严重情况下保证玻璃不会脱落和部分散落，虽然裂纹呈放射性破裂状，但仍然保持相对整体性，如图6.35所示。

夹层玻璃在受损严重情况下仍然保持相对整体性的特性，可在车辆发生撞击事故时有

 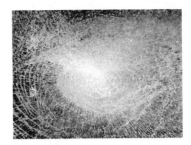

图 6.35 夹层钢化玻璃破碎的情境

效防止车内乘员不致因玻璃碎裂而飞出,增加撞车事故后车内乘员的安全性,故夹层玻璃被要求配备在前风窗玻璃上使用。为提高受损时的相对整体性,汽车用夹层玻璃对中间层进行加厚处理。

众所周知,车辆在发生正面碰撞的时候,驾驶员和前排乘客受到的冲击最大,因此安全带和前排安全气囊是保证前排乘员生命安全的关键。然而,当车内乘客未系安全带,而在碰撞的瞬间安全气囊又失去了有效支撑时,前风窗玻璃对驾驶员和前排乘客的保护作用就非常凸显,若此条件下前风窗玻璃碎裂飞出,则前排乘员很可能会飞出车外而受到严重伤害。

钢化玻璃在受到损坏后,会迅速扩散成无数小颗粒,并且很容易出现脱落现象,在危急时刻可以方便车内乘员逃生,并且车侧面和后面受到石子撞击的概率要小于前风窗,因此钢化玻璃普遍运用在除前风窗以外其他部位。

据美国高速公路安全管理局的研究报告,如果玻璃安装与粘接符合标准,在 48km/h 正面碰撞时,玻璃飞脱率可以减少 50%;否则,15% 的前排乘员(没有安全气囊和没系安全带)会全部或部分从风窗玻璃框飞出,其中的 1/3 会导致死亡。

来自中国保险行业协会财产保险工作委员会的统计数字表明,在交通事故中,由于汽车玻璃原因,大约 10% 的乘客受到二次伤害,乘客的死亡概率增加了 25%。

另外,由于越来越多的车型在玻璃上粘贴了电子设备,如内置天线等,要求玻璃与车身彻底绝缘,否则接收效果会严重受到影响。玻璃安装粘贴用胶的导电率须符合标准,进而保证收音机天线、感应刮水器等电子设备正常工作。

6.4.3 汽车玻璃新技术

1. HUD 前风窗玻璃

HUD 是 Head Up Display 的缩写,意为"抬头显示",又称平视显示。这种系统最初应用于法国的幻影战斗机上。该系统是由电子组件、显示组件、控制器及高压电源等组成的综合电子显示设备,能将飞行参数、瞄准、自检测等信息以图像、字符的形式通过光学部件投射到飞行员座舱正前方组合玻璃或者头盔显示装置上。

用于汽车上的 HUD,可将发动机转速、车速、里程、耗油量等行车信息投影在前风窗玻璃的驾驶员平视范围区域(图 6.36),且

图 6.36 车载平视显示 HUD 系统

显示位置、显示亮度均可调整,驾驶员不需低头就能方便观察,并且可根据需要选择显示的信息种类,大大改善了驾驶员观察信息的方便性,缩短眼球对前方的视觉盲区时间,提高了汽车驾驶的安全性,尤其是在夜间行驶及路况不好的情况下可有效减少交通事故的发生。

HUD 在前风窗玻璃上直接显示车辆的行车信息,主要是通过专用投影仪和楔形胶片实现信息显示功能的。

(1) 专用投影仪。在汽车仪表板下方的投影仪(Projector)将车速、里程等信息投射到前风窗玻璃上,然后通过光线反射进入驾驶员视野,因 HUD 的投影仪并不是在日常工作中用到的普通投影仪,普通投影仪只适合于投影到平面上,而前风窗玻璃是曲面形状,为了避免图像扭曲,需要根据玻璃的曲面形状研发专门的投影仪。由于研发费用十分昂贵,目前只在高端车型上才能见到这种技术应用。

(2) 楔形胶片。普通前风窗玻璃一般采用的是等厚度的 PVB(聚乙烯醇缩丁醛树脂)胶片,胶片厚 0.76mm,如图 6.37 所示。使用这样的 PVB 胶片,由于光线反射原理,进入驾驶员视野的图像就会出现重影现象,但 HUD 使用的是楔形 PVB 胶片,如图 6.38 所示,厚度在 0.76～1.22mm 之间,避免了重影现象的出现。

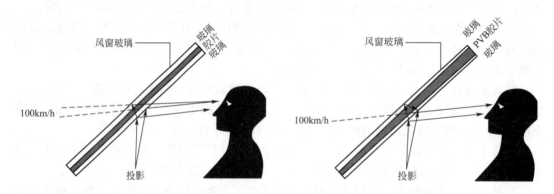

图 6.37　普通风窗玻璃　　　　图 6.38　楔形 PVB 胶片制成的风窗玻璃

这种显示系统的优点:一是驾驶员不必低头就可以看到信息,从而避免分散对前方道路的注意力;二是驾驶员的视力不必在观察前方的道路和近处的仪表之间频繁切换,可避免眼睛的疲劳。显然,这种显示系统对提高汽车行驶安全性十分有利。

2. 其他汽车玻璃新技术

随着汽车玻璃技术的发展,新风窗玻璃技术也陆续出现。概括而言,目前汽车玻璃主要朝两个方向发展:一是功能化的汽车玻璃;二是增强安全机能的汽车玻璃。

功能化汽车玻璃是在现有汽车玻璃基础上增加节能隔热、防紫外线、电视接收、全球定位系统(GPS)接收等功能,使汽车整体更具人性化,增加乘坐的舒适性并提高节能效果。这类产品有隔热风窗玻璃、高吸热玻璃、显示前风窗玻璃、天线玻璃等。

(1) 隔热前风窗玻璃:采用了可吸收大量红外线的 PVB 胶片,可以减少射入车内的太阳能量,这种玻璃的能量透过率为 40%,比普通绿色夹层玻璃低 14%。在同一条件下与普通玻璃的温差约为 10℃,可以有效减轻车载空调负荷。由于这种胶片的价格昂贵,目前只在一些高端车型上才会采用这种技术产品。

(2) 高吸热玻璃。太阳光由可见光、红外线、紫外线等组成。对驾驶员而言,进入车内的红外线会使车内温度升高,增加车载空调负荷及耗油量,而红外线的照射还会加速内饰件老化,对人的皮肤也会造成伤害。与普通玻璃相比,高吸热玻璃内部有特殊的金属离子,用来调节不同波长光线的吸收能力,在红外线及紫外线两个指标上比普通玻璃有明显的优势,表6-3是40mm厚的不同种类的浮法玻璃的各种光线透过率的数据表。

表6-3 不同玻璃的光线透过率值(%)

40mm厚不同玻璃光学参数	可见光	红外线	紫外线
高吸热浮法玻璃	71.5	26	15
普通绿色浮法玻璃	80	40	30
普通透明浮法玻璃	90	80	61

注:对驾驶员而言,可见光透过率达到70%就可以满足采光要求。

目前,高吸热玻璃在欧美国家已经普遍被采用,在国内大众、奥迪等汽车厂家的中高级车型都全套采用了这种玻璃。

(3) 显示前风窗玻璃,见"HUD前风窗玻璃"内容。

(4) 天线玻璃。以前,汽车的收音机需由手拉或电动伸缩外露玻璃深加工杆式天线接收信号。为了在行驶时能接收必要的电波信号,车身外部增加了很多添加的凸出物,在洗车或进出停车场时很容易造成损坏;另外汽车在高速行驶时天线与空气摩擦的风声也比较明显。现在可以将金属涂料通过印刷的方式印刷到玻璃(一般是后风窗玻璃)的内表面上,在玻璃成型炉中经过650~700℃高温烧结后,金属涂料可以完全烧结到玻璃上,然后通过导线跟车内的信号放大器相连,可以进行FM/AM、电视信号、信号的接收。这种金属涂料一般为银浆,形成天线的宽度一般为0.5mm左右,这种印刷天线的成本低、故障率低、接收信号更稳定,是发展趋势。传统的拉杆式天线很快将会被其完全取代。

增强安全机能的汽车玻璃产品如车门热增强夹层玻璃、电加热除霜玻璃等,也逐渐在高端车型上得到应用。冬天起动或驾驶汽车时,前后风窗的刮水器处很轻易结冰,为确保在恶劣天气下的乘驾安全,电加热玻璃应运而生。电加热玻璃一般为银浆加热线加热,通过银浆印刷的方式在玻璃上印刷加热线,然后与车内电源相连实现除霜及除雾功能。目前其在后风窗玻璃上应用已经比较普遍,但是前风窗玻璃上印刷加热线成本较高,只有在一些高端车型中采用。

6.4.4 逃生条件下的应急安全

绝大多数情况下人们都希望安装于汽车上的车窗玻璃具有较大强度,不易破碎,以对车内乘员提供最大保护,但在车辆突发火灾等紧急情况下,从快速逃生的要求来讲,此时希望能够方便地使车窗玻璃破碎,以使车内乘员能够尽快逃生。

汽车的钢化玻璃硬度很高,据调查,目前许多客车上的车窗玻璃,一个正常成年人用应急小锤多次连续敲击都难以将玻璃敲破。

目前,在长途客车、城市封闭的空调公交车上一般都配置有应急小锤,但由于国家对车辆用应急小锤缺乏统一要求,实际中有的应急小锤存在强度不够、重量不够等问题。对于普通轿车,从安全的角度考虑也应该配置一把应急小锤,以备不时之需。

发生火灾时,电动车窗可能已经无法打开,但只要车辆没有严重变形,一般可以手动解锁中控打开车门。如果门窗都无法打开，马上用尖锐物体用力敲击玻璃，如果没有应急小锤或救生手电，尖头的钥匙也是一件工具。请记住，汽车的前后风窗玻璃及天窗玻璃比侧窗强度更高，敲击侧窗更容易碎，且最好是敲击车窗玻璃四个角落中的某个角度。

获得国防专利技术的应急破玻逃生装置，可在0.1s内瞬间破碎全部车窗玻璃，为公共交通及公共消防打开了新的生命通道，已在多地公交车、校车上批量配装。

6.5 汽车自燃与安全性

6.5.1 汽车自燃

1. 自燃现象分类及其产生原因

自燃是指可燃物在空气中没有外来火源的作用，靠自热或外热而发生燃烧的现象。在通常条件下，一般可燃物质和空气接触都会发生氧化过程，但速度很慢，析出的热量也很少，同时不断向四周环境散热，不能像燃烧那样发出光。如果温度升高或其他条件改变，氧化过程就会加快，析出的热量增多，当热量不能全部散发掉时就会逐渐积累起来，使温度逐步升高，当达到这种物质自行燃烧的温度时，就会自行燃烧起来即自燃。使某种物质受热发生自燃的最低温度就是该物质的自燃点，也称自燃温度。

自燃现象的产生与热源密不可分。根据热源的不同，物质自燃分为受热自燃和自热自燃两种。受热自燃即加热自燃，是指可燃物被外部热源间接加热达到一定温度时，虽未与明火直接接触也发生燃烧，这种现象称为受热自燃。实际中，当可燃物靠近高温物体时，有可能被加热到一定温度被"烤"着火，如在熬炼(熬沥青)或热处理过程中，受热介质因达到一定温度而着火，就属于受热自燃现象。

自热自燃即本身自燃，是指可燃物在没有外部热源直接作用的情况下，由于其内部的物理作用(如吸附、辐射等)、化学作用(如氧化、分解、聚合等)或生物作用(如发酵、细菌腐败等)而发热，热量积聚导致升温，当可燃物达到一定温度时，并未与明火直接接触而发生燃烧，这种现象称为本身自燃。例如，煤堆、干草堆、堆积的油纸油布、黄磷等的自燃都属于本身自燃现象。

就受热自燃和自热自燃的本质而言，两者是一样的，都是可燃物在未与明火直接接触的情况下"自动"发生的燃烧，其区别仅在于导致可燃物升温的热源不同而已。引起受热自燃的是外部热源，也就是外部热源加热作用的结果；而引起自热自燃的热源来自可燃物内部，是物质本身热效应作用的结果。实际中，物质自燃现象时有发生，有的发生于常温条件下，有的发生于低温条件下。汽车自燃就是发生于常温条件下的一种自燃现象。

2. 汽车自燃及其危害性

汽车自燃是指在用车辆在行驶或停放过程中，因自身的电气、线路、供油系统发生故障或运载货物等自身原因而不需要外界火源作用，由本身受空气氧化而放出热量或受外界影响积热不散(如夏季炎热的天气)达到自燃点而自行燃烧的现象，如图6.39所示。汽车自燃，残酷无情，因而，一旦发生，除直接对自燃车辆上乘员的生命安全构成极大威胁并导致车辆所有人面临严重财产损失外，还会影响周围其他车辆与人员的安全，同时还可能造成附近地区的交通混乱，危害性极大。

图 6.39 汽车自燃现象

实际中，虽然汽车自燃事件占汽车保有量的比例很低，但随着汽车保有量的快速增长，我国每年发生汽车自燃的绝对数量仍呈增加趋势。消防部门对机动车自燃事件的统计分析表明：在所有因汽车自燃引发的火灾中，轿车火灾居多，占40％以上；汽车行驶状态下发生火灾居多，占70％左右；火灾原因以电线短路居多，在60％以上；夏季是汽车自燃的多发季节，与其他季节相比其发生率高出数倍。

6.5.2 汽车自燃原因分析

归纳起来，汽车自燃的原因主要为油路出现问题、电路出现问题、外界高温影响造成，和汽车的新旧并没有直接关系。此外，汽车碰撞后也可能引发自燃。

1. 油路原因

油路原因主要表现为油路出现问题造成漏油、漏液所致。导致漏油的原因有油管老化、油管接头松动、意外损伤及因非法改装对油路的改动造成管路的破损和密封损坏等。当车内存在燃油泄漏时，发生自燃的可能性和危险性大大增加。车辆在行驶过程中如果油路发生泄漏，其溢出的燃油就很容易被排气系统和发动机运转时的高温点燃，造成车辆自燃起火。

汽车本身就存在很多可以引燃燃油的火源，像汽油机点火系统产生的高压电火花、蓄电池外部短路时产生的高温电弧、发动机排气管产生的灼热高温或喷出的积炭火星等，汽油一旦着火其蔓延速度极快。

2. 电路原因

电路原因是多方面的。一是线路老化，二是电路系统自身存在的隐患，三是电路改装。

线路老化与使用时间密切相关。随着汽车使用时间的增加，其自身的电器及线路会老化，而电线绝缘层老化导致耐压强度不够，引起电路短路，当回路中发生短路，将会产生很大的热量，当温度升高到绝缘层或导线周围可燃物着火点时而着火引起自燃。发动机工作时，点火线圈的温度很高，使高压点火导线的绝缘层软化、老化、裂损，点火高压电易击穿绝缘层，很容易产生高压电漏电产生短路而导致自燃。车辆线路触点或连接处长期受振动或温度急剧变化影响，也容易使线路松动而出现短路现象。

电路系统存在的隐患主要是指长期暴露在发动机及排气系统附近高温环境中的电缆因绝缘表皮老化脱落，电阻增大而造成电缆过载发热现象。这与系统结构设计相关。据调查，紧凑型发动机空间布置的车辆容易发生自燃，其原因是电路、油路之间间距小。随着使用时间的增加，电路老化现象不可避免，一旦电路老化出现漏电，就很容易引发车辆自燃。实际中，对于空间紧凑、电路、油路接触紧密的布置结构，定期更换电线、及时清理放置发动机空间内的油污对预防车辆自燃现象具有直接效果。

汽车电路改装是指部分车辆所有者为了追求某种特定效果在汽车上额外增加附件导致耗电负载增大的现象，如给车辆配备防盗器、换装高档音响、添加空调等。汽车电路改装一方面会破坏原有的负载平衡，容易造成路线短路或者熔丝功率过大，为自燃埋下隐患；另一方面因需要新增线路，且多为非专业处理，容易造成车内电源线裸线的外露，与车身的金属材质相连或者与其他电路接触造成短路，产生火花而产生自燃。

3. 外界高温原因

这里外界高温原因主要指夏季太阳直射车内导致积热不散形成高温引起车辆自燃的现象。在夏季太阳的炙烤下，暴晒的车辆车内温度能够达到 60 ℃ 以上，车内的易燃易爆物品会变得非常危险，很容易成为自燃的祸首。例如，放置在仪表板处的气体打火机、清新剂、灭蚊剂等物品容易受热膨胀后爆炸引起火灾。搁置在风窗玻璃附近的老花镜或放大镜等也同样是非常危险的物品，它们具有聚光的作用，能够把透进风窗玻璃的光线聚集，在焦点能产生上百摄氏度的高温，足以点燃车内的内饰部件，引起火灾。

此外，汽车夏天长途行驶、超负荷装载，使发动机各部件在长时间内不停地运转，造成温度升高，加上天气酷热、发动机通风设备效果不好，也会造成电源线短路，引起自燃起火。还需注意的是，车载货物的放置如果不当，相互碰撞、产生火花，也会引起汽车自燃。

4. 碰撞后自燃

实际中，汽车因碰撞引发自燃的现象也有发生，如图 6.40 所示。引起碰撞自燃的原因主要为：碰撞使得可燃物靠近排气管等高温部位，引起可燃物起火自燃；碰撞使得电路短路起火自燃；碰撞使得燃油泄漏，恰遇车辆与地面摩擦起火引燃或车辆电路短路引燃。

图 6.40　轿车与大挂车发生追尾碰撞后，轿车自燃引发大火现场

6.5.3　预防措施

（1）定期检查，防止油路、电路故障及漏油、漏气等现象的发生。

（2）如果需要对原车增加一些附件（如音响等），一定要到专业改装店，且一定要从汽车的熔丝盒内取电。

（3）对使用年限满 5 年或发生过重大事故的车辆，应定期进行线路、故障排查，以免发生意外。

（4）不要在仪表板上放置气体打火机、清新剂、灭蚊剂等受热膨胀后容易爆炸引起火灾的易燃品；也不要在行李箱内放置摩丝等易燃物品。

（5）汽车进行修理或更换零配件时，应尽量选择正规修理厂和正规零配件。平时驾车时要随车自备一个小型车载灭火器。两千克左右的灭火装置就可起到应急灭火作用。驾驶员驾车时要尽量做到不在车内吸烟。

（6）定期对汽车进行底盘保养、内饰清洗等，对电线、油管等部件也应定期检查更换，特别要检查油管连接处是否有松动和漏油情况，保持油箱干净通风，停车时尽量选择阴凉处。

（7）车辆长时间行驶后，一定要注意发动机和轮胎散热情况，如温度过高，要采取有效的冷却措施，防止自燃起火。

6-1　如何理解车身的碰撞安全性？车身结构对碰撞安全性及行车安全有何影响？

6-2　鼓式、盘式制动器的热衰退性有何差别？不同的制动器摩擦材料对汽车制动性能有何影响？

6-3　不同轮胎结构如何影响汽车安全性？安全轮胎有何实际意义？

6-4　不同玻璃结构对汽车安全性有何影响？汽车玻璃的发展趋势是什么？

6-5　汽车自燃的危害性是什么？汽车自燃产生的原因及预防措施是什么？

第 7 章 汽车被动安全性能试验

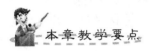 本章教学要点

知识要点	掌握程度	相关知识
中国新车评价规程（C-NCAP）	掌握 C-NCAP 的碰撞测试规则、评分及星级划分	世界 NCAP 的发展及美、欧、日 NCAP 的主要特点
汽车零部件台架试验	掌握汽车主要零部件台架试验对应的试验方法及主要检测项目	不同零部件相关法规及主要要求
汽车零部件模拟碰撞试验	掌握 3 种模拟试验装置的主要结构、检测原理、主要特点	与零部件台架试验的关联；通过安全动态模拟碰撞试验实例加深理解
实车碰撞试验	了解正面碰撞、侧面碰撞试验的基本内涵、实车碰撞主要设备的结构及工作原理	美、欧、日、中等正面、侧面碰撞法规的主要异同点
汽车被动安全碰撞试验仿真技术简介	了解计算机仿真研究的基本内容	计算机仿真技术在汽车被动安全研究中的应用状况

第7章 汽车被动安全性能试验

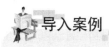
导入案例

1959年世界首次车辆被动安全碰撞试验在辛德芬根进行

比拉·巴恩伊是奔驰乃至世界上的第一位汽车安全技术工程师,在他的榜样效应感召下,一大批汽车安全工程师应运而生,他们纷纷意识到改进车辆安全性对行车安全的重要性。位于辛德芬根的梅赛德斯-奔驰研发中心,无论过去还是现在,都是汽车安全领域技术革新的前沿阵地。

1959年9月10日,梅赛德斯-奔驰这个有着悠久历史的汽车生产商,决定开始定期地、系统性地开展汽车安全性试验,其目的就是及时发现不断出现的汽车安全隐患并予以改进。

在那个年代,将整车用于碰撞试验绝对堪称创举。为了提升测试车的车速,人们甚至使用上了钢丝缆绳和蒸汽火箭。在模拟翻车试验时,技术人员专门设计了"螺旋坡道",由于当时还没有试验用的假人,工程师们甚至亲自上阵,冒着生命危险参与碰撞试验。后来,橱窗模特取代了工程师参与到测试中,而直到1968年,碰撞试验才首次采用了完全仿真的橡皮人。

这次汽车碰撞试验使梅赛德斯-奔驰汽车的安全研究由此进入了一个崭新的纪元,也对世界范围内的汽车被动安全试验产生了深远影响,推动了汽车被动安全技术的快速发展。在随后的数十年中,梅赛德斯-奔驰品牌在贯穿于整个汽车产业的一系列安全研究方面不断树立着新标准,为全球汽车驾乘人员和行人带来了安全福音。

时至今日,梅赛德斯-奔驰研发中心每年都要进行将近500次的碰撞试验。除此之外,人们还会在计算机上进行大约50000次的模拟碰撞试验。

➡ 资料来源:http://www.autobild.com.cn/news/201011-781997.html

汽车被动安全性能试验是提高汽车被动安全性不可缺少的必要手段,这使得汽车工业发达国家及各汽车生产厂商都非常重视。如前所述,汽车工业发达国家经过多年的探索和实践,均已建立起相应的汽车被动安全标准和法规,且都形成了各自的标准体系,即美国、欧洲、日本三大汽车法规体系。从内容上看,虽然美国、欧洲、日本的标准不尽一致,其性能的评价方法与使用的设备也不完全相同,但就汽车被动安全性能试验方法的类型而言,概括起来可分为3类,即台架试验、模拟碰撞试验(滑车模拟碰撞试验)、实车碰撞试验。

台架试验包括台架动态冲击试验及静态强度试验。台架动态冲击试验主要用于模拟人体的不同部位与车辆有关部件之间的碰撞,以评价零部件在承受碰撞冲击载荷作用下的能量吸收性能;台架静态强度试验主要用于评价对冲击速度不敏感的零部件在静态载荷作用下的安全性能,可作为动态试验的补充。

模拟碰撞试验是指模拟实车碰撞的试验,主要是利用滑车模拟实车碰撞的减速度波形,用于评价汽车约束系统的保护效能和零部件的冲击试验。模拟碰撞试验是汽车被动安全性能研究的有效方式之一,它具有较高的真实性和较低的试验成本。在汽车生产的早期试验中,其对零部件的设计及约束系统的选择发挥着重要作用。

汽车安全

实车碰撞试验主要用来对已开发出的成品车型进行按法规要求的试验,以鉴定是否达到法规要求。实车碰撞试验与事故情况最为接近,是综合评价车辆安全性能的最基本、最有效的方法。它是从乘员保护的观点出发,以交通事故再现的方式来分析车辆碰撞前后的乘员与车辆运动状态及损伤状况,使用假人定量地评价碰撞安全性能,并以此为依据改进车辆结构安全性设计,增设或改进车内外乘员保护装置。其试验结果说服力强,但实车碰撞试验的准备工作复杂、费用大、对设备的要求很高。

实车碰撞试验是最终检验汽车安全性能必不可缺少的试验,也是汽车碰撞安全研究中必需的、不可替代的试验。台架试验和模拟碰撞试验两类试验基本上是以实车试验的结果为基础,模拟碰撞环境的零部件试验,试验费用较低,试验条件稳定,试验过程易于控制,适合于汽车安全部件性能的考核及汽车开发过程中的阶段性验证试验。虽然这3种试验的侧重点明显不同,但彼此间存在着紧密联系,共同促进着汽车被动安全性能的不断改善与提高。

7.1 中国新车评价规程(C-NCAP)简介

7.1.1 世界 NCAP 的发展

NCAP 是英文 New Car Assessment Program 的缩写,译为新车评价程序或新车碰撞测试。随着全球汽车工业的发展,汽车在带给人类便利性的同时,也制造了不少交通事故,因而汽车安全性受到全社会越来越多的关注和重视。提高及促进汽车安全性能的途径主要有3方面:一是汽车制造厂的主观努力;二是政府出台相关的法规标准加以限制;三是社会舆论及第三方的公正评价监督。国际上普遍采用 NCAP 作为第三方的公正评价监督。实践表明,NCAP 对于提高车辆的安全性能发挥了极其重要的作用。

NCAP 最早出现在美国,随后欧洲和日本等国家和地区也制定并实施了相关的NCAP。NCAP 主要是通过对车辆进行不同形式的碰撞试验,采集分析试验数据,然后对车辆进行客观、科学的评价,并最终对车辆的安全性能评出分数等级。NCAP 与政府的法规标准最大的不同之处是:NCAP 对车辆安全性能进行定量分析,最终以分数形式直观地表示结果;而政府的法规标准只有合格与不合格之分,对于合格的车辆也只能表明其安全标准满足最低要求。

NCAP 一般由政府或具有权威性的组织机构,按照比国家法规更严格的方法对在市场上销售的车型进行碰撞安全性能测试、评分和划分星级,向社会公开评价结果。由于这样的测试公开、严格、客观,为消费者所关心,也成为汽车企业产品开发的重要规范,对提高汽车安全性能作用显著。

1) 美国 NCAP

美国是世界上最早研发并应用 NCAP 评价体系的国家,早在1979年便开始应用 NCAP,当时只包括正面碰撞;1994年开始使用星级评价;1997年开展侧面碰撞安全评价。美国参与新车评价的一共有3个机构:美国高速公路安全管理局、保险业非营利团体 IIHS 和消费者报告。其中最为知名的则是美国高速公路安全管理局,国际上在引用美国 NCAP 数据时,多采用美国高速公路安全管理局提供的数据。

美国高速公路安全管理局的官方性质比较浓，主要从事与交通安全有关的数据统计、研究及制定法规等工作，对车辆的测试主要包括正面碰撞、侧面碰撞及抗翻滚等，评测结果一般也用星级来表示，最高五星，最低一星。

高速公路安全保险协会也对车辆进行必要的试验，主要是传统的左右30°倾角范围内的正面碰撞，结果用"最小接受指数"来表示，并提供给保险公司，从而为各车型的定保提供依据。

消费者报告是一个独立的导购类杂志，不接受汽车厂商的赞助和广告，完全从消费者利益的角度评价汽车的安全性能。测试车辆都是自己购买来的，测试内容主要是耐用性和可靠性。有关安全方面的数据，主要借鉴高速公路安全管理局和高速公路安全保险协会的测试结果。

美国高速公路安全管理局多年一直只有正面和侧面碰撞两个评分项，直到2009年才重新修改了规则。修改后的规则较之前增加了侧面柱形碰撞和翻滚测试，而翻滚测试是美国高速公路安全管理局的重点项目，目的在于模拟车辆行驶中突遇侧翻后的场景，这项测试在全球NCAP评测机构中仅美国高速公路安全管理局独有。此外，美国高速公路安全管理局也加入了与欧洲相同的侧面柱碰撞测试，目的在于模拟车辆在行驶中侧面B柱区域撞击树木或电线杆等物体，而与欧洲不同的是，美国高速公路安全管理局的侧面柱形碰撞试验的速度高于欧洲，为32km/h，而欧洲为29km/h；翻滚测试也是高速公路安全管理局的最大亮点之一。

2）欧洲NCAP

欧洲在1996年开始实施并推广NCAP评价体系，虽然晚于美国和澳大利亚，但是其影响力最大。其原因是因为欧洲NCAP的测试项目比较全面，且能够更逼真地模拟真实事故。例如，欧洲NCAP在2009年改版后就取消了正面100%碰撞，而改为用正面40%碰撞取而代之，原因是在实际情况中，几乎没有车辆是完全100%头对头碰撞的。驾驶员在事故发生时往往都会躲避障碍物，实际中更多的情况是车辆发生正面的偏置碰撞，即40%正面碰撞。

欧洲NCAP是一个行业性组织，由欧洲各国汽车联合会、政府机关、消费者权益组织及汽车俱乐部等组成，不依附于任何汽车生产企业，试验结果具有绝对的公正性。NCAP不定期对已经上市的新车和进口车进行碰撞试验，允许厂家的产品有多次碰撞机会，在每次碰撞后，厂家都会对产品进行改进，然后再次试验，以获得最好的成绩为准。

欧洲NCAP的另一亮点是加入了行人保护碰撞测试。行人保护碰撞测试是将试验车辆以40km/h的速度撞击步行儿童及成人模型，计算保险杠、发动机舱盖等处的受力情况，评价行人身体各部位（头部、腿部等）的伤害值，最终以星级的方式表达出来。不过，总的来看，车辆对行人的保护不够理想，好的和差的之间相差不是十分明显，欧洲方面也在考虑将测试方法及评分标准降低，以突出车辆之间的差距。

追尾测试是欧洲NCAP的独有项目（即挥鞭效应测试）。通过对驾驶员颈椎的保护来判断车辆的安全标准，主动头枕和座椅的设计在此碰撞中能体现出价值。总体来说，欧洲NCAP的测试项目相比美国速度偏慢，但是测试种类比较全面。

澳大利亚NCAP即A-NCAP，在1993年实施，比欧洲略早，但是在具体的实施细则及评分方法方面，基本与欧洲相同，分别是正面40%碰撞、侧面碰撞和侧面柱形碰撞。

澳大利亚 NCAP 的正面 40% 碰撞速度达到 64km/h，与欧洲 NCAP 处于同一水平；此外，其侧面碰撞项目、柱形碰撞项目，也与欧洲 NCAP 保持高度一致。

3）日本 J-NCAP

日本 J-NCAP 于 1995 年开始进行碰撞测试，之后在 1999 年进行升级，引入了侧面碰撞。J-NCAP 经过数次改版之后，不但融入了欧洲 NCAP 的理念，同时也加入了自己的元素，使其更加符合日本国情。J-NCAP 与其他碰撞测试机构不同的是，其采用 6 星评价体系。

J-NCAP 试验项目主要包括正面碰撞、偏置碰撞、侧面碰撞、制动性能和行人头部保护。正面碰撞采用刚性的固定壁障，碰撞速度为 56km/h；偏置碰撞基本与欧洲相同，碰撞速度为 64km/h，壁障为蜂窝铝，偏置重合量为 40%；侧面碰撞采用 950kg 的塑性移动壁障，碰撞速度为 55km/h。制动性能测试主要测量车辆 100km/h～0 的制动距离，分为干路面和湿路面两种。行人头部保护试验是 2004 年新增加的试验项目，以 35km/h 的速度用模拟假人头部的冲击锤碰撞发动机舱（相当于车辆以 44km/h 的速度撞人），测量伤害值。

J-NCAP 大多只对日系品牌汽车进行评测，很少对欧洲和美国品牌进行测试。评测结果每年春天通过 3 种途径公布，即汽车评价结果（收费）、简易宣传手册（免费）和因特网。

4）中国 C-NCAP

中国 C-NCAP 始于 2005 年，在 2012 年进行了第一次改版升级，增加了鞭打试验。正面 40% 碰撞测试的碰撞速度与欧洲、澳大利亚、日本相同，为 64km/h；C-NCAP 的侧面碰撞速度为 50km/h，而美国和日本分别为 61km/h 和 55km/h。

严格的试验条件是保证评价结果客观准确的重要前提，因此，美、欧、日、中等 NCAP 试验室都非常重视高水平测试设备、专业能力、专业队伍建设。由于各国在汽车安全法规体系、道路交通事故统计和车辆状况等方面存在差异，使得各国 NCAP 在组织实施方式、试验规程和评分方法上存在差异，美、欧、日、中 NCAP 机构测试项目对比见表 7-1。

表 7-1 美、欧、日、中 NCAP 机构测试项目对比表

项目 \ 地区	美国	欧洲	澳大利亚	日本	中国
正面 100% 碰撞	56km/h	无	无	56km/h	50km/h
正面 40% 碰撞	56km/h	64km/h	64km/h	64km/h	64km/h
侧面碰撞	27°，侧碰 61.8 km/h	50km/h	50km/h	55km/h	50km/h
柱形碰撞	75°，柱碰 32km/h	29km/h	29km/h	无	无
行人保护	无	40km/h 成人头部，儿童头部、小腿、大腿	40km/h 成人头部，儿童头部、小腿、大腿	32km/h，仅头部	无

(续)

项目 \ 地区	美国	欧洲	澳大利亚	日本	中国
附加评分项	翻滚测试	ESC、安全带提醒、电子限速、电子辅助、ISOFIX	ESC、安全带提醒、电子限速、电子辅助、ISOFIX	100km/h～0的制动测试	ESC、ISOFIX、正副驾驶员安全带提醒、气帘及侧面安全带

NCAP 碰撞测试成绩由星级（★）表示，共有 5 个星级，星级越高，表示该车的碰撞安全性能越好。NCAP 的星级包括成人保护、儿童保护、行人保护 3 部分。星级与碰撞时乘员受伤风险率的对应关系见表 7-2。

表 7-2 星级与碰撞时乘员受伤风险率的对应关系

星级	分数	碰撞时乘员受严重伤害的概率
1	<28	≥46%
2	≥28 且 <36	36%～45%
3	≥36 且 <44	21%～35%
4	≥44 且 <52	11%～20%
5	≥52 且 <60	≤0～10%
5+	≥60	

由表 7-2 可以看出，乘员保护系统达到的星级越高，碰撞事故中对乘员的保护作用越好。乘员保护系统达到 5 星级时乘员受伤风险率在 10% 以下，受伤风险比较低；而乘员保护系统为 1 星级时，乘员受伤风险率高于 45%，这表明碰撞事故中乘员受伤的风险变得很高。

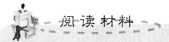
阅读材料

中国的 C-NCAP 处于发展完善过程中

中国汽车技术研究中心是政府授权组织制定中国汽车标准法规和参与国际协调的核心技术机构。中国汽车技术研究中心在深入研究和分析国外 NCAP 的基础上，结合中国的汽车标准法规、道路交通实际情况和车型特征，并进行广泛的国内外技术交流和实际试验确定了 C-NCAP 的试验和评分规则。与中国现有汽车正面和侧面碰撞的强制性国家标准相比，不仅增加了偏置正面碰撞试验，还在两种正面碰撞试验中在第二排座椅增加假人放置，以及更为细致、严格的测试项目，技术要求也非常全面。C-NCAP 对试验假人及传感器的标定、测试设备、试验环境条件、试验车辆状态调整和试验过程控制的规定都要比国家标准更为严谨和苛刻，与国际水平一致。今后，C-NCAP 还将随着技术的发展进行完善。

我国汽车企业普遍对 C-NCAP 的推出高度重视，认为对提高汽车安全性很有意义，也符合中国实际，肯定会成为企业产品开发的重要依据。C-NCAP 已受到国外高度关注，一些国外公司已经开始对应 C-NCAP 进行深入研究和试验，国外 NCAP 机构也对 C-NCAP 结合中国情况的试验和评分规程给予肯定。

→ 资料来源：http://auto.qq.com/a/20101123/000255.htm

7.1.2 C-NCAP 的碰撞测试规则和评分

中国新车评价规程(China New Car Assessment Program，C-NCAP)将直接从市场上(4S店)购买的新车按照比中国现有强制性标准更严格和更全面的要求进行碰撞安全性能测试，评价结果按星级划分并公开发布，旨在给予消费者系统、客观的车辆信息，促进企业按照更高的安全标准开发和生产汽车产品，从而有效减少道路交通事故的伤害及损失。

C-NCAP 要求对一种车型进行车辆速度 50km/h 与刚性固定壁障 100% 重叠率的正面碰撞、车辆速度 64km/h 对可变形壁障 40% 重叠率的正面偏置碰撞、可变形移动壁障速度 50km/h 与车辆的侧面碰撞等三种碰撞试验，根据试验数据计算各项试验得分和总分，由总分多少确定星级。评分规则非常细致严格，最高得分为 62 分，星级最高为 5+，最低为 1 星级，共 6 个级别。

我国现已发布了 2006 年版、2009 年版、2012 年版 3 个版本的《C-NCAP 管理规则》。与 2006 年版和 2009 年版规则相比，2012 年版的《C-NCAP 管理规则》在原有评分体系、碰撞速度和试验项目方面有较大变化，具有中国特色的后排假人的评分纳入评价结果；正面 40% 重叠可变形壁障碰撞(偏置碰撞)的试验速度提高到 64km/h；增加了低速后碰撞颈部保护试验(即"鞭打试验")项目；将主动安全项目引入 C-NCAP，即增加了对于汽车电子稳定控制装置(即 ESC)的加分。由于这些变化，2012 版管理规则中评价总分由 51 分修改为 62 分，星级划分标准也进行了相应改变，其主要变化如下。

(1) 后排假人评价定量化，即对于 3 项碰撞试验中的后排成年女性假人，依据每个假人的指标给予最高 2 分的评分。

(2) 正面 40% 重叠可变形壁障碰撞试验速度由 56km/h (误差为 0~1km/h)提高到 (64±1)km/h。

(3) 增加低速后碰撞颈部保护试验(即"鞭打试验")，并给予 4 分的评分。

(4) 增加对于汽车电子稳定控制系统(即 ESC)的 1 分加分。

(5) 评价总分由 51 分修改为 62 分，星级划分标准相应进行修改。

1. 评价规程、性能试验与评分方法

1) 正面 100% 重叠刚性壁障碰撞试验

试验车辆 100% 重叠正面冲击固定刚性壁障，如图 7.1 所示，碰撞速度为 50km/h (试验速度不得低于 50km/h)。试验车辆到达壁障的路线在横向任一方向偏离理论轨迹均不得超过 150mm。在前排驾驶员和乘员位置分别放置一个 Hybrid III 型第 50 百分位男性假人，用以测量前排人员受伤害情况。在第二排座椅最左侧座位上放置一个 Hybrid III 型第 5 百分位女性假人，最右侧座位上放置一个 P 系列 3 岁儿童假人，用以考核乘员约束系统性能及对儿童乘员的保护。若车辆第二排座椅 ISOFIX 固定点仅设置于左侧，可以将女性假人放置的位置与儿童约束系统及儿童假人调换。

该项试验满分 18 分，前排假人最高可得 16 分，评分部位为假人的头部、颈部、胸部、大腿部位、小腿部位，每个部位最高得分分别是 5 分、2 分、5 分、2 分、2 分，最低得分 0 分。第二排女性假人最高可得 2 分，按照女性假人身体区域被分成 2 组，每组最高得分均为 1 分，第一组为头颈部，第二组为胸部。

2) 正面 40% 重叠可变形壁障碰撞试验

试验车辆 40% 重叠正面冲击固定可变形吸能壁障如图 7.2 所示,碰撞速度为 (64 ± 1) km/h。偏置碰撞车辆与可变形壁障碰撞重叠宽度应在 40% 车宽 ±20 mm 的范围内。在前排驾驶员和乘员位置分别放置一个 Hybrid III 型第 50 百分位男性假人,用以测量前排人员受伤害情况。在第二排座椅最左侧座位上放置一个 Hybrid III 型第 5 百分位女性假人,用以测量第二排人员受伤害情况。在试验中需测量 A 柱、转向管柱和踏板的变形量。

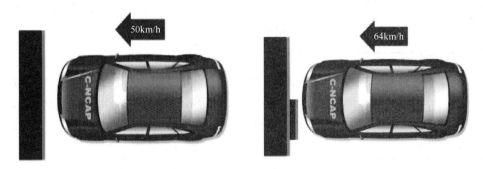

图 7.1　正面 100% 重叠刚性壁障碰撞试验　　图 7.2　正面 40% 重叠可变形壁障碰撞试验

该项试验满分 18 分。前排假人按照试验假人身体区域被分成 4 组:第一组为头、颈;第二组为胸;第三组为膝盖、大腿、骨盆;第四组为小腿、脚、脚踝;每组最高得分 4 分,最低得分 0 分,4 组最高总得分 16 分。第二排女性假人最高可得 2 分,按照女性假人身体区域被分成 2 组,每组最高得分均为 1 分,第一组为头颈部,第二组为胸部。

3) 可变形移动壁障侧面碰撞试验

如图 7.3 所示,移动台车前端加装可变形吸能壁障冲击试验车辆驾驶员侧。移动壁障行驶方向与试验车辆垂直,移动壁障中心线对准试验车辆 R 点,碰撞速度为 50km/h(试验速度不得低于 50km/h)。移动壁障的纵向中垂面与试验车辆上通过碰撞侧前排座椅 R 点的横断垂面之间的距离应在 ±25 mm 内。在驾驶员位置放置一个 Euro SID II 型假人,在第二排座椅被撞击侧放置 SID-IIs (D 型)假人,用以测量驾驶员位置和第二排乘员受伤害情况。

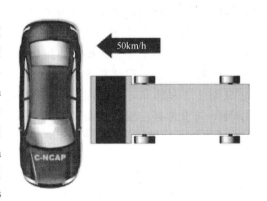

图 7.3　可变形移动壁障侧面碰撞试验

该项试验满分 18 分。前排假人最高总得分 16 分,其评分部位为头部、胸部、腹部、骨盆,每个部位最高得分均为 4 分,最低得分 0 分。第二排女性假人最高可得 2 分,评分部位为假人的头部、骨盆,每个部位最高得分均为 1 分。

4) 低速后碰撞颈部保护试验(简称"鞭打试验")

将试验车辆驾驶员侧座椅及约束系统仿照原车结构,固定安装在移动滑车上,滑车以速度变化量为 (15.65 ± 0.8) km/h 的特定加速度波形发射,模拟后碰撞过程,如图 7.4 所示。座椅上放置 BioRID II 型假人,通过测量后碰撞过程中颈部受到的伤害情况,用以评价车辆座椅头枕对乘员颈部的保护效果。

该项试验在 C-NCAP 的总体分值中占 4 分,其得分由低速后碰撞颈部保护试验分数换算得到。

5) 附加评分项目

满分 4 分,分别为前排安全带提醒装置 1.5 分、侧气帘(及侧气囊)和电子稳定控制系统(ESC)各 1 分、ISOFIX 装置 0.5 分 3 项。

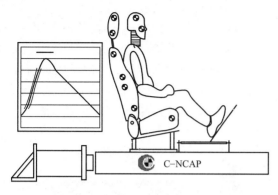

图 7.4 低速后碰撞颈部保护试验

2. 星级划分

《C-NCAP 管理规则(2012 年版)》的最高得分为 62 分。试验总分为 3 项试验的得分、鞭打试验得分及附加得分 3 部分之和(四舍五入至小数点后一位),试验总分与对应的星级见表 7-3。

表 7-3 试验总分及对应的星级

试验总分 X	$X \geqslant 60$	$60 > X \geqslant 52$	$52 > X \geqslant 44$	$44 > X \geqslant 36$	$36 > X \geqslant 28$	$28 > X$
星级	5+	5	4	3	2	1

对于根据总分评价出的 5 星级车和 4 星级车,还必须分别满足下列条件。

(1) 对于 5 星级车,在正面 100% 重叠刚性壁障碰撞试验、正面 40% 重叠可变形壁障碰撞试验、可变形移动壁障侧面碰撞试验 3 项试验中,前排假人的特定部位不能为 0 分,否则该车将被降为 4 星级车。在正面 100% 重叠刚性壁障碰撞试验和正面 40% 重叠可变形壁障碰撞试验中,特定部位为头部、颈部和胸部;在可变形移动壁障侧面碰撞试验中,特定部位为头部、胸部、腹部和骨盆。

(2) 对于 4 星级车,在正面 100% 重叠刚性壁障碰撞试验、正面 40% 重叠可变形壁障碰撞试验、可变形移动壁障侧面碰撞试验 3 项试验中,每项试验的前排假人得分不能低于 10 分,否则该车将被降为 3 星级车。

3. 车型分类

被评价车型分成以下 5 类。

(1) 小型乘用车:长度小于 4m 的乘用车,包括小型 MPV。
(2) A 类乘用车:两厢式乘用车及长度小于等于 4.5m 或排量不大于 1.6L 的三厢式乘用车。
(3) B 类乘用车:长度大于 4.5m 且排量大于 1.6L 的乘用车。
(4) 多功能乘用车:MPV(座椅多于两排)。
(5) 运动型乘用车:SUV。

如今汽车碰撞测试越来越规范,各大汽车厂商对于测试的研究也越来越深入,由此也导致了某些汽车厂商为了良好的汽车碰撞测试结果而特别设置了"溃缩区",出现测试结果特别出众、其实际表现很一般的现象。此外,不同形式的汽车在碰撞测试过程中也存在差异,如美国习惯上区分两门轿车、4 门轿车、MPV、SUV、皮卡等。不同类型的汽车经受同样的撞击,其表现也会出现差异。

注意:C-NCAP 测试的结果只是给出一个参考而已,而且在真实的撞车环境下,存在着太多的不确定因素,所以 5 星级的碰撞安全星级并不代表完全安全,驾车人安全驾驶才是真正的安全。

7.2 汽车零部件台架试验

汽车车顶及车门、门锁及门铰链、安全带、座椅及头枕、燃油箱、转向柱等都是与汽车被动安全性能紧密相关的重要零部件,对这些重要零部件的性能检测大多采用台架试验方法。目前,汽车零部件试验项目主要有车顶及侧门强度、门锁及门铰链、安全带、安全带固定点、座椅及头枕、燃油箱、转向系统缓冲性能、内部凸出物、行人碰撞保护、安全气囊等。每种零部件都有相应的台架试验方法及已得到广泛采用的试验设备,下面逐一进行介绍。

7.2.1 车顶及侧门强度试验

1. 车顶顶盖强度试验

车顶强度是指车顶顶盖和车身 A 柱、B 柱、C 柱组成的结构强度,安全合格的车顶结构可以在车辆翻车或者碰撞时为成员提供良好的保护。车顶顶盖强度试验是评价汽车发生滚翻事故时,为了确保乘员的生存空间,车顶应具备的最低强度。该项试验是用静压方法模拟翻车状态下顶盖的受力状态,在车体自重的作用下顶部强度应能保证乘员的最小生存空间。

美国 FMVSS 571.216 规定了车顶强度的试验方法及性能要求。图 7.5 为车顶强度试验装置及加载方式简图。试验时将被测车辆固定在车体固定平台上,车顶上方用 1829mm×762mm(长×宽)的刚性平板分别对规定的部位加载,具体如图 7.5(a)、(b)所示。

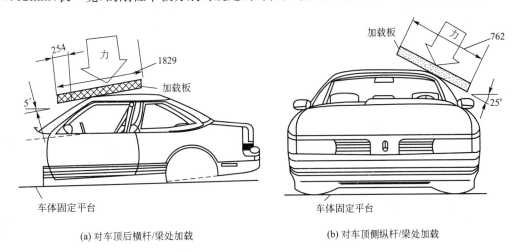

(a) 对车顶后横杆/梁处加载　　　　(b) 对车顶侧纵杆/梁加载

图 7.5 车顶强度试验装置及加载方式简图

试验方法：按图中箭头所示方向，在垂直于加载平板表面，以 12.7mm/s 的速度加载直至载荷达到空车质量速度加载的 1.5 倍或 22230N 力中的较大者为止，此时加载平板的位移不应超过 127mm，试验应在 120s 内完成。

要求：对被测车辆的固定方法应保证不妨碍车顶的变形，且加载过程中车辆或车体不得发生移动；加载装置要有导向机构，以保证加载过程中加载方向不变。

2. 侧门静强度试验

侧门强度试验是评价汽车在侧门遭遇碰撞时，为将从侧门进入乘员舱产生的危险减到最低时侧门应具有的强度。该项试验是模拟车辆发生正面碰撞而使车体产生偏斜后，车体侧门与其他柱状物体（如树桩、消防栓等）相撞的状态，车门中点是其薄弱环节。

美国 FMVSS 214、澳大利亚 ADR 29、中国 GB 15734—1995《轿车侧门强度》等标准及条款都规定了侧门强度的试验方法及性能要求。图 7.6 为侧门强度试验装置及加载方式简图。试验时将被测车辆固定在车体固定平台上，加载装置的压头是直径为 305mm、棱边圆角半径为 13mm 的刚性圆柱或半圆柱体，向车门中点施加水平的横向载荷（压头长度应保证其超出车窗窗口下边缘至少 13mm，但又不接触车窗上边缘），如图 7.6 中箭头所示。

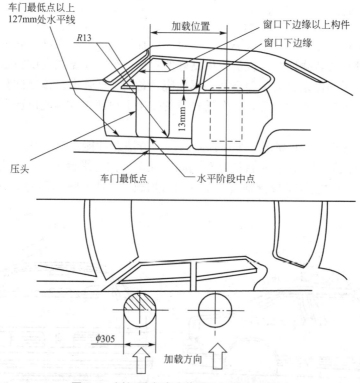

图 7.6 侧门强度试验装置及加载方式简图

试验方法：可以用 12.7mm/s 的速度连续加载直至加载装置移动 457mm，试验应在 120s 内完成；也可以用不大于 25mm/s 或不大于 890N 的增值逐级加载，记录载荷-变形曲线。

要求：对被测车辆的固定方法应保证不妨碍车门的变形，且加载过程中车辆或车体不得发生移动；加载装置要有导向机构，以保证加载过程中加载方向不变。此外，试验中车门锁处于锁紧状态。

图 7.7 为车顶及侧门强度试验装置。该试验装置包括车顶强度、侧门强度和移动门强度加载系统，设备主体均采用金属框架结构，通过主微机控制，采用电液伺服控制系统，实现对加载力和位移的精确控制。

7.2.2 门锁及门铰链试验

在汽车发生碰撞事故时，车门突然自动开启会对车内乘员的生命安全造成严重威胁。为避免汽车发生碰撞事故时，由于车门的开启而

图 7.7 车顶及侧门强度试验装置

造成乘员被抛出车外，应对车门及门铰链的强度进行评价试验。FMVSS 206、ECE R11、GB 15086—2006 等法规都对汽车车门门锁及门铰链强度提出了明确要求，各标准对其强度及试验方法基本一致，只是有些标准未对滑动门提出要求。

1. 门锁强度试验

汽车门锁主要指前、后侧门锁机构总成。门锁强度试验用于评价在汽车发生撞车事故时，将因车门被打开或脱开而造成乘员抛出室外的可能性降至最低限度。

门锁应能承受足够的纵向、横向负荷，还应有足够高的耐冲击和耐久性。图 7.8 为门锁静态纵向强度试验用夹具，图 7.9 为门锁静态横向强度试验用夹具。试验时将门锁按实际装车状态安装在夹具上，分别进行纵向与横向加载。

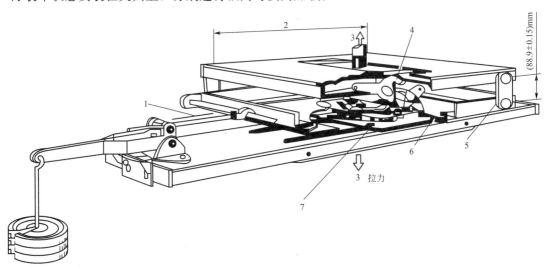

图 7.8 门锁静态纵向强度试验用夹具

1—890N 的载荷；2—轴心线之间的距离 203.2mm±0.13mm；3—拉力；
4—试验设备要与待试门锁及锁扣的型式相适应；5—平面连接片；6—可互换的门锁安装板
（推荐厚度 3.05mm±0.25mm）；7—可互换的锁扣安装板（推荐厚度 3.05mm±0.25mm）

试验要求：对于门锁，应在车门全锁紧和半锁紧两个状态下进行试验，锁体和锁扣总成在半锁紧位置应能承受 4440N 的纵向负荷，在全锁紧位置能承受 11110N 的纵向负荷，且均不得脱开；在半锁紧位置能承受 4440N 的横向负荷，在全锁紧位置能承受 8890N 的横向负荷，且均不得脱开；锁止机构处在未锁止状态时，当门锁（包括其操纵机构）在纵向或横向受到 $294.2 m/s^2 (30g)$ 的加速度时，门锁必须保持在全锁紧位置不得脱开。

2. 门铰链强度试验

门铰链的作用是车门与车身连接起来并保证和保持车门与车身的相对位置，控制车门的运动轨迹，保证车门灵活开关。门铰链强度试

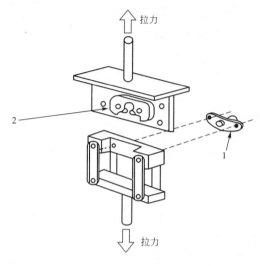

图 7.9 门锁静态横向强度试验用夹具
1—锁扣（锁块）总成；2—锁体总成

验用于评价在汽车发生撞车事故时，把因车门铰链损坏而造成车门打开将车内乘员抛出室外的可能性降至最低限度，因而，门铰链在安全性方面与车门锁一样具有同等重要的地位。

门铰链应进行静强度、垂直刚度、开门强度、耐久性试验。门锁及门铰链静态强度试验一般均在拉力试验机上配置专用夹具进行。图 7.10 为门铰链静态强度试验夹具。试验时将门铰链按照装车状态且车门处于全锁紧状态的位置安装在专用夹具上，分别进行纵向与横向加载。

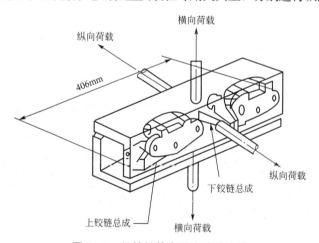

图 7.10 门铰链静态强度试验夹具

试验方法：沿纵向、横向在上下铰链的中心处且通过门铰链旋转中心线，以不大于 5mm/min 的速度增加载荷，纵向应能承受 11110N 不得松脱，横向应能承受 8890N 不得松脱。

7.2.3 安全带试验

汽车安全带是车辆被动安全的重要部件之一，其性能的好坏直接关系到乘员的生命安

全，这使得安全带的性能一直高度备受关注。为此，FMVSS 209、ECE R16、GB 14166—2013等国内外汽车安全法规、标准都对安全带总成及各部件规定了严格的试验方法和评价指标。安全带试验用于评价汽车在发生碰撞事故时为确保安全带系统能够有效地保护乘员，安全带的静态性能、动态性能及卷收器卷收性能需达到的最低要求。主要试验项目包括安全带的强度与性能试验、卷收器卷收性能试验、耐久性能试验和环境试验等。

1. 安全带的强度与性能试验

对安全带的强度提出要求是为了确保汽车在碰撞过程中车内乘员的安全性。如果安全带在汽车碰撞过程中因承受乘员向前的惯性载荷发生织带伸长量过大、甚至断裂或锁止机构锁止距离过大等现象，均会使乘员前移量过大而直接对乘员造成伤害。安全带静态性能、动态性能试验就是为了从根本上消除这些现象的发生。

1）静态试验（抗拉载荷试验）

安全带静态试验是针对安全带的主要组成部件如织带、带扣锁、锁止机构、安装附件及安全带总成进行的试验。其旨在防止安全带系统在碰撞事故发生时因其组成部件如织带伸长量过大、带扣锁自动松脱、锁止机构锁止距离过大等因素造成车内乘员向前移动量过大可能给乘员带来伤害所进行的评价试验。

该试验通过上安装三角夹具和下安装夹具将安全带总成装在拉力试验机上进行，如图7.11所示。试验时织带应夹在拉力试验机与夹具之间，加载速度大约为100 mm/min，试验开始时，夹具间试样的自由长度应为200mm±40mm；当载荷达到9800N时，应在不停机的情况下测量织带宽度；继续增加载荷值，直至织带拉断，记录断裂载荷值。

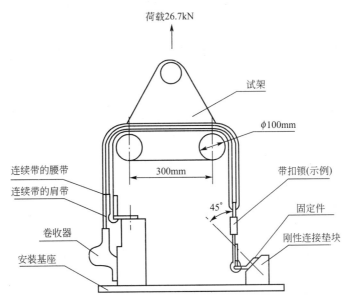

图7.11 安全带总成静态试验用夹具及安装

此项试验既要考核安全带总成强度，同时还要测量安全带总成的移动量及带扣开启压力。

2）动态试验

安全带动态试验是以装有假人的试验台车模拟实车碰撞时的状况对安全带的动态性能

进行评价。按照 GB 14166—2003《机动车成年乘员用安全带和约束系统》中的规定，安全带总成安装在配有专门座椅和假人的固定滑车上，滑车以(50±1)km/h 的速度撞击固定壁障，碰撞后假人最大前移量不得超过标准的要求，安全带不得断裂。

动态性能试验是评价汽车撞车时安全带各组成部件的综合强度和综合冲击缓和性不可缺少的试验。关于安全带的动态性能试验方法，各国在碰撞车速、滑车加速度波形、实验假人的选用方面存在差异。

2. 卷收器卷收性能试验

卷收器是安全带的核心组件，其功能是在感知到汽车发生碰撞或倾翻信号时立即锁死织带以免被进一步拉出。安全带卷收机构的性能参数主要包括紧急锁止距离、倾斜锁止角、卷收力等。

卷收器紧急锁止距离试验旨在评价安全带锁止机构对织带的加速度紧急锁止性能。试验时将卷收器按照实际装车位置安装在一个可以倾斜的平台上，然后将平台向不同方向倾斜，随着卷收器的倾斜，织带被拉出，直至织带被锁止，可测量出紧急锁止距离。

倾斜锁止角试验是评价卷收器在感受到倾斜信号后对织带的锁止能力。试验时将卷收器按照实际装车位置安装在一个可以倾斜的平台上，然后分别将平台向前、向后、向左、向右共4个方向倾斜，随着卷收器的倾斜，织带被均匀拉出，直至卷收器锁止机构开始工作，织带被锁止，即可测量出倾斜锁止角。

卷收力试验旨在评价卷收器的卷收力是否满足标准要求。若卷收力过小会造成织带回卷困难，也使乘员佩戴时过于松弛而增加碰撞时乘员的前移量；若卷收力过大会造成乘员佩戴不舒适，继而对继续使用产生不利影响。试验时将卷收器按实车安装状态固定住，把织带全部拉出，然后以约 500mm/min 的速度将织带回卷卷收器内，当卷入的织带长度＝织带有效长度×25%±50mm 时，测量卷收器的卷收力。

卷收器紧急锁止性能试验台结构及工作原理如图 7.12 所示。卷收器装在支架上，织带一端固定，另一端装入卷收器内。可转动的支架装在滑车上，使支架可转动，旨在方便调整安装在上面的卷收器与滑车的相对位置。电机带动凸轮转动，其随动机构用钢索与装在导轨上的滑车相连接。通过更换不同类型的凸轮可以获得不同的加速度，以满足试验要求。

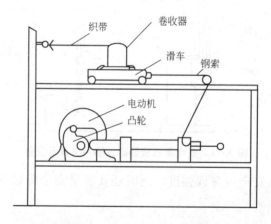

图 7.12　卷收器紧急锁止性能试验台结构及工作原理简图

3. 耐久性能试验和环境试验

一般情况下，轿车的使用期长达10年以上。在汽车使用过程中，一方面安全带长期受到日照、高温、低温、汗水的侵蚀；另一方面，卷收器、带扣工作频繁，织带也会产生磨损，这将直接对安全带总成的使用性能产生影响。耐久性能试验和环境试验就是为防止这些问题出现而进行的专门试验，用以评价安全带在长期的日常使用过程中各个部件抵抗其衰退的能力。

1) 耐久性能试验

安全带卷收器耐久性能试验旨在评价安全带在长期正常使用过程中，其卷收器、带扣锁等主要部件是否仍具有正常的使用功能及对乘员的可靠保护作用。试验项目包括卷收器拉卷试验、带扣锁开启—闭合试验等。

图 7.13 为卷收器耐久性能试验台及工作原理简图。电动机驱动偏心轮转动，通过钢丝绳带动摆杆绕其下固定支点来回摆动，摆杆上端点装有滑轮，织带绕在滑轮表面，在随摆杆绕其下支点来回摆动的过程中，织带在配重块重力作用下反复从卷收器中拉出和回卷，从而实现对卷收器耐久性能的测试。

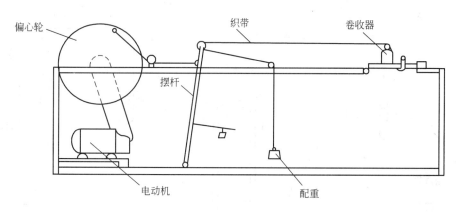

图 7.13　卷收器耐久性能试验台及工作原理简图

我国标准规定：卷收器应保证织带拉出和回卷的速度每分钟不超过 30 次，其拉出和回卷长度应能在 65%～100% 织带有效长度之间进行调整，同时要求在拉出过程中具有能实现织带分别在拉出量 65%、70%、75%、80%、90% 处让卷收器锁止结构工作的功能。

各国在卷收器耐久性能方面的具体规定各不相同。安全带带扣的耐久性能试验要求进行若干次开启—闭合循环；织带的耐久性能试验要求织带在标准的六棱柱上进行磨损试验。

2) 环境试验

环境试验旨在评价安全带的各主要组成部件在长期使用中对日照、高温、低温及使用者汗水等多种恶劣工作环境的抗衰退能力。试验项目包括盐雾试验、高温试验、低温试验、光照试验等。

7.2.4　安全带固定点强度试验

在实车安装状态下，当安全带总成承受乘员向前的惯性载荷时，安全带与车身的连接点即安全带固定点不应出现松脱、破损等现象。因而，对于安全带系统而言，除了安全带满足要求外，安全带固定点也必须要具备足够的强度，只有这样才能确保安全带在事故中有效地保护乘员。安全带固定点强度试验是评价汽车在发生碰撞事故时，为确保安全带能够有效地保护乘员安全，其固定点应具备的最低强度。此外，安全带固定点的位置也应符合有关规定，以保证安全带能最有效地保护乘员。

FMVSS 210、ECE R14、GB 14167—2006 等法规都对安全带固定点的位置及强度提出了明确要求。就要求的内容而言，这些标准对位置及强度的要求相近，但对强度试验的加载速度及载荷维持时间的要求存在差别。

GB 14167—2006 中明确规定：对于三点式安全带，利用模拟织带对上人体模块（图 7.14(a)）施加 13500N±200N 的试验载荷（如果上固定点带有卷收器，应连同卷收器一起试验）。对 M2 和 N2 类车辆，试验载荷应为 6750N±200N；对于 M3 和 N3 类车辆，试验载荷为 4500N±200N。与此同时，对下人体模块（图 7.14(b)）施加 13500N±200N 的试验载荷。对 M2 和 N2 类车辆，试验载荷应为 6750N±200N；对于 M_3 和 N_3 类车辆，试验载荷为 4500N±200N。试验在专用的试验台架上进行。

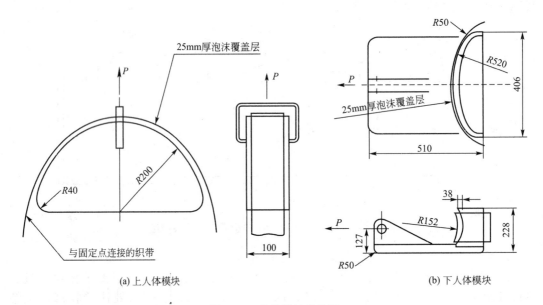

图 7.14　人体模块结构图

试验方法：沿平行于车辆纵向中心平面并与水平线成向上 10°±15°的方向施加载荷。以尽可能快的速度加载至规定值，并至少持续 0.2s。同一组座椅的全部安全带固定点应同时进行试验。

要求：所有固定车辆的方法均不得对固定点或其周围部分起加强作用，同时也不得减弱构架正常的变形。所有固定车辆的装置应距被测固定点前方不小于 500mm 或后方不小于 300mm 处，且不得影响构架结构，加载过程中车身和车体不得发生移动。

安全带固定点强度试验台一般采用液压缸加载。图 7.15 为一安全带固定点强度试验台，该试验台上面 5 个液压缸用于安全带固定点试验，下面两个液压缸用于同时进行座椅固定点强度试验。

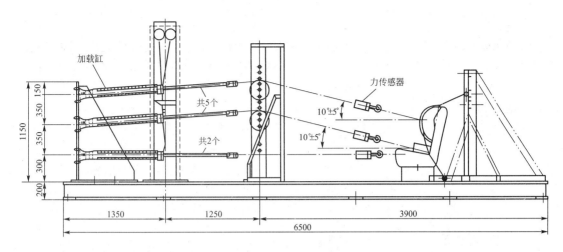

图 7.15 安全带固定点强度试验台

7.2.5 座椅试验

汽车座椅是汽车中将乘员与车身联系在一起且承载乘员质量的重要部件,对保障乘员生命安全起着重要作用。如果座椅与车身连接强度不足,在汽车碰撞中座椅可能会脱离车体,使得乘员逸出其所处的特定空间而受到伤害。座椅试验的目的是确保在汽车发生正面和追尾碰撞时座椅的固定装置、骨架、调节装置等部件具有足够的强度。FMVSS 207、ECE R17、GB 15083—2006 等法规都对座椅的强度和能量吸收提出了明确要求。座椅试验包括强度试验和能量吸收试验。

1. 座椅强度试验

汽车座椅主要由座椅骨架、座椅靠背、头枕、调节装置、滑道等部分组成。座椅强度试验旨在评价在前碰撞或追尾事故发生过程中座椅安装固定点、座椅骨架及座椅调节器等主要部件的变形及破坏情况。试验项目包括静态强度试验和动态性能试验。

1) 静态强度试验

座椅总成、座椅靠背及座椅调节件的静态强度试验在静态加载试验装置上进行。通过座椅质心,沿水平向前和向后分别施加相当于座椅总成重量 20 倍的负荷。加载时要求逐渐加载到规定值,并在该值上保持 0.2s 以上。在加载过程中,试验装置应保持载荷方向不变且加载高度随着位移的产生而自动调节,使载荷始终通过座椅总成或靠背总成的质心。在座椅靠背强度试验中,要求所加载荷相对座椅设计中"R"点的力矩始终不变。

2) 动态性能试验

座椅的动态强度试验是通过模拟、再现撞车时的加速度波形,对座椅系统施加载荷,对整个座椅系统的强度进行综合评价。试验前,按照装车的实际要求将座椅固定在车身地板或模拟的车身地板上,试验中滑车上不搭载假人,滑车产生法规要求的加速度冲击波形,或按照生产厂家的试验要求产生模拟实车碰撞的冲击波形。相关法规要求模拟碰撞滑车或加速度发生装置所产生的加速度应不得小于 20g,持续时间为 30ms。

2. 能量吸收试验

能量吸收试验用于考核和评价座椅靠背或座椅头枕在汽车发生碰撞过程中对冲击能量的吸收效果，即对乘员头部的缓冲保护能力。常用的试验设备有发射式、摆锤式、落下式等冲击试验装置。图 7.16 为一汽车座椅发射式头枕冲击试验装置，该装置利用高压气体将推杆推出，快速推动摆杆使其获得试验要求的发射速度。试验用头部模型，各国均采用 SAE J984 标准规定的直径 165mm、质量 6.8kg 的金属制半球状钢体。摆锤冲击碰撞示意图如图 7.17 所示。

进行座椅靠背能量吸收试验时，按图 7.18 所示的方法确定试验载荷对座椅靠背的冲击点及冲击方向。

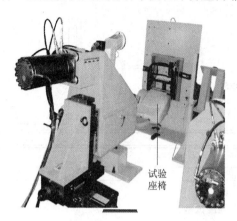

图 7.16 发射式头枕冲击试验装置

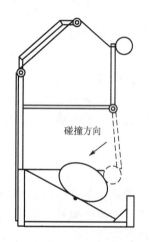

图 7.17 摆锤冲击碰撞示意图

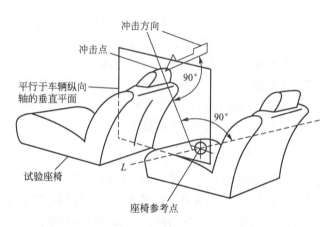

图 7.18 载荷对座椅靠背的冲击点及冲击方向

7.2.6 头枕强度及其后移量试验

在绝大多数文献、资料中都将头枕作为座椅系统的一个部件看待，然而，在美国、日本的汽车安全法规中，有关座椅头枕的法规都是独立于整个座椅系统的，如 FMVSS 202、TRIS32。在我国的汽车安全法规中，也对座椅头枕单独进行了规定，如 GB 11550—2009。但欧洲的汽车安全法规将头枕和座椅合在一起，如 ECE R17。各国有关头枕强度及其后移量试验的试验方法和加载负荷大小的规定相差不大，只有 ECE 法规规定在头部模型加载过程中不取下靠背加载板。

为了防止车辆追尾碰撞事故发生时因乘员头部后倾而造成颈部伤害，座椅头枕的强度必须满足规定要求，同时对头枕的后移量也必须进行限制。头枕强度及其后移量试验旨在评价汽车发生追尾事故时，座椅在受到向后负荷时为确保乘员颈部不受到伤害座椅头枕及座椅靠背变形量和强度应满足的最低要求。

图 7.19 为汽车追尾时座椅头枕强度及后移量试验示意图。我国标准要求：试验时载荷作用点为从头枕的顶端沿着平行于座椅移位前的躯干基准线向下 65mm 处，载荷作用方向与移位躯干基准线垂直，试验用头部模型在座椅中心面上绕 R 点对头枕施加 373 N·m 的力矩，测量加载时的头型移位的最前端和移位躯干基准线之间的距离（即头型的移动量），同时检查头枕有无破损；如无破损，进一步将载荷加载至 890 N，再次检查头枕、座椅及骨架等有无破损或脱落。

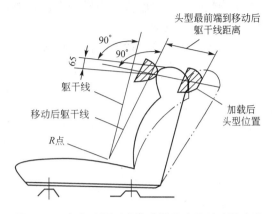

图 7.19 汽车追尾时座椅头枕强度及后移量试验

对头枕的吸能试验可参考 7.2.9 节"内饰件的碰撞吸能性能"内容。

7.2.7 燃油箱试验

实际中，汽车在发生碰撞事故后因燃油箱损坏引起燃油泄漏而产生火灾导致人员伤亡和财产损失的现象时有发生，这对人们生命财产安全构成极大威胁。为把发生碰撞事故后因燃油箱损坏引起燃油泄漏而产生火灾的可能性降至最低限度，需对汽车燃油箱的强度、耐冲击、防火、耐高温等性能进行试验与评价。试验项目包括燃油箱坠落试验、燃油箱冲击试验、燃油箱耐高温防火试验。

CFR E939.67、ECE R34、日本道路车辆安全标准 11-4-5、我国国家标准 GB 18296—2001 等都对汽车金属燃油箱、塑料燃油箱的安全性能提出了要求。概括而言，各国的标准对金属燃油箱的要求相差较大，对塑料燃油箱的要求基本一致。

1. 燃油箱坠落试验

如图 7.20 所示，被试验燃油箱置于台架上方，从 6m 高度落地后要求燃油泄漏量不能超过 30g/min，汽油箱盖不允许泄漏。

2. 燃油箱冲击试验

试验方法：使一质量为 15kg 的钢制角锤落下，冲击能 30N·m。试验前燃油箱内冲入额定容量的低冰点液体并冷冻至 -40℃，冲击试验后燃油箱不得泄漏。

对角锤的要求是：侧面为等边三角形，底面为正方形，质量为 15kg，顶点和棱之间的过渡圆角半径为 3mm 的钢制冲击体。

图 7.20 燃油箱坠落试验台

3. 燃油箱耐高温防火试验

此实验用于塑料燃油箱中。如图 7.21 所示，试验台由燃烧盘、防火屏、油箱支架及导轨组成，将燃油箱按实际装车状态固定在试验装置上，燃烧试验分 3 个阶段，每一阶段 60s。

(1) 预热阶段：将燃烧盘内燃油点燃，放在距离燃油箱 3m 外燃烧 60s。

(2) 直接燃烧阶段：将燃烧盘移至燃油箱下包围燃烧 60s。

(3) 间接燃烧阶段：用防火屏盖住燃烧的燃烧盘继续燃烧 60s。

要求燃烧过程中塑料燃油箱不得产生泄漏或破裂现象，允许产生永久变形。

图 7.21 燃油箱燃烧试验台

7.2.8 转向系统缓冲性能试验

由于在正面碰撞事故中，转向系统是造成驾驶员伤害的主要部件之一，为此，各国都对汽车发生正面碰撞时转向盘的后移量及转向遭受冲击时的缓冲性能提出了明确要求。例如，FMVSS 203、204、ECE R12，74/29/EEC、GB 11557—2011 等标准均对撞击时转向盘向后窜动量及转向盘吸能性能提出了要求。转向系统缓冲性能试验旨在评价汽车发生正面碰撞时，为确保驾驶员不遭受转向系统伤害，转向盘的后移量及转向盘缓冲性能应满足的最低要求。

对汽车正面碰撞过程中转向盘的后移量测量需要以实车碰撞结果进行，试验车辆应为整备状态并装备有测试仪器，以 48.3~53.1km/h 的速度正面撞击障碍壁，记录转向柱上端选定点相对参考点的位置变动量。要求转向柱向后窜动量不得大于 127mm。转向系统遭受冲击时的缓冲性能(使用标准胸块模型进行碰撞试验)，如图 7.22 所示。

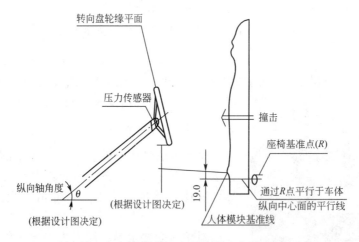

图 7.22 转向盘撞击吸能性试验原理图

试验要求：模拟人体躯体的胸块以 24.1~25.3km/h 的撞击速度正面撞击转向盘，记录水平力值，此力要求不得大于 11123N。

7.2.9 内部凸出物试验

改善和优化汽车仪表板及结构部件设计，减少汽车内部特别是驾驶室凸出物数量、降低凸出物高度、软化凸出物硬度，均有利于降低汽车发生碰撞事故时汽车内部凸出物对乘员的伤害。为了在汽车发生碰撞事故时将汽车内部凸出物对乘员的伤害降至最小，应对汽车内部凸出物的凸出高度、圆角及材料吸能性等进行评价试验。GB 11552—2009、ECE R21、74/60/EEC、FMVSS 201等标准均对汽车内部凸出物提出了要求。

1. 内部凸出物凸出高度测量

图7.23为我国及欧洲法规规定的汽车内部凸出物凸出高度测量仪。该测量仪前端是一个直径为165mm的半球体的球头模型，其中部有一直径为50mm的滑动压头。压头端部平面与球头孔边缘的相对位置可通过一活动标尺在刻度尺上读出。当测量仪在被测构件上滑动时，停留在最大测量值位置上的指针数值即为凸出高度值。例如，测量车内仪表板上按钮（图7.24）的凸出高度时，测量者以适当的力将测量仪上的球头模型紧靠仪表板按钮，使其与周围表面充分接触，然后推动压头与按钮接触，此时对应的刻度尺度即为凸出物凸出高度值。

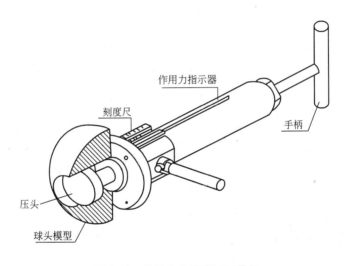

图7.23 凸出物凸出高度测量仪

2. 内饰件的碰撞吸能性能

内饰件的碰撞吸能性能所使用的试验设备、球头碰撞试验方法及评价方法与座椅头枕、靠背碰撞吸能性能试验相同，也是使用直径165mm、质量6.8kg的刚性球头模型对内饰件进行碰撞试验，图7.25为对仪表板内饰件的碰撞吸能试验。

试验时，摆锤以24.1km/h的速度撞击在头部碰撞区内选定的冲击点，试验结果应满足锤头的减速度大于$80g$的持续时间不超过3ms，且最大减速度不得超过$120g$。

图7.24 车内仪表板上按钮凸出高度测量操作

图 7.25 对仪表板内饰件的碰撞吸能试验

7.2.10 行人碰撞保护试验

"行人安全"这一概念在 20 世纪 60 年代由美国最先提出,到了 90 年代末开始在欧洲快速推广。2001—2004 年,欧、日、韩等地区和国家实施了严格的汽车碰撞行人保护法规。2003 年,欧洲行人保护法规 2003/102/EC 正式出台;2009 年欧洲对行人保护法规进行了修改和调整,推出了新法规,即 78/2009。除欧盟外,日本和韩国的汽车制造商协会(JAMA 和 KAMA)也分别在 2001 年 7 月和 2002 年 3 月做出了类似的有关保护行人安全的承诺,而且日本在 2004 年颁布实施了《步行者头部保护基准》,规定新车也要安装行人保护装置。据欧洲交通安全委员会(ETSC)的专家估计,行人保护标准在欧盟范围内完全实施后,每年可挽救 2000 个生命,减少 17000 多个重伤人员。

从技术的角度看,车辆以 40~60km/h 的速度撞击行人,通常不会对车内乘员造成特别大的伤害,但对于行人来说几乎是致命的。因而,行人保护策略与车内乘员保护策略相比,其保护着眼点应是不同的:对于乘员而言,由于位于车内,其保护思路则集中于有效控制碰撞过程中乘员的运动能量,从而降低对乘员的伤害;对于行人而言,由于位于车外,其保护思路则应从降低车体外形对行人的进攻性着手,通过设计合适的汽车前部外形与结构,以降低碰撞事故过程中车体对行人的伤害程度。具体措施包括:车头与车尾凸起装饰件的圆润化,增加保险杠宽度,改进保险杠外形设计,降低发动机盖及其前沿刚度、增大发动机盖与动力总成之间的空间、降低翼子板及风窗玻璃的刚度等。

目前,欧盟国家、美国、澳大利亚、加拿大、日本、韩国、中国都已制定或正在制定行人保护标准。我国已制定出国家标准 GB/T 24550—2009《汽车对行人的碰撞保护》,并于 2010 年 7 月 1 日实施。最为系统的行人保护法规是原欧洲共同体指令 74/483/EEC,该指令于 1998 年生效,适用于新车定型试验,并从 2001 年 10 月起适用于所有上路车辆;从 2005 年 10 月起,欧盟国家新生产的乘用车都要求安装主动行人保护系统。该法规规定车辆和行人以相对速度 40km/h 碰撞,并且在车辆前部不同区域内撞击行人身体不同部位,如图 7.26 所示,考虑到儿童和成人的身高差异,在不同位置进行头部碰撞试验。

在行人和行驶的汽车发生碰撞时,首先是保险杠撞击行人的小腿,如图 7.26(a)所示,通常容易发生骨折;其次是发动机盖边缘撞击行人的大腿,如图 7.26(b)所示,最后是行

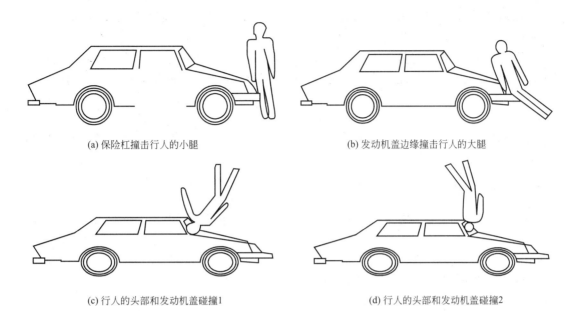

(a) 保险杠撞击行人的小腿　　　　　　(b) 发动机盖边缘撞击行人的大腿

(c) 行人的头部和发动机盖碰撞1　　　　(d) 行人的头部和发动机盖碰撞2

图 7.26　车辆前部不同区域内撞击行人身体不同部位示意图

人的头部和发动机盖碰撞，分别如图 7.26(c)和(d)所示，头部碰撞非常容易给行人造成致命伤害。根据碰撞速度的不同，行人的头部还可能和前风窗玻璃发生碰撞。

74/483/EEC 法规涉及检验汽车前部的行人安全性能的试验方法，其试验项目如下。

1. 小腿冲击锤撞击保险杠试验

该试验用于模拟行人膝盖关节软组织部分受伤和腿骨骨折状况。用 13.4kg 的冲击锤模拟人的腿，冲击锤由两段刚体组成，中间用可变形的金属棒连接，代表膝关节。小腿自由飞行至少 700 mm 后以 40km/h 的速度垂直撞击车辆前部保险杠。要进行 3 次试验，第一次撞击保险杠中间的 1/3 区域，另外两次分别撞击两侧的 1/3 区域。要求膝部弯曲角不大于 15°、剪切位移不大于 6mm、小腿加速度不大于 150g。

2. 大腿冲击锤撞击发动机盖前缘试验

该试验主要用于模拟人体大腿骨和骨盆撞击到发动机盖边缘发生骨折的状况。用 10~15kg 大腿冲击锤以 20~60km/h 的速度（具体由发动机盖前缘高度、保险杠突出量和保险杠高度等因素确定）撞击发动机盖前缘 3 次，一次在中间的 1/3 区域，另外两次分别在两侧的 1/3 区域。要求冲击力不大于 4000N，碰撞弯矩不大于 220N·m。

3. 成人及儿童头部冲击锤撞击发动机盖上表面试验

该试验接续腿部碰撞试验后，头部自然和发动机盖碰撞，主要是模拟成人及儿童头部撞击发动机盖上表面后对于成人及儿童头部的伤害状况。分别用代表儿童(2.5kg)和成年人(4.8kg)头部的冲击锤进行试验，冲击锤以 40km/h 的速度，沿与水平线呈 65°（成年人）或 50°（儿童）的方向撞击发动机盖上表面确定的范围，要求头部损伤指标小于 100。

在各地区的行人保护法规中，欧洲和日本的行人保护法规相对较成熟。同时，全球性技术法规(GTR)《关于机动车碰撞时对行人及弱势道路使用者加强保护和减轻严重伤害的认证统一规定》(2008年版)已正式颁布。

行人保护法规发展趋势如下：行人保护法规的适用车型不断增大；由于技术与成本问题，行人保护被动安全性能限值要求逐渐放缓，但趋势是要求不断提高；碰撞器的使用不断完善，头型质量、角度等参数已统一到GTR9规范上；新型碰撞器将会逐渐采用，更能反映人体生物特性的碰撞器会不断开发出来。其中，柔性小腿部发展较快，已进入标定程序的制定阶段。不断加大对行人主动保护系统开发，新的主动保护系统试验设备和试验用碰撞器也在不断开发之中。

7.2.11 安全气囊试验

对安全气囊最重要的要求就是要保证开启可靠和动作精确，为此，所有的汽车气囊产品都必须满足汽车安全技术法规所规定的汽车碰撞试验标准。美国的标准是FMVSS 208《乘员碰撞保护》和FMVSS 214《侧门碰撞防护》，欧盟的标准是ECE R94《正面碰撞乘员保护》和ECE R95《侧面碰撞乘员保护》，我国的标准是GB 11551—2003，《乘用车正面碰撞的乘员保护》和GB 20071—2006《汽车侧面碰撞的乘员保护》。这些标准都规定，在碰撞试验中，假人在约束系统保护下，头部伤害值、胸部加速度值和腿部载荷必须低于法规限值。

近几年来，国内汽车使用中与安全气囊相关的质量纠纷明显增多。其原因主要为两方面：一是消费者对气囊作用的认识不够科学，对气囊的安全作用的期望值过高；二是气囊的启爆速度、角度等技术参数，目前还没有统一定义的国际标准、法规。在SAE、ISO标准体系中，主要是一些试验方法、术语定义方面的标准，在FMVSS、ECE法规体系中，主要是针对正面碰撞、侧面碰撞等提出的乘员保护要求。对于气囊系统的匹配，在产品开发过程中都是企业依据各自的标准进行的，还没有国际通行的标准、法规来规定气囊的启爆速度、角度等技术参数，但如果仔细研究各个企业的标准会发现差别很小。

对于汽车安全气囊性能的考核，其开启的控制条件是十分重要的内容。气囊开启的控制条件包括两方面：一是准确判断是否需要开启；二是何时点火最佳。在ECE法规草案《关于提供气囊保护的车辆认证的统一规定》中试图为安全气囊的认证制定法规，但由于气囊的控制技术均为各生产厂家的保密技术，很难沟通，故该法规草案一直未能成为正式的法规。在SAE中提出了一系列标准，用于规范安全气囊的试验办法。

由于汽车安全气囊需在车内环境且在待命工作状态下放置10～15年，因而对于安全气囊而言，除了性能试验外，其环境试验也是十分重要的。ISO 12097中详细地规定了安全气囊的环境试验要求。安全气囊自身性能试验主要包括环境性能试验和机械性能试验。我国对安全气囊模块环境性能试验的推荐性试验项目及试验程序为坠落试验、机械冲击试验、粉尘试验、温度—振动试验、湿热循环试验、盐雾试验、光照试验、高低温温度冲击试验；对安全气囊模块机械性能试验的推荐性试验项目及试验程序为静态展开试验、压力容器试验、气袋试验等。其旨在为安全气囊生产企业提供环境试验和性能试验的标准，便于其对产品进行自我检验和认证。

汽车安全气囊作为一种高科技产品，其控制系统在各气囊生产企业之间为高度核心机密，为此，各个气囊生产企业都建立起了一套自己的控制系统开发程序。由于安全气囊控制系统的特性直接决定着气囊开启的可靠性和动作的精确性,因而,需要通过大量的碰撞试验确定关键性控制参数。在对气囊控制系统的开发、标定过程中,气囊生产企业需要深入研究不同类型车辆在不同车速、不同碰撞形态下车体的变形形态和碰撞时车辆的加速度波形、乘员的坐姿、运动形态和伤害特点,以便精确地确定气囊开启的条件及准确时刻,实现对乘员保护效果的最大化。

7.3 汽车零部件模拟碰撞试验

模拟碰撞试验是利用滑车模拟实车碰撞测试零部件抗撞/冲击变形特性的一种试验方法。该试验以实车碰撞试验中在被试车辆的车身处测得的减速度波形为依据,用冲撞式/发射式模拟试验设备进行模拟试验,通常用于评价乘员保护装置的性能和零部件的耐冲击能力。与实车碰撞试验相比,该试验形式具有不损坏实车、重复性好、试验费用低廉等优点。

由于滑车模拟碰撞试验可以比较清晰地反映出被测试零部件在碰撞过程中的载荷分布、能量吸收状况及结构抗撞/冲击变形等特性,且可以在较宽范围内模拟碰撞状况,因而,在汽车零部件性能检测中获得了比较广泛的应用。

对滑车模拟碰撞试验有重要影响的3个参数是:冲击时的速度、加速度峰值、到峰值加速度的上升时间或总的脉冲持续时间。试验结果表明,这3个参数并不完全相关,因而,理想的模拟试验装置是应该能够对速度、加速度峰值和上升时间或总的脉冲持续时间进行单独的控制或调整,即能够在试验过程中根据现场的实际改变脉冲波形,以满足不同的标准要求。

把实车碰撞过程中从车身的不变形区域测量获得的加速度信号进行积分可获得速度曲线,车速变化由碰撞初速度 v_0 下降到零。各国标准不仅对不同的零部件(如安全带、座椅、转向柱等)规定的滑车碰撞速度和减速度波形不完全一样,而且对同一种部件规定的标准值也不完全一样。为实现各种标准要求,模拟碰撞试验的方法和形式有多种多样。目前,对碰撞过程中的模拟主要为冲击型、发射型及冲击反弹型3种形式。

7.3.1 冲击型模拟碰撞试验装置

冲击型模拟碰撞试验装置是使用适当方法(电动机牵引或橡皮绳弹射),将滑车加速至规定车速 v_0 后使脱离牵引的滑车与固定壁上的吸能缓冲器碰撞,滑车的速度急速从 v_0 下降到零,通过调节缓冲吸能装置的吸能速度使滑车产生的减速度波形和实车与固定壁碰撞的特性相似。

图7.27所示是中国汽车技术研究中心(CATARC)参照法国汽车、摩托车、自行车联合会(UTAC)和荷兰国家技术研究院(TNO)的滑车模拟碰撞试验台开发的CATARC模拟碰撞试验台结构示意图。该试验台包括机械装置、吸能器、电控装置、数据采集处理系统、光学数据采集处理系统等。试验时,先由电动机驱动卷扬机拖动拖车,拖车与滑车之间采用电磁铁吸合,电磁铁吸合后,卷扬机拖动拖车向右运动使得橡皮绳被拉伸,当橡皮绳拉伸到规定的长度后电磁铁脱开,则橡皮绳牵引滑车加速到规定车速,滑车在到达固定壁前约2m处与橡皮绳脱开,然后继续向前直至与固定壁障发生碰撞。这种方式为橡皮绳

弹射方式。

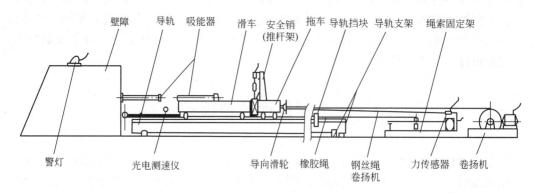

图 7.27 CATARC 模拟碰撞试验台结构示意图

试验台主要参数：CATARC 和 TNO 的驱动长度为 17m，UTAC 为 15m；动力源为橡皮绳，用卷扬机拉紧橡皮绳。TNO 装置的最大冲击速度可达 65km/h，在该速度下允许的最大质量为 1000kg，CATARC 和 UTAC 装置的最大速度和可装质量均符合 R16 规范的要求。

碰撞缓冲吸能装置通常安装在台车和刚性墙之间，是模拟碰撞系统的关键部件之一，用于控制滑车的减速度，使其所产生的减速度波形接近实车碰撞时的减速度，即符合要求的冲击波形。目前常用的吸能缓冲装置有以下 3 种。

1. 塑料缓冲吸能

塑料缓冲吸能装置是利用安装在滑车上的特制的橄榄头冲击聚氨酯塑料管以产生需要的减速度波形，使用聚氨酯注塑制成。由于聚氨酯的性能与温度十分相关，可根据温度的变化相应地改变橄榄头的尺寸，以便调整出符合标准的减速度波形曲线。同一尺寸的塑料管可以和不同尺寸的橄榄头相配合，以产生不同形状的减速度曲线，具有费用较低、可以重复使用的优点，但受温度影响太大。

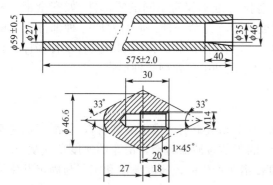

图 7.28 塑料缓冲吸能器结构图

图 7.28 所示为 CATARC 参考 ECE R16 推荐的塑料管尺寸和 UTAC 提供的样品开发出塑料管（缓冲）吸能器，其生成的曲线基本符合 ECE R16、ECE R17 和 ECE R80 的要求，外形尺寸为 $\phi 60mm \times 575mm$。塑料缓冲吸能装置在欧洲和中国应用较多。使用效果表明，这种缓冲吸能器能满足座椅、安全带动态碰撞试验的要求。

2. 机械缓冲（冲击钢板）吸能装置

机械缓冲吸能装置主要应用钢条或钢板产生塑性变形来实现碰撞减速度波形。该装置具有较大的灵活性能，并且使用可靠，被世界上一些著名的汽车安全性研究机构采用。

图 7.29 为德国科隆 TUV 公司生产的滑车碰撞试验台采用的冲击钢板器,其吸能元件是钢板。应用厚度为 10～12mm 的不同形状的钢板与固定在滑车上的类似拳头形状的钢臂相撞后变成 Ω 形,从而产生吸能作用。可以根据钢板的不同组合,形成不同的减速度曲线,但要获得满足要求的钢板组合,必须进行大量的试验研究。

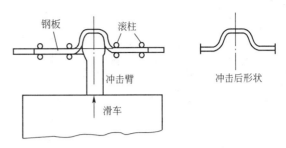

图 7.29 冲击钢板吸能器示意图

3. 液压缓冲吸能装置

液压缓冲吸能装置利用液压油通过节流孔产生的阻尼来吸收滑车的能量,从而使滑车实现制动,并满足预定的碰撞减速度波形要求。图 7.30 为液压缓冲器结构示意图。其基本结构是一个阻尼油缸,包括内外两层。内层油缸的缸壁上排列着精心设计的多个节流阻尼孔。当滑车冲击活塞杆时,活塞向右位移压缩内缸中的油液,使油液通过阻尼孔高速排向缸外,通过改变阻尼孔面积而调节冲击波形,即根据缓冲器的阻尼力与活塞位移的关系模拟实车的碰撞环境,使台车减速度波形满足要求。这种吸能装置在美国 Ford、DTL,日本 NSK、本田等公司得到广泛应用。我国清华大学"汽车安全与节能"国家

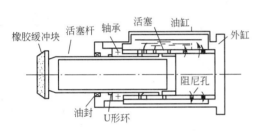

图 7.30 液压缓冲器结构示意图

重点实验室的汽车碰撞试验台也采用这种吸能缓冲器。

7.3.2 发射型模拟碰撞试验装置

发射型模拟碰撞试验装置是将被测试件(包括假人)反向安装在滑车平台上,使其获得相应的减速度,通过对滑车平台的加速来模拟汽车碰撞过程中的冲击环境。图 7.31 为美国本迪克斯(Bendix)公司生产的一种广泛应用的较先进的冲击试验装置——HYGE 试验装置。HYGE 试验装置的特点是能实现半正弦波和梯形波形,加速度和持续时间可任意设定。

HYGE 试验装置由动力、执行、数据采集 3 部分组成。其中,动力部分包含高压压缩机、氮气贮气筒、气液油缸(内设改变冲击波形的活塞针阀)等部件;执行部分包含控制台、导轨和滑车等部件;数据采集部分包含车载高速摄影机、灯光照明装置、传感器及信号记录装置、分析系统等。HYGE 试验装置主要性能参数见表 7-4。

表 7-4 HYGE 试验装置主要性能参数

试件质量/kg	最大加速度/(m/s²)	持续时间/ms	最高速度/(km/h)	最大推力/t	最大试件质量/kg
560	50	97	106	102	2300
2300	24	138	74	102	2300

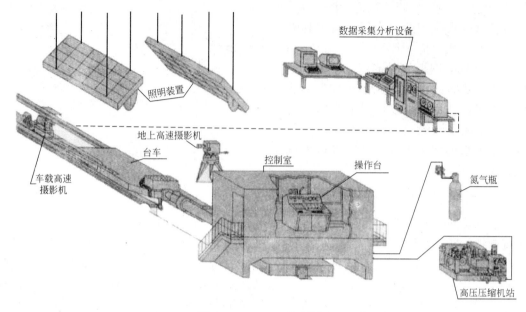

图 7.31 HYGE 试验装置

图 7.32 为 HYGE 试验装置中滑车发射系统的结构原理图。图中,HYGE 滑车发射系统中的缸筒被主活塞 2 及浮动活塞 5、6 分隔为 4 个容积可变的室空间,从左自右各室依次充填的工作介质分别是水(或油)、氮气、空气、水(或油)等,图中位置为准备发射状态。加载压力 p_2 约为调定压力 p_1 的 6 倍,但由于主活塞承受调定压力 p_1 侧的面积 S_1 比承受加载压力 p_2 侧的面积 S_2 大得多,即有 $p_1 S_1 > p_2 S_2$,使得主活塞紧紧压向量孔板将该量孔封住。触发压力 p_3 进入主活塞和量孔板之间的小气室后,使主活塞两侧的受力状况发生改变,当出现 $p_3(S_1-S_2)>(p_1 S_1-p_2 S_2)$ 时,原来的平衡状态被打破,主活塞向左移动,在其中一个瞬间出现 $S_1=S_2$ 时,由于 $p_2 S_2 \gg p_1 S_1$,便推动活塞高速向左移动,从而将滑车以高速发射出去,使其冲向壁障。

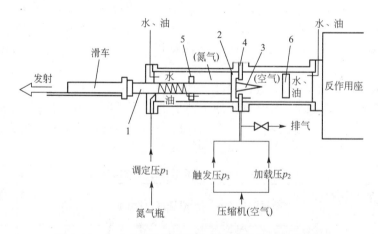

图 7.32 HYGE 试验装置滑车发射系统的结构原理图
1—推杆;2—主活塞;3—量针;4—量孔板;5、6—浮动活塞

当利用此装置进行模拟减速工况试验时,被测试件(包括假人)必须反装于滑车平台上。

7.3.3 冲击反弹型模拟碰撞试验装置

美国 MTS 公司制造了一种冲击反弹型模拟碰撞试验装置。它与冲击型模拟碰撞试验装置的主要区别是缓冲吸能器不同。冲击反弹型模拟碰撞试验台使用的吸能装置为程序控制吸能器。它吸收滑车冲击能量后再将滑车反弹,采用一半减速、一半加速的方式模拟汽车碰撞过程中的冲击环境,滑车冲击和反弹速度变化特性如图 7.33 所示。由于冲击初速度可以设定成实车碰撞车速的一半,使得试验台加速段导轨的长度可以大大缩短,这是这类试验台的突出优点。

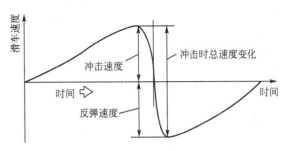

图 7.33 滑车冲击和反弹速度变化特性

7.3.4 安全带动态模拟碰撞试验实例

图 7.34 为安全带总成在动态模拟试验台的碰撞试验过程工作简图。该试验台主要由固定壁障、轨道、停车装置、碰撞台车、假人、弹射装置、滑车、波形发生器、加速度传感器、数据采集及分析系统等部分组成。被试件为安全带,要求试验过程中假人须佩戴好待检的安全带。

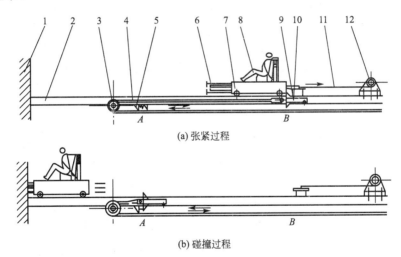

图 7.34 安全带总成在动态模拟试验台的碰撞试验过程工作简图
1—固定壁障;2—轨道;3—折返滚筒;4—橡皮绳;5—滑车缓冲装置;
6—停车装置;7—碰撞台车;8—假人;9—脱扣装置;
10—滑车;11—钢丝绳;12—转扬机

试验台工作原理:转扬机通过钢丝绳拖动台车向后运动,台车带动滑车拉伸橡皮绳积蓄至一定能量后起动脱扣机构,台车与脱扣机构分离后,滑车在橡皮绳拉力作用下推动台车向前运动,当台车被加速到事先设定的速度时,滑车被缓冲机构阻挡,台车适时与滑车分离后以近似匀速直线运动的方式继续向前直至与固定壁障发生碰撞；与此同时，电测量系统在测试台车碰撞瞬时速度时，自动触发并采集碰撞过程中台车加速度时间曲线及被试件本身的一些信号，并利用高速摄影机记录下来碰撞过程中被试件及假人的运动姿态，按标准要求对试验对象——假人、安全带及座椅位置移动关系和安全带的破损状况进行分析，并评价被试件的综合性能是否满足标准的相关规定。整个碰撞试验过程可分为张紧和碰撞两个子过程，分别如图 7.34(a)和(b)所示。

1) 张紧过程

装有停车机构、测速机构、加速度传感器的台车及坐姿端正、佩戴好待检安全带的假人一起与脱钩装置连接，脱钩装置钩住台车被转扬机从起点 A 处拖至 B 处，同时滑车也被拖曳使橡皮绳拉伸了 $A \sim B$ 之间的长度距离，B 点为台车弹射过 A 点时 50km/h 的参考点。

当台车被拉至 B 点时，滑车下部的紫铜片压下行程开关使转扬机停止工作；同时，信号采集系统开启。

2) 碰撞过程

起动脱钩装置后，台车失去钢丝绳的约束拉力，橡皮绳迅速回弹，滑车在橡皮绳拉力作用下推动台车向前运动，当滑车推动台车到达 A 点时，滑车被限位缓冲装置阻挡，台车与滑车分离后以近似匀速直线运动继续向前与固定壁障相撞，台车前面的停车机构先触及固定壁障，停车机构带动波形发生器运动，产生部件试验所需的加速度试验时间曲线。

碰撞过程中，台车上的假人继续以原有的速度向前运动，而安全带总成则会约束假人前移运动，安装在台车上的传感器实时将台车减速器信号通过信号线传至数据采集系统，高速摄影机实时记录下来碰撞过程中被试件及假人的运动姿态，这样整个安全带总成的碰撞试验过程就会被全程记录。

7.4 实车碰撞试验

实车碰撞试验从乘员保护的角度出发，以交通事故再现的方式，分析车辆碰撞过程中乘员与车辆的运动状态和损伤状况，并使用假人定量地评价碰撞安全性能。它既是综合评价汽车碰撞安全性能的最基本、最有效的方法，也是最终检验汽车安全性能必不可少的手段，同时还为计算机碰撞仿真建模提供理论指导和对比基础。

在道路交通事故中，车辆碰撞事故是最常见、最主要的事故类型。依据汽车碰撞事故发生时的形态特点，实车碰撞试验按碰撞形态可分为正面碰撞、侧面碰撞、追尾碰撞、车辆动态翻滚和角度碰撞等；按碰撞类型可分为与固定壁的正面碰撞试验、移动壁与汽车侧面的侧面碰撞试验及移动壁与汽车尾部的追尾碰撞试验、车辆动态翻滚试验、车与车之间的碰撞试验。

7.4.1 正面碰撞试验及侧面碰撞试验介绍

1. 正面碰撞试验

汽车正面碰撞试验是指被检验车辆以一定速度与一个刚性或可变形壁障发生碰撞的试验。20 世纪 60 年代以来，美国、欧洲、日本等汽车工业发达国家和地区展开了对汽车正面碰撞试验的系统研究，概括起来，正面碰撞试验研究的范围如下。

（1）正面碰撞试验实现的途径，包括试验方案及固定壁障、牵引装置、控制装置等碰撞试验用主要设备的选择及布置安排。

（2）碰撞用假人的开发或尸体代替乘员的试验。

（3）数据采集与处理，图像分析。

（4）乘员伤害指标的确定。

与此同时，美国、欧洲、日本也不断完善汽车正面碰撞法规，规范正面碰撞试验标准。美国、日本、欧洲正面碰撞法规试验概况见表 7-5。

表 7-5　美国、日本、欧洲正面碰撞法规试验概况

法规号	FMVS 208（美国）	日本 TRAIS 11-4-30	ECE R94.00	ECE R94.01
法规名	碰撞时的乘员保护	正面碰撞的安全基准	ECE 正面碰撞乘员保护（1995 年）	ECE 正面碰撞乘员保护（1998 年）
适用范围	轿车	轿车	轿车	轿车
碰撞形态	(a) 30°角左与右倾斜壁撞碰撞　(b) 正面碰撞	正面碰撞	30°角倾斜壁障碰撞（驾驶员侧）	壁障偏置碰撞重叠系数为 40%
碰撞速度/(km/h)	48.3	50	50	50、55、60、64
试验车质量	空车质量+行李质量+假人（2 人）	空车质量+假人	空车质量+假人（2 或 3 人）	空车质量+假人+36kg（测试系统等）
座椅位置	中间位置	中间位置（对于微型车可向后移动）	保证 H 点，调整正常驾驶位置	保证 H 点，调整正常驾驶位置
座椅靠背位置	设计标准位置	设计标准位置	设计标准位置	设计标准位置
转向盘位置	中间位置	中间位置	中间位置	中间位置
安全带	佩戴与不佩戴两种情况	佩戴	佩戴	佩戴

1）美国正面碰撞法规 FMVSS 208

1986 年，美国率先颁布了 FMVSS 208 法规《乘员碰撞保护》，统一规定了碰撞车速 48.3km/h，固定壁障为刚性表面。正面碰撞试验按此 3 种方式进行。

（1）车辆纵轴线与壁障表面垂直。

（2）车辆横截面与壁障表面成 30°角，碰撞时车辆左前端先触壁。

（3）车辆横截面与壁障表面成 30°角，碰撞时车辆右前端先触壁。

法规规定允许使用 Hybrid II 和 Hybrid III 型假人，给出了乘员伤害指标限值。1993 年，美国高速公路安全安全局对 FMVSS 208 做了进一步修改，规定从 1997 年开始使用 Hybrid III 型假人，形成了现行的美国正面碰撞法规——在正面碰撞时前排座椅上的两个 Hybrid III 型假人可佩戴或是不佩戴安全带，从而要求轿车必须装备安全气囊。

汽车安全

2) 欧洲的正面碰撞法规 ECE R94.00

虽然欧洲汽车工业发达国家对正面碰撞试验进行了相当长时间的研究,但一直未能形成统一的法规,直到 1992 年才提出 ECE 草案。草案中规定碰撞速度为 50km/h,固定壁障为刚性表面,碰撞形式为车辆横截面与壁障表面成 30°角,且碰撞时车辆驾驶员侧先接触。该草案与美国 FMVSS 208 法规不同的是只进行一种方式的试验,壁障表面带防滑装置,防止碰撞时车辆沿壁障表面滑脱。欧洲试验车辆委员会(EEVC)工作组第 11 次会议提出了议案,建议自 1998 年实施新法规。新法规规定碰撞形式如下。

(1) 刚性表面壁障与被试车辆正面偏置碰撞,重叠系数分别为 40%、50%、60%。

(2) 吸能壁障正面偏置碰撞,重叠系数分别为 40%、50%、60%,碰撞速度分别为 50km/h、55km/h、60km/h、64km/h。同时该规定给出了比 ECE 法规草案更为严格的乘员伤害指标限值。

3) 日本的正面碰撞法规 TRIAS 11-4-30

日本虽然是当今世界的汽车工业发达国家之一,但实车碰撞研究工作却滞后美国、欧洲 10 年左右。日本在研究美国、欧洲法规的基础上,逐步建立了自己的实车碰撞法规,已于 1994 年 4 月开始实施《正面碰撞的安全基准》,碰撞形式为车辆纵轴线与壁障表面垂直,其余内容与美国 FMVSS 208 正面碰撞条件基本一致。

日本正面碰撞试验标准 TRIAS 11-4-30 中采用了车速为 50km/h 的正面碰撞方式,使用代表欧美人体的 Hybrid III 假人和三维 H 点装置(ISO 5549),评价指标也与 FMVSS 208 相同,但在日本现行标准中还允许使用 Hybrid II 假人,试验时假人用安全带系紧。

由于日本人体体型与欧美人体体型差异很大,所以在法规 TRIAS 11-4-30 中,对影响坐姿的三维 H 点装置的腿长进行了修正,在假人安放程序中,为了保证正确的坐姿,规定了座椅的调节方法。

4) 中国的正面碰撞法规

1989 年,参照美国 FMVSS 208 法规,中国制定了 GB/T 11551—1989《汽车乘员碰撞保护》标准(现已作废)。由于当时不具备试验条件,使得该标准一直未能执行。1999 年参照 ECE R94.00 制定了机动车设计法规 CMVDR 294-1999《关于正面碰撞乘员保护的设计规则》。该法规与 ECE R94.00 的区别是将 ECE R94.00 中的碰撞壁角度由 30°改为 0°的正面碰撞,即采用正面全宽碰撞刚性墙的方式,其他条件与 ECE R94.00 相同;同时针对欧美成年人体型并不完全与亚洲成年人体型分布相同的实际,法规 CMVDR 294 在试验中座椅的调整方式上借鉴了日本法规允许前排座椅在碰撞试验时后移的内容,从而确保 HybridIII 型 50 百分位男性假人在试验中处于正确的位置。2003 年,CMVDR 294 正式成为 GB 11551—2003《乘员车正面碰撞的乘员保护》。

5) 正面碰撞试验的主要考核指标

(1) 假人头部性能指标(HPC)应小于或等于 1000;胸部性能指标(THPC)应小于或等于 75mm;大腿性能指标(FPC)应小于或等于 10kN。

(2) 在试验过程中车门不得开启。

(3) 在试验过程中前门的锁止系统不得发生锁止。

(4) 碰撞试验后,不使用工具,对于前排座位,若有门,至少有一个门能够打开;必要时,改变座椅靠背位置使得所有乘员撤离;将假人从约束系统中解脱。如果发生了锁止,通过在松脱装置上施加不超过 60N 的压力,该约束系统应能被打开,从车辆中完好地取出假人。

在碰撞过程中,燃油供给系统不得发生泄漏,若存在液体连续泄漏,泄漏速率不得超过 30g/min,如果来自燃油供给系统的液体与来自其他系统的液体混合且不同的液体不容易分离和辨认,那么在评定连续泄漏时收集到的所有液体都应计入。

2. 侧面碰撞试验

汽车侧面碰撞试验是指被检验车辆固定,移动变形壁障以一定速度与检验车辆垂直或以一定角度撞向被试车辆的试验。目前,国际上侧面碰撞法规主要有美国 FMVSS 214 和欧洲 ECE R95 两种侧面碰撞方式。美国、欧洲侧面碰撞的试验方法存在较多的不同之处,主要表现在:碰撞形态不同;移动壁障的台车质量、尺寸及吸能块尺寸、形状和性能不同;试验用侧碰假人不同;碰撞速度不同;碰撞基准点的位置不同;乘员伤害指标不同。表 7-6 为国际标准化组织、美国、欧洲侧面碰撞法规试验概况。

表 7-6 国家标准化组织美国、欧洲侧面碰撞法规试验概况

法规号	ISO N123(国际标准化组织)	FMVSS 214(美国)	ECER95
法规名	侧碰撞乘员保护(草案)	侧碰撞乘员保护(NHTSA 最后案)	ECE 侧碰撞乘员保护
适用范围	轿车	轿车	轿车
碰撞形态	可变形壁障 90° 0°碰撞角	27° 可变形壁障 90° 27°碰撞角	可变形壁障 90° 0°碰撞角
试验车 总质量 座椅位置	空载质量+假人+工具 前后方向:中间位置 靠背角:正常位置 头枕:最高位置 座椅高度:最低位置	空载质量+假人+工具 前后方向:中间位置 靠背角:正常位置 头枕:最高位置 座椅高度:最低位置	空载质量+假人(1个)+100kg 前后方向:中间位置 25°位置 假人上体重心以上 腰部支撑调回 扶手:最低位置 其他内饰件:处常用位置
车窗 车门 制动 变速器	被碰撞侧全关闭 全关闭不锁 驻车制动松开 处空挡位置	被碰撞侧全关闭 全关闭不锁 制动状态 手动变速器 2 挡;自动变速器空挡	驻车制动松开 处空挡位置
转向盘 轮胎	中央位置 规定压力	中央位置 规定压力	中央位置 规定压力

美国是最早执行汽车侧面碰撞保护法规的国家。美国将原来的 FMVSS 214《车门侧压静强度》进行了修正,增加了侧面碰撞试验条款,其碰撞形态为 27°碰撞角(移动壁障台车纵向轴线与台车运动方向之间的夹角),并采用移动吸能壁障(MDB),碰撞速度为 59.3km/h,假人采用 SID 型,同时给出了胸部、腰部两点乘员伤害评价指标,该法规于 1990 年颁布实施。欧洲于 1991 年发布了 ECE《侧碰撞保护》草案,1995 年发布了正式的 ECE R95 法规。日本在汽车侧面碰撞方面的研究始于 20 世纪 90 年代初,因在用车辆的平均质量、刚度与欧洲十分相似,在广泛调查研究的基础上,其侧面碰撞法规采用了与欧洲

相同的碰撞方式，1998年正式将侧面碰撞法规纳入日本保安基准。国际标准化组织起草的ISON123《侧碰撞保护》草案，吸收了美国、欧洲对应法规的部分内容。

目前，侧面碰撞法规统一协调化工作的重点是先统一侧面碰撞假人和伤害评价指标。欧洲ECE R95提出的02号修订草案中建议采用EuroSID1的改进型ES2假人，ES2假人已经在欧洲、日本的NCAP安全性评价中被采用。另外一个侧面碰撞假人World SID也已经通过评价，这是目前唯一的侧面碰撞生物保真性能满足ISO标准要求的侧面碰撞假人。

侧面碰撞试验的考核指标主要如下。

（1）头部性能指标（HPC）应小于或等于1000；当没有发生头部接触时则不必测量或计算HPC值，只记录"无头部接触"。

（2）胸部性能指标：肋骨变形指标（RDC）应小于或等于42mm，粘性指标（VC）应小于或等于1.0m/s。

（3）骨盆性能指标：耻骨结合点力峰值（PSPF）应小于或等于6kN。

（4）腹部性能指标：腹部力峰值（APF）应小于或等于2.5kN的内力（相当于4.5kN的外力）。

（5）在试验过程中车门不得开启。

（6）碰撞试验后，不使用工具应能打开足够数量的车门，使乘员能正常进出；必要时可倾斜座椅靠背或座椅，以保证所有乘员能够撤离；将假人从约束系统中解脱出来；将假人从车辆中移出。

（7）所有内部构件在脱落时均不得产生锋利的凸出物或锯齿边，以防止增加伤害乘员的可能性。

（8）在不增加乘员受伤危险的情况下，允许出现因永久变形产生的脱落。

（9）在碰撞试验后，如果燃油供给系统出现液体连续泄漏，其泄漏速度不得超过30g/min；如果燃油供给系统泄漏的液体与其他系统泄漏的液体混合，且不同的液体不容易分离和辨认，则在评定连续泄漏的泄露速度时记入所有收集到的液体。

7.4.2 实车碰撞用主要设备的结构及工作原理

在实车碰撞试验中，主要的使用设备有壁障、牵引系统、轨道、浸车环境室、摄影系统、观测系统（观测地坑）等。日本汽车研究所的实车碰撞实验室如图7.35所示。

1. 壁障

壁障位于碰撞区内。为确保碰撞过程的安全性，即防止在各种不同形态的碰撞过程中被试车辆不与其他设施发生意外碰撞，对碰撞区的基本要求是，区域足够大，能够满足多种不同碰撞试验要求，能容纳跑道、壁障等试验设施，并且必须保证壁障前至少5m的跑道水平光滑。

壁障是指实车碰撞试验系统中，碰撞时与试验车辆相作用的构造物。壁障根据是否可移动，分为固定壁障和移动壁障；根据用途、形状，壁障可分为偏置碰撞用壁障、柱面壁障和轿车钻入货车后部试验用的钻入式壁障。试验时可根据不同的碰撞形式选用不同的碰撞壁障。

1）固定壁障

正面碰撞试验用固定壁障是由钢筋混凝土结构组成的主体及可拆装的硬表面构成的组

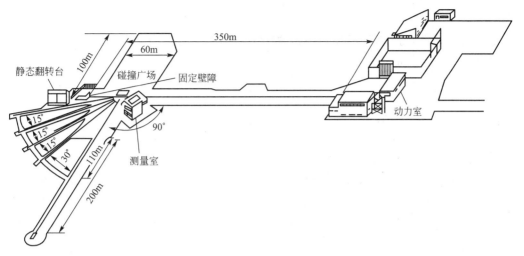

图 7.35　日本汽车研究所的实车碰撞实验室

合体(也有少数实验室为便于进行其他形式碰撞采用移动式的)。固定壁障的长、宽、高和总质量有明确规定：前部宽度不小于 3m，高度不小于 1.5m，厚度应保证其质量不低于 70t；壁障的前表面必须平整，且与地面垂直并覆盖一层 20mm 厚的胶合板；壁障尺寸和结构应足以限制其表面变形量小于测量压溃变形量的 1%。正面碰撞时，被测车辆的纵向中心线应与壁障中心线重合，其不重合度应在 300mm 范围内，国内外相关法规对此的相关规定差别不大。

通常在固定壁障表面安装有 12~50 个载荷传感器，用以测量碰撞载荷。

2) 移动壁障

侧面碰撞或追尾碰撞采用带有吸能表面(如蜂窝状铝块)的移动壁障。移动壁障结构如图 7.36 所示。根据 FMVSS 和 SAEJ972 的规定，移动壁障有两种冲击表面：一种是 FMVSS 214 规定的用于侧面碰撞试验的吸能表面；另一种是 FMVSS 301 规定的用于侧面碰撞试验的平面刚性表面。这两种表面均可装在一个可移动的车辆前端，侧面碰撞用的吸能表面由一块平板上固定吸能缓冲部件构成。不同的使用要求，移动壁障的质量、碰撞表面结构是不同的。

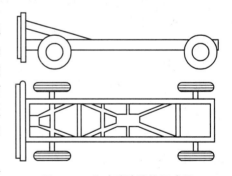

图 7.36　移动壁障结构示意图

试验中，试验车辆固定，移动变形壁障以一定的速度撞击车身侧面或追尾撞击车身。移动变形壁障主要由碰撞块和移动车组成，其中，碰撞块即移动壁前端，为由蜂窝状铝块制成的吸能壁障，对碰撞块的形状、尺寸及重心位置等参数均有明确严格的要求。移动车尽可能与真实车辆相当，对移动车的形状和大小有明确规定。此外，移动车须有相应的制动装置，一旦发生碰撞，通过传感器起动该制动装置，能使其尽快停止，避免与被试验车辆发生二次碰撞。对侧面或追尾碰撞试验撞击点的位置有明确严格的要求，撞击偏差控制比较严格，一般应控制在 25mm 之内。撞击速度为 $(50±1)$km/h，并且该速度至少在碰撞前 0.5m 内保持稳定。

2. 牵引系统

牵引系统是使被试车辆或移动壁障由静止状况产生到设定的碰撞前速度的速度提升装置。对其的基本要求如下。

(1) 高精度的速度控制。

(2) 牵引过程中加速度保持恒定且不能过大，以保证加速过程中假人的姿态不发生变化，FMVSS 208 规定加速度不超过 $0.5g$，实际中采用 $0.2\sim0.25g$ 比较普遍。

(3) 安全可靠、节能。

在各种可能的牵引方案中，常见的牵引形式是电力牵引、橡皮绳牵引和弹射式牵引。电力牵引形式的特点是控制精度高、适应性强，但其电动机、电控系统结构复杂，价格高；橡皮绳牵引形式的特点是结构简单，价格便宜，但控制精度较低，加速过程不能满足加速度基本恒定的要求；弹射式牵引形式的特点是牵引距离较短，加速度大且不能实现恒定加速，这使得应用具有局限性。

牵引系统主要由牵引装置、驱动绞车、制动装置、脱钩装置等部分组成。

(1) 牵引装置。其作用是牵引被试车辆沿设定的轨道运动，并达到规定的试验车速。

(2) 驱动绞车。试验车辆牵引加速方式多采用电动机(或液压马达)驱动转筒缠绕钢丝绳实现。绞车转鼓表面有绕线沟槽实现钢丝绳规则排列和摩擦驱动，也有另设排线机构的情况。

(3) 制动装置。其作用是迫使驱动系统紧急停车，通常用于异常情况下终止试验。试验过程中，当开始牵引后的被试车辆发生异常、牵引加速度超过规定值、绞车发生故障或钢丝绳被拉断等异常情况时必须要终止试验，而要终止试验就必须使用制动装置使牵引系统及时停止工作。

(4) 脱钩装置。用于拖挂且引导车辆在车辆碰撞前约 20m(或规定的其他距离)与被试车辆脱开，以保证被试车辆有一段匀速行驶距离。与车辆脱开的过程由一固定在导轨侧面的挡块实现。脱钩装置包括两部分，一部分是连接车辆部分，另一部分是引导部分，与钢丝绳连接。

现在国内一般采用电机驱动，由钢丝绳带动被试车辆加速在碰撞前脱钩，车辆自由撞击壁障。脱钩时的速度即为撞击速度，保证 $48\sim50$ km/h。

3. 轨道

实车碰撞试验用轨道是指用条形的钢材铺成的专供被试车辆或移动壁障实现动力驱动的路线，有单轨和多轨等形式。图 7.35 所示的日本汽车研究所的实车碰撞试验场中共有 6 条轨道，主加速轨道 1 条，长 350m；辅助加速轨道 5 条，其中 1 条长 200m，与主加速轨道的间隔角为 90°；另 4 条每条长 110m，与主加速轨道的间隔角分别为 120°、135°、150°、165°。

4. 浸车环境室

碰撞试验需用假人，假人的皮肤、颈部和胸部等采用了许多塑料部件。这些塑料部件的重要特点是其特性随着温度的变化而改变，欲正确测量假人各部位的伤害值，必须保证在专门设定的温度下进行试验。因此，在实车碰撞试验法规中要求：碰撞前，装载假人的被试车辆必须放入恒温室，即浸车环境室 4h 以上，能满足试验的精度要求。表 7-7 为国外主要汽车碰撞法规规定的实车碰撞试验的浸车环境要求。

我国 CMVDR 294 标准规定，试验用 Hybrid III 假人，温度范围为 20.6~22.2℃。

表 7-7 国外主要汽车碰撞法规规定的实车碰撞试验的浸车环境要求

法规名称	试验假人	稳定/℃	湿度/(%)	法规名称	试验假人	稳定/℃	湿度/(%)
FMVSS 208	Hybrid III	20.6~22.2	10~70	ECE R95	ECE R95	18~26	—
FMVSS 214	SID	18.9~25.6	10~70	TRIAS 11-4-30	Hybrid II	18~26	—
ECE R 94	Hybrid III	19~22	—		Hybrid III	20~23	—

5. 摄影系统

为了便于深入分析实车碰撞试验过程中被试车辆的变形特性、假人的运动特性，需要同时采用多台高速摄影机从多个不同的角度对试验过程进行现场拍摄，这就要求有足够的照明设备来保证足够的照度，如图 7.37 所示，分别从固定壁障上方和观测地坑布置摄影机和照明设备。要求在固定壁障前方 5m×2m 范围内应能保证 50000lx 的照度，实际中是在自然光线基础上运用反射镜、照明灯光予以配合保证。

为了使高速摄影机获得理想的图片效果，试验前需要对焦、调白平衡，并且根据灯光效果调节光圈大小。由于摄影机有一定的正常工作温度范围，夏天不宜长时间开机等候。

为了增强被摄影零部件的可分辨率，试验前可对被测车辆中对碰撞性能影响较大的重要部件如动力总成、散热器、前纵梁等喷涂不同的颜色/油彩并粘贴标识点，以便了解碰撞过程中这些部件在车辆前端变形过程中的接触状态、运动状况及自身结构内部的变形状况。

6. 观测系统

要深入了解碰撞试验过程中车辆的损伤状况，需要分析车辆损坏的过程，特别要注意从车辆下部观测，因此在固定壁障前方下部一般设置有一观测地坑，如图 7.38 所示。地坑内布置有反光镜、高速摄影机和照明灯，以方便从地坑中实施拍摄，地坑上盖为由角钢钢筋焊接成网格状的盖板或一层特殊的玻璃，既可防止被试车辆掉入地坑内，又对摄影无遮挡作用。

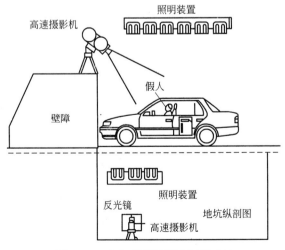

图 7.37 实车碰撞现场的摄影系统

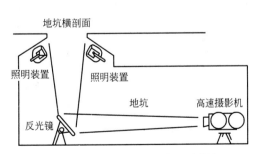

图 7.38 实车碰撞现场的观测地坑

一般在试验开始前 5min 开启灯光系统,以确保碰撞区域内的温度不要过高。

7.4.3 假人及碰撞试验测量系统

1. 假人(试验模拟人)及其标定

1) 假人的发展及其要求

由于汽车碰撞试验属于破坏性试验,具有高度的危险性,实际中不可能用真人进行试验,在此背景下,美国和欧洲先后开发了汽车载荷试验模拟人(也称标准假人或人体物理模型)。随着科技的发展,目前制造的假人已有很好的拟人性质,已成为汽车动态试验不可缺少的工具。

模拟人(假人)最初用于飞机座椅弹出试验,即用于测试飞机的驾驶员逃离系统,1966年美国 ARL 公司开发出碰撞试验模拟 VIP 系列假人,美国汽车工程师协会标准 SAE 对 50th 模拟假人(即第 50 百分位的假人——按统计,美国 50% 男子的体重和座高等体格参数比该假人低)的尺寸、质量、弹簧常数等进行了规定。用于撞车试验的模拟假人所要求的性能如下。

(1) 尺寸、质量分布、关节的活动、胸部等各部分在受载荷时的变形特性应与人体很相似。

(2) 应能对人体相对应的各部分的加速度、负荷等参量进行测定。

(3) 个体间的差异小,反复再现性好,并且具有优良的耐久性。

1971 年美国 ARL 公司和 Sierra 公司合作开发出假人 Hybrid Ⅰ,在美国汽车巨头的支持下,第一安全系统技术公司(First Technology Safety Systems,FTSS)制造出 Hybrid Ⅱ 假人,并于 1973 年在 FMVSS 208 标准(乘员碰撞保护)中将 Hybrid Ⅱ 50th 假人作为评定汽车碰撞试验中乘员碰撞保护性能的标准设施。1976 年美国对 Hybrid Ⅱ 进行了改进,开发了更接近人体特性的 Hybrid Ⅲ 型假人。美国已研究开发了一个试验假人系列,除法规规定的 Hybrid Ⅱ 和 Hybrid Ⅲ 之外,还开发生产出了汽车侧面碰撞用假人 SID 和儿童假人等。目前,各前碰撞法规试验中,已指定使用 Hybrid Ⅲ 型假人。

按人体类型分类,假人可分为成年假人、儿童假人。成年假人按体型又可分为中等身材男性假人、小身材女性假人和大身材男性假人。按碰撞试验类型分,假人可分为正面碰撞假人、侧面碰撞假人。

碰撞试验假人是用于评价碰撞安全性的标准模型。假人的尺寸、外形、质量、刚度和能量性能要求与人体非常相似;能够准确地模拟人体在碰撞事故条件下受力、变形等生物力学参数。模拟假人大多采用金属与塑料制作,其胸腔是钢制的,肩胛骨是铝制的,盆骨是塑料的。模拟假人不仅具有和真人一样的外形和内脏,还有复杂的脊柱、肋骨和合成肌肉。在模拟人的身体上,遍布着各种各样的传感器(大约装有 60 个传感器),最多可以为 180 多个信道提供数据,并以每秒 2000 次的速度刷新数据。

2) 假人标定

为了确保试验用假人性能的一致性,对实车碰撞试验假人规定了标定试验要求。为了使试验结果具有较好的重复性,最好在实车碰撞试验室中建立假人标定室,以避免假人标定后由于运输过程对假人标定结果产生不利影响。

假人标定室对环境有严格的要求,表 7-8 为 Hybrid Ⅲ 假人标定时的环境要求。

2. 碰撞试验测量系统

该系统由电测量系统和光学测量系统构成。电测量系统由传感器、放大器、数据记录和采集系统等部分组成，用于精确测量碰撞过程中汽车各部位的加速度响应、对固定壁的碰撞力及乘员伤害评价用的各种响应信号；光学测量系统用于获取碰撞过程中直观的二维影像，分析碰撞过程中车体的变形及乘员的运动姿态，以从总体上了解碰撞全过程。

表 7-8 Hybrid III 假人标定时的环境要求

试验内容		温度/℃	湿度/(%)
Hybrid III	头部跌落	18.9～25.6	10～70
	膝部冲击	18.9～25.6	10～70
	胸部冲击	20.6～22.2	10～70
	颈部弯曲	20.6～22.2	10～70

汽车碰撞试验中电测量项目分为车体加速度响应信号、固定壁碰撞力和假人动力学响应。其中，碰撞过程中车体加速度响应信号通过在车体局部刚度较大的部位安装加速度传感器获得；固定壁碰撞力通过安装在固定壁上的测力单元获得；假人动力学响应测量通过安装在假人身体各部位的传感器来获得，用于定量分析和评价乘员的伤害程度。

汽车碰撞试验中光学测量系统是利用摄影机或摄像机高速拍摄碰撞瞬间的车体、假人的运动变形等详细过程。通过对序列影像的定性和定量分析，获得对人眼运动太快的事件，分析运动物体特征参数。

7.4.4 实车碰撞试验程序

实车碰撞试验涉及机械运动学、电子学、光学、计算机等多门科学技术，是一项技术性很强的专业性试验。该试验属于瞬时(0.1s 内)发生的破坏性撞击，试验具有不可重复性，且试验要用真实车辆和许多一次性消耗材料，成本很高，任何小的失误都可能造成巨大损失。因而，除了试验仪器设备具有高的精度、试验人员具有高超的技术和丰富的经验外，试验准备工作也必须仔细认真，严格按试验程序执行。根据美国 FMVSS 208 法规正面碰撞的标准程序中的主要试验程序，其试验主要步骤如下。

(1) 试验车辆质量：空载质量＋行李质量＋假人质量(两个假人质量)。

(2) 燃油箱：抽出全部燃油，加入 92%～94%油箱容积的水或其他不易燃液体，被试车辆的制动液、冷却液、机油应全部放出。

(3) 被试车辆的制动液、冷却液、机油应全部放出(这一点没有专门规定)，防止溅洒到壁障表面和观测地坑中的高速摄影机上。

(4) 轮胎气压调到规定值。

(5) 车辆质量的调整：当车辆未达到上述(1)条规定的质量时，应加配重(质量块)，加装位置应选择不影响车辆碰撞和乘员保护的地方。

(6) 加速度传感器安装和目标标志纸设置。

(7) 座椅位置和靠背角度调整，转向盘位置调整。

(8) 试验车辆的基本条件：车门全闭不锁，驻车制动释放，变速器处空挡位置，钥匙锁处接通位置。

(9) 假人着座姿势检查：头、腿和其他部位按需要涂些油彩，以帮助确认假人碰撞部位。

(10) 试验：在距碰撞点之前 300mm 处测量车速，碰撞试验后进行静态翻转检验，检查泄漏情况。

被试车辆准备是一项非常细致且十分重要的工作。首先，被试车辆应能反映出该系列产品的特征，应包括正常安装的所有装备并处于正常运行状态，一些零部件可以被等质量代替，但不得对测量结果造成影响；其次，被试车辆质量应是整备质量，燃油箱应注入92%油箱容积的水或其他不易燃液体，所有其他系统（制动系、冷却系）等应排空，排除液体的质量应予以补偿；最后，对乘员舱进行相当严格的调整，主要调整项目如下。

(1) 座椅：包括前排座椅和后排座椅，都按规定进行调节。

(2) 转向盘：水平位置和垂直位置均调整到可调范围的中间位置（转向盘处于自由状态，且处于制造厂规定的车辆直线行驶时的位置）。

(3) 安全带固定点：应调整至设计位置或中间位置，或靠近中间偏上的固定位置。

(4) 变速杆：应处于空挡位置。

(5) 车窗玻璃：应放下，此时操纵手柄的位置相当于车窗玻璃关闭时所处的位置。

(6) 踏板：应处于正常的释放位置。

(7) 遮阳板：应处于收起的位置。

(8) 后视镜：应处于正常的使用位置。

(9) 车门：关闭但不锁止。

(10) 活动车顶：应处于应用的位置并关闭。

(11) 驻车制动器：应处于正常的释放位置。

实车碰撞试验程序框图如图 7.39 所示。开始进行实车正面碰撞试验效果图如图 7.40 所示。

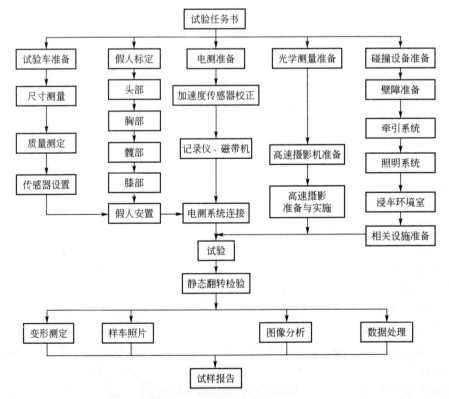

图 7.39　实车碰撞试验程序框图

图 7.40　开始进行实车正面碰撞试验效果图

侧面碰撞试验与正面碰撞试验程序相似，只是在正面碰撞基础上增加了移动壁障准备工作的内容。

7.5　汽车被动安全碰撞试验仿真技术简介

7.5.1　计算机仿真研究的优越性及局限性

在计算机仿真技术诞生之前，汽车工业只能沿用传统的手段进行汽车产品开发和安全性能的研究工作。早期的汽车被动安全性研究主要采取反复试验的方法，汽车结构耐撞性和乘员保护系统的性能检测主要依靠试验手段和经验，这需要相当长的时间。然而，实际中，无论是台车碰撞模拟试验还是实车碰撞试验，都涉及大量试验数据的采集和处理，且采用的数据采集系统为电测量和光测量相结合的系统。由于试验中要用到大量的传感器和数台高速摄像机，这些数据采集系统及试验中采用的假人在试验前都要进行严格的标定，其试验准备工作十分费时。另外，被动安全性试验特别是整车试验都是破坏性试验，试验所需费用十分昂贵，还由于试验中存在一些随机因素的影响，使得试验结果往往不够稳定，可重复性较差。例如，发达国家汽车制造企业早期进行汽车安全性能试验，每次都需要用手工的方法打造几十辆新车，实车试验耗费巨大，而得到的试验结果却未必理想。这种现状表明以实物为对象的试验方法并非是最高效和最经济的。

计算机在计算速度、内存容量和图形功能等方面的发展，以及有限元和多体系统动力学建模方法的推广和应用，使得采用计算机仿真方法进行汽车被动安全性研究成为可能。计算机仿真技术是利用计算机科学和技术的成果建立被仿真的系统的模型，并在某些实验条件下对模型进行动态实验的一门综合性技术。该技术具有高效、安全、受环境条件的约束较少、可改变时间比例尺等优点，已成为分析、设计、运行、评价、培训系统(尤其是复杂系统)的重要工具。

对于汽车新产品开发而言，计算机仿真技术可不必等到新产品制造出来才对其安全性做出评价，而是可在其初期的设计阶段就能对产品的安全性做出初步的评价，可尽早地发现问题和解决问题，从而极大地降低了开发费用，缩短了开发周期；同时由于每辆汽车和每个零件都不可能完全相同，因此一些关键性的差别（如零件铸造时的缺陷）都会影响到试验的结果，而在计算机上建模分析就不存在这些问题；还有，即使试验现场采用三维高速摄像手段，也很难得到汽车内部某些关键部件的变形情况，而采用计算机模拟的方法不仅重复性好、存储的信息量大，而且还可将汽车沿任意截面剖开，观察其内部零件的变形情况和应力应变分布情况，在提出改进方案后，能够快捷地修改模型，经过计算分析对比有关零部件修改前后的变形情况，而不必等待样品的制造。目前，国内外许多应用实例表明计算机仿真预测值与实验值密切相关，从而大大减少了必需的实车碰撞次数。与传统的实物试验技术相比，计算机仿真研究具有以下优越性。

（1）所需周期短。计算机仿真与 CAD/CAM 相结合，使得新产品的被动安全性能在产品的开发过程中就可以得到控制，缩短了产品的开发研制周期。

（2）所需费用低。由于不需要事先制造出实物车辆，尤其对于开发新产品而言，在进行整车被动安全性仿真时，不需要进行破坏性试验，因此可以节约大量的人力和物力。

（3）具有可重复性。由于试验过程受很多随机因素的影响，因此在研究不同的系统参数对被动安全性能的影响时，不易得到明确的结果；而在计算机仿真中，当改变某一参数时，可以很容易地获得该参数对系统性能的影响状况。

（4）可以获得任意所需数据。对于试验而言，要获得更多的数据就必须增加传感器和高速摄像机的数量，而且由于传感器的安装位置要求以及不可摄像点的存在，有些数据是不可能获得的；而计算机仿真可提供任意节点处的运动和动力参数。

（5）不受时间、空间、气候、技术保障等条件的限制，可以随时进行。实际现场进行的试验往往容易受到仪器设备技术状况、人员组织等条件的限制，当一些关键性条件不满足时则无法及时进行，而计算机仿真则可以随时进行。

虽然计算机仿真方法较实际试验相比优越性明显，但它并不能完全代替实际试验。这是因为计算机仿真方法中所建立的汽车整车或人体模型，本身存在着许多局限性，不可能完全真实地反映实际复杂的碰撞过程。设计阶段模拟计算得到的结果只是对汽车及其零部件耐撞性的预先估计，在产品的开发和设计过程中具有指导意义，只有最终的产品试验才能真实反映汽车及其零部件发生碰撞时的变形过程，并且模型中的参数要根据相关的试验获得，模型的正确性也需要试验来验证，因此，计算机仿真结果的正确与否最终还需要通过实际试验来检验。

实践表明，现场试验技术与计算机仿真技术之间为相辅相成、相互促进、共同发展的关系，而非取代的关系。随着计算机仿真技术的发展，特别是并行计算技术和建模理论的发展，计算机仿真方法已越来越广泛地应用于汽车被动安全性的研究中，这将有利于在新产品开发过程中，使样车试制、试验次数进一步降低，从而节省开发费用、缩短开发周期。

7.5.2 计算机仿真研究的主要内容及应用

1）计算机仿真研究的主要内容

道路交通安全涉及人、车、路三大要素。其中，人的含义是指交通参与者，主要包括机动车驾驶员、骑车人、行人、乘车人等；车的含义是指机动车和非机动车等；路的含义为道路及其交通环境。就汽车碰撞问题而言，由于涉及包括交通参与者行为、人体生物力学、车辆动力学、材料科学、道路力学在内等多门学科，因此是一个十分复杂的科学问题。目前，在汽车碰撞模拟方面，主要有以下 4 类模型。

(1) 模拟汽车事故模型，即交通事故再现。
(2) 模拟碰撞中结构大变形的模型。
(3) 模拟人体整体动力学响应的模型。
(4) 模拟人体局部结构的生物力学模型。

用于上述 4 类模型的建模方法可以分为集总参数模型、多体系统动力学模型和有限元模型。

集总参数模型是根据汽车的运动特点将其重要部件分别简化成质量、弹簧、阻尼器等力学元件而构建的单质量系统、多质量系统运动模型。这类简单模型多用于预测交通事故中汽车的运动，在事故再现研究中大量使用。这种模型也可用于建立正面碰撞中汽车结构的简单模型，用于新车概念设计阶段及参数辨识、性能优化等工作。

多体系统动力学包括多刚体系统动力学和多柔体系统动力学。多体系统动力学是研究多体系统(一般由若干个柔性和刚性物体相互连接组成)运动规律的科学。对于高速运动的汽车而言，其中柔性体的变形对汽车系统的动力学行为产生很大影响。汽车多体系统动力学模型是应用多体系统动力学理论对汽车整体或某个特定对象进行动力学建模分析的一种研究方法。近 30 年来发展起来的多体系统动力学理论为建立复杂的汽车动力学系统提供了有力的工具。

有限元方法适用于建立汽车结构模型及人体结构的生物力学分析模型。瞬时有限元的直接积分有隐式算法和显式算法两类。现在碰撞仿真的有限元软件都使用显式算法。该方法的优点是能够真实地描述结构变形。

2) 计算机仿真技术在汽车被动安全研究中的应用

在汽车被动安全性研究中，国外 20 世纪 60 年代中期就开始了计算机辅助碰撞模拟的研究工作。尤其是近 20 年以来，计算机碰撞仿真技术发展十分迅速。这一方面是由于计算机软硬件技术的发展，使计算机性能提高，应用日益普及；另一方面，汽车市场的激烈竞争要求提高新车型开发的成功率，缩短开发周期，降低开发费用。为了适应需求，在汽车产品开发中必须采用先进的计算机辅助手段。进入 20 世纪 80 年代，在市场需求的刺激下，欧美国家推出了用于碰撞模拟的商业化软件包，著名的有 LSTC 公司的 LS-DYNA3D、法国 ESI 公司的 PAM-CRASH 及 PAM-SAEF、荷兰 TNO 公司开发的 MADYMO 等。这些功能强大的软件包能使计算机仿真技术和汽车被动安全问题有机结合，使其在安全车身开发、碰撞试验用标准假人开发等工作中发挥重要作用。

计算机模拟仿真技术这种新的研究手段，使汽车新产品从概念形成到开发成功的过程迅速缩短，由传统方法的 5~7 年时间缩短为目前的两年左右，同时汽车的安全性能也稳步提高，尤其是 1985 年后用于求解大位移、大转角、大应变、接触碰撞问题的非线性有限元方法的不断成熟，更为汽车被动安全性的研究开辟了新的途径。

随着有限元理论的进一步发展，目前已有一批应用价值很高的有限元软件被广泛地应用在汽车被动安全性研究中，在实际应用中常用的有 LS-DYNA3D、PAM-CRASH 和 MSC/DYTRAN 等。通过实际应用表明，它们在分析和研究结构三维动态大变形方面具有较强的功能，在汽车碰撞仿真研究方面应用比较成功，特别是对于车身结构的改进研究，可以在相对很短的时间内对多种方案进行比较和优化分析，最终得到较为满意的改进方案。

利用复杂的计算机程序将车辆结构有限元数学模型和车辆内部及测试假人结合起来。这样，该整车数学模型就可在计算机上进行模拟碰撞试验，以此研究在正面碰撞和侧面碰撞中车辆整体设计与测试假人间的相互影响。与真实碰撞试验相比，采用计算机模拟技术能够更快、更经济地发现汽车设计中的缺陷，进而改进汽车的设计。

计算机碰撞仿真的工程应用包括：碰撞中人体伤害及评价标准假人的技术研究；碰撞试验方法的研究；汽车产品开发中的应用。

可以预期，随着计算机碰撞仿真技术可靠性的不断提高，一方面计算机碰撞仿真将来会部分地替代汽车碰撞试验，有利于降低开发费用，缩短开发周期；另一方面，也将推动汽车被动安全现场试验研究方案的更科学、更完善，推动汽车被动安全性能的进一步提高。

7-1　简述我国NCAP的碰撞测试规则和评分方法，以及与美国、欧洲、日本 NCAP的主要区别。

7-2　汽车被动安全试验有何意义？台架试验、模拟碰撞试验、实车碰撞试验各有何特点？这3种试验之间存在何种关系？能否相互完全替代？为什么？

7-3　简述车顶及侧门强度、门锁及门铰链、安全带、安全带固定点、座椅及头枕、燃油箱等零部件试验项目各自的试验方法及相应要求。

7-4　转向系统缓冲性能、内部凸出物试验的试验方法及其意义是什么？何为内饰安全性？

7-5　行人碰撞保护试验的意图何在？选择人体小腿部位、大腿部位、头部进行专门碰撞试验有何意义？

7-6　简述冲击型、发射型及冲击反弹型3种试验装置的主要结构、检测原理、主要特点。

7-7　简述美、欧、日、中等正、侧面碰撞法规的主要异同点及其差异产生的原因。

7-8　简述实车碰撞用主要设备的结构及工作原理。

7-9　"计算机碰撞仿真将会越来越多地替代汽车碰撞试验"，你同意这种看法吗？试说明理由。

第 8 章 汽车安全检测

本章教学要点

知识要点	掌握程度	相关知识
汽车安全检测制度	认识机动车检验制度的重要性；了解机动车辆检测的类型及作用	机动车检验制度的相关规定
汽车安全检测项目与基本内容	掌握线外检验、线内检验的具体项目及其内容与要求	公安部《机动车安全检测项目和方法》的相关内容
汽车安全检测设备	掌握前照灯检测仪、侧滑试验台、车速表、制动试验台等设备的检测原理、主要特点	相同检测项目不同检测设备的使用条件

汽车安全

导入案例

我国机动车检测的发展过程

随着我国经济的高速发展和人民生活水平的不断提高，汽车正快速进入我国普通百姓家庭，现已成为人们工作生活中必不可少的重要交通工具之一。汽车随着行驶里程的增加和使用时间的延续，车辆技术状况将不断恶化，这将对交通安全直接构成威胁，因此就需要对汽车的安全性、动力性、环保性、经济性、可靠性进行定期检测，汽车安全检测制度由此产生。

我国从20世纪60年代开始研究汽车检测技术，70年代开始大力发展汽车检测技术，80年代开始有计划地在全国公路运输和车辆管理系统筹建汽车检测站，检测内容以汽车安全性检测为主，80年代初期，交通运输部在大连建成了国内第一个机动车检测站。

30多年来，我国的机动车性能检测技术迅速提高，从开始引进国外检测设备到现在自己生产成套检测设备，从第一条检测线的建立，发展到遍布全国的几千条检测线，从单机检测发展到整机联网和计算机控制，检测方法更加科学，检测标准和管理水平也不断提高。汽车检测手段的完善和检测质量的提高，为保障道路交通安全、提高机动车运行安全和可靠性、实施科学有效的监督和管理发挥了重要作用。

国家标准GB 7258—2012《机动车运行安全技术条件》是我国机动车安全技术管理的最基本的技术性法规，是公安机关交通管理部门新车注册登记和在用车定期检验、事故车检验等安全技术检验的主要技术依据，同时也是我国机动车新车定型强制性检验、新车出厂检验及进口机动车检验的重要技术依据之一。GB 7258—2012对机动车制动系、转向系、行驶系、车身、安全防护装置、照明与警示信号装置等有关安全运行的技术要求进行了全面的规定，是我国汽车检测诊断技术中的重要指导性文件。

对在用汽车实行定期检测和及时维护修理，是保证在用汽车处于良好技术状况的有效管理制度，已为许多国家所采用。我国公安交通管理部门对在用汽车实行年检制度，交通管理部门主要对在用营运车辆进行定期检测和维修管理。

8.1 汽车安全检测制度

8.1.1 机动车检验制度及其相关规定

1. 机动车检验制度

机动车检验制度是指对已经领取正式号牌和行驶证上路行驶的机动车辆定期进行安全技术检验的制度，也就是通常所说的汽车年检制度。该检验制度具有强制性。简言之，凡是登记后上道路行驶的机动车，应定期参加安全技术检验。《中华人民共和国道路交通安全法实施条例》中第十六条对此做出了明确规定。

第十六条 机动车应当从注册登记之日起，按照下列期限进行安全技术检验：

(一)营运载客汽车 5 年以内每年检验 1 次;超过 5 年的,每 6 个月检验 1 次;

(二)载货汽车和大型、中型非营运载客汽车 10 年以内每年检验 1 次;超过 10 年的,每 6 个月检验 1 次;

(三)小型、微型非营运载客汽车 6 年以内每 2 年检验 1 次;超过 6 年的,每年检验 1 次;超过 15 年的,每 6 个月检验 1 次;

(四)摩托车 4 年以内每 2 年检验 1 次;超过 4 年的,每年检验 1 次;

(五)拖拉机和其他机动车每年检验 1 次。

营运机动车在规定检验期限内经安全技术检验合格的,不再重复进行安全技术检验。

对机动车定期进行安全技术检验,其目的在于检查机动车的主要技术状况是否满足安全行驶的基本要求,督促机动车所有人加强机动车的日常维护保养,使机动车经常处于良好状态,保障道路交通活动中的公共安全和预防道路交通事故的发生。

2. 机动车的初次年检

机动车辆为了申领行驶牌照而进行的检验称为初次年检。初次年检的目的在于审核机动车是否具备申领牌证的条件,年检的内容如下。

(1) 是否有车辆使用说明书、合格证(进口车辆的商检证明),车体上的出厂见样标记是否齐备。

(2) 对机动车内外轮廓尺寸及轮距、轴距进行测量。测量的具体项目是车长、车宽、车高、车厢栏板高度及面积、轮距、轴距等。

(3) 按技术检验标准逐项进行。合格后,填写"机动车初检异动登记表",并按原厂规定填写空车质量、装载质量、乘载人数、驾驶室乘坐人数。

3. 汽车年检的技术标准

汽车年检在技术标准上严格执行国家标准 GB 7258—2012《机动车运行安全技术条件》、GB 21861—2008《机动车安全技术检验项目和方法》、GB 18285—2005《点燃式发动机汽车排气污染物排放限值及测量方法(双怠速法及简易工况法)》、GB 3847—2005《车用压燃式发动机和压燃式发动机汽车排气烟度排放限值及测量方法》及 GB 1589—2004《道路车辆外廓尺寸、轴荷及质量限值》等国家标准。

4. 汽车年检的法律依据

机动车检测是以《中华人民共和国道路交通安全法》、《机动车登记规定》、机动车查验管理规定、《中华人民共和国大气污染防治法》等国家颁布的相关法律法规为依据进行的。

8.1.2 机动车辆检测的类型及作用

按对机动车辆检测目的及作用的不同分为安全环保检测和综合性能检测两类,见表 8-1。机动车检验制度所述的汽车安全检测属于安全环保检测类。

表 8-1 机动车辆检测的类型及作用

类型	目的与作用
安全环保检测	专门检测在用汽车是否符合安全标准和防止公害法规有关规定,执行监督任务,目的在于确保汽车具有符合要求的外观、良好的安全性能和符合污染物排放标准的排放性能,以强化汽车的安全管理。该项检测由公安部负责管理

(续)

类型	目的与作用
综合性能检测	对汽车各种性能进行检测。对汽车实行定期和不定期的综合性能检测,目的是在不解体情况下,确定运输车辆的工作能力和技术状况,对维修车辆实行质量监督,以保证运输车辆的安全运行,提高运输效能及降低消耗,使运输车辆具有良好的经济效益和社会效益。该项检测由交通部负责管理

8.2 汽车安全检测项目与基本内容

8.2.1 机动车安全检测流程

根据公安部 GA468—2004《机动车安全检测项目和方法》的规定,机动车安全检验流程如图 8.1 所示。

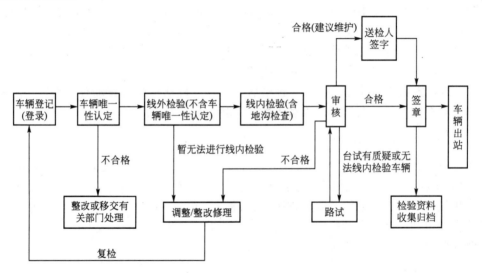

图 8.1 机动车安全检验流程

机动车安全检验流程分为线外检验和线内检验两部分。线外检验是为线内检验做准备,线内检验是主体,一台机动车安全检验能否合格主要看线内检验结果是否满足 GB 7258—2012《机动车运行安全技术条件》中的相关规定与要求。

8.2.2 线外检验

线外检验分为外观检查和底盘动态检验两部分内容。其中外观检查包括车辆唯一性认定、车辆外观检查。

1) 车辆唯一性认定

车辆唯一性认定应核对:车辆的号牌;车辆类型;厂牌/型号;颜色;发动机号码;VIN 代码/车架号和发动机号码及打刻特征(检查有无被凿改嫌疑);主要特征及技术参数;确认与机动车注册登记资料是否一致。

2) 车辆外观检查

车辆外观检查包括：车身外观；发动机舱；驾驶室（区）；发动机运转状况；照明和电气信号装置；客车内部；底盘件；车轮；其他。通过目测、耳听、手摸、询问等方式检查以上各项目是否符合运行安全要求。

对汽车外观检验的要求：装备整齐，功能正常，车身清洁，无漏油、漏水、漏气现象，轮胎完好，气压符合要求，胎冠花纹中无异物，发动机怠速正常等。

底盘动态检查内容包括：转向系统；传动系统；制动系统；仪表和指示器。通过在一定距离内驾驶机动车定性地判断其转向系统、传动系统、制动系统是否符合运行安全要求。

8.2.3 线内检验项目

1. 前照灯检验

前照灯主要检测项目：前照灯远光光束发光强度；前照灯光光束照射位置。检验结果应满足 GB 7258—2012《机动车运行安全技术条件》的第 8 项（照明、信号装置和其他电气设备）中 8.5 中的相关规定。

1) 前照灯远光光束发光强度

机动车每只前照灯远光光束发光强度应达到表 8-2 的要求，测试时，其电源系统应处于充电状态。

表 8-2 前照灯远光光束发光强度最小值要求　　　　　　（单位：cd）

机动车类型	检查项目					
	新注册车			在用车		
	一灯制	两灯制	四灯制	一灯制	二灯制	四灯制
三轮汽车	8000	6000	—	6000	5000	—
最高设计车速小于70km/h的汽车	—	10000	8000	—	8000	6000
其他汽车	—	18000	15000	—	15000	12000
摩托车	10000	8000	—	8000	6000	—
轻便摩托车	4000	—	—	3000	—	—

注：四灯制是指前照灯具有 4 个远光光束；采用四灯制的机动车其中两只对称的灯达到两灯制的要求时视为合格。

2) 前照灯光束照射位置要求

（1）检验汽车前照灯近光光束照射位置时，前照灯照射在距离 10m 的屏幕上时，乘用车前照灯近光光束明暗截止线转角或中点的高度应为 $0.7H \sim 0.9H$（H 为前照灯基准中心高度），其他机动车（拖拉机运输机组除外）应为 $0.6H \sim 0.8H$。机动车前照灯近光光束水平方向位置向左偏不允许超过 170mm，向右偏不允许超过 350 mm。

（2）检验汽车前照灯远光光束及远光单光束灯照射位置时，前照灯照射在距离 10m 的屏幕上时，要求在屏幕光束中心离地高度，对乘用车为 $0.85H \sim 0.95H$，对其他机动车为 $0.8H \sim 0.95H$；机动车前照灯远光光束水平位置要求，左灯向左偏不允许超过 170mm，向右偏不允许超过 350mm，右灯向左或向右偏均不允许超过 350mm。

2. 转向轮侧滑量检验

GB 7258—2012《机动车运行安全技术条件》的第6项(转向系)中6.11中要求：汽车的车轮定位应与该车型的技术要求一致。对前轴采用非独立悬架的汽车(前轴采用双转向轴时除外)，其转向轮的横向侧滑量，用侧滑台检验时侧滑量值应在±5m/km之间。

3. 车速表检查

GB 7258—2012《机动车运行安全技术条件》的第4项(整车)中4.12中要求：车速表指车速 V_1(单位：km/h)与实际车速 V_2(单位：km/h)之间应符合下列关系式：

$$0 \leqslant V_1 - V_2 \leqslant V_2/10 + 4$$

4. 制动试验台检验

GB 7258—2012《机动车运行安全技术条件》的第7项(制动系统)中就机动车制动系统性能检验规定了路试和台试两种检验机动车制动性能的方法和要求。其中，路试检验制动性能包括行车制动性能检验和应急制动性能检验和驻车制动性能检验；台试检验制动性能包括行车制动性能检验和驻车制动性能检验。目前，主要使用台试检验方法。检验结果应满足该标准的第7项(制动系统)中的相关规定。

1) 台试行车制动性能检验

(1) 台试制动力及检验时制动踏板力或制动气压要求。汽车、汽车列车在制动检验台上测出的制动力应符合表8-3的要求。对空载检验制动力有质疑时，可用表8-3规定的满载检验制动力要求进行检验。使用转鼓试验台检测时，可通过测得制动减速度值计算得到最大制动力。

摩托车及轻便摩托车的前、后轴制动力应符合表8-3的要求，测试时只允许乘坐一名驾驶员。

表8-3 台试检验制动力要求

机动车类型	制动力总和与整车重量的百分比/(%)		轴制动力与轴荷[1]的百分比/(%)	
	空载	满载	前轴[2]	后轴[2]
三轮汽车	—	—		≥60[3]
乘用车、总质量不大于3500kg的货车	≥60	≥50	≥60	≥20[3]
铰接客车、铰接式无轨电车、汽车列车	≥55	≥45	—	—
其他汽车、汽车列车	≥60	≥50	≥60[3]	≥50[4]
普通摩托车	—	—	≥60	≥55
轻便摩托车	—	—	≥60	≥50

[1] 用平板制动检验台检验乘用车时应按左右轮制动力最大时刻所分别对应的左右轮动态轴荷之和计算。
[2] 机动车(单车)纵向中心线中心位置以前的轴为前轴，其他轴为后轴；挂车的所有车轴均按后轴计算；用平板制动检验台测试并装轴制动力时，并装轴可视为一轴。
[3] 空载和满载状态下测试时均应满足此要求。
[4] 满载测试时后轴制动力百分比不做要求；空载用平板制动检验台检验时应大于等于35%；总质量大于3500kg的客车，空载用反力滚筒式制动试验台测试时应大于等于40%，用平板制动检验台检验时应大于30%。

检验时制动踏板力或制动气压应符合以下要求。

① 满载检验时：对于气压制动系，气压表的指示气压≤额定工作气压；对于液压制动系，乘用车(座位数小于或等于9)踏板力≤500N；其他机动车≤700N。

② 空载检验时：对于气压制动系，气压表的指示气压≤600kPa；对于液压制动系，乘用车踏板力≤400N；其他机动车≤450N。

摩托车(正三轮摩托车除外)检验时，踏板力应小于等于350N，手握力应小于等于250N。

正三轮摩托车检验时，踏板力应小于等于500N。

三轮汽车和拖拉机运输组检验时，踏板力应小于等于600N。

(2) 制动力平衡要求。在制动力增长全过程中同时测得的左右轮制动力差的最大值，与全过程中测得的该轴左右轮最大制动力中大者(当后轴及其他轴制动力小于该轴轴荷的60%时，为与该轴轴荷)之比，对于新注册车和在用车应分别符合表8.4的要求。

表8.4 台试检验制动力平衡要求

	前轴	后轴(及其他轴)	
		轴制动力大于等于该轴轴荷60%时	轴制动力小于该轴轴荷60%时
新注册车	≤20%	≤24%	≤8%
在用车	≤24%	≤30%	≤10%

2) 驻车制动性能检验

驻车制动性能检验分为路试检验和台试检验。

路试驻车制动性能检验：在空载状态下，驻车制动装置应能保证机动车在坡度为20%(对总质量为整备质量1.2倍以下的机动车为15%)、轮胎与路面间附着系数大于等于0.7的坡道上正、反两个方向保持固定不动，时间应大于等于5min。检验汽车列车时，应使牵引车和挂车的驻车制动装置均起作用。检验时，驾驶人施加于操纵装置上的力：手操纵力时，乘用车应小于等于400N，其他机动车应小于等于600N；脚操纵力时，乘用车应小于等于500N，其他机动车应小于等于700N。

5. 排气污染物排放控制检验

排气污染物排放应符合相关标准的规定。

6. 噪声水平和喇叭音量

机动车噪声控制应符合国家环保标准的规定。

GB 7258—2012《机动车运行安全技术条件》的第4项(整车)中4.14中要求：汽车(低速汽车除外)驾驶人耳旁噪声声级应小于等于90dB(A)。驾驶人耳旁噪声的检测方法见该标准的附录A。

GB 7258—2012《机动车运行安全技术条件》的第8项(照明、信号装置和其他电气设备)中8.6中规定：机动车(手扶拖拉机运输机组除外)应设置具有连续发声功能的喇叭，喇叭声级在距车前2m、离地高1.2m处测量时，发动机最大净功率(或电动机最大输出功率总和)为7kW的摩托车为80~112dB(A)；其他机动车为90~115dB(A)。

8.3 汽车安全检测设备

8.3.1 前照灯检测仪

前照灯是为了方便驾驶员在夜间或光线较弱环境下看清前方物体而设置的照明装置，和行车安全有着尤为密切的联系。前照灯开启后根据光束强度和照射距离的不同分为近光灯状态和远光灯状态，由切换开关控制。汽车前照灯的光照特性既直接影响驾驶员的夜间视野，又会在会车时给对向驾驶员及行人、骑车人造成炫目，容易引发交通事故。为使前照灯的光照特性满足使用要求，需定期进行安全检验。

1. 前照灯检测仪检测原理

利用能把光能变成电流的硒光电池或硅光电池作为传感器，按照前照灯主光轴照射光电池产生的电流大小与前照灯光强度成正比的变化特性，测量前照灯发光强度和光轴偏斜量。

前照灯检测仪上使用的光电池主要是硒光电池，其工作原理如图 8.2 所示。当硒光电池受到光照后，其金属薄膜和结晶硒的左右产生电动势，左部带负电，右部带正电，若在金属薄膜和铁底版上装上引线，并将其用导线与电流表连接起来，光电流就会流过电流表，使电流表指针偏转。

1）发光强度的检测原理

测量前照灯发光强度的电路由光电池、光度计和可变电阻等组成，如图 8.3 所示。按规定的距离使前照灯照射光电池，光电池便按受光强度的大小，产生相应的光电流使光度计指针摆动，指示出前照灯的发光强度。

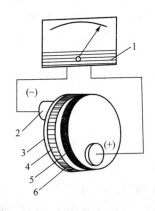

图 8.2 硒光电池结构及工作原理
1—电流表；2—引线；3—金属薄膜；
4—非结晶硒；5—结晶硒；6—铁底版

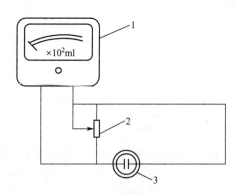

图 8.3 发光强度检测原理图
1—光度计；2—可变电阻；3—光电池

2）光轴偏斜量的检测原理

测量前照灯光轴偏斜的电路如图 8.4 所示。其由两对光电池组成，左右一对光电池

B_L 和 B_R 接有左右偏斜指示计,用于检测光束中心的左右偏斜量;上下一对光电池 B_u 与 B_d 接有上下偏斜指示计,用于检测光束中心的上下偏斜量。当前照灯光束照射光电池后,如果光束照射方向偏斜,将使 4 块光电池的受光面不一致,因而产生的电流也不一致。根据 B_L 与 B_R、B_u 与 B_d 的电流差分别使左右偏斜指示计及上下偏斜指示计的指针摆动量,即可检测出光轴的偏斜方向和偏斜量。

图 8.5 所示为光轴(或光电池受光面)无偏斜受光的情况,这时上下偏斜指示计的指针均垂直向下,即处于零位。图 8.6 所示为光轴(或光电池受光面)向左下方偏斜受光的情况,这时上下偏斜指示计的指针向"下"偏斜,左右偏斜指示计的指针向"左"偏斜。

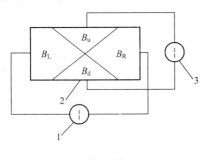

图 8.4 光轴偏斜量检测原理图
1—左右偏斜指示计;2—光电池;
3—上下偏斜指示计

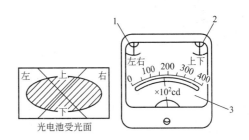

图 8.5 光轴无偏斜受光的情况
1—左右偏斜指示计;
2—上下偏斜指示计;3—光度计

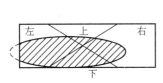
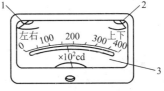

图 8.6 光轴向左下方偏斜受光的情况
1—左右偏斜指示计;2—上下偏斜指示计;3—光度计

2. 前照灯检测仪的类型与构造

汽车前照灯检测仪按其结构特征与测量方法的不同,可分为聚光式、投影式、屏幕式和自动追踪光轴式等类型。这些不同类型的前照灯检测仪的测量原理基本相同,均由接受前照灯光束的受光器、使受光器与汽车前照灯对正的校准器、前照灯发光强度指示装置、光轴偏斜方向和偏斜量指示装置及支柱、底座、导轨、车辆摆正找准装置等组成。目前,自动追踪光轴式前照灯检测仪检测效率最高,应用最广。

1) 自动追踪光轴式前照灯检测仪

这种检测仪的构造如图 8.7 所示。在受光器的面板上装有聚光透镜,聚光透镜的上下和左右装有 4 个光电池,受光器的内部也装有 4 个光电池,形成主、副受光器,如图 8.8 所示。另外,还有受两组光电池电流控制能使受光器沿垂直和水平方向移动的驱动和传动装置。

该检测仪采用使受光器自动追踪光轴的方法检测发光强度和光轴偏斜量。检测时,将检测仪置于前照灯前方 3m 的检测距离处,使前照灯的光束照射到检测仪的受光器上,若前照灯光束照射方向偏斜,则主、副受光器上下或左右光电池的受光量不等,它们分别产

汽车安全

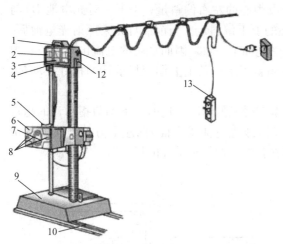

图 8.7 自动追踪光轴式前照灯检测仪结构图
1—显示器；2—左右倾斜指示计；3—光度计；
4—上下偏斜指示计；5—汽车摆正找准器；6—受
光器；7—聚光透镜；8—光电池；9—控制箱；
10—导轨；11—电源开关；12—熔丝；
13—控制盒

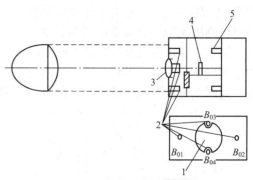

图 8.8 自动追踪光轴式前照灯检测仪
受光器构造简图
1、3—聚光透镜；2—主受光器光电池；
4—中央光电池；
5—副受光器光电池

生的电流便失去平衡。由其电流的差值控制受光器上下移动的电动机运转（或使控制箱左右移动的电动机运转），并通过传动结构牵动受光器上下移动或驱动控制箱在轨道上左右移动，直至受光器上下、左右光电池受光量相等为止。在追踪光轴时，受光器的位移方向和位移量由光轴偏斜指示计指示，即为前照灯光束的偏斜方向和偏斜量；发光强度由光度计指示。

2）投影式前照灯检测仪

该检测仪构造如图 8.9 所示。在聚光透镜的上下和左右方向装有 4 个光电池。检测仪置于前照灯前方 3m 的检测距离处，前照灯光束的影像通过聚光透镜、光度计的光电池和反射镜后，映射到投影屏上。检测时，通过上下与左右移动受光器使光轴偏斜指示计的指示为零，即上下与左右光电池的受光量相等，从而找到被测前照灯主光轴的方向；然后根据投影屏上前照灯光束影像的位置，可得出主光轴的偏斜量，同时可从光度计的指示值得出发光强度。

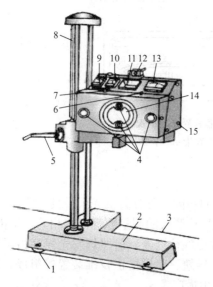

图 8.9 投影式前照灯检测仪结构图
1—车轮；2—底座；3—导轨；4—光电池；
5—升降手柄；6—上下光轴刻度盘；7—左右
光轴刻度盘；8—支柱；9—左右偏斜指示计；
10—上下偏斜指示计；11—投影屏；
12—车辆摆正找准器；13—光度计；
14—聚光透镜；15—受光器

8.3.2 侧滑试验台

1. 转向轮侧滑检测原理

1）转向轮侧滑产生的原因分析

汽车转向轮侧滑是指转向轮外倾角和前束在使用中发生变化，两参数的平衡被破坏，导致汽车直线行驶时轮胎处于边滚边滑的状态，即转向轮相对地面偏左或偏右侧向滑动的现象，如图 8.10 所示。

转向轮外倾角的存在，导致两转向轮在滚动过程中具有向外张开的趋势，由于转向桥为刚性结构不可能伸缩，这使得两转向轮不可能真正向外分开滚动，而是对地面产生向内的侧向力。若让两个只有外倾角而没有前束的转向轮沿着两块互不连接但可以左右自由滑动的滑板前行通过时，可观察到两滑板向内靠拢，如图 8.11 所示。滑板向内的靠拢量就是该前轮的侧滑量。

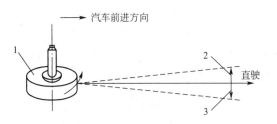

图 8.10 转向轮侧滑现象示意图
1—转向车轮；2—车轮前束；3—车轮外倾

转向轮前束的存在，导致两转向轮在滚动过程中具有向内收缩靠拢的趋势，由于转向桥为刚性结构不可能伸缩，因此，两转向轮不可能真正向内收缩滚动，而是对地面产生向外的侧向力。若让两个只有前束而没有外倾角的转向轮驶过上述同样的滑板时，可观察到两滑板向外张开，如图 8.12 所示。同理，滑板向外的张开量就是该前轮的侧滑量。

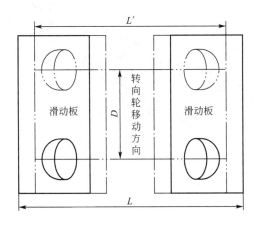

图 8.11 由车轮外倾角引起滑动板的侧滑

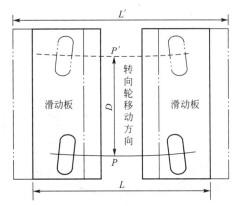

图 8.12 由车轮前束引起滑动板的侧滑

转向轮侧滑直接影响汽车行驶时的直线稳定性、操纵轻便性和轮胎异常磨损等。当转向轮的滑移现象比较严重时，将破坏车轮的附着条件，丧失定向行驶能力，引发交通事故并导致轮胎的异常磨损。

2）转向轮侧滑检测原理

为保证汽车转向车轮行驶过程中无横向滑移的直线滚动，要求车轮外倾角和其前束适当配合。前轮前束就是为纠正前轮因外倾角导致向外张开滚动而设计的。当前轮前束值调至恰当位置时，前轮就会保持稳定的直线行驶而不会产生侧滑。

转向轮侧滑检测原理：因转向轮外倾与前束的客观存在，使汽车直线行驶过程中，转向轮处于边滚边滑状态，利用轮胎与地面间由于滑动摩擦而产生的相互作用力，让汽车驶过可以横向自由滑动的滑板，则该作用力使滑板产生侧向滑动，从而检测出转向轮外倾与前束的匹配状况。

侧滑试验台就是利用上述滑板在侧向力作用下横向滑移的原理来检测前轮的侧滑量。侧滑量的大小与方向可用汽车车轮侧滑检验台进行检测。检测中若滑板向内移动，则表明前轮外倾角过大或负前束过大；若滑板向外移动，则表明前轮前束过大或负外倾角过大。

侧滑量的大小反映出转向轮外倾与前束匹配的综合效果。理想状态下，侧滑量为零，说明汽车行驶状态下转向轮处于纯滚动状态，此时轮胎磨损轻，滚动阻力小，转向轻便，操纵稳定性好。要特别指出的是：侧滑量的大小仅反映出转向轮外倾与前束的匹配状况，但不能表示出二者的具体数值。

2. 滑板式侧滑试验台

汽车侧滑检验设备按其测量参数可以分为两类：一类是测量车轮侧滑量的滑板式侧滑试验台，另一类是测量车轮侧滑力的滚筒式侧滑试验台。上述两种试验台都属于动态侧滑试验台。目前国内在用的大多数侧滑试验台均是滑板式侧滑试验台。

滑板式侧滑试验台，按其结构又可分为单板式侧滑试验台和双板式侧滑试验台两种形式。前者只有一块侧滑板，检验时汽车只有一侧车轮从试验台上通过；后者共有左右两块侧滑板，检验时汽车左、右车轮同时从侧滑板上通过。它们一般均由测量装置、指示装置和报警装置等组成。电气式双滑板式侧滑试验台如图8.13所示。

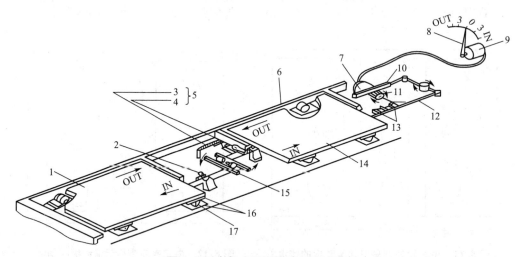

图8.13 电气式双滑板式侧滑试验台

1—左滑动板；2—导向滚轮；3—回位弹簧；4—摆臂；5—回位装置；6—框架；
7—产生电信号的自整角电机；8—指示机构；9—接收电信号的自整角电机；10—齿条；
11—小齿轮；12—连杆；13—限位开关；14—右滑动板；
15—双销叉式曲柄；16—轨道；17—滚轮

1）测量装置

双滑板式侧滑试验台的测量装置由框架、左右两块滑动板、杠杆机构、回位装置、滚轮装置、导向装置、锁止装置、位移传感器及信号传递装置等组成，如图 8.14 所示。

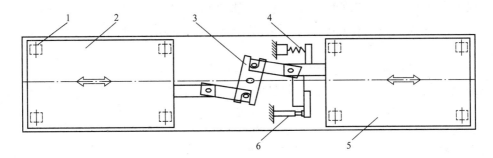

图 8.14　双滑板式侧滑试验台结构简图

1—滚轮；2—左滑动板；3—连杆机构；4—回位弹簧；5—右滑动板；6—位移传感器

滑动板的下部装有滚轮装置和导向装置，两滑动板之间连接有曲柄机构、回位装置和锁止装置。在侧向力的作用下，两滑动板只能在左右方向上做等量同向位移，在前后方向上不能位移。该装置能把前轮侧滑量测出并传递给指示装置。

按滑动板位移量传递给指示装置方式的不同，测量装置可分为机械式和电气式两种。机械式侧滑试验台因不便于远距离传输，近年来已很少使用。

电气式测量装置是把滑动板的位移量通过位移传感器变成电信号，再经过放大与处理而传输给指示装置的一种结构形式。该装置借助于导线，可以将测量结果长距离传输，或与控制单元接通，处理十分方便。

电气式侧滑试验台的位移测量装置有自整角电机式(即同步电机式)、电位计式、差动变压器式等形式。图 8.13 中所示试验台的位移测量装置为自整角电机式形式。该测量装置是把滑板的滑移通过齿条 10 和小齿轮 11 组成的机构，将直线运动转变为回转运动，由小齿轮带动自整角电机 7 转动一定角度以产生电信号，并把同样大小的电信号传给指示机构 8 中的自整角电机的一种结构形式。指示机构中的自整角电机 9 接收到这一电信号后，立即转动同一角度，即指示出滑板的滑移量。

2) 指示装置

指示装置有指针式和数字式。指针式指示装置如图 8.15 所示，指示装置能把测量装置传递来的滑动板侧滑量，按汽车每行驶 1km 侧滑 1m 定为一格刻度，将转向轮正前束(IN)和负前束(OUT)刻成 10 格刻度进行显示。

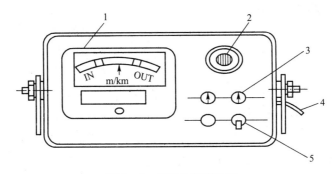

图 8.15　指针式指示装置

1—指针式表头；2—报警用蜂鸣器或信号灯；3—电源指示灯；4—导线；5—电源开关

实际中，指示装置刻度板上的一格刻度所表示的长度随滑板长度的变化而改变。当滑板长为1000mm时，用一格刻度表示一侧滑板移动1mm；当滑板长为800mm时，用一格刻度表示一侧滑板移动0.8mm；滑板长度是500 mm时，用一格刻度表示0.5mm的移动量。

另外，指示装置的刻度板上除用数字及符号标明侧滑量的大小及方向外，还用不同的颜色把侧滑量划分为3个区间，即侧滑量-3~3m/km范围涂为绿色，表示良好区域；侧滑量-5~-3m/km和3~5m/km范围涂为黄色，表示准用区域；侧滑量-10~-5m/km和5~10m/km范围涂为红色，表示不良区域，以引起注意。

数字式指示装置多以单片机进行数据采集和处理，因而具有操作方便、运行可靠、抗干扰性强等优点，同时还能对检测结果进行分析、判断、存储、打印和数字显示等功能。当滑动板侧滑时通过位移传感器转变成电信号，经过放大与信号处理后成为0~5V的模拟量，再经A/D转变成数字量，输入微机运算处理，然后显示出检测结果或由打印机打印出检测结果。近年来国内各厂家生产的侧滑试验台逐渐采用数字式指示装置。

3）侧滑量报警装置

检测转向轮侧滑量时，为快速表示出检测结果是否合格，当侧滑量超过规定值时，报警装置能根据侧滑板限位开关发出的信号，用蜂鸣器或信号灯报警，因而无需再读取仪表数值，以节省检测时间。

8.3.3 车速表试验台

大量的行车实践表明：驾驶员单凭主观感觉和经验估计行车速度是不可靠的，尤其是车速变化之后，通常主观感觉的车速误差会更大；此外，当驾驶员长时间高速行驶时，也会因速度错觉使估计的车速与实际车速产生较大的误差，从而对行车速度造成误判，因而，驾驶员要准确地把握车速，必须依靠车速表。

另一方面，由于车速表在随汽车行驶过程中，驱动其工作的传动齿轮、软轴、磁性元件等元器件的技术状况会变化，以及车轮滚动半径的变化，使得车速表的指示误差越来越大，这对车辆安全运行很不利。为此，对车速表定期进行检查效验是十分必要的。

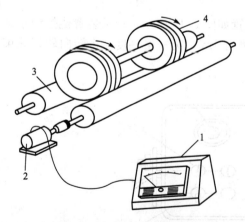

图8.16　车速表误差的测量原理简图
1—车速指示仪表；2—速度传感器；
3—滚筒；4—被测车轮

1. 车速表误差的检测原理

滚筒的线速度、圆周长和转速之间有如下关系式。

$$v = 60L \cdot n \times 10^{-6} \quad (8-1)$$

式中　v——滚筒的线速度(km/h)；
　　　L——滚筒的圆周长(mm)；
　　　n——滚筒的转速(r/min)。

在滚筒结构一定的条件下，滚筒转速越高，其线速度越高。车速表误差的测量原理简图如图8.16所示。被测车轮由来自发动机的动力通过传动机构带动旋转，而旋转的车轮依靠轮胎的摩擦力带动滚筒转动。虽然轮胎与路面接触时的变形量和轮胎与试验台滚筒接触时的变形量并不完全相同(后一种情况的轮胎静变形量稍大一些),但其差别较小,可以近似地认为这两种情况下轮胎的滚动半径是相等的,因此,在忽略仪表及测量系统误差时,在车速表试验台上测得的车速就是汽车行驶时的实际车速,即由式(8-1)计算得到的值即为汽车车轮的线速度值。

车速表误差的测量原理:以滚筒作为连续移动路面,把被测车轮置于滚筒上,以此模拟汽车在道路上行驶时的实际状态。来自发动机的动力通过传动机构驱动车轮旋转,车轮依靠轮胎的摩擦力带动滚筒旋转。车速越高,车轮转动越快,被车轮所带动的滚筒转速也越高,滚筒端部所带动的测速发电机(速度传感器)的转速也增高,测速发电机所发出的电流(或电压)增加,则车速表上指示的车速值也会越高,车速表上指示的车速值即为被测车轮的车速。

2. 车速表试验台类型

车速表试验台有3种类型:无驱动装置的标准型,其滚筒由被检汽车的驱动车轮带动旋转;有驱动装置的驱动型,其滚筒由电动机带动旋转;把车速表试验台与制动试验台或底盘测功机组合在一起的综合型试验台。目前使用最多的是标准型滚筒式车速表检验台。

1) 标准型车速表试验台

该试验台如图8.17所示,由速度检测装置、速度指示装置、速度报警装置等构成。

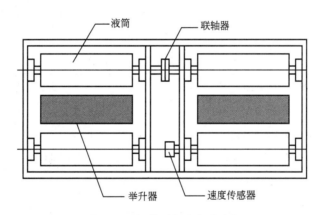

图8.17 标准型车速表试验台

(1) 速度检测装置:主要由滚筒、速度传感器(测速发电机)、万向节和举升器等组成。4个(或2个)直径为185mm(或370mm)的滚筒的两端均由轴承支承,轴承安装在机架上,4个滚筒位于同一平面上;四滚筒形式结构中的两个前滚筒用万向节联轴器或普通联轴器把它们左右连在一起,以便于4个滚筒同步转动。

其速度传感器采用测速发电机,装在滚筒的一端,把对应于滚筒转速所发生的电压信号送至速度指示装置。为使被测车辆的车轮方便地进、出试验台,在前、后滚筒之间设有举升器,举升器和滚筒制动装置联动,因此在举升器上升时,滚筒不会转动。

(2) 速度指示装置:按照测速发电机发出的电压工作。根据滚筒外围周长尺寸与转速可以算出被测车轮速度,见式(8-1),以"km/h"为单位在仪表上指示。

(3) 速度报警装置:是为在测量时便于判别车速是否合格而设置的。例如,在指示仪表上，在38~48km/h的范围内涂为绿色区域；在低于38km/h和高于48km/h的范围内涂为红色区域；或在速度超过绿色区域时就有蜂鸣器响或报警灯亮。

2）电机驱动型车速表试验台

其结构如图8.18所示，本身带有驱动装置——电动机，是为检测车速表由从动车轮驱动的汽车而设计的一种结构形式。该试验台的构造基本上与标准型车速表试验台相同，其区别仅在于驱动型车速表试验台的一端设置有电动机。驱动型车速表试验台的滚筒和电动机之间装有离合器，若离合器为分离状态，此时电动机与滚筒脱开，它具有和标准型车速表试验台相同的功能；若离合器为结合状态，即电动机与滚筒结合，则电动机驱动滚筒旋转，而滚筒带动被检汽车的从动车轮旋转，从而驱动汽车车速表指针偏转。

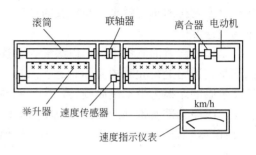

图8.18 电机驱动型车速表试验台

8.3.4 制动试验台

制动性能是车辆的重要使用性能之一。制动性能的好坏能直接关系到行车安全，性能良好和可靠的制动性能有利于保证行车的安全，避免交通事故。为使在用汽车保持良好的制动性能，必须定期对其制动性能进行检测。目前，制动性能检测主要采用制动试验台。检测制动试验台的分类方法较多，不同的分类方法具有不同的类型，各分类方法见表8-5。

表8-5 制动试验台分类方法列表

序号	分类依据	分类名称
1	按试验台测试原理	反力式、惯性式
2	按试验台支承车轮形式	滚筒式、跑板式
3	按试验台检测参数	测制动力式、测制动距离式、多功能综合式
4	按试验台测量装置至指示装置传递信号方式	机械式、液压式、电气式

上述类型中，由于反力式制动试验台结构简单、测试条件稳定、工作可靠、易于控制、通用性好，故在我国汽车检测行业获得广泛应用。

1. 反力式制动试验台

反力式制动检验台的结构简图如图8.19所示。它由结构完全相同的左右两套对称的车轮制动力测试单元和一套指示、控制装置组成。每一套车轮制动力测试单元由框架（多数试验台将左、右测试单元的框架制成一体）、驱动装置、滚筒装置、举升装置、测量装置、指示与控制装置等构成。

检测原理：将被测车辆驶上试验台，使其车轮处于两滚筒之间，滚筒在电动机的驱动下带动车轮转动，这相当于汽车不动、路面以一定速度移动，在对车轮实施制动时，制动力就作用在滚筒上，该力与滚筒的转动方向相反，并经杠杆传给与滚筒相连的测力秤（机

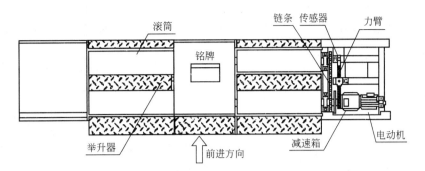

图 8.19 反力式制动试验台的结构简图

构），即可由测力秤的指示表显示出制动力的数值。

1) 驱动装置

驱动装置由电动机、减速器和传动链条等组成。减速器位于电动机输出轴和主滚筒轴之间。电动机的转速经减速器内的一副蜗轮蜗杆和一对直齿轮两级减速后传给主动滚筒；主动滚筒通过传动链条带动从动滚筒旋转。减速器壳体与主动滚筒共用一轴，减速器壳体为浮动连接，即可绕主动滚筒轴自由摆动。

2) 滚筒装置

滚筒装置共由两对 4 个滚筒组成。每对滚筒单独设置一个主动滚筒和一个从动滚筒，主动滚筒由电机驱动。各滚筒通过滚动轴承安装在试验台框架上。滚筒用碳钢制成，为了增大滚筒与车轮之间的摩擦力，使之和车轮与地面间的附着系数相接近，在滚筒的圆周表面沿轴向开有间隔均匀、有一定深度的纵向矩形槽，其附着系数可达 0.6 以上。

3) 举升装置

为了便于被检汽车平稳出入制动检验台，在主、从动两滚筒之间设置有举升装置。该装置通常由举升器、举升平板和控制开关等组成。举升平板位于两滚筒之间，举升器装于其下面。举升器常用的有气压式、电动螺旋式、液压式 3 种形式。气压式用压缩空气驱动气缸中的活塞或使气囊膨胀完成举升作用；电动螺旋式由电动机通过减速器带动丝母转动，迫使丝杠轴向运动起举升作用。液压式是由液压举升缸完成举升动作。有些带有第三滚筒的制动检验台未装举升装置。

4) 测量装置

测量装置主要由测力杠杆和传感器组成。测力杠杆的一端与浮动的减速器壳体连接，另一端与传感器连接。被测车轮制动时测力杠杆与减速器壳体将一起绕主动滚筒（或绕减速器输出轴、电动机枢轴）轴线摆动。传感器将测力杠杆传来的、与制动力成比例的力（或位移）转变成电信号输送到指示、控制装置。传感器有应变测力式、自整角电机式、电位计式、差动变压器式等多种类型。

5) 指示与控制装置

指示装置将接收到的传感器电信号以仪表板指针转角或数字显示器的方式显示出来。控制装置有电子式和微机式之分；指示装置有指针式和数字显示式两种。带计算机的控制装置多配置数字显示器，但也有配置指针式指示仪表的。指针式制动力指示仪表有两种形式：一种是一轴单针式；另一种是一轴双针式。一轴单针式有两个刻度盘，两个指针，分别指示左右轮的制动力。一轴双针式只有一个刻度盘，两个指针分别指示左右轮的制动力。

目前,制动试验台控制装置大多数采用电子式。为提高自动化与智能化程度,有的控制装置中配置计算机。

2. 惯性式制动试验台

1)基本工作原理

惯性式制动试验台的基本原理是采用旋转飞轮的动能模拟汽车在道路上行驶时的平移动能。其模拟过程是:在一个较大的光面滚筒上串联一个惯性飞轮,电动机驱动飞轮旋转,并带动车轮转动;当设定车轮以 30km/h 的速度转动时,则与滚筒相连的所有旋转件的总惯量也相当于汽车 30km/h 速度下的动能。这就模拟了与路试相似的结果。

惯性式制动试验台的滚筒相当于一个移动的路面,试验台中每对滚筒分别带有飞轮,其惯性质量与受检车辆的惯性质量相当,因此,滚筒传动系统具有相当于汽车在道路上行驶的惯性。制动时,轮胎对滚筒表面产生阻力,虽然这时驱动滚筒传动系统的动力(如电动机或汽车发动机的动力)已被切断,但由于滚筒传动系统有一定的惯性,因而,滚筒表面将相当于车轮移动一定距离,这一过程就模拟了汽车在道路上的制动试验工况。

2)惯性式制动试验台的结构与检测过程

惯性式制动试验台可以同时测试双轴车辆所有车轮的制动距离,其结构如图 8.20 所示。被测汽车置于滚筒组上后,可根据被测汽车轴距由推拉液压缸 14 调节前后滚筒组之间的距离,调好后用夹紧液压缸 9 夹紧定位。左右主动滚筒用半轴与差速器 11 相连,再经差速器与变速器 10、花键轴 8 相连。为了保证左右车轮在制动前的转速相等,在左右滚筒之间用电磁离合器连接。电磁离合器在制动信号开始发出时分离,从而保证左右车轮在制动前转速相等。

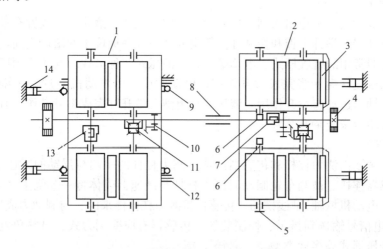

图 8.20 惯性式制动试验台示意图

1—前滚筒组;2—后滚筒组;3—第三滚筒;4—飞轮;5—制动距离测试元件(光电传感器);
6—测速发电机;7、13—电磁离合器;8—花键轴;9—夹紧液压缸;
10—变速器;11—差速器;12—导轨;14—推拉液压缸

后滚筒组上第三滚筒 3 的作用是防止汽车制动时向后跳动。前后滚筒之间装有举升器,以使被检汽车平稳出入制动检验台。

检测时，由被试车驱动后滚筒旋转，并经电磁离合器、花键轴 8、变速器 10、差速器 11 带动前滚筒及汽车前轮一起旋转。此时，按被测汽车行驶时的惯性等效重量配置的飞轮 4 也一起旋转。当车轮制动后，滚筒与飞轮因为惯性会继续旋转，其继续旋转的圈数（即相当于汽车的制动距离）由装在滚筒轴上的遮光圆板及装在滚筒架上的光源和光电传感器发出信号，用计数器记录。

该试验台也可测试制动减速度（或制动力）的大小。测试制动减速度时是利用装在滚筒两边的测速发电机作为传感器，通过电子线路在加速表中分别示出两轮的减速度大小和制动时间的先后。滚筒减速度的差别通过测速发电机电压的不相等反映出来，"跑偏"则从平衡表（电桥）中表示出来。

惯性式制动试验台由于采用高速模拟试验，比较接近道路行驶条件，因而试验方法较先进，并可发展成进行加速、滑行、测功等试验的多功能台架。但由于试验台旋转部分要有与被检车辆各轴相当的转动惯量，因而设备复杂，且电机消耗功率大。

8-1 建立汽车安全检测制度对保持在用车辆良好技术状况有何实际意义？

8-2 汽车安全检测具体包括哪些项目及其内容？

8-3 机动车制动性能检验分台试检验和路试检验两种方法，目前主要采用台试检验方法，为什么？

8-4 转向轮侧滑有何危害？产生的主要原因有哪些？侧滑试验台是如何进行转向轮侧滑检测的？

8-5 车速表误差有何危害？车速表误差是如何检测的？

8-6 简述反力式制动试验台的主体结构及其检测原理。

参 考 文 献

[1] 刘晶郁,李晓霞. 汽车安全与法规 [M]. 北京:人民交通出版社,2005.
[2] 郑安文,苑红伟. 道路交通安全概述 [M]. 北京:机械工业出版社,2010.
[3] 姜立标. 现代汽车新技术 [M]. 北京:北京大学出版社,2012.
[4] 钱宇彬,胡宁. 现代汽车安全技术 [M]. 上海:上海交通大学出版社,2006.
[5] 王瑄,李宏光,赵航. 现代汽车安全 [M]. 北京:人民交通出版社,1998.
[6] 宋健,等. 汽车安全技术的研究现状和展望 [J]. 汽车安全与节能学报,2010,1(2):98-106.
[7] 徐大伟. 世界汽车安全性技术法规与标准的研究 [D]. 武汉:武汉理工大学,2007.
[8] 裘志琦. 美国汽车安全认证要求及法规发展动态 [J]. 标准科学,2009(4):84-89.
[9] 马建. 汽车技术法规与标准概论 [M]. 西安:陕西科学技术出版社,1998:84-89.
[10] 周一鸣,毛恩荣. 车辆人机工程学 [M]. 北京:北京理工大学出版社,1999.
[11] 刘雅婧. 汽车驾驶室人机界面设计技术研究 [D]. 西安:西北工业大学,2007.
[12] 陈德铁. 利用驾驶模拟器对制动防抱系统的研究及开发 [D]. 长春:吉林大学,2003.
[13] 王伟达,等. ABS 逻辑门限值自调整控制方法研究与试验验证 [J]. 机械工程学报,2010,47(22):90-95,104.
[14] 冯开歌. 基于虚拟样机技术的汽车 ABS 制动性能研究 [D]. 昆明:昆明理工大学,2009.
[15] 罗俊奇. 汽车驱动防滑控制系统的研究 [D]. 广州:广东工业大学,2008.
[16] 汪东明. 四轮转向汽车的转向特性及控制技术 [J]. 现代机械,2003(6):73-75,91.
[17] 乔维高. 汽车被动安全研究现状与发展 [J]. 汽车科技,2008(4):1-4.
[18] 谷正气. 轿车车身 [M]. 北京:人民交通出版社,2002.
[19] 董德刚. 汽车安全带动态碰撞设备的策划和检验方法的研究 [D]. 济南:山东大学,2007.
[20] 陈会. 汽车对行人的碰撞保护标准探讨 [J]. 客车技术与研究,2010,32(3):46-49.
[21] 王红侠. 多纤维增强汽车制动器摩擦材料的研制 [D]. 镇江:江苏大学,2007.
[22] 佟金,等. 零压续跑轮胎技术现状与发展 [J]. 农业机械学报,2007,38(3):182-187.
[23] 廖燕. 汽车玻璃新技术及其发展方向 [J]. 汽车工艺与材料,2008(2):61-62.
[24] 明平顺,杨万福. 现代汽车检测技术 [M]. 北京:人民交通出版社,2001.

北京大学出版社汽车类教材书目

序号	书 名	标准书号	著作者	定价	出版日期
1	汽车构造(第 2 版)	978-7-301-19907-7	肖生发，赵树朋	56	2014.1
2	汽车构造学习指导与习题详解	978-7-301-22066-5	肖生发	26	2014.1
3	汽车发动机原理(第 2 版)	978-7-301-21012-3	韩同群	42	2013.5
4	汽车设计	978-7-301-12369-0	刘涛	45	2008.1
5	汽车运用基础	978-7-301-13118-3	凌永成，李雪飞	26	2008.1
6	现代汽车系统控制技术	978-7-301-12363-8	崔胜民	36	2008.1
7	汽车电气设备实验与实习	978-7-301-12356-0	谢在东	29	2008.2
8	汽车试验测试技术（第 2 版）	978-7-301-25436-3	王丰元，邹旭东	36	2015.3
9	汽车运用工程基础(第 2 版)	978-7-301-21925-6	姜立标	34	2013.1
10	汽车制造工艺（第 2 版）	978-7-301-22348-2	赵桂范，杨娜	40	2013.4
11	车辆制造工艺	978-7-301-24272-8	孙建民	45	2014.6
12	汽车工程概论	978-7-301-12364-5	张京明，江浩斌	36	2008.6
13	汽车运行材料（第 2 版）	978-7-301-22525-7	凌永成	45	2013.7
14	汽车运动工程基础	978-7-301-25017-4	赵英勋，宋新德	38	2014.10
15	汽车试验学	978-7-301-12358-4	赵立军，白 欣	28	2014.7
16	内燃机构造	978-7-301-12366-9	林 波，李兴虎	26	2014.12
17	汽车故障诊断与检测技术	978-7-301-13634-8	刘占峰，林丽华	34	2013.8
18	汽车维修技术与设备	978-7-301-13914-1	凌永成，赵海波	30	2013.5
19	热工基础（第 2 版）	978-7-301-25537-7	于秋红，鞠晓丽等	45	2015.3
20	汽车检测与诊断技术	978-7-301-12361-4	罗念宁，张京明	30	2009.1
21	汽车评估	978-7-301-14452-7	鲁植雄	25	2012.5
22	汽车车身设计基础	978-7-301-15619-3	王宏雁，陈君毅	28	2009.9
23	汽车车身轻量化结构与轻质材料	978-7-301-15620-9	王宏雁，陈君毅	25	2009.9
24	车辆自动变速器构造原理与设计方法	978-7-301-15609-4	田晋跃	30	2009.9
25	新能源汽车技术（第 2 版）	978-7-301-23700-7	崔胜民	39	2015.4
26	工程流体力学	978-7-301-12365-2	杨建国，张兆营等	35	2011.12
27	高等工程热力学	978-7-301-16077-0	曹建明，李跟宝	30	2010.1
28	汽车电气设备（第 2 版）	978-7-301-15612-4	凌永成，李淑英	38	2014.1
29	汽车电气设备	978-7-301-24947-5	吴焕芹，卢彦群	42	2014.10
30	汽车电器与电子设备	978-7-301-25295-6	唐文初，张春花	26	2015.2
31	现代汽车发动机原理	978-7-301-17203-2	赵丹平，吴双群	35	2013.8
32	现代汽车新技术概论（第 2 版）	978-7-301-24114-1	田晋跃	42	2015.2
33	现代汽车排放控制技术	978-7-301-17231-5	周庆辉	32	2012.6
34	汽车服务工程（第 2 版）	978-7-301-24120-2	鲁植雄	42	2015.4
35	汽车使用与管理	978-7-301-18761-6	郭宏亮，张铁军	39	2013.6
36	汽车数字化开发技术	978-7-301-17598-9	姜立标	40	2010.8
37	汽车人机工程学	978-7-301-17562-0	任金东	35	2015.4
38	专用汽车结构与设计	978-7-301-17744-0	乔维高	45	2014.6
39	汽车空调	978-7-301-18066-2	刘占峰，宋 力等	28	2013.8
40	汽车空调技术	978-7-301-23996-4	麻友良	36	2014.4
41	汽车 CAD 技术及 Pro/E 应用	978-7-301-18113-3	石沛林，李玉善	32	2015.4
42	汽车振动分析与测试	978-7-301-18524-7	周长城，周金宝等	40	2011.3
43	新能源汽车概论	978-7-301-18804-0	崔胜民，韩家军	30	2015.2
44	汽车空气动力学数值模拟技术	978-7-301-16742-7	张英朝	45	2011.6
45	汽车电子控制技术（第 2 版）	978-7-301-19225-2	凌永成，于京诺	40	2015.1
46	车辆液压传动与控制技术	978-7-301-19293-1	田晋跃	28	2015.4
47	车辆悬架设计及理论	978-7-301-19298-6	周长城	48	2011.8
48	汽车电器及电子控制技术	978-7-301-17538-5	司景萍，高志鹰	58	2012.1
49	汽车车身计算机辅助设计	978-7-301-19889-6	徐家川，王翠萍	35	2012.1
50	现代汽车新技术	978-7-301-20100-8	姜立标	49	2014.12
51	电动汽车测试与评价	978-7-301-20603-4	赵立军	35	2012.7
52	电动汽车结构与原理	978-7-301-20820-5	赵立军，佟钦智	35	2015.1
53	二手车鉴定与评估	978-7-301-21291-2	卢 伟，韩 平	36	2015.4
54	汽车微控制器结构原理与应用	978-7-301-22347-5	蓝志坤	45	2013.4
55	汽车振动学基础及其应用	978-7-301-22583-7	潘公宇	29	2015.2
56	车辆优化设计理论与实践	978-7-301-22675-9	潘公宇，商高高	32	2015.2
57	汽车专业英语	978-7-301-23187-6	姚 嘉，马丽丽	36	2013.8
58	车辆底盘建模与分析	978-7-301-23332-0	顾 林，朱 跃	30	2014.1
59	汽车安全辅助驾驶技术	978-7-301-23545-4	郭 烈，葛平淑等	43	2014.1
60	汽车安全	978-7-301-23794-6	郑安文	45	2015.4
61	汽车系统动力学与仿真	978-7-301-25037-2	崔胜民	42	2014.11

如您需要更多教学资源如电子课件、电子样章、习题答案等，请登录北京大学出版社第六事业部官网 www.pup6.cn 搜索下载。

如您需要浏览更多专业教材，请扫下面的二维码，关注北京大学出版社第六事业部官方微信（微信号：pup6book），随时查询专业教材、浏览教材目录、内容简介等信息，并可在线申请纸质样书用于教学。

感谢您使用我们的教材，欢迎您随时与我们联系，我们将及时做好全方位的服务。联系方式：010-62750667，童编辑，13426433315@163.com，pup_6@163.com，lihu80@163.com，欢迎来电来信。客户服务 QQ 号：1292552107，欢迎随时咨询。